Gustav Adolf von Wrede, Heinrich Maltzahn

Reise in Hadhramaut, Beled Beny 'Yssa und Beled el Hadschar

Gustav Adolf von Wrede, Heinrich Maltzahn

Reise in Hadhramaut, Beled Beny 'Yssa und Beled el Hadschar

ISBN/EAN: 9783744699709

Hergestellt in Europa, USA, Kanada, Australien, Japan

Cover: Foto ©Andreas Hilbeck / pixelio.de

Weitere Bücher finden Sie auf **www.hansebooks.com**

Adolph von Wrede's

Reise in Ḥadhramaut

Beled Beny 'Yssà

und

Beled el Ḥadschar.

————————

Adolph von Wrede's

Reise in Hadhramaut

Beled Beny 'Yssà

und

Beled el Hadschar.

Herausgegeben,

mit einer Einleitung, Anmerkungen und Erklärung der
Inschrift von 'Obne versehen

von

Heinrich Freiherr von Maltzan.

— — — —

Nebst Karte und Facsimile der Inschrift von 'Obne.

Braunschweig,
Verlag von Friedrich Vieweg und Sohn.
1870.

Vorwort.

Dem Herausgeber des »Globus«, Dr. Carl Andree, kommt das Verdienst zu, zuerst nach langer Vergessenheit wieder auf den handschriftlichen Nachlaß Adolph von Wrede's aufmerksam gemacht zu haben. Ihm verdanke ich auch das Manuscript der hier herausgegebenen Reise, welches von Wrede's hinterlassenen Handschriften nur einen Theil, aber den wichtigsten Theil bildete. Wrede's übrige Reisebeschreibungen behandeln die bekannteren Gegenden am Rothen Meere. Da diese aber seit Abfassung des Wrede'schen Manuscripts schon vielfach von anderen Reisenden geschildert wurden, so galt es für angezeigt, hier nur denjenigen Theil der Wrede'schen Reisen zu veröffentlichen, welcher seine wichtigen geographischen Entdeckungen in Südarabien behandelt.

Dresden, 8. Juli 1870.

Der Herausgeber.

Inhalt.

———

Himyaritische Inschrift

auf einer

das Thal 'Obne schließenden Mauer.

Einleitung.

Wir Deutschen haben an Entdeckungsreisenden keinen Mangel. Keine Nation, die englische allein vielleicht ausgenommen, kann sich in dieser Beziehung mit uns vergleichen. Aber wir wissen gar nicht, wie reich wir sind. Noch mancher Name, der berühmt zu sein verdient, schlummert im Verborgenen, den Fachmännern allein und selbst diesen nur oberflächlich bekannt. Der Grund hiervon scheint mir nicht schwer zu entdecken. Die meisten deutschen Forscher, wie die deutschen Gelehrten, verschmähen die Reclame. Wenn diese in Frankreich und England in so üppiger Blüthe steht und jedem Zweige der Publicistik, selbst der wissenschaftlichen dient, so beschränkt sich ihr Gebiet bei uns mehr auf die sogenannte „oberflächliche Literatur", ein Umstand, der ohne Zweifel seine gute Seite hat, denn das wahrhaft Gediegene wird so gezwungen, sich im Kampfe zu bewähren und als solches zu offenbaren, indem es auch ohne Reclame zur Oeffentlichkeit durchdringt. Aber es macht mitunter seinen Weg nur sehr langsam.

Eine schlimme Folge der Bescheidenheit unserer tüchtigen Männer ist ohne Zweifel die, daß die Buchhändler dadurch stutzig gemacht werden, daß sie an dem Erfolg eines Werkes zweifeln, von dessen Verfasser so wenig verlautet und daß deshalb die Werke dieser Männer sehr oft keinen Verleger finden. So ging es auch dem trefflichen Manne, den wir den unbekannten Reisenden nennen können. Dieser Mann, dessen Namen wohl viele Leser jetzt zum erstenmal hören werden, war Adolph von Wrede, ein geborner Westphale, dem die geographische Wissenschaft die Ausfüllung einer jener Lücken verdankt, an denen dieselbe vor kurzem noch so überreich war und deren viele auch jetzt noch auf ihre Ausfüllung und Beseitigung harren.

Ueber Heimath, Leben und sonstige Privatverhältnisse unseres Reisenden habe ich mir Mühe gegeben, etwas Bestimmtes zu erkunden, leider nur mit sehr geringem Erfolg. Der berühmte Missionar Dr. Krapf, der mit Wrede im Herbste 1843 in Aden zusammentraf, konnte mir über den Ursprung Wrede's nichts Gewisses sagen. Von ihm erfuhr ich nur, daß unser Reisender in den dreißiger Jahren dieses Jahrhunderts in griechischen Diensten als Offizier gestanden, dann sich in Kleinasien aufgehalten und später nach Aegypten begeben habe, von wo aus er im Frühjahr 1843 seine denkwürdige Entdeckungsreise unternahm. Erst viel später scheint er nach Europa zurückgekehrt zu sein, um sein Manuscript zu veröffentlichen, was ihm jedoch nicht gelingen sollte.

Leider wurde dem muthigen Reisenden in seinem Vaterlande nicht nur keine Anerkennung zu Theil, sondern ihn traf auch noch das grausame Schicksal, daß seine Berichte bei Vielen keinen Glauben fanden und daß man ihn für wenig besser als für einen „Schwindler" erklärte. Obgleich einige tüchtige Geographen, wie Carl Ritter, Sir Roderich Murchison, Kiepert, Petermann die Wichtigkeit seiner Entdeckungen zu würdigen wußten, so blieb doch nicht nur das Publikum ihm gegenüber gleichgültig, sondern sogar bedeutende Männer, wie Alexander von Humboldt und Leopold von Buch, sprachen offen ihre Zweifel über die Glaubwürdigkeit seiner Reiseschilderungen aus. Letzterer in seiner derben Weise nannte den Reisenden geradezu einen Lügner und pflegte zu erzählen, wie Humboldt sich geärgert über die „Aufschneidereien", welche sich Wrede beim Könige Friedrich Wilhelm IV. in Sanssouci, wo ihn Humboldt eingeführt hatte, über seine Abenteuer erlaubt habe. Was namentlich das Mistrauen des großen Naturforschers erweckte, war die Schilderung, welche Wrede von einer merkwürdigen, allerdings sehr räthselhaften Naturerscheinung entwarf,

die er am Bahr eſſ Sſâfy in der Wüſte el Ahqâf beobachtet hatte
und über die der Leſer, der ſie im vorletzten Capitel dieſes Buches
findet, ſich ſelbſt ein Urtheil bilden mag. Allerdings klingt es ſonder-
bar, wenn man einem Naturforſcher ins Geſicht hinein behauptet, daß
eine Meßſchnur im Wüſtenſande wie in einem Brunnen verſinken
könne, und dieſe Erzählung Wrede's, wenn ohne gehörige Erläuterung,
d. h. außer Zuſammenhang mit den ſie begleitenden Nebenumſtänden
im gewöhnlichen Geſpräch gemacht, mochte wohl den Verdacht der
„Aufſchneidereien" aufkommen laſſen. Aber wie die fragliche Schilderung in Wrede's handſchriftlichem Nachlaß klingt, ſehen wir ſie faſt
gänzlich jenes wunderlichen, abenteuerlichen Gewandes entkleidet, welches
Humboldt's Mistrauen hervorrief. Nicht im Sande ſchlechtweg ver-
ſank die Meßſchnur, ſondern in einer tiefen Höhlung, die dem Reiſenden wie ein Brunnen erſchien, in deren Grunde wahrſcheinlich
eine Petroleumquelle ſich befand, und deren Oberfläche nur eine Schicht
ſehr feinen Sandes oder Staubes, ſehr verſchieden von dem gewöhnlichen Wüſtenſand, bedeckte. Die Naturforſcher mögen entſcheiden, in-
wiefern eine ſolche Erſcheinung möglich iſt. Aber im ſchlimmſten
Falle können wir hier nur einen Irrthum des Reiſenden vorausſetzen,
da er ja ſeine Meßſchnur nicht wieder aus der Höhlung heraufzuziehen
vermochte und da das, was ihm wie ein Verſinken vorkam, möglicher-
weiſe ja nur ein Steckenbleiben derſelben, durch mechaniſche Hinder-
niſſe, z. B. ein Vorrutſchen des Sandes verurſacht, ſein konnte.

Dies iſt übrigens auch die einzige Epiſode im ganzen Wrede'-
ſchen Werke, welche jene Zweifel an ſeiner Glaubwürdigkeit erklären
kann. Im Uebrigen macht ſeine Reiſeſchilderung durchaus den Eindruck der Wahrhaftigkeit. Wie hätte auch ein Schwindler ſolche
Männer, wie Carl Ritter, und die andern bedeutenden Geographen
täuſchen können, wie hätte der langjährige Kenner Arabiens, der berühmte Arabiſt Fresnel, Wrede's Reiſe als eine der wichtigſten Entdeckungen unſeres Jahrhunderts preiſen können?

Aber wir haben auch noch andere, geradezu directe Beweiſe für
die Authenticität der Wrede'ſchen Reiſe. Der erſte iſt der, daß Arnaud,

1*

welcher gleichzeitig mit Wrede's Reise in Hadhramaut, seinen be=
rühmten, unzweifelhaft authentischen Ausflug nach Mârib unternahm,
in letzterer Ortschaft von Arabern, die aus dem benachbarten Ha=
dhramaut kamen, hörte, daß sich zur Zeit ein Europäer in dieser
Provinz aufhalte, dessen Personalbeschreibung durchaus auf Wrede
paßte. (Die vollständige Beschreibung steht im Journal Asiatique,
IV. Série, V. Volume, Mars—Avril 1845, S. 311 und 312.)

Doch auch ohne Personalbeschreibung konnte die Erzählung jener
Araber nur Wrede und keinen Andern bezeichnen, denn nie ist außer
Wrede ein Europäer in Hadhramaut gewesen.

Einen andern Beweis schöpfen wir aus dem Umstand, daß Wrede
eine himyarische Inschrift von seiner Reise zurückbrachte, auf welcher
die Orientalisten deutlich den Namen mehrerer Orte und Landschaften
(Hadhramaut, Mahfa'a und 'Obne) entzifferten, welche unser Rei=
sender besucht hat. Namentlich der Name des Fundortes der In=
schrift „'Obne", scheint unzweifelhaft festgestellt. Nun ließe sich zwar
die Vermuthung aufstellen, Wrede könnte diese Inschrift an der Küste
gefunden haben, aber zum Mindesten wäre dann der Umstand höchst
auffallend, wenn nicht räthselhaft, daß dieselbe gerade den Namen
„'Obne", wo der Reisende sie gefunden zu haben behauptet, deutlich
wiedergiebt. Wäre sie aber an der Küste vorhanden gewesen, so
mußten frühere Reisende, wie Cruttenden, Wellsted, welche die Inschriften
gerade dieses Küstentheils copirten, doch auch etwas von ihrer Existenz
gehört haben. Was schließlich eine andere für Wrede noch nach=
theiligere Vermuthung betrifft, die nämlich, daß er jene Inschrift
fabricirt habe, so konnte eine solche nur von Menschen aufgestellt
werden, die keinen Begriff von der epigraphischen Forschung himya=
rischer Schriftdenkmäler besaßen. Denn diese Forschung war zu
Wrede's Zeit noch so wenig vorgeschritten, daß kaum der gelehrteste
Orientalist damals im Stande gewesen wäre, eine solche Inschrift zu
fabriciren, und Wrede kannte nicht einmal das himyarische Alphabet.
Die Authenticität der Inschrift ist auch von den Gelehrten nie ernst=
lich in Zweifel gestellt worden. Den Namen „'Obne" konnte aber

Wrede nicht aus ihr selbst geschöpft haben, da, wie gesagt, er nicht im Stande war, sie zu lesen. Wenn er uns nun eine himjarische Inschrift aus dem Innern Hadhramauts bringt und behauptet, er habe dieselbe in einem Orte Namens „Obne" gefunden, und die Orientalisten auf derselben später den Namen „Obne" wirklich deutlich lesen, so gehört viel böser Wille dazu an der Authenticität des Fundorts zu zweifeln. Wenn aber Wrede den Namen „Obne" nicht aus der Inschrift schöpfte, woher sollte er ihn entnommen haben? Etwa aus frühern Reisewerken? Kein einziges kennt diesen Namen. „Obne" war vor Wrede in Europa ganz unbekannt. Es bleibt also nichts anzunehmen, als daß Wrede selbst in „Obne" gewesen sein muß.

Auch noch andere Umstände lassen die Vermuthung, daß Wrede seine ganze Reise nur erdichtet habe, im höchsten Grade unwahrscheinlich, wenn nicht paradox erscheinen. Wie ist es denkbar, daß ein Reisender ein ganzes System von Wâdi's (Flußthälern), von Gebirgen, Hochebenen, daß er über 100 Namen von Ortschaften erfinden konnte, und daß diese Erfindungen vollkommen mit den Berichten der Einheimischen übereinstimmen, welche Fresnel ein Jahr später sammelte? Ferner war Wrede nicht gelehrter Etymologist, er verstand sich nur schlecht auf die Ableitung arabischer Namen, und dennoch passen die Namen der von ihm genannten Ortschaften in vielen Fällen genau auf den von ihm geschilderten topographischen Charakter jener Oertlichkeiten! Wäre dies Alles erfunden, so müßten wir dem Reisenden übernatürliche Divinationsgabe zuschreiben.

Leider giebt es auch in der neuern touristischen Literatur sogenannte fabricirte Reisebeschreibungen, d. h. völlig erdichtete Schilderungen von Ländern, in die der Autor nie einen Fuß gesetzt hat. Aber diese Machwerke tragen einen ganz andern Stempel, als die Wrede'sche Reisebeschreibung. Handeln diese Bücherfabrikanten von noch unentdeckten Ländern, so bestreben sie sich vor allen Dingen das geographische Element in den Hintergrund zu drängen und unter einem Schwulst von weitläufigen, oft romanhaften Detailerzählungen zu erdrücken. So erreichen sie den Zweck, ein dickes Buch zu liefern, ohne sich allzu sehr zu compromittiren, d. h. ohne geographische Data zu geben, deren Unechtheit eine vielleicht baldige Entdeckung eines wirklichen Reisenden allzu klar beweisen könnte.

Merkwürdigerweise hat auch Wrede's Reisegebiet das Schicksal gehabt, zu einem der beschriebenen Machwerke den Vorwurf zu liefern. Ein französischer Reisender, du Couret, der sich auch Hâdschh Abd el Hâmid Bey nannte, wollte im Jahre 1844 (also ein Jahr nach Wrede) eine Reise durch Hadhramaut gemacht haben, die er unter dem romanhaften Titel „Les Mystères du désert" in Paris im Jahre 1859 veröffentlicht hat. Diese „Geheimnisse der Wüste" sind ganz nach der oben erwähnten Schablone angelegt. Von geographischem Material wird nur das Allerdürftigste, und auch dies nur aus falschen, veralteten Quellen geschöpft, geboten. In ganz Hadhramaut kennt du Couret nur vier Ortschaften und weist diesen genau dieselbe irrthümliche Lage an, unter welcher sie Berghaus auf seiner 1834 nach ältern Berichten, die jedoch nur auf Hörensagen beruhten, verfaßten Karte, verzeichnete, z. B. giebt er Do'ân (das er eine Stadt nennt) um Vieles nördlicher als Terym und Schibâm an, während es südlich von besagten Orten liegt. Das zwischen diesen vier Ortschaften befindliche Land bezeichnet du Couret theils als eine Wüste, theils als eine Steppe, nach Art der amerikanischen, von frischen hohen Gräsern bewachsen, theils als einen natürlichen Garten voll aromatischer Kräuter und wundervoll schöner Blumen. Von Gebirgsbezeichnungen, Flüssen, von dem so wichtigen System der Wâdiy's findet sich bei ihm keine Spur. Auch die Bewohner sind sehr wenig berücksichtigt. Außer den Einwohnern besagter Städte und den Mitgliedern seiner Karavane kennt der Franzose eigentlich nur noch Räuber, wie die wilden Stämme von Mahra, welche bis nach Hadhramaut eingedrungen sein und ihm dort aufgelauert haben sollen, und die sogenannten Khafir el Orianin (richtig geschrieben Kâfir 'el 'Oryânyn), welche letztere er als eine Art von Wilden beschreibt, die das ganze Flachland und die Wüste bewohnen und unsicher machen. Was sollen aber diese „Khafir el Orianin" sein und was bedeutet der

Name? Letzterer ist lediglich ein Schimpfwort und bedeutet die
„nackten Ungläubigen oder Ketzer". Es ist möglich, daß du Couret,
der wirklich an der Küste von Yemen gewesen zu sein scheint, mit
jenem Schimpfwort die halbnackten Beduinen, welche eben keine
strengen Moslims sind, von den fanatisch orthodoxen Städtern be=
zeichnen hörte. Aber wie kann man annehmen, daß ein Reisender in
einem so stammesstolzen Lande wie Arabien, wo die Namensbezeich=
nungen der Stämme und ihre Genealogieen eine viel wichtigere Rolle
spielen, als topographische Unterscheidungen, für die zahlreichen
Stämme, deren Gebiet er durchwandert haben muß, nie andere
Namensbezeichnungen vernommen haben sollte, als den beschimpfenden
Collectivausdruck „die nackten Ketzer"? Außerdem spricht du Couret
von einem Glanz und Luxus, der in besagten Städten herrsche, von
einer gewissen Civilisation und Toleranz, indem er sogar Juden,
Banianen und Sabäer (?) im Innern des fanatischen Hadhramaut
wohnen läßt, überhaupt von Zuständen, wie sie allenfalls in Küsten=
städten von Yemen vorkommen, wie sie aber im Innern Arabiens
nicht existiren; einen Satz, für den wir noch andere Zeugen als Wrede
haben, nämlich Cruttenden und Wellsted, die auch schon von den bar=
barischen Zuständen im Innern berichteten, und vor allen Dingen
Fresnel, der in Dschidda viel mit Hadhramautern zusammenlebte und
dessen aus ihrem Munde entnommene Berichte durchaus mit den=
jenigen von Wrede übereinstimmen, diejenigen seines romanschmiedenden
Landsmannes dagegen Lügen strafen.

Dies das dürftige geographische und ethnologische Skelett der
„Geheimnisse der Wüste". Desto reichhaltiger erweisen sich dieselben
jedoch an romanhaften Ausschmückungen. In Mârib, dessen Beschrei=
bung übrigens ein Plagiat Arnaud's bildet, giebt uns du Couret,
nachdem er den Palast des Oberhauptes mit Arnaud's Worten ge=
schildert, eine Reihe fabelhafter Scenen unter dem Titel „Les épreuves"
zum Besten, welche als ein Zerrbild der ehemaligen freimaurerischen
Novizenprüfungen erscheinen. Es wird ihm befohlen, sich von einem
fünfstöckigen Thurme hinabzustürzen, zu einem wüthenden Panther in

den Käfig zu steigen, ein unterirdisches Labyrinth zu durchwandeln,
und nachdem er dies Alles gethan, aber beim Hinunterstürzen vom
Thurme von kräftigen Armen aufgefangen, im Käfig des Panthers
durch eine plötzlich hinabsinkende Scheidewand errettet worden ist und
im Düster des Labyrinths sich von einem mit Blitzesschnelle sich ent=
faltenden Lichtmeer umgeben gesehen hat, trifft ihn noch die schreck=
liche Schlußprüfung, daß man seinem größten Feinde, einem mit ihm
angekommenen Araber, der seinen Tod geschworen hatte, befiehlt, ihn
zu erschießen. Letzterer drückt wirklich los, aber — die Kugeln waren
auf Befehl des Gebieters von Mârib ohne Vorwissen des Mörders,
der wirklich die Absicht zu tödten hatte, aus der Büchse entfernt
worden, und so endet die romanhafte Prüfung zum Ruhm und
Heil des Schwererprobten! Ist es möglich, daß in unserm Jahr=
hunderte noch solche Märchen aus „Tausend und einer Nacht" den
Lesern als wirkliche Erlebnisse und Reiseabenteuer aufgetischt werden
können?

Einen siegreichen Beweis gegen die Wahrhaftigkeit des Verfassers
der „Geheimnisse der Wüste" hat uns jedoch dessen eigene Unvor=
sichtigkeit an die Hand gegeben. Wenn man eine Reisebeschreibung
erdichtet, so muß man sie wenigstens ganz erdichten, und sich wohl
hüten, die Abenteuer Anderer, die bereits gedruckt sind, als eigenes
Erlebniß wiederzugeben. Diese Vorsicht hat du Couret gänzlich außer
Acht gelassen, indem er eine Scene mit Schlangengauklern aus dem
bekannten Werke des englischen Consuls Drummond Hay „Marocco,
its wild tribes and savage animals" nicht nur wiedergiebt, sondern
fast wörtlich aus der französischen Uebersetzung dieses Werkes ab=
schreibt und dem Leser zumuthet, diese in Marokko vorgefallene Scene,
deren Details durchaus nicht nach Arabien passen, für eine in letzterm
Lande von ihm persönlich bezeugte hinzunehmen. Zu diesem Zweck
versetzt er die 'Aÿssaÿa, die marokkanische Secte der Schlangen=
gaukler, mitten ins Herz von Arabien! Selbst den sprachlichen
Fehler Drummond Hay's, welcher den Stifter der Secte Aïsser nennt,
während er Mohammed ben Aïssa (mit a, nicht mit er) hieß, wieder=

holt der unkritische Verfasser der Geheimnisse der Wüste.*) Wenn wir aber einen Reiseschriftsteller auf einem so offenkundigen Piratenthum ertappen, dann müssen wir auch jeden Glauben an die Authenticität seiner übrigen vermeintlichen Erlebnisse von uns weisen.

Der Leser entschuldige diesen Excurs über das französische Reisewerk mit der Rücksicht auf unsern Landsmann, von Wrede, dessen Berichte eben durchaus falsch sein würden, wenn wir die des Franzosen für wahr halten könnten. Deshalb nur habe ich so lange bei letztern verweilt, denn da Wrede's so reichhaltiges geographisches Material mit dem dürftigen des Franzosen durchaus im Widerspruche steht, so können unmöglich beide Berichte wahr sein. Ich denke, der Leser wird sich schon längst darüber entschieden haben, wem von Beiden die Palme der Wahrhaftigkeit zukommt.

Daß dieser Preis Wrede gebührt, darüber herrscht heut zu Tage unter den Männern der Wissenschaft wohl kaum ein Zweifel mehr. Leider war dies jedoch zu Wrede's Lebzeiten (wie schon oben erwähnt) nicht der Fall, und dieser Umstand erklärt wohl, warum der Reisende in seinem Vaterlande keinen Verleger fand. Größere Anerkennung dagegen schien ihm in England bevorzustehen. Die dortige „Geographische Gesellschaft" hatte einen Auszug seiner Reiseberichte in ihre Zeitschrift aufgenommen. Reiseschriften fanden von jeher in England bereitwillige Verleger und Publikum. So kam er denn auf den Gedanken, es dort zu versuchen, und es waren wirklich auch gegründete Aussichten vorhanden, daß sein Manuscript, einmal ins Englische übersetzt, einen Verleger in England finden werde. Leider sollte jedoch demselben in England der größte Verlust bevorstehen; ein Verlust, den wir nahezu als unersetzlich bezeichnen können. Wrede hatte seinem Manuscript eine mühsam entworfene, vollständige Karte des von ihm entdeckten Theils von Arabien, sowie eine Anzahl Hand-

---

*) Die gestohlene Stelle findet sich in den „Mystères du Désert par Hadj Abd 'el Hamid Bey" (Paris, Dentu, 1859, Bd. I, S. 177—181) und ist die beinahe wörtliche Wiederholung der französischen Uebersetzung in Drummond Hay's „Marocco etc.", S. 193—196 der französischen Ausgabe.

zeichnungen nebst colorirten Costümbildern beigegeben *), und diese Zugaben befanden sich in den Händen des Uebersetzers, welcher jedoch,
noch ehe er in seiner Arbeit einigermaßen vorgeschritten war, starb
(durch Selbstmord), und in dessen Nachlaß sich nichts vorfand als
das einfache Manuscript. Karte, Zeichnungen und Aquarelle waren
und blieben spurlos verschwunden. Dadurch verschwand auch die
Aussicht auf eine Herausgabe des Werkes in England. Entmuthigt
scheint Wrede von nun an auf eine solche verzichtet zu haben. Er
lebte zu jener Zeit wieder in Westphalen, wo er wegen Mittellosig-
keit sich genöthigt gesehen hatte, eine Privatanstellung als Förster auf
den Gütern des gleichfalls als Schriftsteller bekannten Freiherrn von
Haxthausen anzunehmen. Doch scheint es ihm in Deutschland im
Ganzen schlecht gegangen zu sein, seine Reiselaufbahn fand keine Anerkennung, seine Privatverhältnisse sollen drückend gewesen sein. Dazu
kam nun noch jene Entmuthigung des Mislingens der englischen
Herausgabe seines Werkes, und dies scheint das Maß der Leiden für
ihn voll gemacht und ihn zum Entschluß gebracht zu haben, sein Vaterland (wahrscheinlich für immer) zu verlassen. Bald darauf (ich glaube
um 1856) soll er nach Texas ausgewandert und dort gestorben sein.
Aber über seinen Tod fehlen mir alle zuverlässigen Angaben. Wollte
Gott, daß er noch lebte und daß ihm dieses, sein nun endlich ge-
drucktes Werk, als ein Trost am Abend seines vielgeprüften Lebens
zu Händen kommen möge.

Von den schweren Verlusten, welche das Wrede'sche Reisewerk
in London betroffen hatten, war glücklicherweise wenigstens einer nicht
ganz unersetzlich. Ich meine denjenigen, welcher die Karte betraf.
Wrede allein kommt das Verdienst zu, daß dieser Mangel ausgeglichen
werden konnte, natürlich nur beziehungsweise, denn seine eigene
Karte würde ungleich Vollkommneres geboten haben, als diejenige,

---

*) Auch Fresnel erwähnt diese Zugaben zum Wrede'schen Manuscript, das
er kannte, im Journal Asiatique, IV. Série, VI. Volume, Novembre 1845,
S. 394 und 395.

welche es mir, nicht ohne Mühe, gelang aus seinen Reiseberichten zu-
sammenzustellen. Natürlich mußte ich mir sagen, daß die Herausgabe des Reisewerkes für das größere Publikum fast werthlos sein
würde ohne die Zugabe einer Karte, und ich forschte deshalb im Manuscript nach Daten für dieselbe und siehe da! ich fand die deutlichsten,
so deutlich, wie ich sie nicht erwartet hatte und wie sie vielleicht noch
kein Reisender vor Wrede gegeben hat. Wrede hat überall die
Distanzen genau angegeben, den Winkel und die Himmelsrichtung
seiner Route bis auf die Minute verzeichnet; er hat genaue Beobachtungen über die Schritte der Kameele, welche dieselben in einer
Stunde zurücklegen, angestellt, und da er fand, daß 6000 Kameel-
schritte einer halben geographischen Meile (à 15 auf den Breitegrad)
entsprechen, so hat er diese Rechnung als Basis seiner Bezeichnung
der Wegstunden genommen. Eine astronomisch bestimmte Basis war
ihm außerdem durch die bekannten Gradbezeichnungen von Makalla
und Borum, von wo aus er seine Reise unternahm, an die Hand
gegeben. Ein Taschenchronometer, eine Boussole und ein Visirkompaß
waren die einfachen Hülfsmittel, mit denen er seine Route maß und
seine Aufnahmen bewerkstelligte, und diesem einfachen Apparat und den
danach gemachten Beobachtungen verdankte ich den Umstand, noch
jetzt nach so vielen Jahren eine Karte von Wrede's Itinerar entwerfen
zu können.

Jenes Land, welches das Reisegebiet unseres kühnen Entdeckers
bildet und an das sich ein so wichtiges historisches Interesse knüpft,
die große Halbinsel Arabien, war für uns vor wenigen Jahren noch
ein mit sieben Siegeln verschlossenes Buch und ist es zum großen Theil
auch jetzt noch. Wie wir von einem solchen nichts sehen, als den
Einband, so kannten wir auch von Arabien vor den Entdeckungsreisen
von Palgrave, dem Erforscher des Wahabitenlandes, Arnaud, dem
Entdecker von Mârib, und Wrede nur die Küsten und die diesen zu-
nächstgelegenen Ländertheile; denn die frühern Reisenden, wie Burckhardt, Niebuhr, Seetzen, Wellsted, wie groß auch immer ihre Verdienste genannt werden müssen, waren doch eigentlich niemals tief in

das Innere eingedrungen. Jede der drei gebildetsten Nationen Europas hat einen von den obengenannten drei Entdeckungsreisenden gestellt. Frankreich und England haben die ihrigen gebührend anerkannt und deren Werken den verdienten Ruhm gezollt. Nur Deutschland hat den Namen des seinigen in Vergessenheit schlummern lassen, und dennoch verdient gerade er bekannt und berühmt zu werden, denn Wrede's Wagniß war ein größeres, als das irgend eines Reisenden vor oder nach ihm, und an seinen Namen knüpft sich eine der interessantesten Entdeckungen, die je auf dem Gebiete der Erdkunde gemacht worden sind.

Carl Ritter wußte etwas von dieser Entdeckung, aber nur wenig, nur so viel, als in der erwähnten englischen Zeitschrift in kurzem Abriß darüber veröffentlicht worden war, indeß selbst dieses Wenige begrüßte er als die wichtigste Errungenschaft und machte im zwölften Bande seiner Erdkunde den möglichsten Gebrauch von demselben, denn für den von Wrede entdeckten Theil Arabiens, d. h. für Hadhramaut, Beled Hadschar, Beny 'Yssa und angrenzende Länder, war dieser seine einzige Quelle. Noch nie war vor Wrede ein Europäer in jene Gegenden gekommen, und nachmachen wird es ihm so leicht auch keiner. Aber Ritter erkannte und bedauerte lebhaft das Ungenügende jener Mittheilungen, der einzigen übrigens, die bis jetzt über Wrede's Reise im Drucke erschienen sind, und sprach die Hoffnung aus, das vollständige Reisewerk des unternehmenden Westphalen bald erscheinen zu sehen. Seitdem waren 24 Jahre verstrichen und noch immer lag Wrede's Manuscript ungedruckt da.

Vor Ritter hatte schon ein Franzose auf Wrede's Verdienste aufmerksam gemacht, nämlich der berühmte Arabist Fulgence Fresnel, lange französischer Consul in Dschidda in Arabien, derselbe welcher Arnaud bestimmte, seine denkwürdige Reise nach den Ruinen von Mariaba, der alten Hauptstadt der Könige von Sjâba, dem heutigen Mârib, zu unternehmen und zwar in demselben Jahre, in welchem Wrede seine Reise ausführte. Fresnel schrieb im Jahre 1845 im Journal Asiatique: „Nie ist eine interessantere Reise gemacht worden, als die des Herrn von Wrede, und dieselbe muß in der geographischen Wissenschaft Epoche machen."

Durch einen Zufall gelangte vor kurzem Wrede's Manuscript in meine Hände. Anfangs war ich nicht geneigt, ihm große Bedeutung zuzumessen, da ich mir nicht zu denken vermochte, daß man etwas wirklich Gediegenes ein Viertel Jahrhundert lang im Verborgenen schlummern lassen konnte. Aber je mehr ich mich in dessen Lectüre vertiefte, desto deutlicher erkannte ich den unzweifelhaften Werth, die außerordentliche Wichtigkeit dessen, was hier geboten wurde. Wrede's Manuscript offenbarte mir gleichsam eine neue Welt, eine Fülle von Thatsachen und Erscheinungen, die den Ethnographen Räthsel geblieben waren; es lüftete den Schleier von einem Theile jenes großen unbekannten Landes, Arabien, von einem Theile desselben, über den ich bis jetzt selbst in den arabischen Autoren umsonst nach Aufklärung gesucht hatte, denn diese geben uns über die an den indischen Ocean grenzenden Landschaften und namentlich über deren Inneres nur die allerdürftigsten, kaum nennenswerthen Aufschlüsse.

Wie es Wrede gelingen konnte, in dieses so außerordentlich schwer zugängliche Land einzudringen, und was dazu gehörte, um seinen kühnen Plan auszuführen, das vermag eigentlich nur der vollkommen zu würdigen, der selbst einmal Aehnliches, wenn auch weniger Gefährliches, unternommen hat und der so von den großen Gefahren des einen auf die noch größern des andern Wagnisses aus Erfahrung schließen kann. Nach Mekka zu dringen ist allerdings nicht leicht, aber unter dem bunten Völkergemisch, das sich alljährlich dort zum Pilgerfest versammelt, wird es für den verkleideten Eindringling eher ausführbar, sich zu verstecken und seine wahre Nationalität zu verbergen, als in einem Lande, wie Hadhramaut, wo Niemand, der nicht aus dieser Provinz selbst stammt, reist und wo der Fanatismus, der in der Anwesenheit des Christen eine Entweihung und ein todeswürdiges Verbrechen erblickt, ebenso mächtig, ja vielleicht noch mächtiger ist, als in Mekka. Im oceanischen Arabien ist nicht nur der Europäer und Christ, sondern selbst jeder nicht aus dieser Provinzen stammende Moslim eine heterogene Erscheinung und zwar in einem solchen Grade, daß es sehr schwer, ja fast unmöglich wird, eine einladende Entschuldigung, einen glaubwürdigen Vorwand für seine Anwesenheit daselbst zu finden.

Seit der Besitzergreifung von 'Aden durch die Engländer ist es in dieser Beziehung nur noch schlimmer geworden. Die Engländer in 'Aden sind in einer ganz ähnlichen Lage, wie vor dem letzten marokkanischen Krieg die Spanier in Ceuta und Melilla. 'Aden ist für sie ein Gefängniß, aus dem ein Entkommen nur zur See möglich. Zu Lande ist jeder Schritt über die Grenze der schmalen Halbinsel für den Europäer mit Todesgefahr verbunden. Nichts, durchaus nichts ist von den Engländern im Laufe der dreißig Jahre, während welcher sie 'Aden besitzen, für die Erforschung des Landes geschehen, von dem ihre Besitzung einen Theil bildet. Dasselbe ist für sie so vollständig terra incognita geblieben, wie wenn es bei den Antipoden läge. Nur ein einziger Reisender ist in diesem Zeitraume von 'Aden aus in das Innere eingedrungen, und dieser eine war kein Engländer, sondern unser Landsmann, Adolph von Wrede.

Eine chinesische Mauer umzieht das Innere dieses Landes, die dafür, daß sie keine handgreifliche ist, nur desto unerbittlicher bewacht wird. Mauern lassen sich niederreißen, Thore lassen sich in ihnen anlegen, aber mit dem religiösen Fanatismus, der Arabiens chinesische Mauer bildet, giebt es kein Abkommen. Die Völker Hadhramauts namentlich zeichnen sich durch die Schroffheit ihres Fanatismus aus. Die in seinen Dörfern und Städten ansässige Bevölkerung bekennt sich zu der strengsten Auffassung des orthodoxen sunnitischen Glaubensbekenntnisses. Die Beduinen, d. h. die Bewohner der Wüsten und Steppen, welche bei weitem die Mehrzahl der Bevölkerung dieser Provinz bilden, sind zwar auch hier wie überall, lax im Glauben, beten nie, nehmen nicht die Ablutionen vor, hegen aber doch eine abergläubische Ehrfurcht vor den Morâbits (Santons), den Heiligengräbern und selbst vor den Schjâch (Pl. von Schajch), den Schorfa und Sfaljlds, d. h. der fanatisch-religiösen Geistlichkeit und der theokratischen Adelskaste der ansässigen Bevölkerung.

Die geistlichen oder theokratischen Oberhäupter der Städte und Dörfer können denn auch überall ihren schroffen Fanatismus zur Geltung bringen, die Bedninen fanatisiren und durch überspannte religiöse Reden zu den unvernünftigsten und grausamsten Handlungen hinreißen, wie sie in Europa nur in den frühesten Zeiten des Mittelalters möglich waren. Die inerte Masse der Landbevölkerung, die an und für sich gar kein Interesse an der Religion nimmt, wird in den Händen der Glaubenswächter, die sie zu fanatisiren verstehen, das verderblichste Werkzeug, welches sich zu Allem gebrauchen läßt, wozu es jene verwenden wollen. Haß gegen Andersgläubige gilt aber jenen Glaubenswächtern als Gesetz und diesen den Bedninen einzuflößen, gelingt ihnen sehr leicht, besonders da deren natürliche Grausamkeit sowohl, als deren räuberische Instincte ihre Rechnung dabei finden, diesen durch die Religion geheiligten Haß zu bethätigen, den Fremden, der ins Land eindrang, zu tödten und sich seiner Habe zu bemächtigen. Nie ist deshalb ein offen als Christ auftretender Europäer in dieses Land eingedrungen, und nie werden die fanatischen Glaubenswächter dergleichen gestatten.

Hadhramaut gilt für ebenso unnahbar als Mekka, ja es ist in That für den Europäer noch viel unnahbarer, denn unter dem bunten Völkergemisch des Islam, welches sich jährlich nach Mekka zuwendet, kann, wie erwähnt, eher ein Europäer sich verstecken. Mehrere haben es gethan, und ich selbst fand keine allzu großen Schwierigkeiten, dies auszuführen. In Hadhramaut dagegen ist die Ankunft eines Fremden ein fast beispielloses Ereigniß, dessen Nachricht sich von einem Ende des Landes zum andern wie ein Lauffeuer schnell verbreitet, alle Köpfe beschäftigt und oft auf die abenteuerlichste, ja verrückteste Art gedeutet wird.

Ist nun dieser Fremde gar ein Christ, oder wird er beargwohnt, ein solcher zu sein, so sind die Gefahren, denen er sich aussetzt, unsäglich. Die fanatischen Glaubenswächter, welche ihr Land speciell

Beled ed Dyn (Land des Glaubens) oder Beled el 'Ilm (Land der Gottesgelehrtheit) nennen, erblicken in der Gegenwart des Andersgläubigen die größte Profanation für ihren geheiligten Boden. Nicht nur das; sie bilden sich ein, daß er ihren Schulen, Moscheen, ihren Gottesgelehrten irgend ein religiöses Geheimniß ablauschen und dieses dann zum Unheil ihrer leiblichen und geistigen Wohlfahrt durch irgend welche satanische Zauberkünste, in denen sie alle Christen für wohlerfahren halten, ausbeuten könne. Die weltlichen Häupter des Volkes erblicken mit echt arabischer Schwarzseherei in jedem solchen Fremden einen Spion irgend einer europäischen Macht, namentlich Englands, dessen Eroberung des nahen 'Aden sie immer noch nicht verwinden können. Selbst die rohen, unwissenden Beduinen, die sonst noch die am wenigsten fanatischen Bewohner Hadhramauts sind, werden nicht selten mistrauisch, namentlich dann, wenn sie einen Fremden Dinge vornehmen sehen, deren wahren Zweck sie nicht begreifen. Als der bei der englischen Küstenaufnahme Südarabiens betheiligte Engländer Wellsted im Jahre 1833 an der Grenze von Hadhramaut einen kurzen Ausflug landeinwärts unternahm, und die berühmte himyarische Inschrift von Naqb el Hadschar copirte, zerbrachen sich die Beduinen die Köpfe über den Zweck dieses seltsamen Gebahrens. Als aber bald darauf die Engländer 'Aden eroberten, da ward den Beduinen auf einmal dieser Zweck klar. Wellsted hatte in der himyarischen Inschrift das Geheimniß entdeckt, wie das nach arabischen Begriffen uneinnehmbare 'Aden zu erobern sei! Wrede hat zehn Jahre später diese Ansicht noch überall von den Beduinen des Küstenlandes vernommen.

Nach dem Gesagten wird nun der Leser beurtheilen können, wie unermeßlich groß Wrede's Wagniß war, in ein solches Land einzudringen. Daß er seine Eigenschaft als Christ und Europäer (nach arabischen Begriffen gleichbedeutend) aufs Strengste verheimlichen mußte, versteht sich von selbst. Ebenso, daß er der arabischen Sprache vollkommen mächtig sein mußte. Den ägyptischen Dialect kannte er wie seine Muttersprache, und er beschloß deshalb, sich für einen

Aegypter auszugeben. Seine äußere Erscheinung scheint ihn bei dieser angenommenen Rolle auch im Ganzen unterstützt zu haben. Er muß dunkle Augen und dunkle Haare gehabt haben, denn er sagt ausdrück= lich, daß ein blonder und blauäugiger Mann eine solche Reise, wie die seine, nie wagen dürfe. Nur die Weiße seiner Haut erregte bei den Arabern oft Aufsehen. Seine europäischen Gesichtszüge mußten wohl immerhin auffallen, bei den Gebildeten und Gereisten freilich weniger, da dieselben wissen, daß nicht nur die Züge der Türken, sondern auch diejenigen mancher Moslims Syriens und Aegyptens, die oft aus sehr kühn gemischter Race stammen, den europäischen ähneln. Da aber solche nordische Moslims sich nur sehr selten nach Hadhramaut verlieren, so war es natürlich, daß das rohe, unwissende Volk dennoch in Wrede manchmal den Europäer witterte, bis zuletzt bei einer verhängnißvollen Gelegenheit dieser Argwohn zum offenen Ausbruch kam, und seine Folgen der Reise des kühnen Mannes ein verfrühtes Ziel setzten.

Aber selbst seine angenommene Rolle als Aegypter sicherte ihn nicht vor dem Argwohne der Südaraber. Er wurde oft für einen politischen Spion des damaligen Vicekönigs Mohammed 'Alyy ge= halten. Zudem war ein Aegypter als Reisender in jenem Lande eine derartige Seltenheit, daß man gar nicht begriff, in welcher Absicht er dorthin gekommen sei. In Hadhramaut reist eben Niemand, außer Hadhramauter. Der geringe Handel, welcher zwischen der Küste und den festen Wohnsitzen des Innern besteht, ist ausschließlich in Händen von Einheimischen, die man nicht einmal Kaufleute nennen kann, die vielmehr den Handel nur gelegentlich betreiben, wenn irgend eine andere Veranlassung sie zum Reisen treibt. Die beliebtesten solcher Veranlassungen sind die Besuche der verschiedenen Heiligengräber, an denen das Land Ueberfluß besitzt. Da dies nun derjenige Reisezweck ist, den der abergläubige Araber am leichtesten begreift und gegen welchen er am wenigsten Einwendungen machen kann, so wählte sich ihn auch Wrede zum Vorwand.

Unter allen Heiligengräbern von Hadhramaut erfreut sich das=

jenige des Propheten Hud (nach Einigen der Eber der Bibel) der
größten Verehrung. Zu diesem beschloß Wrede zu wallfahrten, gab
vor, auf Anrufung dieses Heiligen in Aegypten, seinem angeblichen
Vaterlande, von einer tödtlichen Krankheit geheilt worden zu sein und
nun zum Danke und zur Erfüllung seines Gelübdes nach dessen Grabe
zu pilgern. Demgemäß nannte er sich auch 'Abd el Hud, d. h. Diener
des Propheten Hud, ein Name, der in andern moslimischen Ländern
kaum vorkommt, der aber in Hadhramaut, dem Lande des Hud, erklärlich, ja populär sein mag.

Das Grab des Propheten Hud liegt etliche zehn Tagereisen von
der Küste entfernt. Die nächsten Hafenorte sind Makalla und Schihr.
Wrede beschloß von ersterm aus die Reise zu unternehmen, weil er
sich die Erforschung der hadhramautischen Gebirgsterrassen zur Aufgabe gestellt hatte. Da die Sijâra (Wallfahrt) immer nur in einer
bestimmten Epoche des Jahres stattfindet, und Wrede nach vollbrachtem
Gelübde keinen Vorwand mehr zur Anwesenheit im Lande gehabt
hätte, so mußte er es so einrichten, daß er einige Monate vor der
Pilgerzeit von der Küste aufbrach. Er konnte leicht vorgeben, als
Fremder die Epoche der Sijâra nicht genau gewußt zu haben, und
die so gewonnene Frist zur Erforschung des Landes benutzen.

Um den Leser in den Stand zu setzen, die Wichtigkeit der
Wrede'schen Entdeckungen in ihrer vollen Tragweite zu würdigen,
scheint es mir wünschenswerth, hier einen kurzen Ueberblick über den
Stand der geographischen Wissenschaft in Bezug auf den südlichsten,
an den indischen Ocean grenzenden Theil von Arabien zu geben. Kein
Theil der Erdkunde ist vielleicht so sehr vernachlässigt worden, als
gerade dieser, und für keinen fließen unsere Quellen spärlicher. Von
diesem Theile von Arabien, der sich von der Meerenge Bâb el Mandeb
bis zum Râss el Hadd, d. h. vom 12. bis zum 22. Grade nördlicher
Breite und vom 61. bis zum 77. Grade östlicher Länge von Ferro
hinzieht, kannten wir vor Wrede wenig mehr als die Küste; selbst
von dieser war und ist auch bis heute nur ein Theil genauer erforscht,
nämlich derjenige, welcher zwischen 'Aden und Mißenât bei Schihr

liegt und zwar durch die englische Küstenaufnahme von Haynes, Cruttenden und Wellsted im Jahre 1833. Ueber das Innere dieser Länder hatten die englischen Reisenden nur sehr wenig Aufklärung geben können und dies Wenige beruhte theils auf falschen oder falsch verstandenen Mittheilungen, geeignet eher die Confusion zu vermehren als zu zerstreuen. Um nur ein Beispiel, aber ein recht schlagendes anzuführen, genügt Folgendes. Wellsted und Haynes sprechen von einem Wahidi=Stamm, dessen Sultan in Abban (Habbân) residire und der 2000 Musketen stellen könne. Ein solcher Stamm existirt nach Wrede nicht. Wohl aber giebt es eine Dynastie 'Abd el Wâhid, von deren Oberhaupt die Engländer hörten und aus deren Namen sie schlossen, der ganze Stamm müsse Wahidi heißen. Die Sultane sind aber in Wirklichkeit von ganz anderm Stamme, als die Be= wohner des Landes, die Beduinen, auf welche sich ihre Herrschaft nicht erstreckt.

Vom Innern dieses ganzen großen Küstenlandes waren uns vor Wrede eigentlich nur die beiden Grenzländer, Yemen im Südwest und 'Omân im Nordost, einigermaßen bekannt, und zwar ersteres haupt= sächlich durch Niebuhr und unsern unternehmenden, zu früh ver= storbenen Landsmann Seetzen, letzteres durch Wellsted, dem wir heute noch Palgrave anreihen können. Aber der an den indischen Ocean grenzende Theil dieser beiden mehr oder weniger erforschten Länder war ein so verschwindend kleiner, daß die Masse des dazwischen= liegenden Unbekannten nicht wesentlich vermindert wurde.

Auch ist gerade derjenige Theil von Yemen, welcher an den indi= schen Ocean grenzt, weniger erforscht, als irgend ein anderer dieser arabischen Provinz, und außer 'Aden, welches mit ihm zwar in geo= graphischem, sonst aber auch in gar keinem Zusammenhang steht, kennen wir fast nichts von dieser südwestlichsten Ecke der großen ara= bischen Halbinsel, d. h. vom Lande südlich von Mochâ und nördlich von 'Aden. Ehe die Engländer letztere Stadt erobert hatten, war freilich einer ihrer Landsleute, Wellsted, bis nach Lâhidsch im Norden 'Adens vorgedrungen, und das, neben den spärlichen, noch ältern Be=

richten Seetzen's, ist Alles, worauf sich unsere Kenntniß dieses Theils von Yemen stützt. Seit aber die Britten sich in 'Aden festgesetzt haben, sind sie selbst von dem nahen Lâhidsch wie durch eine un-übersteigliche Mauer getrennt.

An diesen Theil von Yemen grenzt im Osten die Landschaft Yâfi'a, eine mit Ausnahme der Küste nie von einem Europäer be-tretene Region, über deren richtigen Namen man sogar lange im Un-gewissen war, bis ihn Wrede's Forschungen feststellten. Die Küste selbst gehört strenggenommen nicht zu Yâfi'a, sondern wird durch einen mächtigen Gebirgsgürtel von dieser Provinz getrennt. An der Küste liegt mit der Hauptstadt Çughra *) das kleine Sultanat der früher in 'Aden herrschenden Dynastie Fadhl 'Alyy, auch zuweilen in der Relativform Fadhly genannt, von welchem Namen einige Rei-sende Anlaß nahmen, das ganze Volk „Fadhly“ zu nennen; ein Irrthum, der auch in Ritter's Erdkunde übergegangen ist und den erst Wrede aufhellte. Ueberhaupt findet sich kein District von Arabien in Ritter's Werke so sehr vernachlässigt, wie Yâfi'a. Nicht einmal Niebuhr's Angaben, die allerdings spärlich genug sind, hat er benutzt. Niebuhr rechnet freilich diesen District zur Landschaft Dschauf, die er „Dschof“ schreibt, welche, wenn überhaupt der Name richtig ist, mehr nördlich gesucht werden muß. Er nennt die kleine Landschaft Hârib, eine Tagereise von Mârib (dem östlichsten Grenzpunkte Yemens, der alten Mariaba, durch Arnaud wieder entdeckt), ferner Bahâm, Nösab, Marcha und Obara, „wovon“, sagt er, „aber nichts weiter bekannt, als daß in denselben große Wüsteneien sind und daß die Gegenden von herumstreifenden Arabern bewohnt werden“. Danach scheint Niebuhr diese Namen für diejenigen von Landschaften gehalten zu haben. Dies mag theilweise auch der Fall sein. Daß es aber auch Städte dieser Namen giebt, hat Wrede erkundet, der zwar Yâfi'a nicht selbst betrat, aber am Wâdiy Mayfa'a, an seiner Westgrenze,

---

*) Dieser Sultan lebte nach der Eroberung 'Adens Anfangs in Lâhidsch, zog sich aber später nach Çughra zurück, wo ihn Wrede besuchte.

einige werthvolle Erkundigungen darüber einzog. Der Ort Hârib
existirt, aber nicht eine, sondern drei Tagereisen von Mârib und zwar
in südöstlicher Richtung. Das Bahâm des Niebuhr ist vielleicht das
'Dschybum Wrede's, eine Tagereise östlich von Hârib. Niçâb (das
Niebuhr Nösab schreibt) liegt nach Wrede eine Tagereise nördlich von
'Dschybum und zwar auch im Wâdiy 'Dschybum, ist also nur ein
Orts = und kein Districtsname. Von hier noch eine Tagereise nörd=
lich nach Mardscha (bei Niebuhr Marcha), welches aber schon in
Beled el Dschauf und nicht mehr in Yâfi'a liegt, und zwar gleich=
falls im Wâdiy 'Dschybum, der sich also von Süden nach Norden
hinzieht. Eine Tagereise südlich von Hârib liegt 'Obâra, das auch
Niebuhr kannte. Soweit letzterer.

Außer den genannten Orten erfuhr Wrede noch die Existenz
folgender: Tsâhir zwei Tagereisen von 'Obâra, Bayhhâ zwei Tage=
reisen von Tsâhir; letzteres drei Tagereisen von Naqb el Hadschar
entfernt, welches bereits den erforschten Gegenden angehört und nicht
mehr in Yâfi'a liegt. Die Straße von Naqb el Hadschar nach
Bayhhâ und Tsâhir zieht sich in westlicher Richtung, eine andere von
demselben Punkte ausgehend, führt über 'Dçân und Habbân im Beled
el Hadschar in nördlicher Richtung nach 'Dschybum.

Nach den Erkundigungen, welche Wrede im Wâdiy Mayfa'a über
Yâfi'a einzog, scheint diese Provinz auf einer weniger tiefen Stufe
der Cultur zu stehen, als Hadhramaut, Beled Hadschar und Beny
'Dsâ, die Länder, welche unser Reisender selbst besuchte. Die Be=
duinen, jene größten Feinde aller Cultur (nach unsern politisch socialen
Grundsätzen), herrschen dort nicht so absolut, wie in den genannten
drei Landschaften. Die Sultane der Städte sind nicht, wie in jenen
drei Districten, zu ohnmächtigen Schattenfürsten hinabgedrückt, die
ohne Erlaubniß ihrer Schutzherren, der Beduinen, keinen Schritt
thun können und deren Herrschaft sich auf ihre Stadtmauern beschränkt,
sondern genießen den rohen Herren der Wüste gegenüber eine gewisse
Selbstständigkeit, ja dehnen nicht selten ihre Oberhoheit über einzelne
Stämme jener Halbwilden aus. Einzelne sollen sogar stehende Heere

zu ihrer Verfügung haben, ja von einem erfuhr Wrede, daß er eine berittene Truppe mit 5000 Pferden besitze, ein sonst unerhörtes Ding in dem pferdearmen oceanischen Südarabien. Die höchst ansehnliche Bevölkerungszahl der Städte in Jâfi'a (Wrede hörte von mehrern, die 40,000—50,000 Einwohner haben sollen) deutet gleichfalls auf eine freiere Entwickelung des bürgerlichen Lebens, somit auf eine höhere culturhistorische Stufe. Auch der Umstand, daß in allen jenen Städten Juden leben und, wenn auch schwer bedrückt, so doch geduldet werden, deutet auf ein einsichtigeres nationalökonomisches Verständniß, während in der von Wrede bereisten Ländergruppe, in dem sogenannten Beled ed Dyn (Land des Glaubens), die Fanatiker ihren Stolz darein setzen, daß niemals ein Nichtmoslim daselbst geduldet worden ist. Eine Ausnahme von dem raubritterlichen Faustrechtzustand in den erwähnten drei Distrikten bildet nur das Sultanat Habbân im Wâdiy Dschandân, dem obern Wâdiy Mahfa'a, in dem wir ähnliche Zustände wie in Jâfi'a finden und das in der That auch an Jâfi'a grenzt.

Der Wâdiy Mahfa'a, in seinem obern Theile Wâdiy Dschandân genannt, bildet die östliche Grenze von Jâfi'a und die westliche vom Beled ed Hadschar, an welches letztere im Osten das Beled beny 'Issâ stößt, das wieder vom Beled Hamum östlich begrenzt wird. Alle drei Distrikte ziehen sich von der Küste etwa sechs bis acht Tagereisen ins Innere und stoßen im Norden an das eigentliche Hadhramaut, welches also ganz eine Provinz des Binnenlandes ist. Auf unsern frühern Karten begreift man zwar die Gesammtgruppe aller dieser vier Länder unter dem Collectivnamen Hadhramaut, aber bei den heutigen Arabern ist diese Bedeutung eines Hadhramaut im weitern Sinne ganz unbekannt. Hadhramaut ist nur die nördlich von den großen Gebirgsterrassen und südlich von der Wüste el Ahqâf gelegene Landschaft, als deren Hauptthäler uns der Wâdiy 'Amd (jedoch nur sein östlicher Theil), die Wâdiy Nachine und Daçr genannt sind. In letzterm, der so recht eigentlich das Hauptthal von Hadhramaut bildet, waren uns vor Wrede nur folgende Punkte aus glaubwürdigen Quellen bekannt: Qabr Hud, das Grab des Propheten Hud, ferner die

Städte Terym und Schibâm, beide von Edryssy genannt, sowie der geheimnißvolle Brunnen Burhut, dessen wunderbare Eigenschaften uns der Dâmuss schildert. Es ist wahr, schon vor unserm Reisenden hatten Niebuhr (1763) und Wellsted (1833) Listen von Namen hadhramautischer Ortschaften gegeben, aber in so verstümmelter Form, daß uns erst durch Wrede's Forschungen ermöglicht wurde, zu unter= scheiden, was für Namen diese barbarischen Wörter bedeuten sollten.

Den Wâdiy Daçr, das Hauptthal von Hadhramaut, hat nun zwar Wrede nicht selbst betreten, aber seine über denselben eingezogenen Erkundigungen, die man in diesem Buche finden wird, geben uns eine Menge von Städten und Dörfern mit deren ungefährer Lage, von welchen die Erdkunde vor ihm kaum eine Ahnung besaß, denn selbst die arabischen Quellen lassen uns in Bezug auf die Kenntniß vom eigentlichen engern Hadhramaut fast ganz im Stiche. Ja diese arabischen Quellen fallen in denselben Fehler, wie unsere europäischen Geographen, indem sie Orte als in Hadhramaut gelegen angeben, die den drei erwähnten oceanischen Districten, den Vorländern von Hadhramaut, angehören. Sogar der Dâmuss begeht diese Fehler; unser Irrthum in Bezug auf ein Hadhramaut im weitern Sinne scheint somit aus mittelalterlichen arabischen Quellen zu stammen.

Das Beled el Hadschar wird von zwei Hauptthälern im Westen und Osten eingeschlossen, welche beide seltsamerweise denselben Namen führen, nämlich Wâdiy Mahfa'a, ein Umstand, den wir aus dem Dâmuss, welcher von zwei Wâdiy Mahfa'a, zwei Tagereisen von= einander entfernt, spricht, zwar schon kannten, der aber erst durch Wrede uns erklärt wurde, da wir bisher die Lage der im Dâmuss genannten Thäler nicht wußten. Das westliche Thal wird sogar von einem niemals versiegenden Fluß, an seiner Mündung (beim Râss el Kelb) auch Wâdiy Mahfa'a genannt, durchflossen, der in seinem obern Laufe die Namen Wâdiy Dschiswel und Wâdiy el Hadschar führt. In ihm glaubt Wrede den Prion des Ptolemäos und im östlichen Wâdiy Mahfa'a in einem Dorfe, das denselben Namen wie das Thal führt, die Stelle der Mesat Metropolis des Plinius erkennen zu können.

Es scheint mir indessen bei der noch so großen Unvollkommen=
heit unserer Kenntniß des oceanischen Arabiens gewagt, uns auf ins
Einzelne gehende Speculationen über die Lage der von den alten
Autoren genannten Orte einzulassen, da spätere Entdeckungen dieselben
doch ohne Zweifel umstoßen dürften, ähnlich wie jetzt bereits d'Anville's
und Mannert's Vermuthungen zum großen Theil in ihrer Richtigkeit
erkannt sind. Was die Städte betrifft, so kennen wir mit Bestimmt=
heit nur die Lage einiger wenigen, wie die der wichtigsten Handels=
stadt, Cane emporium, welche mit Hiçn Ghoráb identificirt wurde,
diejenige von Saubatha oder Sabota, das wir mit Recht in Schibâm
wiedererkennen können, da es nach Ibn Hahif noch nach Mohammed's
Zeit den Namen Sabut führte. *) Save dürfte ferner das von Wrede
wiederentdeckte Çahwa im Wâdih Nachih sein. Ganz deutlich sind
endlich die Namen Mafalla und Tsofâr. **)

Nicht mehr wissen wir über die Wohnorte der meisten von den
alten Autoren im oceanischen Südarabien genannten Völker. Nur
solche allgemeine Benennungen wie Chathramotiter (Bewohner von
Habhramaut), Sabaci (d. h. Sabäer, Bewohner von Nord=Yemen),
Homeritae (d. h. Himyariten, Bewohner von Süd=Yemen), Gerraci
(Bewohner der Landschaft Dâra, vulgo Gara ausgesprochen) sind
erkennbar. Was jedoch die Toani des Plinius und die Minaci des
Strabon und des Ptolemäos betrifft, so kann ich es trotz der Be=
hauptung Fresnel's noch nicht für ausgemacht halten, daß wir in
erstern eine Unterabtheilung (die Doreni des Ptolemäos) der letztern,
der Minaci, und in diesen Minaci selbst die Bewohner des heutigen
Wâdih Minna, den Wrede entdeckte, mit Sicherheit erkennen dürfen.

---

*) S. Sprenger, „Das Leben und die Lehre des Mohammad", Berlin 1865,
III. Bd., S. 444, Note.

**) Die Identification der Orte in Yemen und 'Omân gehört nicht hierher.
Auch die von Choraybe im Wâdih Do'ân, welches Fresnel früher für das Ca=
ripeta des Plinius hielt, muß hier unberücksichtigt bleiben, da Fresnel selbst
später Caripeta in Charibe in Yemen wiedererkannt hat (Journal Asiatique,
Sept.-Oct. 1845, S. 222). Tsofâr (nicht Tsafâr) nach Sprenger (a. a. O. III, 438).

Die Toani oder Doreni (bei Stephanus Byzantinus Doveni genannt)
sollen die Bewohner des Wâdiy Do'ân sein. In dem als der Hauptstadt dieser Gegend erwähnten Karana des Strabon will Fresnel das
heutige Carrahu, das er Karn nennt, erkennen. Wie unwahrscheinlich ist es, daß die Minaei, welche uns als „gens magna" bezeichnet
werden, in einem so unbedeutenden Thale, wie dem Wâdiy Minna,
den Gipfelpunkt ihrer Macht fanden? Möglich freilich, wenn auch
noch keineswegs constatirt, daß die Toani, Doveni oder Doreni, die
ja (wenn anders diese Namen zusammenpassen) als eine anscheinend
nur kleine Unterabtheilung der Minaei bezeichnet werden, in dem
ebenfalls sehr kleinen Wâdiy Do'ân ihren Wohnsitz hatten. Die
Untersuchungen über diese Fragen sind indeß keineswegs abgeschlossen,
aber räthlich scheint es mir, das schlüpfrige Terrain der Speculationen
so lange zu vermeiden, bis nicht neue bestimmte Data es wieder zu
betreten einladen. *) Diese meine Zweifel sollen keineswegs eine
Schmälerung der Verdienste Fresnel's beabsichtigen. Aber wo noch
des Ungewissen so viel ist, halte ich es für sicherer, nicht die Vergangenheit mit in unsere Speculationen zu ziehen. Kennen wir doch
die Gegenwart kaum!

Das Beled Beny 'Yssà, südlich von Hadhramaut, östlich von
Beled el Hadschar, und westlich von Beled Hanum gelegen, welches
wir gleichfalls erst durch Wrede kennen lernten, wird durch die große
hadhramautische (so genannt im europäischen Sinne) Küstenterrasse in
zwei ungleiche Hälften getheilt. Die dem Ocean zugewendete hat nur
einen einzigen größern Wâdiy, der Wâdiy Cirbe, in seinem obern
Theile Wâdiy Raube, in seinem untern Wâdiy Juwa genannt, der
in die Tihâma von Juwa in der Nähe von Borum mündet und viele
kleinere, als Hotfiye, Mahniye u. s. w., welche in der Gegend von
Makalla das Meer erreichen. Ihre einzigen Küstenstädte sind Borum
und Makalla. Jenseits der Wasserscheide, deren höchste Berge, die

---

*) Man sehe Fresnel's Speculationen im Journal Asiatique, IV. Série,
VI. Volume, S. 368—398.

Dschebel Tsahura und Kaur Sjahbân nach Wrede's Schätzung eine
Höhe von 8000 Fuß erreichen, liegt ein ganzes Syhtem von Wâdihs,
in welchem wir übrigens zu unserer genauern Orientirung zwei Haupt=
züge mit Deutlichkeit unterscheiden können, den westlichen, dessen
Hauptthal zuerst W. Rhahde ed Dhu, dann W. 'Amd heißt, und
den östlichen, dessen Hauptwâdih nacheinander die Namen W. Minua,
W. Do'ân und W. Hadscharhn (letzterer der bedeutendste) annimmt.
Beide Hauptwâdihs treffen zusammen bei Haura im eigentlichen Ha=
dhramaut (welche Landschaft ungefähr hier ihren Anfang nimmt) und
münden in den Wâdih Daçr, das Hauptthal von der genannten
Provinz.

Das ganze Beled Benh 'Hssà, ebenso wie die drei andern Pro=
vinzen, ist in Händen der Beduinen; nur die Städte werden von
ohnmächtigen Sultanen regiert, die jedoch ohne Hülfe der Beduinen,
ihrer Schutzherren, ihre Herrschaft nicht einmal innerhalb ihrer Stadt=
mauern aufrecht zu erhalten vermögen. Es ist das gerade Gegentheil
von dem uns durch Palgrave bekannt gewordenen politischen Zustande
des Wahabitenlandes, in welchem, wie uns der berühmte englische
Reisende enthüllt, die ansässige Bevölkerung bei weitem das Ueber=
gewicht über die Beduinen errungen und diese aus räuberischen Wüsten=
lagerern in gezwungen friedliche und (freilich ungern) gehorchende Unter=
thanen verwandelt hat. Aber genau derselbe Zustand herrschte in
Nedschd noch im vorigen Jahrhundert, ehe 'Abd el Wâhab die religiös
politische Secte der Wahabiten gründete und das Wunder Mohammed's,
den anarchischen arabischen Stämmen den Geist der Einheit und der
Kraft des Gesammtwirkens einzuhauchen, im Kleinen wiederholte.
Man kann sagen, daß die barbarische Beduinenherrschaft oder viel=
mehr Anarchie jetzt wieder der Normalzustand des größten Theils der
arabischen Halbinsel geworden ist, gerade wie es vor Mohammed's
Zeiten war. Eine Ausnahme hiervon finden wir nur in dem soeben
erwähnten Wahabitenreich aus den bekannten religiös politischen
Gründen und in Mahra und Qâra aus ganz andern Ursachen, deren
nähere Beleuchtung uns bald beschäftigen soll.

Die arabischen Beduinen hat zwar schon Palgrave jenes roman=
tisch poetischen Nimbus, mit dem sie frühere Reisende, namentlich
Burckhardt zu umgeben liebten, entkleidet. Aber wir würden Unrecht
thun, die Beduinen im Allgemeinen nach denjenigen zu beurtheilen,
welche Palgrave sah. Letztere waren eben ihrem ursprünglichen Wesen
entfremdet, denn der Beduine, der nicht frei und herrenlos umher=
schweift, der einen Gebieter über sich anerkennen, Steuern zahlen und
sich einem unerbittlichen Ceremonialcultus anbequemen muß, hat bereits
den besten Theil seines Nationalcharakters eingebüßt. Als ein ganz
anderes Volk lernen wir die Beduinen Hadhramauts aus dem vor=
liegenden Werke kennen, als ein Volk, dem nicht alle großen Eigen=
schaften abgehen, das auf Ritterlichkeit Anspruch machen kann, das
aber dennoch weit hinter jenem Ideale von patriarchalischer Tugend,
natürlicher Gerechtigkeit und heroisch poetischer Gesinnung zurückbleibt,
welche die traditionelle Völkerkunde ihm beizulegen liebt.

Das Beled Hamum, im Westen an das Beled Beny 'Ssà,
im Norden an Hadhramaut grenzend, scheint sich unter ähnlichen po=
litischen und nationalen Verhältnissen zu befinden, wie diese beiden
Provinzen. Wrede hat es nur an der Grenze betreten. Der Küsten=
strich dieses Landes führt den Namen Schihr und hat mehrere Städte,
wie Schihr, Mifenât, Doçayr, Bayhâ, welche wir theils durch die
englische Küstenaufnahme von Haynes und dessen Gefährten kennen.
Die östliche Grenze dieses Landes bildet der Wâdiy Moçyle, die süd=
liche Fortsetzung des Wâdiy Daçr, des Hauptthales von Hadhramaut.
Bis hiehin haben wir es mit Ländern zu thun, die wir, Dank den
Reisen Wrede's, nun zu den mehr oder weniger bekannten rechnen
können. Aber östlich vom Wâdiy Moçyle beginnt die große Terra
incognita des oceanischen Arabiens und erstreckt sich in einer Längen=
ausdehnung von nahezu 80 geographischen Meilen bis zum Ràss
el Hadd.

Vom 15. bis zum 20. Grad nördlicher Breite und vom 67. bis
nahe an den 76. Grad östlicher Länge von Ferro zieht sich eine
Länderstrecke hin, deren Völker bis jetzt für uns ein ethnologisches

Räthsel bleiben, dessen Lösung allerdings durch Fresnel's Forschungen nähergerückt wurde, aber dennoch seiner endlichen Enthüllung noch harrt. Dieses Ländergebiet wird gewöhnlich in zwei Küstenlandschaften eingetheilt, die sich von der sogenannten Weihrauchsküste, so bezeichnet von dem angeblichen Weihrauchsberge (dem Dschebel Schedscher) mög= licherweise tief ins Innere erstrecken und durch die nicht klar definirten Benennungen Mahra und Qâra (auch Gara geschrieben) voneinander unterschieden werden. Beide Landschaften scheinen jedoch von einem und demselben Volksstamme bewohnt, wenn anders wir in Bezug auf Abstammung die Sprache als Kriterium gelten lassen können. Nun ist freilich die Sprache hierin nicht immer ein sicheres Kriterium. Aber ich glaube, daß sie in letzterer Eigenschaft an Sicherheit gewinnt, je freier die Völker von fremden Einflüssen geblieben sind. Seit der historischen Zeit sind nun die Völker Mahras und Qâras, die in der Geschichte durchaus keine Rolle spielen, nachweisbar weder von einem fremden Volke unterjocht worden, noch auch den Einflüssen eines solchen in erheblicher Weise zugänglich gewesen. Das einzige Volk, welchem wir in historischer Zeit einen Einfluß auf sie zuschreiben könnten, wären die Centralaraber, die in Folge des Mohammedanis= mus die wichtigste Stelle in Arabien einnahmen und zu einzelnen Perioden selbst die Herrschaft über die ganze Halbinsel erlangten. Aber gerade den Einfluß dieses centralarabischen Elements vermissen wir bei der größern Abtheilung der genannten Völker gänzlich. In Yemen, Hadhramaut und allen südarabischen Ländern westlich vom Wâdiy Moçhle hat sich das centralarabische Element in vorwiegendem Grade geltend gemacht, ja diese Landschaften wurden gewissermaßen ihrer wahren Nationalität verlustig. Selbst die südarabische Sprache, welche im Alterthum, wie die in Yemen so zahlreich gefundenen, aber auch in Beled el Hadschar (z. B. in 'Obne, Naqb el Hadschar und Hiçn el Ghorâb) vorkommenden himjarischen Inschriften beweisen, in der ganzen südwestlichen Hälfte der Halbinsel gesprochen wurde, hat der centralarabischen, der geheiligten Sprache des Qorân, weichen müssen. Zum Theil geschah diese Umwandlung schon vor Mohammed und zwar durch die Kinditen, einen centralarabischen Stamm, welcher nach Ibn Hajik anderthalb Jahrhunderte vor der Hidschra seine Heimath Bahrayn verließ, nach dem Wâdiy Daçr in Hadhramaut auswanderte, die dort wohnenden Çadisiten theils verdrängte, theils unterwarf und centralarabische Sprache und Cultur einführte. Nach Mohammed machte das centralarabische Element in diesen Landschaften noch viel größere Fortschritte und heut zu Tage sind die Religion, die Sitten, die Rechtszustände von Yemen und Hadhramaut im Wesentlichen ganz dieselben, wie die von Centralarabien.

Grundverschieden dagegen sind die Bewohner von Mahra und Dâra. In der Religion haben sie sich längst als Châridschiya oder Chnâridsch (Ketzer) von der großen Hauptmasse der Orthodoxen abgesondert und gehören, wenn überhaupt zu irgend einer anerkannten Secte, wahrscheinlich zu derjenigen der Ibadhiya, die auch im benachbarten 'Omân so vielfache Verbreitung gefunden hat. Ihr Mohammedanismus ist jedoch so außerordentlich oberflächlich und so lax, daß man sie überhaupt kaum als Moslims ansehen kann. Auch die social-politischen Zustände, insofern wir bis jetzt über sie urtheilen können, scheinen wesentlich von den centralarabischen und hadhramautischen abzuweichen. In allen jenen Ländern, in welchen sich das central-arabische Element geltend machte, tritt überall der Gegensatz zwischen Landbevölkerung (Beduinen) und Städtern auf das Schärfste hervor. Sitten, Lebensweise, religiöse Anschauungen, ja selbst die oft außerordentlich abweichenden Dialecte trennen diese beiden Volksbestandtheile in zwei heterogene, oft sogar, ja meistens feindliche Gruppen.

Beide sind auch fast immer verschiedener Abstammung oder behaupten es zu sein. In Hafenorten und in solchen der fremden Einwanderung sehr ausgesetzten Städten, wie Mekka, Medina u. s. w., ist es nun zwar selbstverständlich, daß die Bevölkerung bald eine kühn gemischte werden und sich durch Rassenbuntheit auffällig von den auf Stammesreinheit eifersüchtigen Beduinen unterscheiden mußte. Aber seltsamerweise finden wir selbst in den abgelegensten, der Einwanderung fest verschlossenen Städten der von Wrede besuchten

Länder, daß deren Bewohner den Begriffen der Rassenreinheit nach den sehr exclusiven Grundsätzen der Beduinen nicht mehr entsprechen.

Jedoch auch abgesehen von dieser zufälligen Verunreinigung der Race (wie die Beduinen sagen) sehen wir in den besagten Ländergebieten, d. h. in Hadhramaut, Beny 'Yssá und Hadschar, selbst den Kern der städtischen Bevölkerung (also die noch ungemischte, racenreine Stammeseinheit) sich einer von den umwohnenden Beduinen verschiedenen Abstammung rühmen. Die ansässige Bevölkerung nennt sich dort 'Amudy und leitet ihren Ursprung von 'Yssá el 'Amud, der für einen Sohn Hodun's gilt, welcher letztere nach den hier üblichen Stammestraditionen (die aber den übrigen Arabern ganz unbekannt sind) ein Sohn des Propheten Hud gewesen sein soll. Die Mehrzahl der dortigen Beduinen dagegen nennt sich Dahtâniten und führt ihren Ursprung auf die verschiedenen Söhne des Dahtân zurück, den sie für einen Bruder des genannten Hodun hält. Die uns bisher bekannten, von Wüstenfeld gesammelten arabischen Geschlechtstafeln wissen zwar gar nichts von so vielen Söhnen des Dahtân, die hadhramautischen Beduinen dagegen nehmen deren nicht weniger als sechzehn an und leiten ihre verschiedenen Stämme von diesen ab. Zwischen Hoduniten und Dahtâniten, also zwischen Städtern und Beduinen, herrscht fast immer Feindschaft, ja oft blutige Fehde.

Alle diese auffallenden Unterscheidungsmerkmale vermissen wir in den Ländern Dâra und Mahra. Nach Allem, was wir bis jetzt über sie erfahren haben, ist die Landbevölkerung derselben meist an feste Wohnsitze gebunden und unterscheidet sich dadurch wesentlich von den eigentlichen arabischen Beduinen. Dieser Unterschied findet auch in der Art der Stammesbenennungen seinen Ausdruck. Während die arabischen Beduinen nur genealogische Bezeichnungen für ihre Stämme haben und dem Stammesnamen stets die Wörter Beny, Aulâd und in Hadhramaut Bâ (alle drei „Söhne" bedeutend) vorsetzen, besitzen dagegen die Mahriten und Dâriten topographische Unterscheidungsnamen, indem sie durch Vorsetzung des Wortes Bayt, welches „Haus, Wohnung" und im weitern Sinne „Niederlassung" heißt, deutlich anzeigen, daß

für sie im Gegensatz zu den Nomaden die Genealogie den Orientirungs=
punkt des Völkerdaseins nicht bildet, sondern daß sie, hierin den
civilisirten Nationen sich nähernd, dem Wohnorte seine Berechtigung
auf die Bestimmung des gemeindlichen Culturlebens zuerkennen.

Diese Bevölkerung, wohne sie nun in Dörfern oder vereinzelten
Hütten, scheint ein homogenes Volk, gleichsam aus einem Guß.

Mag dieser Umstand schon als ein Zeichen der Verschiedenheit der
Nationalität der Bewohner von Mahra und Qâra und der übrigen
Araber gelten, so giebt uns doch die Sprache für diese Verschieden=
heit noch viel deutlichere Beweise an die Hand. Diese Sprache, welche
Ehkyly heißt, wurde uns erst durch Fresnel's Forschungen (um 1840)
und zwar beinahe gleichzeitig mit den Schriftdenkmälern in der Ur=
sprache Südarabiens, die man die himyarische genannt hat, bekannt,
und gleich fiel es auf, daß zwischen dieser Ursprache und jenem noch
heute gesprochenen Dialect eine gewisse Verwandtschaft bestehe, eine
Verwandtschaft, die sich zwar nicht als so innig erwiesen hat, wie
Fresnel, der geradezu das Ehkyly für himyarisch hielt, annahm, die
aber doch so unzweifelhaft ist, daß man das erstere für einen modernen
Dialect der letztern todten Sprache ansehen kann. Das Himyarische
oder die alte südarabische Sprache wurde im Alterthum in einem
großen Theile der Halbinsel gesprochen, aber seit dem Mohammeda=
nismus allmählich überall durch den centralarabischen Dialect ver=
drängt, nur nicht in Mahra und Qâra, wo es freilich mit der Zeit
sich zu einem verderbten Dialect verschlechterte. Aber das Himyari=
sche und das Ehkyly, also das antike und moderne Südarabisch, be=
sitzen nicht nur untereinander große Verwandtschaft, sondern auch mit
den Sprachen eines andern Ländergebiets, nämlich mit dem Aethio=
pischen und seinen neuern Mundarten, dem Ge'ez und dem Amhâri=
schen auffallende Aehnlichkeit. Alle diese fünf Sprachen, insoweit sie
uns bis jetzt bekannt sind, zeigen so große Verwandtschaft unter=
einander und entfernen sich gemeinsam so deutlich von dem Central=
arabischen (der Sprache des Qorân), daß wir sie mit Recht zu einer
homogenen Gruppe zusammenfassen können, welche wir die „südarabisch=

äthiopische" nennen wollen. In dieser Gruppe lassen sich der Zeit der Bildung nach drei Abtheilungen unterscheiden.

1) Das Himyarische, die älteste, uns bis jetzt bekannt gewordene Sprache Arabiens. Sie steht zwar dem Centralarabischen noch näher, als die andern südarabisch = äthiopischen Dialecte, aber unterscheidet sich doch wesentlich von ihm. Jenes Näherstehen erklärt sich wohl dadurch, daß beide, Centralarabisch und Himyarisch, ihren gemeinsamen Ursprung in einer unbekannten südsemitischen Ursprache hatten, und daß sie, je näher in der Zeit sie dem gemeinsamen Ursprung standen, desto weniger sich voneinander entfernten. Jene südsemitische Ursprache muß die 'Ariba (das ursprüngliche Arabisch) des 'Abd el Malik und der arabischen Historiker gewesen sein, die von den 'Aditen, Thamu= däern und andern erloschenen Völkern gesprochen wurde. Von der 'Ariba gingen nach den Arabern zwei Zweige aus, die Mota'âriba (die Sprache der Dahtâniten), von der wir das Südarabische und also auch das Himyarische und Ehkyly, und die Mosta'riba (die Sprache der Jsmâ'hliten), von der wir das Centralarabische und seine verschiedenen Mundarten als abgeleitet erkennen können.

2) Die äthiopische Reichssprache oder das alte Ge'ez. Sie hat Alphabet, Pronomina und eine große Zahl Vocabeln mit dem Himyarischen gemein, wie Ernst Osiander's Forschungen dargethan haben. Gleichwohl dürfen wir sie nicht von diesem unmittelbar ab= leiten, sondern von einer Schwestersprache desselben, dem Altäthiopischen, von dem wir übrigens nur wenige Schriftdenkmäler besitzen, nämlich die von Rüppell entdeckten axumitischen Inschriften, welche jedoch kaum bis ans Ende des 5. Jahrhunderts unserer Zeitrechnung zurückreichen, also der spätesten Phase des Altäthiopischen angehören. Trotz der Einerleiheit der Schriftzüge und mancher grammatischen Allgemeinheiten gehen dennoch Himyarisch und Aethiopisch ziemlich weit auseinander. Um so mehr muß es uns wundern, daß wir in den zwei modernen Sprachen, die sich aus jenen beiden entwickelten, im Ehkyly und im Amhârischen, auffallende Analogieen finden, welche wir aus unserer heu= tigen Kenntniß der Völker von Mahra und Dâra nicht erklären können.

3) Ehkyly und Amhârisch sind die neuesten noch üblichen Dia
lecte des südarabisch-äthiopischen Sprachzweigs. Die Weitläufigkeit
der Ursprungsverwandtschaft dieser beiden Sprachen, insofern wir
sie historisch einigermaßen begründen können, möge folgender Stamm-
baum veranschaulichen, bei dem wir für einzelne Glieder, in Ermangelung anderer Bezeichnungen, die schon erwähnten arabischen
Ausdrücke 'Ariba, Mota'âriba und Mosta'riba zu Hülfe nehmen müssen.

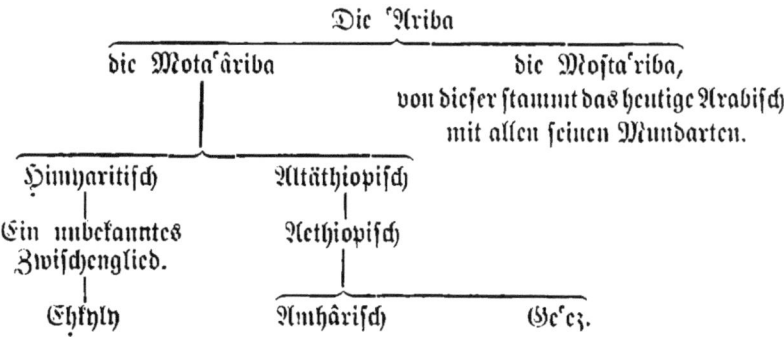

Die beiden letzten Glieder sind also je durch zwei Zwischenglieder
von der gemeinsamen Stammmutter, der Mota'âriba, getrennt, und
wenn schon die einzigen uns bekannten Zwischenglieder, Himyarisch
und Aethiopisch, so viel Verschiedenheit neben ihrer allgemeinen Verwandtschaft aufweisen, so sollte man denken, daß diese Verschiedenheit
zwischen Ehkyly und Amhârisch noch größer sein müßte. Dies scheint
nun merkwürdigerweise nicht der Fall oder wenigstens nicht in dem
Grad der Fall zu sein, wie wir versucht wären, anzunehmen. Die
einzigen wissenschaftlichen Andeutungen, welche wir bis jetzt über das
Ehkyly haben, und die wir Fresnel und Krapf verdanken, sind nun
zwar dürftig genug, aber diese Andeutungen genügen doch, um in zwei
Punkten eine auffallende Aehnlichkeit zwischen ihm und dem Amhä-
rischen darzuthun; eine Aehnlichkeit, welche zu erklären die gemeinsame
Abstammung nicht genügt, da wir bei den Zwischengliedern gerade in
diesen beiden Punkten diese Aehnlichkeit vermissen. Diese beiden Punkte
sind die Bildung des Zeitworts und die Hinzufügung neuer Buchstaben zu dem ursprünglichen südarabisch-äthiopischen Alphabet.

Stellen wir die einfachsten Formen des Zeitworts in diesen beiden Sprachen vergleichsweise nebeneinander und zugleich neben die des Aethiopischen, so erhalten wir folgendes Bild:

	Aethiopisch.*)	Amhârisch.	Ehtyly.
Perfectum.			
Singular.			
III person masc.	Soṭa	Saṭa	Suṭ
III person fem.	Soṭat	Saṭaṭh	Suṭet
II person masc.	Soṭka	Saṭach	Suṭek
II person fem.	Soṭki	Saṭash	Suṭes
I person	Soṭku	Saṭaḥ	Suṭek
Plural.			
III person	Soṭu	Saṭu	Suṭu
II person masc.	Soṭkema	Saṭaṭheḥ	Suṭkom
II person fem.	Soṭken	. . . .	Suṭken
I person	Soṭna	Saṭanâ	Suṭen
Imperfectum.			
Singular.			
III person masc.	Yesoṭ	Yesaṭ	Yisuṭ
III person fem.	Tesoṭ	Tesaṭ	Tesuṭ
II person masc.	Tesoṭ	Tesaṭ	Tesuṭ
II person fem.	Tesoṭi	Tasaṭs	Tesyṭ
I person	Esoṭ	Esaṭ	Esuṭ
Plural.			
III person masc.	Yesoṭu	Yesaṭu	Yisuṭ
III person fem.	Yesoṭâ	. . . .	Yisuṭau
II person masc.	Tesoṭu	Tesaṭu	Tesuṭ
II person fem.	Tesoṭâ	. . . .	Tesuṭau
I person	Nesoṭ	Nesaṭ	Nesuṭ.

---

*) Wir wählen absichtlich drei Verba von ähnlichen Wurzelbuchstaben, obgleich das Suṭ des Ehtyly (schlagen) und das Soṭa des Aethiopischen (gießen) den Concaven, das Soṭa des Amhârischen (geben) dagegen den Biliteris angehört. Noch deutlicher würde sich die Aehnlichkeit zeigen, wenn wir auch im Amhârischen ein concaves Verbum Soṭa oder Suṭa besäßen.

Zeigt sich hier schon die Aehnlichkeit des Ehkyly mit dem Aethiopischen in den meisten Formen unverkennbar, so ist doch noch eine
größere zwischen ersterm und dem Amhârischen vorhanden, indem in
denjenigen Formen, in welchen das Amhârische vom Aethiopischen ab-
weicht, auch eine solche Abweichung beim Ehkyly vorkommt, so namentlich im Femininum der II. person sing., das im Aethiopischen auf
ki, dagegen im Amhârischen auf *sh* endet, ähnlich wie im Ehkyly auf *s*.

Noch merkwürdiger zeigt sich die Analogie beider Sprachen, des
Ehkyly und des Amhârischen, in der Vermehrung um eine Anzahl
Laute, welche das ursprüngliche südarabisch-äthiopische Alphabet bei
beiden erfahren hat. Das Ehkyly hat nach Fresnel 36 Buchstaben,
während in seiner Muttersprache, dem Himyaritischen, bis jetzt nur
26 (2 weniger als im Arabischen) nachgewiesen sind, denn bekanntlich
konnten die Zeichen ﻅ (Tsa) und ﻍ (Rhayn) noch nicht deutlich er-
mittelt werden. Ebenso hat das Amhârische 7 Buchstaben mehr als
seine Mutter, das Aethiopische, welches deren gleichfalls nur 26 besitzt.
Schon Fresnel hat in Bezug auf diese Supplementarbuchstaben die
Aehnlichkeit zwischen dem Amhârischen und dem Ehkyly hervorgehoben.
Er sagt: Das Ehkyly besitzt „ausgespuckte" Buchstaben (lettres
crachées), wie das Amhârische, nämlich eine Art K und eine Art
T, abweichend vom gewöhnlichen K und T, sehr häßlich in der Aus-
sprache (wahrscheinlich dem amhârischen Chaf und Tshait entsprechend).
Ferner finden wir im Ehkyly alle Nasaltöne des Französischen und
Portugiesischen, und solche Nasaltöne hat auch das Amhârische dem
äthiopischen Alphabet beigefügt, z. B. das Rhahas oder Gnahas gesprochen wie das spanische ñ und das französische gn in Perpignan.
Endlich, so behauptet Fresnel und so wurde von Houlton, Smith,
Cruttenden, Wellsted, den Officieren der englischen Küstenaufnahme,
bereits vor ihm angedeutet, weist das Ehkyly Laute auf, die nur durch
Verdrehung des Mundes auf eine Seite hin ausgesprochen werden
können, wobei die Zunge auf die rechte (nie auf die linke) Seite an
den Gaumen angelegt wird. Vielleicht entsprechen diese Laute dem
amhârischen Djent und Jay.

Aus diesen Vergleichungen (die freilich bei unserer geringen Kenntniß des Ehkyly nur höchst unvollkommen sein können) scheinen wir zu dem Schluß zu gelangen, als fände zwischen Amhârisch und Ehkyly eine nähere Verwandtschaft statt, als diejenige, welche durch ihren gemeinsamen Ursprung zu rechtfertigen ist; eine Verwandtschaft, die sich nur durch spätere, uns unbekannt gebliebene Berührungen der abyssinischen und der Mahra = Dâra = Völker erklären ließe. Da nun das Amhârische sich erst etwa im 12. oder 13. Jahrhundert (unserer Zeitrechnung) zu einer selbstständigen Sprache ausgebildet hat, so müßten jene Berührungen in einer Zeit stattgefunden haben, die dem Bereich des Historischen angehört. Aber die Geschichte hat uns über solche späte Berührungen zwischen beiden Völkern nichts überliefert, und sie sind in der That auch nicht wahrscheinlich. Die letzte nach= weisbare Berührung zwischen den äthiopischen und südarabischen Stämmen fand im 5. Jahrhundert unserer Zeitrechnung statt, als die Abyssinier Yemen eroberten. Ob sie aber je die Länder Mahra und Dâra besessen, ist bis jetzt eine ungelöste Frage. Deshalb bleibt nichts anzunehmen, als daß beide Idiome, obgleich ihre Muttersprachen schon lange auseinandergegangen waren, und obgleich keinerlei Berüh= rungen zwischen den beiden Völkerschaften in späterer Zeit stattfanden, dennoch in der Entwickelung ihrer Elemente zu einer modernen Bulgär= sprache parallelen Gang gehend, zu ähnlichen Resultaten gelangt sind, zu Resultaten, deren Begründung nur in der gemeinsamen Stamm= mutter, der alten südarabisch=äthiopischen Sprache, gesucht werden kann. Vielleicht, daß die Principien, welche das Amhârische und das Ehkyly so auffallend ähnlich entwickelten, schon in der Stammmutter latent dalagen, ohne daß ein solches Factum jetzt irgend wie nachweisbar wäre?

Jedenfalls steht es fest, daß die Völker von Mahra und Dâra jetzt die einzigen Bewohner der Arabischen Halbinsel sind, welche auch in der Sprache ihre Verwandtschaft mit dem afrikanisch = semitischen Schwesterstamm bewahrt haben. Doch nicht blos in der Sprache, auch in den Physiognomieen wollen die Reisenden eine Verwandtschaft

beobachtet haben. Die Mahriten sollen zum Theil eben so dunkel=
häutig, wie die Abyssinier sein. Ihre Züge bieten denselben Typus
regelmäßiger Gesichtsbildung, wie die der Aethiopier. Ihr Wuchs ist
schlank, ihre Gestalten edel und ebenmäßig. Das einzige Häßliche,
was man an ihnen beobachtet haben will, ist die Bildung des Mundes,
und diese rührt eben von jenem sprachlichen Fehler, den sie mit den
amhârisch redenden Völkern gemein haben, daß gewisse Laute ihres
Idioms nur durch Verzerrung der Mundwinkel hervorgebracht werden
können. Zwischen diesen beiden Völkern, den Mahriten und den
Qâriten, welche nach dem Gesagten ohne Zweifel aufs Nächste ver=
wandte, der ganzen Masse der übrigen Araber entfremdet gegenüber=
stehende Bruderstämme sind, hat sich gleichwohl mit der Zeit manches
unterscheidende Merkmal, selbst in sprachlicher Beziehung, eingeschlichen.
Der Dialect von Mahra ist schon vielfach mit arabischen Wörtern
untermischt, der von Qâra dem ursprünglichen Idiom treu geblieben.
Letzterer hat somit manche Idiotismen, die im Mahradialect schon
durch Arabismen verdrängt sind. Fresnel sagt: Ein Bewohner von
Qâra, der außer seinem Dialect auch noch arabisch kann, versteht die
Sprache von Mahra, nicht jedoch ein Bewohner von Mahra, der nur
seine Sprache und die arabische kennt, diejenige von Qâra.

Was wir von diesen beiden Ländern Mahra und Qâra wissen,
beschränkt sich auf die Nachrichten, welche uns die Officiere der eng=
lischen Küstenaufnahme vom Jahre 1833 geben. Doch auch sie be=
suchten nur wenige Punkte dieser Küste, denn ihre eigentliche Aufgabe
beschränkte sich auf die Aufnahme der Küsten westlich von Mahra.
In letzterm Lande erwähnen sie fast nur den Golf von Qeschyn, von
dem übrigens schon Niebuhr eine Karte und Beschreibung gegeben
hatte. Der Hauptort Qeschyn ist jedoch nur ein elendes Dorf, gleich=
wohl nicht ohne eine gewisse Bedeutung, da er die Residenz eines
Sultans, der über einen großen Theil der Mahra=Stämme und auch
über die Insel Sokotra gebietet, bildet. Ins Innere dieses Landes ist
noch nie ein Europäer eingedrungen.

Zwischen Mahra und Qâra liegt mit dem gleichnamigen Vor=

gebirge der Dschebel Schedscher, in welchem wir den berühmten
Weihrauchsberg der classischen und arabischen Autoren erkennen müssen.
Der Name dieses Berges hat zu den größten Misverständnissen Anlaß
gegeben, die jetzt ein chronisches Uebel aller Geographieen Arabiens ge=
worden sind, an deſſen Heilung man faſt verzweifeln möchte, beſonders
da unſer berühmteſter Geograph Karl Ritter das ſeinige gethan hat,
um ſie wo möglich noch zu verſchlimmern, indem er, ſeinem Grund=
ſatz, daß „Irrthum beſſer ſei als Verwechſelung‟ untreu werdend,
den Namen Schedscher mit einem andern, nämlich mit Schihr, aufs
Hartnäckigſte verwechſelt und dadurch zu jener Confuſion gelangt, deren
Vermeidung er als ſein höchſtes Ziel bezeichnet. Ritter (Erdkunde,
XII, S. 635) ſagt bei Gelegenheit von Schihr, der Ort heiße
eigentlich Schechr, und das ſei die wahre Lesart, falſch aber alle an=
dern, wie Schedscher, Schihr, Schehr, und nun führt er noch einige
zehn Formen an, die er als Benennungen für einen und denſelben
Ort auffaßt, obgleich ſie dies in Wirklichkeit nie waren. Von dieſen
Formen ſind einige, wie Shher, Xier, Schähr u. ſ. w., Verhunzungen
von Schihr, andere, wie Chedscher, Sedscher, Sacher, Entstellungen
von Schedscher, ja, der antike Name Shagros und der moderne
Saugra gehört einer dritten Localität, welche Sjaukira heißt, an.
Schihr ist zugleich Stadt= und Districtsname, Schedscher nur die
Benennung eines Gebirges, eines Caps und einer Landschaft, nicht
aber einer Stadt. Beide liegen vier Längen= und zwei Breitengrade
auseinander, können alſo topographiſch unmöglich für ein und dieſelbe
Localität gehalten werden. Schihr ist das äußerſte weſtliche, Sche=
dscher das öſtliche Grenzland von Mahra. Die arabiſchen Geographen,
die über den oceaniſchen Küſtenſtrich ihrer heimathlichen Halbinſel ſo
ſehr ſchlecht unterrichtet ſind, konnten freilich Ritter irreführen, denn
oft findet man bei ihnen Erwähnungen wie folgende: „Mahra im
Lande Schihr‟ (was nach arabiſchem Sprachgebrauch jedoch auch
heißen kann „in der Nähe von Schihr‟) oder „Mahra in der Gegend
von Schedscher‟, Erwähnungen, die ſicherlich denjenigen zu Verwechſe=
lungen führen konnten, der weder mit der Elaſticität arabiſcher Aus=

drücke (die man so selten buchstäblich nehmen darf) vertraut ist, noch
auch von der Existenz der zwei getrennten Landschaften mit ähnlichem
Namen eine Ahnung besitzt.

Der erste westliche District, den wir im Lande Qâra antreffen,
ist das berühmte Tsofâr (fälschlich oft Dhafar, Dafar, Zafar und
noch auf einige zehn verschiedene Arten geschrieben). Tsofâr ist jetzt
keine Stadt mehr, wie im Alterthum (in welchem es nach Einigen das
Ophir, berühmten Namens, gewesen sein soll), und wie im Mittelalter, aus welcher Zeit die Nachrichten über dasselbe von Ibn Batuta,
Abu-el-Fedâ und andern arabischen Geographen stammen, die es als
ein blühendes Handelsemporium erwähnen, aber oft auch mit einem
andern Tsofâr, dem in Yemen gelegenen, auf eine so verwirrende
Weise verwechseln, daß man heut zu Tage gar nicht mehr unterscheiden
kann, welche Beschreibungen dem westlichen und welche dem östlichen
Tsofâr gelten.

Tsofâr ist also jetzt nur noch der Name eines Districts, in dem
einige zwanzig Dörfer liegen, von welchen Mirbat und Dirbs (das
Addaharbs von Fresnel) die wichtigsten sind. Die Officiere der englischen Küstenaufnahme landeten hier und unternahmen Ausflüge ins
Innere, ohne indeß tiefer als etwa zwei bis drei deutsche Meilen in
dasselbe einzudringen. Jedoch haben diese Ausflüge den Schleier des
Unbekannten, der auf dem Lande ruhte, nur in sehr mäßigem Grade
gelüftet. Die einzige interessante Ausbeute ist die Kunde, welche sie
uns über das Vorhandensein merkwürdiger Inschriften, eigenthümlicher-
weise nicht eingemeißelt, sondern nach Art der Hieroglyphen in den
Königsgräbern von Theben gemalt, brachten. Daß diese Inschriften
himyaritisch sind, dürfen wir mit Wahrscheinlichkeit annehmen, besitzen
übrigens dafür keine andere Bestätigung, als das Wort der Reisenden,
denn eine Copie ist von keinem dieser Schriftdenkmäler gemacht worden.
Eine einzige Inschrift von Tsofâr wurde von Herrn Mordtmann erhalten, aber über ihren Fundort herrscht große Ungewißheit (Zeitschrift der Deutschen Morgenländischen Gesellschaft, XVII, 791 und
XIX, 180). Bekannter als die Küste, ja sogar sehr genau bekannt,

sind die kleinen, fast unbewohnten Inseln von Churyân Muryân, welche im gleichnamigen Golf der Küste von Tsofâr gegenüber liegen. An diesen Golf stößt dann der von Tsaukira, der alte Syagros, an dessen Küste, obgleich noch zu Dâra gerechnet, wir schon einen andern, den Ehkyly redenden Völkern völlig fremden Stamm, die Dschenâby, antreffen, deren Gebiet sich bis an die Grenze von 'Omân erstreckt. Die Dschenâby erscheinen, was auch immer ihr Ursprung sein mag, heut zu Tage als ächte Araber, verstehen kein Ehkyly, sondern reden einen dem Centralarabischen verwandten Dialect, führen das Beduinen= leben und scheinen im Ganzen sehr den Völkern des Beled Hadschar, Beny 'Yssâ und Hadhramaut zu gleichen.

Somit sind wir am Ende der oceanischen Küste Arabiens, am Ende des unbekanntesten Theils der fast noch unbekannten großen Halbinsel angelangt. Wenn wir bei der zweiten Hälfte dieser aus= gedehnten Küstenlandschaft länger verweilten, so geschah es einestheils, weil doch auch sie zum Wrede'schen Reisegebiet in einer Beziehung steht, anderntheils, um neben dem bereits Geleisteten auch das noch zu Leistende auf dem Bereiche der Erdkunde Arabiens in ein deut= liches Licht zu setzen, zugleich das Interesse und die Reiselust künftiger Ländererforscher zu wecken und auf einen uns noch so geheimnißvollen, aber in ethnographischer und linguistischer Beziehung so reichliche Aus= beute versprechenden Volksstamm hinzulenken. Möge die kürzlich er= folgte Eröffnung des Suezcanals, der wie ein Wegweiser nach dem nahen Arabien hinzuwinken scheint, eine neue Aera in den Annalen arabischer Entdeckungsreisen bezeichnen; mögen Wrede, Arnaud, Pal= grave bald Nachfolger finden und eine Hülle nach der andern vom Haupte dieses unschleierten Bildes von Sais, Arabien, fallen. An kühnen Entdeckungsreisenden hat es ja in unserm Jahrhundert weniger gefehlt, als je. So bleibt denn die Hoffnung unbenommen, daß auch einer oder der andere sich diesem interessantesten Lande, der Wiege des Islâm, zuwenden möge. Ein anderes Reisegebiet ist es freilich als Afrika und ein ungleich schwierigeres. Aber an Vorbildern wird es dem künftigen Reisenden, der sich dieses Gebiet erwählen will, nicht fehlen.

Männer wie Burckhardt, Seetzen, Wallin, Arnaud, Palgrave, Burton, diese Helden der Selbstverläugnung, leuchten ihm voran auf dem gefahrvollen Weg durch die arabische Halbinsel; aber unter Allen glänzt als Stern erster Größe unser Wrede. Von ihm, wie von keinem Andern, kann der künftige Entdeckungsreisende in Arabien lernen, wie er es zu machen hat, um der Erreichung seiner Ziele gewiß zu werden.

Dresden, den 3. Februar 1870.

Der Herausgeber.

Ueber die Rechtschreibung arabischer Namen.

Zur Erläuterung, wie die arabischen Namen in diesem Buche transcribirt sind, diene hier folgendes Alphabet.

Consonnanten.		Vocale.
ب b	ط ṭ	.... a oder e
ت t	ظ ts	 i
ث th	ع	´ o
ج dsch	غ gh, rh	.... o
ح ḥ	ف f	ا.... â
خ ch	ق q	ى.... y
د d	ك k	´ u
ذ ds	ل l	و.... u
ر r	م m	
ز s	ن n	Diphtonge.
س ss	ﻩ h	و.... au
ش sch	و w	ى.... ay
ص ç	ى y	
ض dh		

Das ﺓ Finale wird nicht ausgedrückt, das Fatha vor ihm wird meist als kurzes e, selten als kurzes a wiedergegeben.

Erstes Capitel.

Küstenreise von 'Aden nach Makalla.

Schiffahrt von 'Aden nach Bornm. — Bornm. — Der Stamm der Beny Haffan. — Wâdin Juwa. — Wâdin Halle. — 'Ayn el Ghaffffâny. — Ankunft in Makalla.

Nach langem Warten auf eine Gelegenheit nach Makalla schiffte ich mich am 21. Juni Abends auf einem dahin bestimmten arabischen Fahrzeuge ein. Zur Charakteristik der Araber, bezüglich ihrer Denkungsart über Christen, mag hier ein Gespräch Platz finden, welches kurz vor meiner Ankunft an Bord stattfand.

Während nämlich die Hornisten der Garnison den Zapfenstreich bliesen, brach einer der Matrosen in die Worte aus: „Hört einmal, wie die Hunde heulen!" worauf der Nâchodâ [1]) antwortete: „Gott beschütze den Islám!" — „Amen!" rief die ganze Gesellschaft und Einer setzte hinzu: „Möge Gott das Land des Edrus [2]) von diesen Hunden befreien!" — „Amen!" hörte man wieder in allen Winkeln des Schiffes. So lange die Musik währte, machten die Araber ihrem Aerger durch Ausrufungen Luft, als: „Dschinss el Kelb!" (Hundegeschlecht!), „Kâfir!" (Ungläubige!), „Râfidhy!" [3]) (Ketzer!) und dergleichen mehr; Ausrufungen und Ausdrücke, die alle zur Genüge darthun, mit welcher Liebe die Mohammedaner den „Christen" zugethan sind und wie hoch diese in ihrer Achtung stehen. Das, was ich hier hörte, war nicht etwa der Aus-

druck der Meinung einer einzelnen Person oder jener wenigen Per=
sonen, sondern die allgemeine aller Bekenner des Islâm, die ein
Jeder derselben vom Größten bis zum Kleinsten in Gegenwart seiner
Glaubensgenossen, je nach dem Grade seiner Bildung, in mehr oder
minder derben Ausdrücken ausspricht.

22. Juni. · Am 22. verließen wir in aller Frühe die Bay
„Eyra". — Mehrere Beduinen vom Stamm der Beny=Hassan
waren meine Reisegefährten; sie und die Mannschaft des Schiffes,
alle eifrige Mohammedaner, weshalb ich „Pseudo=Islamite"
auch regelmäßig die vorgeschriebenen „fünf Gebete" täglich ver=
richtete, um bei meiner Ankunft in Makalla mit dem Rufe eines
orthodoxen Muselmannes auftreten zu können. Der Wind war sehr
schwach und die See ging hoch, weshalb unser kleines Fahrzeug sehr
stark umhergeworfen wurde. Doch hatte ich das Glück, von der
leidigen Seekrankheit verschont zu bleiben. Nicht so die Beduinen,
welche alle daran litten und zum Erbarmen jämmerliche Gesichter
schnitten. Während der vielen Seereisen, welche ich gemacht habe,
kam es nie vor, daß die Seekrankheit den Tod herbeiführte; hier
aber war es mit einem 18jährigen jungen Beduinen der Fall, bei
welchem sich das Uebel bis zum Blutspeien steigerte, sodaß er noch
am Abend unter heftigen Convulsionen starb.

Die Taráb [4]), auf welcher ich mich eingeschifft hatte, erinnerte
mich sehr lebhaft an das Fahrzeug, womit weiland Abu Sjahr [5])
von Bombay nach Dschidda fuhr. Nur ein „Fatalist" kann es
wagen, sich auf einen solchen Bretterkasten zu setzen und auf ihm
durch die hochrollenden Wogen des indischen Oceans zu fahren. Hätte
ich seine Bauart im Hafen gekannt, keinen Augenblick würde ich ge=
säumt haben, es wieder zu verlassen. Man denke sich meine Ueber=
raschung, und sie war keine der angenehmsten, als ich bemerkte, daß
die Schiffsplanken, anstatt fest genagelt zu sein, nur mit Stricken aus
Palmfasern an die Kniehölzer befestigt und die Fugen nur nachlässig
mit getheertem Werg kalfatert waren. Jetzt war es freilich zu spät,
die Sache zu ändern, weshalb ich auf eine schützende Allmacht

und die Stärke der Vorsehung bauend, mich mit stoischer Gelassenheit
in mein Schicksal ergab und Betrachtungen über die Folgen anstellte,
welche dieses primitive Verfahren, ein Schiff zusammenzufügen, haben
könnte.

Obgleich nun dem Schiffe bei dem gegen Mittag eingetretenen
starken Wind stark zugesetzt wurde, so hielt es dennoch zum Erstaunen
gut — wiewohl die Schiffsmannschaft das durch die Fugen eindringende Wasser fortwährend ausschöpfen mußte.

23. Juni. Der günstige Wind währte die ganze Nacht und brachte
uns bis zum Morgen des 23. Angesichts der Berge von Bihr 'Alyy,
von denen ein eisiger Wind niederstrich, und noch vor Sonnenuntergang
auf die Rhede von Borum, wo wir vor Anker gingen.

Der Nâchodâ unterrichtete mich, daß die Rhede von Makalla in
der jetzigen Zeit nicht haltbar sei und rieth mir daher, hier ans Land
zu gehen. Da es in meinem Plane lag, so viel als möglich zu Lande
zu reisen, und ich, nebenbei gesagt, seiner Arche auf die Dauer keine
genügende Haltbarkeit zutraute, so willigte ich auch sehr gern darein.
Meine Reisegefährten, sowohl der Todte, als auch die Lebenden,
wurden mit mir und den Effecten in ein vom Lande gekommenes
Boot gepackt und ausgeschifft. Der sehr gefällige Nâchodâ, der wahrscheinlich sehr froh war, seine Passagiere los geworden zu sein, führte
mich in das Haus eines seiner Bekannten, wo ich aufs Beste aufgenommen wurde.

Borum [6]) ist eine kleine Stadt oder vielmehr ein großes Dorf,
mit etwa 400 Einwohnern und liegt im Hintergrunde einer Bucht,
welche zwischen dem westlich liegenden Râß Borum und dem im Osten
vorspringenden Râß el Ahmar (d. i. das rothe Vorgebirge), einem
Ausläufer des Dschebel Reßch [7]) gelegen, etwa ¼ Stunde Tiefe hat.
Der Ort ist von einem Dattelpalmwalde umgeben, der sich bis in
eine hinter demselben liegende Schlucht fortzieht, in welcher nur wenige
Schritte voneinander entfernt, zwei Quellen entspringen, von denen
die eine ein vortreffliches Trinkwasser liefert; die andere ist eine stark
mit Schwefel geschwängerte Thermalquelle. Mehrere gemauerte, mit

Cement bekleidete Baſſins nehmen ihre Waſſer auf und dienen den
Bewohnern von Borum als Waſch = und Badeorte. Zwiſchen dem
Städtchen und Räſſ Borum öffnet ſich ein weites Thal, der Wâdin
Dahſſ [8], vor deſſen Mündung ſich die Rhede befindet, welche während
dem Südweſt = Monſun, durch Räſſ Borum geſchützt, vollkommen
ſicher, in der entgegengeſetzten Jahreszeit aber unhaltbar iſt. Einige
20 Bagla's [9] und Dânw's lagen abgetakelt, theils vor Anker, theils
auf dem Trocknen und erwarteten die günſtige Jahreszeit des Nord=
oſt = Monſuns, um die gewohnten Reiſen nach dem rothen Meere und
nach der Oſtküſte Afrikas zu unternehmen.

Kaum war die Nachricht im Städtchen verbreitet, daß ein
Fremder, ein Aegyptier angekommen ſei, als die Neugierde eine
Menge Beſucher herbeitrieb; wenigſtens 40 Perſonen hatten ſich auf
der Terraſſe des Hauſes eingefunden, wo man die angenehmen Abende
zubringt, und begafften mich, wie man bei uns ein jüngſt angekommenes,
ſeltenes Thier zu beſehen pflegt. Ein Jeder machte ſeine Bemer=
kungen: der Eine bewunderte meine für Arabien ungewöhnliche Statur
und ſchloß ſehr naiv aus dem Umfange meines ſehr großen Hammel=
felles, daß da, wo ſolche Widder exiſtirten, die Menſchen ebenfalls
ſehr groß ſein müßten; ein Anderer bewunderte meine weiße Haut=
farbe und warf die Frage auf, „ob Mohammed 'Alyy auch ſo weiß
ſei?" Kurz, ein Jeder entdeckte etwas ihm Auffallendes an meiner
Perſon, und des Fragens war kein Ende. Eine halbe Stunde mochte
vergangen ſein, während welcher man mich mit Fragen gepeinigt hatte,
als mich der Wirth des Hauſes benachrichtigte, daß der Herr des
Ortes, oder wie er ihn betitelte, der Sultan, gekommen ſei, um mich
zu ſehen.

Gleich darauf trat ein kleiner Mann von etwa 60 Jahren unter
die Verſammlung, der ſich übrigens weder durch die Kleidung, noch
durch ſonſtigen Schmuck vor den übrigen Bewohnern auszeichnete.
Das Entgegenkommen, welches ihm von ſeinen Unterthanen zu Theil
wurde, war ehrerbietig, aber nicht friechend, und beſtand nur darin,
daß ein Jeder ſich zu ihm hindrängte, nur ihm die Hand zu küſſen.

Diesem Beispiele folgte ich natürlich. Hierbei entstand nun zwischen uns ein Wettstreit der Höflichkeit. Wie ich mich nämlich zum Handkuß bückte, bückte er sich ebenfalls und drückte unser Beider Hände so hinunter, daß sie beinahe den Boden berührten. Dieses währte einige Secunden, worauf er als der höher Gestellte und Bejahrtere zugab, daß meine Lippen die Spitzen seiner Finger streiften. Wir setzten uns dann nebeneinander nieder, während die Versammlung, die indeß an die 60 Personen herangewachsen war, um uns herum niederkauerte, um der Unterredung mit gespannter Aufmerksamkeit zuzuhören. Auf seine Fragen: „Wer ich sei?“ „Woher ich käme?“ „Wohin ich ginge?“ — gab ich ihm die für diesen Fall schon im Voraus bereiteten Antworten: „daß ich nämlich ein Aegyptier sei und 'Abd el Hud hieße, daß ich vor drei Jahren, während ich an der Pest darniedergelegen, das Gelübde gethan, eine Wallfahrt nach dem Grabe meines Schutzheiligen Neby Allah Hud [10]) zu unternehmen; daß sein Name für immer verherrlicht werde. — Hier antwortete die Versammlung mit: „Amen!“, erhob die Hände und betete das Fâtiha [11]). — Hergestellt, hätte ich leider die Erfüllung des Gelübdes Tag für Tag verschoben und endlich gar vergessen, da sei mir dreimal im Traume ein Engel erschienen und habe mir befohlen, die Wallfahrt anzutreten, welchem Befehle ich jetzt nachzukommen im Begriff sei. — „Eſchhed Allah!“ [12]) riefen Alle; — „Gott ist groß!“ „Es ist nur ein Gott!“ „Und Mohammed ist sein Gesandter!“ — „Du wirst Deine Reise glücklich zurücklegen, denn Gott ist mit Dir!“ setzte der Sultan hinzu. — In tiefes Nachdenken versank die Versammlung, dessen Gegenstand ohne Zweifel mein erzähltes Wunder war, wie ich aus den Stoßseufzern entnehmen konnte, welche von Zeit zu Zeit die Stille unterbrachen.

Manche meiner geehrten Leser, welche nicht mit dem Ideengange eines Arabers bekannt sind, werden mir vielleicht vorwerfen, meine Erzählung mit einer Abgeschmacktheit gewürzt zu haben. Hierbei erlaube ich mir jedoch zu bemerken, daß es in meiner Lage meine erste Sorge sein mußte, mir das Zutrauen der Einwohner des Landes zu erwerben, welches ich zu bereisen gedachte. Dazu reichte aber bei den Arabern keine einfache, gewöhnliche Erzählung hin, die nicht nur einen oberflächlichen Eindruck gemacht, sondern sogar Mistrauen erregt haben würde. Dahingegen fand die mit einem Wunder verbrämte Geschichte auf der Stelle Glauben und stellte mich ihnen als ein von Gott unmittelbar beschütztes Wesen dar; wie man allein schon aus der Aeußerung des Sultans ersieht. Was sich in dieser Beziehung für den aufgeklärten Europäer als ungenießbar herausstellt, ist für den abergläubischen fanatischen Moslim eine leicht verdauliche Speise, denn für ihn, in dessen Gemüth der schwärmerische Glaube an die auf den Menschen statthabende „unmittelbare" Einwirkung der Geister= welt so tief wurzelt, — haben dergleichen Erzählungen nichts Absurdes.

Nach und nach bekam die Neugierde wieder die Oberhand und von allen Seiten regnete es Fragen. Mohammed 'Alyy, 'Abd ul Medschyd und die Engländer in 'Aden waren die Hauptgegenstände unserer Unterhaltung, welche bis spät in die Nacht währte. Die erstern Beide sehen sie als „die mächtigsten Fürsten der Erde" an, und sie wunderten sich sehr, daß nicht der Eine oder der Andere den Engländern befohlen habe, 'Aden zu räumen, waren jedoch der frohen Hoffnung, ein Heer der „Beny Ottoman", wie sie die „Türken" nennen, vor 'Aden erscheinen zu sehen.

Wie im ganzen Orient, so ist auch hier die Meinung verbreitet: „daß es nur sieben christliche Könige giebt, welche sämmtlich ihre Kronen vom Sultan der „Beny Ottoman" zum Lehen tragen, wofür sie demselben unterthan und tributair sind.

Die Temperatur bei Sonnenuntergang, wolkenlosem Himmel und Nordwestwinde war diesen Abend 25° R.

Der Sultan von Borum [13]) heißt 'Alyy ibn Naçr und gehört dem Stamme El Keṣṣady an, der einen Theil der Provinz Yâfi'a bewohnt. Mit sichtlichem Wohlgefallen erzählte er mir, daß er sein Geschlechtsregister bis auf Noah zurückführen könne, und in gerader Linie vom Propheten Hud (dem Eber der Bibel?) abstamme, durch Himyar und Qaḥṭân [14]) (Joktan), welche seiner Meinung nach Alle

Muselmänner gewesen sind. — Trotz dieser hohen Abstammung ist er doch nur ein winzig kleiner und armer Fürst, der außerhalb seines Städtchens auch nicht die geringste Autorität besitzt, und selbst unter dem Schutze der Beny-Hassan-Beduinen steht, denen er dafür einen jährlichen Tribut entrichten muß.

Dieser Stamm der Beny Hassan ist eine Unterabtheilung des großen Hauptstammes Ssaybân [15]), dessen Wohnsitze sich weit ins Innere erstrecken. Diesem Stamme oder, was dasselbe ist, einem einzigen Sprößling desselben vertraute ich mich noch am Abend, nach dem Rathe des Sultans und meines Wirthes, für die Reise nach Makalla an.

24. Juni. Am 24. nahm ich in der Frühe von meinem Wirthe Abschied und verließ um ½7 Uhr das gastfreie Borum unter dem Schutze eines 10jährigen Beduinenknaben. — Eine lange Luntenflinte und eine Dschembiye [16]) (Dolch) waren die Waffen meines kleinen Beschützers, der mit trotziger Miene vor dem Kameele einherschritt. In einem Lande, wo es Niemand wagt, unbewaffnet außerhalb seines Hauses zu erscheinen, würde eine solche Escorte wenig Sicherheit gewähren, wenn nicht die Furcht vor der Rache ihres Stammes, ihrer Familie und ihres Wâçy [17]) den Räuber davon ab- hielte, sie anzugreifen. Der Reisende wird, sobald er sich unter den Schutz eines Beduinen begeben hat, als ein Gast des Stammes an- gesehen, und eine jede Beleidigung, welche ihm angethan wird, rächt der beschützende Stamm an dem Thäter oder dessen Familie. Der geleitende Beduine ist also für die Dauer der Reise gleichsam als Wâçy des Reisenden anzusehen.

Gleich, nachdem wir den Ort verlassen hatten, führte der Weg von Borum, längs dem Fuße des steil abfallenden Dschebel Resch hin. Rechts sprützte die Brandung des Meeres bis zu den Füßen meines Kameeles hin und versuchte seine zerstörende Kraft an den unzähligen Felsblöcken, welche den Weg theilweise so verengen, daß ein beladenes Kameel kaum durch kann. Man sieht an den steilen zerrissenen Wänden dieses Vorgebirges, welches seiner röthlichen Farbe

halber Râss Ahmar, d. i. „das rothe Vorgebirge" genannt wird,
daß das Meer schon einen bedeutenden Theil davon weggenommen
hat. Dieser Zerstörungsprozeß dauert noch fort, denn der ganze etwa
20 Fuß breite Weg ist voller Spalten, aus denen bei jedem Wellen=
schlag das Wasser mehrere Fuß hoch, gleich Fontainen, emporsprützt. .
— Es war mir ein unheimliches Gefühl, auf diesem unterminirten
Wege zu gehen, der jeden Augenblick einstürzen konnte, und ich war
daher froh, nach einer Stunde den Wâdiy Esch Scherebbe zu betreten,
welcher sich zwischen dem Dschebel Resch und Esch Scherebbe, in nord=
westlicher Richtung hinaufzieht. Jenseits des Thales führt der Weg
durch ein Felsenthor, welches ein losgerissener Felskegel mit dem
Gebirge bildet. Zur rechten Seite des Weges befindet sich in dem=
selben das Grab eines Heiligen, an dessen Kopfende die Säge eines
Sägefisches aufgepflanzt ist. Hinter diesem Felsenthore führt die
Straße eine Stunde lang theils durch ein Chaos von Felsblöcken,
theils durch tiefen Sand längs dem Meere hin. Dann tritt das Ge=
birge plötzlich nach Nordosten zurück und dacht sich nach der Tihâma [18]
(Niederung) von „Juwa" bis zum Wâdiy „Merret" ab. Der
Weg bleibt fortwährend in der Nähe der Meeres und wird bis zum
Wâdiy Halle [19] mit niedrigen, mit Gestrüpp bewachsenen Hügeln
begleitet. Bis zum Dorfe Juwa [20], wo wir nun ½11 Uhr Halt
machten, überschritt ich noch die Wâdiy „Çahâh" [21], „Chonyr" [22]
und „Dscharre" [23]. Die Tihâma von Juwa erstreckt sich von Süd=
westen nach Nordosten, vom Dschebel Esch Scherebbe bis zum Gebirge
Makalla, eine Strecke von 8 Stunden, und hält in ihrer größten
Breite 2 Stunden. Die Strecke vom Dorfe Juwa bis zum Dschebel
Esch Scherebbe ist wohl für Cultur geeignet, jedoch fand ich nur die
Umgebung des Dorfes und das Bett des Wâdiy „Juwa" angebaut.
Juwa liegt eine Stunde vom Meer im Wâdiy gleichen Namens und
besteht aus einigen 50 Häusern, welche von ungefähr 300 Beduinen
des Stammes Aqaybere [24] bewohnt werden. Dieser Stamm ist eine
der Unterabtheilungen des Stammes Esaybân und ist „Beschützer"
des Sultans von Makalla, welcher dafür einen jährlichen Tribut zahlt.

Halbjährlich hält dieser Stamm hier seine „Qabayl Batry"[25]) oder Stammversammlungen, wobei jedesmal ein großer Markt stattfindet. Bei dieser Gelegenheit werden Streitigkeiten geschlichtet, Urtheile gefällt und vollzogen, Krieg und Frieden beschlossen — kurz alle nur möglichen Angelegenheiten des Stammes, sowie der einzelnen Beduinen besprochen, geordnet u. s. w. Der sonst im strengsten Sinne des Wortes vollkommen unabhängige Beduine ist während der drei Tage, welche die Versammlung tagt, dem Schaych und dem Rathe der Aeltesten unterworfen, deren Urtheile unwiderruflich sind und gewissenhaft vollzogen werden. Ein jeder Fremder sogar kann in diesen drei Tagen seine Klagen gegen einen Angehörigen des Stammes vorbringen und erhält, wenn sie gegründet sind, vollständige Genugthuung. Jedoch nicht Alles, was bei uns Verbrechen ist, wird dort als ein solches erkannt. So würde z. B. die Klage eines Menschen, der von einem Beduinen auf der Landstraße gemißhandelt oder beraubt worden ist, oder dessen Bruder von demselben gemordet wurde, für den Fall zurückgewiesen werden, wenn er oder sein Bruder nicht zu der Zeit unter dem Schutze des Stammes gestanden haben. Dahingegen wird Verrath am Stamme mit dem Tode bestraft und Diebstahl von Gegenständen, welche einem „Stammesgenossen" oder einem „Schützling des Stammes" gehören, Ermordung eines „Schützlings" und Veruntreuung zum Transport anvertrauter Gegenstände mit „Ausstoßen aus dem Stamme" geahndet.

Das „Ausstoßen aus dem Stamme" ist eine sehr harte Strafe und gleicht dem „Bann" und der „Acht" des Mittelalters. Denn nicht nur, daß der Ausgestoßene von keinem andern Stamme aufgenommen wird und er aller seiner Rechte verlustig ist, werden ihm auch seine Weiber, Kinder, Heerden, Waffen u. s. w. genommen.

Während der „drei Tage", welche der Vollstreckung des Urtheils folgen, ist der Verurtheilte unantastbar und Niemand darf ihm nachgehen, um die Zufluchtsstätte zu erfahren, welche er erwählt hat. Ist aber diese Frist verflossen, so hat jeder Stammesgenosse das Recht, ihn wie ein wildes Thier zu verfolgen und zu tödten. — Solchen

4*

Unglücklichen bleibt dann nichts anderes übrig, als die unwirthbarsten Gebirge aufzusuchen, wo sie gewöhnlich andere „Banwâq" [26]) d. i. „Treulose" (denn so nennt man diese Verbannten oder Ge= ächteten) antreffen und dort ordentliche „Räuberbanden" bilden, die um so gefährlicher sind, als sie aller herkömmlichen Gesetze der Ehre entbunden, ihre angestammte Raubgier und Mordlust rücksichts= los befriedigen können.

Das Dorf Juwa liegt am linken Ufer des Wâdiŋ Juwa, in dessen sehr breitem Bett der fruchtbare Humus mit vielem Fleiß cul= tivirt ist. Dattelpalmen sah ich dagegen nur wenige. Wie man mir berichtete, war der Wâdiŋ früher mit einem dichten Dattelpalmen= walde bedeckt, welcher aber vor etwa 10 Jahren, während eines Krieges mit benachbarten Stämmen, namentlich dem Stamme der Châmiŋe, von demselben umgehauen wurde. Dem Dorfe gegenüber auf der rechten Seite des Wâdiŋ stehen einige verfallene Wacht= thürme, welche im ebenerwähnten Kriege zerstört wurden.

Oberhalb des Gebirges führt der Wâdiŋ Juwa den Namen Cirbe [27]), in welchem mir folgende Ortschaften genannt wurden: „Dobba [28]), El Irme, Baŋdhâ, Cirbet=Cahwe, Biŋr Bâ Râŋe, Adŋd, Kelbub, El Modaŋne und El Câra". Eine Stunde oberhalb Juwa liegt das Dorf Kulang, und eine Stunde nördlich von Juwa, der Ort 'Aŋn=el Ghassâŋ [29]), wo ein Bassin existirt, zu welchem das Wasser mehrerer Quellen durch Wasserleitungen geführt wird.

Das Gebirge von Borum bis zur Tihâma besteht aus einem Conglomerat von Geschieben eines sehr krystallinischen Kalksandsteins und Jaspis mit quarzigem Bindemittel; unmittelbar am Meere steht Granit zu Tage. Die Temperatur war am Morgen 20°, um Mittag 30° R. bei Nordwestwind auf freier Ebene ohne Bäume und Gesträuche.

Um ½2 Uhr setzte ich meine Reise fort. Die Hitze, welche schon ohnedies bedeutend war, wurde noch durch das Reflectiren der Sonnenstrahlen von den blendend weißen Sandhügeln, durch welche der Weg führte, bedeutend gesteigert. Die Gegend war fast ohne

alle Vegetation, denn nur hier und da ragten einige „Tamarisken"
(Tamarix orientalis, bei den Arabern Athl genannt), und „Dom
palmen" (Hyphaene crinita) aus dem Flugsande hervor. Die
„Dompalme" hat fächerartige Blätter und zeichnet sich vor den
übrigen Palmenarten dadurch aus, daß sich ihr Stamm in mehrere
Aeste theilt. Die braunen Früchte sitzen traubenförmig zusammen
und sind von der Größe und Gestalt einer großen Kartoffel. Das
Fleisch dieser Frucht ist faserig und widerlich süß und der Kern von
außerordentlicher Härte, weßhalb man allerlei Sächelchen aus ihm
verfertigt, Perlen zu Rosenkränzen, Knöpfe u. dergl. m.

Eine Stunde nach unserm Aufbruche betraten wir das Bett des
Wâdiy Omm Bâhya [30]), welches wir bis ans Meer verfolgten, in
dessen unmittelbarer Nähe wir bis Makalla blieben. Ein und eine
halbe Stunde Wegs brachte uns an den Wâdiy Wo'ayka [31]), welcher
als klarer, reißender Bach ins Meer strömte. Jedoch hält dieser
Wâdiy nicht immer Wasser, sondern nur nach einem im Gebirge kurz
vorher gefallenen Regen.

Gleich hinter diesem Wâdiy tritt ein Ausläufer des Dschebel Aqah-
bere bis auf 300 Schritt vom Meere vor; längs welchem wir nach
½ Stunde an die Mündung des Wâdiy bâ Darrahn gelangten,
welcher sich zwischen diesem Vorgebirge und Dschebel el Dâra nordwestlich zieht. Dschebel el Dâra überragt die Stadt Makalla, welche
sich, vom Wâdiy aus gesehen, sehr hübsch ausnimmt und an die
venetianischen Städte des Orients erinnert.

Um 6 Uhr langte ich in Makalla an, wo ich in Folge des
Empfehlungsschreibens des Schaych Mohammed el Bâ Harr von dem
Kaufmann 'Abd Allah Ahmed ibn bâ Wâhil gastfrei aufgenommen
wurde. Die Schilderung, welche er mir von den Beduinen machte,
war freilich nicht geeignet zur Reise ins Innere aufzumuntern. Mein
Entschluß aber war gefaßt und ich bat ihn daher, mir für den folgenden Tag einen Dachayl [32]) (Geleitsmann, Beschützer), nebst Kameel zur Reise nach dem Wâdiy „Do'ân" zu verschaffen. Da ich
befürchtete, vielleicht in der Stadt als Europäer erkannt zu werden,

so unterdrückte ich den Wunsch, dieselbe zu besehen und blieb den
ganzen folgenden Tag „zu Hause".

Die Temperatur stand bei Sonnenuntergang 25˚. Am 25. mit
Sonnenaufgang 20˚, um Mittag auf der Terrasse des Hauses 30˚,
bei Sonnenuntergang 25˚ R.*) bei wolkenlosem Himmel und Süd=
westwinde.

---

*) Hier und für die Folge allemal im freien Schatten nach Réanmur.

Zweites Capitel.

Von Makalla nach dem Dschebel Tsahura.

----

25. Juni. Am 25. Juni brachte mir mein Wirth einen Beduinen des Stammes Aqaybere und schloß mit demselben einen Con-
tract, zufolge dessen er sich verpflichtete, mich gegen Empfang einer
mäßigen Summe nach Choraybe im Wâdiy „Do'ân" zu bringen und
mich während dieser Reise gegen Jedermann zu beschützen. — Die
Uebergabe eines Fremden in den Schutz eines Beduinen ist hier mit
einem eigenthümlichen Ceremoniel verbunden, welches in Yemen und
dem nördlichen Arabien nicht beobachtet wird. Nach Abschluß des
Contracts nämlich legte mein Wirth die Hand des Beduinen in die
meinige und frug ihn, „ob er mich und meine Habe während
der Reise beschützen wolle?" Auf sein gegebenes „Ja" benetzte
der Kaufmann seinen Zeigefinger mit dem Speichel und schrieb meinen
Namen auf die Stirn des Beduinen, indem er sprach: „Der Name
dieses Fremden steht auf deiner Stirn geschrieben, Aqaybere, daß sie sich nie mehr vor deinem Stamm erhebe,
wenn ihm etwas zu Leide geschieht!" — Der Beduine erwiderte

mit großer Lebhaftigkeit: „Sie erhebe sich nie mehr, weder in den Städten, noch in den Gebirgen! Mein Tod ist sein Tod! Und sein Tod der meinige! Es ist nur ein GOtt und Mohammed ist sein Gesandter. Alles kommt von ihm!

Hiermit endigte die Ceremonie, und mein Wirth versicherte mir später, daß ich nun dem Beduinen volles Zutrauen schenken könne.

Die Vorbereitungen zur Reise waren bald, und dem Willen meines Beduinen gemäß, gemacht. Nach Wunsch wurden ihm einige Cirbe (kleine lederne Schläuche) gekauft, um Mehl, Datteln, Butter, Ingwer und einige Stücke getrockneter Haifischfinnen hinein zu packen. Nachdem alles Nöthige angeschafft war, packte ich meine Effecten zusammen und übergab sie meinem Führer, der sie nach seinem Lagerplatze außerhalb der Stadt brachte.

Nach dem Nachmittagsgebete kamen mehrere Freunde des Wirths, um mich zu sehen. Die Unterhaltung bewegte sich um meine Reise in das Innere des Landes, und Alle bemühten sich, mich zu überzeugen, daß diese Reise für einen Fremden lebensgefährlich sei. Dies zu beweisen, erzählten sie mir eine Menge Räuber- und Mordgeschichten. Sie schilderten mir überdies die Beduinen als Menschen ohne alle Religion, stets nach Mord und Raub lüstern, und die überhaupt Alles genössen, was der Corân verbiete. Auf diesen letzten Umstand legten sie ein besonderes Gewicht. Dadurch ließ ich mich nun natürlich von meinem Plane nicht abbringen, sondern entgegnete ihnen, daß ich unter dem Schutze Gottes stehe, ohne dessen Willen mir Niemand etwas anhaben könne und daß ich übrigens wegen einer wahrscheinlichen Gefahr nicht unterlassen könne, ein Gelübde zu erfüllen. Als sie sich im Flusse der Rede und einer Fluth von Schmähungen eben noch ergossen, — trat plötzlich die dunkele, halbnackte, nervige Gestalt meines „Dachayl" (Geleitsmann) herein und Alles ward mäuschenstill. — Statt der Schmähungen wurden ihm Schmeicheleien gesagt. In seiner Gegenwart lobte man mir laut seine Tapferkeit, Rechtlichkeit, Religiosität u. s. w. — Von allen diesen Süßigkeiten aber nahm mein Beduine wenig oder gar keine Notiz, und ohne

jenen Herren in Etwas zu begegnen, forderte er mich auf, ihm ins
Lager zu folgen, da die Thore während der Nacht geschlossen und
wir noch vor Tagesanbruch aufbrechen würden.

Bei meiner Ankunft im Bivouak fand ich noch 15 Stammesgenossen meines „Dachayl" um ein Feuer gelagert, um welches die
Waarenballen und 20 Kameele einen Kreis bildeten. Die Beduinen
standen auf und setzten sich nicht eher wieder, als bis ich im Kreise
herumgegangen, Jedem die Hand gegeben und mich nach seinem Befinden erkundigt hatte. Nachdem auch mich ein Jeder nach meinem
Befinden gefragt, setzten wir uns nieder. Einer der Gesellschaft be-
reitete den Kaffee und reichte das für die Pfeife nöthige Feuer,
welche von Zeit zu Zeit die Runde machte.

Die Beduinen, wie alle Araber, halten viel auf Begrüßungen,
sind unerschöpflich in ihnen und lassen nicht leicht sich in dieser Beziehung eine Nachlässigkeit zu Schulden kommen. Auch ist es für
einen Reisenden sehr wichtig — ob er begrüßt wird oder nicht, denn
er kann gewiß sein, daß der Beduine, welcher ihn nicht grüßt, etwas
Feindseliges gegen ihn im Schilde führt.

Der Abend verging unter Gesprächen aller Art. Ich mußte ihnen
von Mohammed 'Alyy, dem Sultan der Beny Ottoman, vom Zweck
meiner Reise u. s. w. erzählen, sie dagegen waren so erpicht auf alle
diese Neuigkeiten, daß ich auch nicht eine einzige Frage anbringen
konnte. Wenn man diese Menschen zum ersten Male sieht, flößen sie
freilich wenig Zutrauen ein. Man denke sich dunkelbraune, nervige
Kerle, deren ganze Kleidung aus einem Schurz um die Hüften besteht,
der kaum bis zu den Knien herabreicht, und deren langes, schwarzes,
etwas gekräuseltes Haupthaar zu einem Büschel am Hinterkopfe zusammengebunden ist. Ein spärlicher Bart beschattet das Kinn, während der Schnurrbart sorgfältig geschoren ist — denn in Hadhramaut wird ein Mensch, der einen Schnurrbart trägt, „Makruh",
d. i. „als ein unanständiger Mensch", vermieden. — Unter ihren
buschigen Brauen blitzt ein feuriges Augenpaar, dessen nächste Umgebung durch den Gebrauch des Kohls (äußerliches Augenmittel, Col-

lyrium von gepulvertem Antimonium) eine dunkle, stahlblaue Farbe
erlangt hat. Endlich spielt um den feinen, mit perlenweißen Zähnen
besetzten Mund ein Zug, welcher die Verachtung ausspricht, mit
welcher diese wilden Söhne der Wüste auf Alle herabblicken, die nicht
wie sie, frei wie das Raubthier ihrer Gebirge umherschweifen. In
ihrem Gürtel blitzt die Dschembiye (Dolch) in der Nachbarschaft eines
großen blanken Pulverhornes — ein kleineres, worin feingeriebenes
Pulver für die Pfanne enthalten ist, hängt an einem mit Metall=
knöpfen besetzten Riemen über die linke Schulter auf der rechten
Brust, — fortwährend liegt die unzertrennliche Begleiterin, die Lunten=
flinte, in Bereitschaft, um entweder einem Angriff zu begegnen oder
bei günstiger Gelegenheit selbst einen solchen auszuführen. Je länger
man mit ihnen umgeht, um so williger söhnt man sich mit ihrem
wilden Aeußern aus. Sitten und Gebräuche, durch die Länge des
Bestehens geheiligt, bannen ihre Raub= und Mordlust in engere
Schranken, und geben ihrer Handlungsweise einen ritterlichen Anstrich,
der seltsam mit ihrem sonstigen Thun und Lassen contrastirt. So ist
z. B. dem Beduinen sein gegebenes Wort heilig, nicht etwa aus
religiös=moralischen Gründen, o nein! — sondern weil ihm sein Vater
diesen Grundsatz eingeprägt hat; weil der Wortbrüchige vom ganzen
Stamme verachtet wird, und ihm die schreckliche Strafe der Aus=
stoßung droht. Alle Kaufleute vertrauen daher auch ihre Waaren,
wären sie noch so kostbar, einzelnen Beduinen zum Transport ins
Innere des Landes an; und mit der größten Gewissenhaftigkeit, aber
auch mit blutendem Herzen liefert er sie ab; denn er kann sich des
Gedankens nicht erwehren, wie schön es gewesen wäre, wenn ihm
diese Gegenstände ohne Schutz begegnet, wo er sie dann, unbeschadet
seiner Ehre, hätte rauben können. Dasselbe gilt von den Reisenden.
Der Beduine vertheidigt den Fremden, welcher sich seinem Schutze
anvertraut hat, bis zum letzten Athemzuge. — Denselben Fremden
aber wird er ohne Weiteres ermorden und berauben, wenn er ihn
„unbeschützt" auf der Straße trifft. Ob nun gleich der Beduine mit
seinem ganzen Thun und Treiben nicht als ein Muster der Moralität

aufgestellt werden kann, so ist er mir, bei aller seiner anerkannten
Raub- und Mordlust, dennoch lieber, als der ränkevolle, fanatische
und allen Lastern ergebene Städtebewohner.

Noch ist die Art und Weise, es sich beim Sitzen bequem zu
machen, zu erwähnen. Die seist eben so zweckmäßig, als originell und
meines Wissens in keinem andern Lande gebräuchlich. In keinem
Hause befinden sich nämlich Kissen, an die man sich lehnen könnte, und
die Beduinen kennen solche Luxusartikel um so weniger. Da nun das
Sitzen mit kreuzweis unterschlagenen Beinen bald ermüdet, so schlingen
sie das zweite lange Tuch, welches jeder Beduine bei sich führt oder
auch das Gehänge des kleinen Pulverhorns dergestalt um die Mitte
des Körpers und um die Kniee, daß es gleichsam einen Reif bildet,
in welchem sich Rücken und Kniee gegenseitig unterstützen.

Der Gebrauch des Kohls oder Antimonpulvers, als ein Mittel
die Ränder der Augenlider zu färben und sie dadurch größer erscheinen zu lassen, ist in Aegypten, Syrien und ganz Arabien allgemein und stammt aus dem Alterthum. Als die erste Person, welche
dieses Collyrium gebrauchte, nennen die arabischen Geschichtschreiber ein
Weib aus dem Stamme Dschiçâl, Namens: „Sor'a [33]) el Yemâma"
und behaupten von ihr: „sie habe in Folge der Anwendung dieses
Kohls ein so scharfes Gesicht erlangt, daß sie die Armee des himyarischen Königs Hassan et Tobba', welcher gegen ihren Stamm zu Felde
zog, in einer Entfernung von drei Tagereisen entdeckt habe. Sie
wurde jedoch vom Feinde gefangen, und nachdem König Hassan ihr
die Augen habe ausreißen lassen, habe man alle innern Fibern der
Augen schwarz gefärbt gefunden." — Wahrscheinlich hat diese Fabel
zur Verbreitung dieses Gebrauchs beigetragen. Genug, daß alle Ein-
geborenen, ohne Ausnahme des Alters, Geschlechts oder Standes den
Kohl anwenden, um die Augen zu stärken und sie größer erscheinen
zu lassen.

Am 26. Juni, ½2 Uhr Morgens in der Frühe brachen wir
auf und zogen nordwärts den Wâdiy bâ Çarrayn [34]) hinauf. Es
hat dieser Wâdiy seinen Namen von einem Dorfe bekommen, das

wir, nachdem wir eine Stunde Wegs zurückgelegt, in einer mit Dattel-
und Cocospalmen bedeckten Schlucht, links liegen ließen. Es gehört
dem Sultan von Makalla und mag ungefähr 400 Einwohner zählen.
Von diesem Orte an wird die Richtung des Weges Nordost, 15° Ost
und führt durch einen Engpaß, welcher sich 1¾ Stunden lang bis
zum Wâdih Omm Dschirdsche ³⁵) hinzieht und an dessen Ausgang ein
Dattelgebüsch, Eſſ Sjitt genannt, am Fuße des Dschebel Fath edh
Dhaqq ³⁶) liegt.

Um ½5 Uhr lagerten wir uns in einem schönen Palmenwalde,
am Fuße eines niedern Ausläufers des Gebirges, auf welchem
das Dorf Harr-Schiwâts ³⁷) liegt. Auf der andern Seite des Ge-
hölzes befanden sich auf einem Hügel einige verfallene Wohnungen
und Wachtthürme. Das Dorf besteht aus gut gebauten, zweistöckigen
Häusern und zählt ungefähr 400 Einwohner, welche dem Stamme
Agahbere angehören. Unter den Cocos- und Dattelpalmen befanden
sich gut angebaute Getreide- und Tabaksfelder, welche durch eine
warme Quelle bewässert wurden, die am südöstlichen Abhange des
Dschebel Fath edh Dhaqq entspringt. Die Bewässerungskanäle, welche
zu den verschiedenen Abtheilungen der Felder führen, sind mit großer
Umsicht angelegt.

Nach der Ankunft auf einem Ruheplatze sind alle Beduinen
beschäftigt, die Bedürfnisse des Augenblicks herbeizuschaffen. Einige
suchen Brennholz, Andere holen Wasser, die Uebrigen füttern die
Kameele. Nachdem das Feuer angezündet ist, schickt sich die Gesellschaft an, den Kaffee zuzubreiten, und ein Paar Andere übernehmen
das Brodbacken. Zum Kaffee steuert ein Jeder gewöhnlich nur 5
oder 6 Bohnen, nebst einem kleinen Stückchen Ingwer. Die Bohnen
werden nun gebrannt, mit dem Ingwer in einem Mörser gestoßen
und in einem großen kupfernen Gefäße gekocht. Da von etwa
60 Bohnen 20 ziemlich große Taſſen bereitet werden, so kann man
sich denken, daß der Kaffee nicht zu stark ausfällt und der Ingwer
ist auch nicht geeignet, ihm einen angenehmen Geschmack zu verleihen.
— Zum Brode giebt Jeder, nach Maßgabe seines Appetits, mehr

oder weniger Mehl, indem er zwei Hände voll für ein Brod rechnet. Das Mehl wird in einem hölzernen Napf mit Wasser zu einem Teig gemengt, dann zu zwei Finger dicken, 6 Zoll im Durchmesser haltenden Kuchen geknetet und auf den ausgebreiteten Holzkohlen gebacken. Ge wöhnlich sind diese Brode an ihrer Außenseite verbrannt, während sie in ihrem Innern noch nicht gar sind. — Einige getrocknete Datteln, ein wenig Butter oder Sesamöl und dann und wann ein Stück auf dem Feuer geröstete lederzähe Haifischfinnen — sind die Zuthaten; Wasser das einzige Getränk.

Anfänglich wurde es mir freilich etwas schwer, mich in diese Lebensweise zu finden, und oft genug sehnte ich mich nach den Fleisch= töpfen Aegyptens zurück. — Jedoch woran kann man sich nicht Alles gewöhnen! Nach wenigen Tagen schmeckten und bekamen mir alle diese Sachen vortrefflich; wozu denn die gesunde Gebirgsluft, das vorzüg= liche Wasser und die fortwährende Bewegung beigetragen haben mögen.

Nördlich von Harr Schiwâts steigt der Agaybere auf, von welchem im Nordwesten zwei Zweige, die Dschebel Lahâb [38]) und Fath edh Dhayg ausgehen; niedrige Hügel tertiären Kalks nehmen die Strecke bis zum Meere ein, dessen Brandung deutlich zu hören war. Die Felder waren in Vierecke von etwa 50 Fuß Länge und 20 Fuß Breite getheilt, welche mit 2 Fuß breiten und 1 Fuß hohen Erdaufwürfen umgeben waren, in denen Rinnen zur Leitung des Wassers eingegraben sind. Diese Weise, die Felder einzutheilen und zu bewässern, ist auch in Aegypten gäng und gäbe. Das Land war mit Durra (Holcus sorghum), Dochn (Holcus Dochna; Forskål), Sesam (Sesamum orientale) und Tabak bebaut. — Längs der Abtheilungen wuchsen Ricinussträuche. Längs der Quelle und am Rande des bebauten Feldes sah ich Tamarinden, Amba (Mango) und Arâkbäume stehen. Der Arâkbaum, welcher hier wächst, ist wahrscheinlich von der Art, welche Wellsted „Avicennia nitida" nennt. Er gewährt einen freundlichen Anblick und sein Laub hat ein lebhaftes Grün. Beim Zerreiben verbreiten seine Blätter einen aromatischen Duft.

Der Tamarindenbaum oder richtiger Tamarhind, der indische Dattelbaum, von Tamar, „Dattel" und Hind, „Indien", ist einer der prächtigsten Bäume, die ich je gesehen habe, sowie seine Frucht eine der gesundesten und erfrischendsten, welche die tropische Zone aufzuweisen hat. Unter dem dichten Laubdache eines dieser Bäume hatten wir uns gelagert, jedoch waren leider die traubenartigen Früchte noch nicht reif.

Im sandigen Bette des Wâdiy wuchsen auch zwei Arten von Tamarisken, nämlich die Tarfâ (Tamarix gallica) und Athl (Tamarix orientalis); zwei Arten von Akazien, nämlich Seyal (Mimosa Sejal, Forsk. Flor. pag. 177) und El Goff (Acacia arabica); beide geben Gummi, die letztere jedoch das beste.

Ferner sah ich den „Nebekbaum" (Lotus nebeca oder nach Forskål Flor. pag. 63 Rhamnus nebecae), die Dompalme (Hyphaene crinita); eine Fächerpalme, mit deren „Fächern" („Tafi") man die Hütten deckt, und eine Giftpflanze Namens „El Oschr" (Asclepias procera), welche hier eine Höhe von 10 Fuß erreicht. Den Stamm dieser Pflanze sah ich hier von der Dicke eines Mannes und etwa 3 Fuß hoch, und es sind nur die Zweige, welche 10 Fuß Höhe erreichen. Das Holz ist sehr weiß, weich und leicht, weshalb es die Beduinen für ihr Pulver zu Kohlen benutzen. Bei wolkenlosem Himmel und schwachem Nordwestwind stand der Thermometer bei Sonnenaufgang 20°, um Mittag 30°.

Etwas nach 9 Uhr brachen wir wieder auf und zogen in der Richtung Nordosten 15° Ost durch den „Palmenwald", — den Hügel hinan, hinter dem Dorfe vorbei, von wo aus sich der Weg nach Norden wandte. Um 2 Uhr stiegen wir bei einem Gehöfte, Namens Hawâ, wieder in den Wâdiy Omm Dschirdsche hinab, welcher hier ebenfalls mit einem dichten Palmenhaine bedeckt ist. Die in ihm liegenden Felder werden von einer heißen Quelle bewässert, welche oberhalb des Dorfes Hafiye entspringt. Dieses Dorf liegt in einiger Entfernung links vom Wege, etwa 200 Fuß über dem Thale, in einer Schlucht, von Gärten umgeben, welche sich in Ter-

rassen längs der Schlucht und mehrere 100 Fuß hoch oberhalb des
Dorfes erheben; diese geben der Lage dieses Ortes etwas Malerisches,
welches mit den nackten Felsen des Gebirges wohlthuend contrastirt.

Um 3 Uhr sah ich rechts vom Wege in der Entfernung von
½ Stunde das Dorf Dhyq edh Dhyâq [39]) unter Palmen liegen,
welche durch den Wâdiy „Râye“ bewässert werden. ¼ Stunde
später überstiegen wir in der Richtung Süd 34 West einen niedern
Felsenkamm, welcher sich nach Westen noch in weiter Entfernung be=
merkbar macht und von welchem ich eine schöne Aussicht in den sich
zu unserer Rechten hinziehenden Wâdiy Hotsiye [40]) genoß. Von grünen
Saatfeldern umgeben, ragten dort aus einer Gruppe hoher Palmen
die Minarets der Stadt „Falh eff Sfisle“ [41]) hervor, deren Ein=
wohner, etwa 1000 an der Zahl, sich mit Ackerbau und der Be=
reitung des Indigo beschäftigen. Der Weg über diese Hügel war,
der scharfen Felsenzacken halber, mit denen er gleichsam besäet ist,
sehr schwierig, besonders, da das dunkle Gestein der Grauwacke, aus
der sie bestehen, einen solchen Grad der Hitze erlangt hatte, daß ich
meine Hand nicht darauf halten konnte. Um so mehr wunderte ich
mich über die Fußsohlen der Beduinen, welche barfuß mit der Be=
hendigkeit einer Gazelle über diese Felsenzacken hinwegliefen. Obgleich
sie Alle mit Sandalen versehen sind, so bedienen sie sich derselben
nicht einmal gegen die Hitze des Sandes oder Bodens, sondern man
sieht sie nur an ihren Gewehren hängen, und nur, wenn sie im Dickicht
Brennholz oder Futter für ihre Kameele holen, bedienen sie sich der=
selben.

Zu meiner großen Zufriedenheit stiegen wir schon nach 20 Mi=
nuten zum Wâdiy „Mahniye“ [42]) nieder, welcher sich bei der Stadt
Falh eff Sfisle mit dem Wâdiy „Hotsiye“ vereinigt. Ehe wir das
eigentliche Bett des Wâdiy betraten, kamen wir an zwei kleinen Feldern
vorüber, auf welchen Tabak angepflanzt war, welcher von Platanen
überschattet wurde. Bei jedem dieser Felder befindet sich ein vier=
eckiges gemauertes Wasserbecken, in welches sich eine warme Quelle
ergießt, welche beide etwa 100 Fuß oberhalb derselben vom Abhange

des hier steil abfallenden Gebirges der Grauwacke entspringen. Das Wasser dieser Quellen hatte einen Wärmegrad von 50° R. und war, wenn abgekühlt, von sehr angenehmem Geschmack.

Im Wâdiy Mahniye angelangt, verfolgten wir denselben auf= wärts, in der Richtung Nord, 40° West, welche wir, einige wenige Wendungen abgerechnet, bis zum Abend beibehielten. Kurz vor 6 Uhr lagerten wir in einer Stelle des Wâdiy, welche Fedsch=min=Allah [43]) genannt wird und wo nach der Menge der Lagerplätze zu urtheilen, welche sich daselbst befinden, die Dâsila (Karawanen) gewöhnlich ihr Nachtlager aufzuschlagen pflegen.

Von Harr Schiwâts bis zum vorerwähnten Felsenkamm führt der Weg über tertiären Kalk, welcher eine schwach ondulirende Ebene bildet, die sich nach Südosten allmählich abdacht. Wâdiy Mahniye selbst ist mit Sand und Kieseln bedeckt und mit verschiedenen stachligen Sträuchen und Bäumen besetzt, mit den Mimosengeschlechtern: El Goff, Sehal, Semur (Acacia vera, nach Forsk. Flor. CXXIII, pag. 176 Mimosa unguis cati) und mit einer reichlichen Anzahl Nebekbäumen. Eine Menge Schlingpflanzen durchziehen diese Ge= büsche oft so, daß sie ein undurchdringliches Dickicht bilden.

Hier und da sah ich ganze Strecken des Bodens mit Coloquinten (Cucumus colocynthus) bedeckt. Wie in allen sandigen Thälern dieses Landes fehlte es auch hier an der Giftpflanze El Dschr nicht, zu welcher sich übrigens noch Hyoscyamus in ziemlicher Anzahl gesellte.

Der Wâdiy Mahniye ist im Nordosten von einem Gebirge be= grenzt, welches unter dem allgemeinen Namen „Harf el Haghe" [44]) bekannt ist, und in welchem ich die bis zu unserm Ruheplatze sich herüberziehende Koppe Dschebel Harmal [45]) bemerkte, welche sich gegen 2000 Fuß über den Thalboden erhebt. Im Südwesten trennt der Dschebel Agaybere den Wâdiy Mahniye von dem Wâdiy „Dirbe". Die höchsten Gipfel desselben, welche ich während dieser Tagereise er= schaute, waren die Dschebel Lahâb und Rughyji [46]), welcher letztere sich an die 2000 Fuß erhebt. Unzählige kleine, mit dichtem Gesträppe bewachsene Nebenthäler münden in den Wâdiy Mahniye und verzweigen sich zwischen kleinen Gebirgskegeln, die in schroffen Wänden abfallen. Diese dem Hauptgebirgsstocke vorliegenden Höhen bestehen aus Grauwacke, welche auf ihrer Oberfläche röthlichbraun gefärbt, wie polirt glänzend und beinahe schwarz erscheint. Adern eines sehr feinkörnigen Granits durchschwärmen sie nach allen Richtungen. Dieser Granit geht da, wo er mit dem Hauptgestein in Berührung kommt, in porphyrartigen Syenit über. Die Grauwacke zeigt sich sehr deutlich geschichtet und ihre Schichten fallen unter einem Winkel von 47° ab.

Gleich nach der Ankunft in der Dâfila (Karawane) auf irgend einem Ruheplatz werden die Kameele abgeladen, ihre Vorderfüße gefesselt und ihnen die Freiheit gelassen, ihr Futter zu suchen. Bei Anbruch der Nacht werden die Waarenballen um den Lagerplatz herumgelagert, desgleichen die Kameele, doch so, daß ihre Köpfe nach der Außenseite gerichtet sind. Denn da diese Thiere im Dunkeln ziemlich gut sehen und außerordentlich scheu sind, so verrathen sie durch ihre Unruhe die Annäherung eines fremden Menschen oder wilden Thieres.

Der Abend wurde von den Beduinen mit wenig interessanten Gesprächen zugebracht, die sich meist um ihre häuslichen Angelegenheiten drehten. Unstreitig sind die Beduinen das neugierigste und geschwätzigste Volk der Erde. — Ueber alle meine Angelegenheiten wollten sie Auskunft haben. Hatte ich dem einen dieser unermüdlichen Frager so viel beantwortet, als ich für gut fand, ihm mitzutheilen, so wiederholte ein Zweiter, obwohl er Alles mit angehört hatte, eben dieselben Fragen. War auch dieser befriedigt, so wollte ein Dritter und Vierter Alles noch einmal und Alles von vorn wieder hören. — Gab ich dann, der unaufhörlichen Fragen müde, keine Antwort mehr, so beruhigte sie mein Dachakil in der Regel mit den Worten: „Laßt ihn in Ruhe, sein Herz ist schwarz, denn er ist müde!" — Nach diesem wagte dann Niemand eine Frage mehr an mich zu richten. — Dahingegen sind die Beduinen auch ebenso geschwätzig in ihren Mittheilungen, wenn man nämlich die Fragen dem augenblicklichen Gespräche anpaßt. Sowie man aber ohne weitere Einleitung nach diesem oder jenem Stamme oder nach der Stärke

des ihrigen fragt, stutzen sie gleich, werfen einander fragende Blicke
zu und geben entweder gar keine oder eine falsche Antwort.

Bevor sie sich zur Ruhe begeben, machen einige derselben eine
Runde in der Umgebung des Lagers, um sich zu überzeugen, daß kein
Feind in der Nähe des Bivouaks sei. Einer oder zwei von ihnen
halten fortwährend' Wache und unterhalten das Feuer.

Mit Sonnenuntergang stand das Thermometer auf 30° R. bei
schwachem Nordwestwinde.

27. Juni. Am 27. Juni früh Morgens 4 Uhr verließen wir
unser Nachtlager und zogen den Wâdih in der Richtung Nord,
40° West hinan. Kurz vor 5 Uhr lag zu unserer Linken der hohe
Bergkegel Dschebel Wâssib [47]) und um 6 Uhr kamen wir an dem nicht
minder hohen, ebenfalls zur Linken des Weges sich erhebenden „Dschebel Hanbare" [48]) vorüber. Von hier an wird der Weg immer
schwieriger, indem er sich durch dichte, dornige Gebüsche wendet und
mit großen Rollsteinen bedeckt ist. . Quellen fehlten ganz. Demungeachtet litten wir keinen Mangel an Wasser, da man nur ein zwei
Fuß tiefes Loch in den Sand zu graben brauchte, um sich das herr-
lichste Wasser zu verschaffen. Um 7 Uhr kamen wir an eine Stelle,
wo sich das bisher 300 Fuß breite Thal plötzlich so verengte, daß
es kaum 40 Fuß Breite hielt. Außerdem war dieser Paß auf beiden
Seiten dergestalt mit dornigen Büschen besetzt, daß kaum soviel Platz
blieb, ein beladenes Kameel durchzulassen. Hinter diesem Engpaß,
von den Beduinen Laylebât benannt und den zu durchschreiten eine
Minute genügt, öffnet sich das Thal zu seiner frühern Breite.

Eine dichte Gruppe Aréabäume nahm uns in ihren Schatten
auf, der zu einladend war, um sich nicht in ihm zu lagern und zu
erquicken; was zu meiner großen Zufriedenheit geschah. — Auch für
unsere Kameele war dieses Ruheplätzchen von besonderm Werthe, da
die saftigen Blätter der Aréa ihr größter Leckerbissen sind. — Hinsichtlich seiner Form und Größe hat dieser Baum große Aehnlichkeit
mit unserer Pappel. Das weiße Holz desselben ist mit einer feinen,
röthlichen, sehr faserigen Rinde bedeckt, aus welcher die Beduinen

Lunten verfertigen. Die Blätter haben die Form einer Lanzette, sind
gegen zwei Zoll lang, einen halben Zoll breit und von lebhaftem Grün.
Wie es scheint, ist die Aréa auch in Abyssinien zu Hause, denn Salt
beschreibt in seiner zweiten Reise nach Abyssinien einen ähnlichen Baum und versichert, daß die Einwohner aus der Rinde
desselben die Lunten verfertigen. Er fand ihn auf seinem Wege von
Schelikut nach dem Tacasse, bei dem Dorfe Schela, dessen Bewohner ihn „Schekumt" nennen. Nie habe ich mehr die Wohlthat
eines dichten Schattens empfunden, als an diesem Tage, an welchem
eine Hitze herrschte, die Alles überstieg, was ich je in dieser Beziehung erlebte. Kein Lüftchen regte sich; keine Wolke milderte die
Wirkung der senkrecht herabschießenden Sonnenstrahlen, welche vom
dunklen glatten Gestein abprallend die Temperatur der Atmosphäre
dermaßen steigerte, daß der Thermometer zu Mittag 46° R. im
Schatten zeigte. Am Morgen stand er bei schwachem Südostwinde
und wolkenlosem Himmel 26° R.

Trotz dieser außerordentlichen Hitze fingen die Beduinen an,
gleich nach Mittag in der Gluth der heißen Nachmittagsstunden ihre
Kameele zu beladen, und ohne auf meine Einwendungen zu hören,
setzten sie sich um ½1 Uhr in Bewegung und verfolgten thalaufwärts
die Richtung West, 30' Nord. Zwanzig Minuten nach 1 Uhr befanden wir uns zwischen den beiden Bergkuppen Harf el Haçhç und
'Aqaba el Mahniye, von denen die eine rechts, die andere links vom
Wege aufsteigt. Der Wâdiy ist auf diesen beiden Wegen mit enormen
Felsblöcken angefüllt, zwischen denen dorniges Gesträppe wächst. Links
öffnet sich am Fuße der 'Aqaba el Mahniye (d. i. Anstieg des Mahniye) ein breites tief eingeschnittenes Thal, der Wâdiy „El Idme".

Der Weg findet sich den steilen 'Aqaba el Mahniye hinan,
dessen Gipfel wir um 3 Uhr erreichten.

Die Grauwacke ist hier von einem 50 Fuß mächtigen Kalkstein
überlagert, welcher eine Ebene bildet, die unter einem Winkel von
10° nach Westen einfällt. Die weiße Farbe dieses Gesteins, sein
körniges krystallinisches Gefüge, sowie die darin enthaltenen, sparsam

5*

zerstreuten, höchst undeutlichen organischen Reste, lassen mich es als Jura-Dolomit-Kalk bezeichnen. Spalten durchschneiden es in rechten Winkeln und theilen diesen Kalk in große Platten, welche der Ebene das Ansehen geben, als sei sie mit Marmor gepflastert.

Man sah es den Kameelen an dem ungleichen und schwankenden Gange an, daß das Besteigen dieses Berges sie sehr angegriffen hatte. Wir zogen daher noch eine halbe Stunde westlich, wandten uns dann nach Norden und schlugen ¼4 Uhr unser Nachtlager in dem Wâdiy el Ahliye auf, welcher 60 Fuß unter der Ebene liegt.

Südlich von unserm Lager lagen zwei Hauptkuppen des Dschebel Aqaybere, die Dschebel Bâ Byhae und el Idme. Obwohl eine ungefähre Schätzung dem Irrthume unterworfen ist, so meine ich doch nicht bedeutend von der Wirklichkeit abzuweichen, wenn ich die Höhe dieser Gipfel zu „5000 Fuß über der Meeresfläche" schätze. Im Norden ragt der Dschebel el Ahliye empor, der aber höchstens eine absolute Höhe von 4000 Fuß haben mag.

Von Fedsch min Allah bis hieher sah ich beständig die gestern beschriebene Grauwacke. Der Hauptgebirgsstock des Dschebel Aqaybere erhebt sich in mehrern durch Sattelvertiefungen getrennten Kuppen, welche sich nach Nordwesten mit sanfter Böschung verflachen, in Südosten aber in steilen Wänden abfallen. Die obere Formation dieses Gebirges dürfte wohl aus oolitischem Gestein bestehen und ihre Lagerverhältnisse wohl dieselben sein, welche ich später bei dem Dschebel Choraybe, seiner nordwestlichsten Kuppe, erwähnen werde.

Der Wâdiy Mahniye hat einen sehr starken Fall, nämlich 100 Fuß auf eine Stunde Weges.

Am Abhange des Dschebel 'Aqaba el Mahniye wuchern viele aromatische Kräuter und Stauden, als da sind: Raute (Ruta graveolens), wilder Lavendel, Jasmin (Michaelia champaca), Ricinus (Ricinus communis), von den Arabern des Yemen Dscharr, im Hadhramaut aber Esch Scherroah genannt; ferner Kapern (caperis spinosa, Linn.), die oben erwähnten Akazienarten, die schreckliche Giftpflanze Adenia, und der „Balsamstrauch", aus welchem der berühmte „Meккabaljam" gewonnen wird, und der nach Roth „Balsamodendrum Opobalsamum", nach Forskâl „Amyris" und von den Arabern „Biſchâm" genannt wird.

Dieſem beſchwerdevollen, mühſamen Tag folgte eine kühle, erquickliche Nacht, die ſehr von der Schwüle der vorigen abſtach. Der Thermometer ſtand am Abend 20° R. bei ſchwachem Nordwinde und wolkenloſem Himmel.

28. Juni. Am 28. früh um ½6 Uhr verließen wir den Wâdiy und ſchlugen auf der Ebene die Richtung nach Weſten ein, in welcher wir nach einer halben Stunde den Fuß eines 100 Fuß hohen Felſenkammes, Dſchebel Fathe Walɔma [49]) genannt, erreichten. Dieſer Felſengurt zieht ſich quer über die Ebene von Norden nach Süden und bildet, indem er die Dſchebel el Idme [50]) und el Ahliɔe verbindet, die Waſſerſcheide zwiſchen dem obern Theile des Wâdiy Mahniɔe und dem Wâdiy el Hotſiɔe.

Nachdem wir dieſen Felſenkamm überſtiegen hatten, kamen wir auf eine der vorigen ganz ähnliche Ebene, welche hier mit losgeriſſenen Felsblöcken des ſüdlichen Gebirgszuges, dem wir uns jetzt genähert hatten, beſäet war. Dieſe Felsſtücke beſtanden aus Zura-Dolomit-Kalk, lithographiſchem Schiefer und mergelig-ſandigem Kalkſtein.

Um 7 Uhr überſchritten wir den kleinen Wâdiy Lachme [51]), der in den Wâdiy Hotſiɔe mündet und wie ein grünes Band durch die weißen Kalkfelſen zieht. An dem Vereinigungspunkte des Wâdiy Schura [52]) mit dem Wâdiy Dhayſſ [53]) liegt, von Gärten und Palmengebüſchen umgeben, höchſt maleriſch das Städtchen Riſche, von welchem der Wâdiy Dhayſſ den Namen El Hotſiɔe annimmt. Im Wâdiy Hotſiɔe liegen von Oben nach Unten die Ortſchaften El Hotſiɔ, Mehaſſa [54]), El 'Arafa, Foqaɔde, El Hatſa, El 'Obaɔd, El 'Açab und Falh eſſ Sſiſle. Um ½8 Uhr lagerten wir unter den laubreichen Bäumen des Wâdiy Schura.

Die Beduinen berichteten mir, das Dorf Schura, nach welchem der Wâdiy genannt iſt, läge in geringer Entfernung in einer Schlucht, welche ſie mir als ein kleines Paradies ſchilderten. Ich ſchloß mich daher einigen von ihnen an, welche daselbst Bekannte besuchen wollten, und erreichte mit ihnen in einer halben Stunde das Dorf. Die Beduinen hatten nicht übertrieben, denn sowohl die Lage des Ortes, als auch die Fruchtbarkeit seiner Umgebungen übertraf alle meine Erwartung. Schura liegt amphitheatralisch am Abhange eines Hügels, im Hintergrunde eines von himmelanstrebenden Felswänden auf drei Seiten umgebenen Thals, welches gegen 4000 Schritt Breite haben mag, und mit Gärten bedeckt ist, die dicht mit Cocos- und Dattelpalmen-, Citronen-, Bananen-, Tamarhinden-, Platanen- und Sykomoren-Bäumen, an welchen sich die Rebe hinanwindet, bedeckt sind. Eine starke krystallklare Quelle, welche aus einer breiten Spalte des Dolomits hervorsprudelt, vertheilt ihr Wasser in verschiedene gemauerte Kanäle, welche es nach den Behältern leiten, von welchen in jedem Garten wenigstens einer angelegt ist. Das Dorf selbst mag ungefähr 400 Seelen beherbergen, welche dem Stamme der Aqaybere angehören. Die Häuser sind zwei bis drei Stock hoch und aus Ziegeln gebaut, die in der Sonne getrocknet sind. Die Wände und der Fußboden des vorspringenden Theils der Terrasse sind mit Schießlöchern versehen. Außerhalb des Orts befinden sich zwei Wachtthürme, welche den Weg zum Dorfe beherrschen. Ich hatte mich an einem der Wasserbehälter unter einer Platane niedergelassen, von wo aus ich einen Theil des herrlichen Thales übersehen konnte. Es währte nicht lange, so kamen mehrere der Einwohner zu mir. Sie waren zuvorkommend und höflich, machten mir ein Feuer an, kochten mir Kaffee und versorgten mich mit Früchten. Nach und nach hatten sich an die 80 Personen, klein und groß, um und über mich versammelt, denn die Dorfjugend hatte sich in den Aesten der Platane niedergelassen. Mit neugierigen Blicken begaffte man mich und lauschte auf jedes meiner Worte. Mohammed 'Alyy war auch hier bekannt und mehr wie einmal mußte ich seine Person, seine Macht, seinen Reichthum beschreiben. Diese meine Beschreibung setzte alle meine Zuhörer in nicht geringes Erstaunen. Ueber die Verhältnisse des türkischen Sultans zu den christlichen Königen haben sie dieselben schon früher

von mir bei Borum erinnerten Begriffe. Sie erzählen sogar in
dieser Beziehung Geschichten, welche ihrer Originaliät halber wohl
einer Erwähnung verdienen; ich werde hier nur eine derselben mit=
theilen.

Einer meiner Zuhörer, welcher auf die Andern eine Art Auto=
rität ausübte, erzählte mir nämlich, daß der Sultan der Beny Otto=
man (der Türken) die Königin von England bereits vor langer
Zeit nach Konstantinopel beordert habe, wo sie zum Islâm über=
getreten sei. Ihre hinreißende Schönheit habe den Sultan vermocht,
sie in seinem Harem aufzunehmen, wo sie ihm bereits sieben Söhne
geboren habe.

Noch merkwürdiger sind ihre Meinungen über fremde Völker.
Nach ihnen ist der Kaiser von Rußland ein Herr, der seine
gute sieben Ellen mißt und eine Leibwache von 7000 Antropophagen
besitzt, welche an Größe und Körperkraft ihren Herrn noch übertreffen
und die (wie weiland die Cyklopen) nur ein Auge auf der Stirn tragen.
Wie man sieht, spielt hier die mystische Zahl „Sieben" ihre
Rolle und der Reisende wird erinnert, daß er im Vaterlande
der „Tausend und Einer Nacht" herumwandelt; freilich muß er sich
mit den Erzählungen begnügen, denn die Herrlichkeit, deren in diesen
Nächten erwähnt wird, sucht er hier vergeblich.

Der große Komet blieb auch nicht unberührt, und ich wurde
über die Bedeutung desselben belehrt. Seine Erscheinung galt näm=
lich bei den Arabern als ein sicheres Kennzeichen, daß die vereinigten
Heere der Beny Ottoman und Mohammed 'Aly, des Sultans von
Aegypten, wie sie ihn betitelten, kommen würden, um die wider=
spenstigen Engländer aus 'Aden zu vertreiben, und daß, wenn dieses
geschehen sei, Mohammed 'Aly den ganzen Hadhramaut in Besitz
nehmen würde, woselbst dann die Thaler so häufig werden würden,
wie der Sand der Wüste. Ich mußte nun schon die guten Leute bei
ihrer Meinung lassen; denn als orthodoxer Moslim durfte ich weder
an der Macht und Herrlichkeit des türkischen Sultans, noch an dieser
Bedeutung des großen Kometen zweifeln.

Unter diesen interessanten Gesprächen war der Mittag herangekommen, weshalb wir den Rückweg zum Lager antraten. Unterwegs fiel mir eine Art Euphorbia auf, welche ich nie gesehen hatte. Der Stamm derselben war 10—12 Fuß hoch, kerzengerade und von der Stärke eines starken Mannesarmes. Schnurgerade Aeste, welche im rechten Winkel vom Stamme abstehen und von denen wieder gerade Zweige im rechten Winkel ausgehen, bilden den Gipfel und bis zur halben Höhe des Stammes eine kegelförmige Krone. An den Enden der Zweige stehen die Blätter gleichfalls im rechten Winkel ab und bilden einen Kranz, aus dessen Mitte 6—8 drei Zoll lange Stiele hervorragen, von denen jeder eine Beere von der Größe einer Kirsche trug, welche in der Zeit, wo ich sie sah, grün waren, der Aussage der Beduinen nach aber im reifen Zustande roth sind. Die Blätter dieser Euphorbia sind schwertförmig, von lebhaftem Grün, glänzend, sechs Zoll lang und unten einen Zoll breit. Ihr Holz ist weiß, schwammig und im frischen Zustande schwer und weich, wird aber, wenn trocken, leicht und spröde. Beim Abbrechen eines Zweiges spritzt reichlich ein weißlicher Saft hervor, welcher, wenn er den Augapfel berührt, Blindheit verursacht. Es wächst diese Pflanze, welche die Araber „Umâr" nennen, in den höhern Gebirgsgegenden häufig und liebt hauptsächlich den sandigen Boden des Wâdiy. Oberhalb Schnura erhebt sich der Dschebel Er Rahât [55]), einer der Hauptgipfel des Dschebel Agahbere mit einer absoluten Höhe von ungefähr 5500 Fuß. Der Thermometerstand zu Mittag bei scharfem Nordwestwinde und wolkenlosem Himmel betrug 35°. Am Morgen im Wâdiy el Ahlihe bei Südostwind und freiem Himmel 20°.

Um 2 Uhr setzten wir die Reise fort und kamen um 3 Uhr an dem Grabmale des heiligen Schachs 'Alyy ibn Hossayn ibn Redschd ben 'Amudh [56]) vorüber, welchem die Beduinen noch im Tode die Kraft zuschreiben, kranke Kameele heilen zu können. Ein Jeder von uns blieb stehen, betete die Fâtiha und legte einen kleinen Stein auf das Grab.

Die Mohammedaner halten es für ein gutes Werk, wenn sie

einen Stein, sei er auch noch so klein, auf ein Grab legen, indem sie glauben, dadurch zum Begräbniß des darin Ruhenden beigetragen zu haben. Gleich hinter diesem Grabe stiegen wir in den Wâdiy Dhayff hinab, wo wir längs eines langen Dattelpalmenwaldes, welcher den nördlichen Rand des Wâdiy bedeckt, hinzogen. Diese Strecke führt den Namen „El Mâ" (das Wasser), weil hier auf eine Strecke von ein Paar hundert Schritten „fließendes Wasser" zum Vorschein kommt. — Um ¼4 Uhr langten wir in dem ziemlich bedeutenden Orte Miffue an, wo die meisten Beduinen unserer Dâfila zu Hause waren. Obgleich man mich einlud, in dem Dorfe zu übernachten, so zog ich doch die frische Luft einem dumpfen Zimmer vor, und schlug mein Nachtquartier unter einer Platane im Wâdiy auf.

Miffue ist ein ansehnlicher Ort von ungefähr 1000 Einwohnern, welche dem Stamme Agaybere angehören, dessen Schaych 'Abd el 'Afhs ibn Mohffin hier wohnt. In der ziemlich großen Moschee, welche sich aber durch keine architectonische Schönheit auszeichnet, ruhen die Gebeine eines hochverehrten Heiligen, des Schaych Redschd ibn Sfa'yd ibn 'Dffä el 'Amud, des Großvaters des wunderthätigen Kameeldoctors. Jährlich findet eine Wallfahrt nach diesem Grabe statt, bei welcher Gelegenheit ein großer Markt abgehalten wird, welcher dem Orte einige Wichtigkeit verleiht. — Auf der Südseite des Wâdiy, dem Orte gegenüber, sind am Abhange des Gebirges Gärten auf künstlichen Terrassen angelegt, die sich bis zur Höhe von 200 Fuß über den Boden des Thals erstrecken; sie liefern Cocosnüsse, Datteln, Bananen, Aprikosen, Amba oder Mango, Weintrauben, Durra, Dochn, Bohnen, Kürbis, Sesam, Waizen, Tabak, Baumwolle rc.

Oberhalb dieser Anlagen entspringt der Grauwacke eine starke Quelle, die sich in ein Wasserbecken ergießt, von dem aus alle Terrassen bewässert werden. Der Beduinenknabe, welcher mich hinaufgeleitet hatte, führte mich zu diesem Behälter, welcher vor langen Zeiten schon gebaut worden zu sein schien, wenigstens war die Bauart desselben weit dauerhafter, als bei den Wasserbecken, welche ich bisher gesehen hatte. Das Mauerwerk bestand aus zwei Fuß langen,

einen Fuß hohen und ebenso breiten, gut behauenen Quadern eines
feinkörnigen, sehr harten Grünsandsteins, den ich später in bedeutender
Entfernung von Miffue auf der Hochebene von Hadhramaut fand.
Warum man nicht die unmittelbar danebenliegende, ebenso harte Grauwacke zu diesem Zwecke verwandte, ist mir unerklärlich. Der die
Quadern verbindende und den innern Umwurf des Wasserbeckens
bildende Mörtel hat beinahe die Härte des Gesteins erlangt.

Von diesem Wasserbecken aus führen kleine, gemauerte Kanäle
das Wasser nach kleinern Behältern, von denen eines sich auf dem
höchsten Punkt einer jeden Terrasse befindet. Ich konnte der Ver-
suchung nicht widerstehen, in dem kryftalltlaren Wasser zu baden.
Kaum war ich aber hineingestiegen, so mußte ich mich auch wieder so
schnell als möglich zurückziehen, da eine Masse hungriger Butigel
einen Angriff auf meine nackten Glieder machte. Vor Sonnenuntergang langte ich wieder unter meinen Platanen an, wo ich den Schaych
der Aqaybere mit den angesehensten Beduinen des Ortes bereits
zugegen fand, welche in der Absicht gekommen waren, sich mit mir
zu unterhalten.

Auf des Schaychs Wink wurde eine Binsenmatte ausgebreitet,
auf die einige Frauen ein halbgargebratenes Schaf nebst Datteln
und Brod setzten. Der Schaych hatte sich neben mir niedergelassen
und schnitt mir eine tüchtige Portion Fleisch in kleine Stücke, wobei
er mir von Zeit zu Zeit ein besonders delicates Stück in den Mund
steckte. Nach beendigter Mahlzeit mußte ich eine Fluth von Fragen
beantworten, besonders aber über Mohammed 'Alyy ausführlichen
Bericht erstatten.

Auch der Komet wurde nicht vergessen und ich wurde aufgefordert,
meine Meinung über die Bedeutung seines Erscheinens zu sagen. Da
ich es für überflüssig hielt, einen Vortrag über die Natur eines Kometen zu halten, so hielt ich mich als guter Muselmann an die unter
den islamitischen Gläubigen herrschende Meinung, daß nämlich „ein
Komet ein Schwert Gottes sei, welches den züchtige, der nicht nach
seinen Geboten handelt". Der Engländer Besitznahme von 'Aden

ſchien ihnen beſonders zu Herzen zu gehen, und es fehlte nicht an
Schimpfworten und Flüchen, welche den ungläubigen Uſurpatoren
'Adens galten. Dahingegen erſcholl das ungemeſſene Lob Fadhl-'Alyy's
von allen Lippen. Sie nannten ihn Sjahf ed Dyn (das Schwert
des Glaubens) und der Schaych betheuerte wiederholt: „wenn Fadhl
es verlange, nicht allein er mit ſeinem Stamme, ſondern alle andern
Stämme, ſoviel ihrer im Lande ſeien, würden ihm zu Hülfe eilen.“
Erſt ſpät brach die Verſammlung auf und ging, nachdem ſie mir für
den folgenden Tag glückliche Reiſe gewünſcht hatten, nach dem Dorfe
zurück. Zwei Beduinen blieben bei mir als Sicherheitswache zurück.

Miſſne gegenüber erhebt ſich die ungefär 5500 Fuß hohe Ge=
birgskuppe Hayt el Carr [57]), welche durch eine Sattelvertiefung vom
Dſchebel Er Râyât getrennt iſt.

Vom Wâdiy Schura beſteht die ganze Gegend aus einer An=
häufung des Grobkalks, welcher ſich beſonders auf der nördlichen Seite
des Wâdiy Dhayſſ auf mehrere Stunden Weges ausdehnt. An der
ſüdlichen Seite des Thals hört dieſe Formation ſchon bei Miſſne auf,
wo die Granwacke wieder auftritt. Die Verſteinerungen, welche dieſer
Kalk in großer Menge mit ſich führt, ſind wie zermalmt und daher
ſchwer zu erkennen. Jedoch bemerkte·ich Stacheln eines Echinus und
Bruchſtücke von Ammoniten. In dem Umkreiſe von einer Tagereiſe
liegen noch die Ortſchaften El Carr im Wâdiy gleichen Namens,
Mohqaq [58]), Carr el Fahn, Schowayye [59]), Lohde [60]) und Bâ=
Dſchâh [61]).

Während dieſer erſten drei Tagereiſen hatte ich viel Ungemach
zu ertragen, da meine nackten Beine von der Sonnenhitze ſtark an=
geſchwollen waren und empfindlich ſchmerzten. Außerdem hatten die
Riemen der Sandalen, welche zwiſchen der großen und zweiten Zehe
hindurchgezogen werden, die Stellen aufgerieben. Das einzige Mittel,
welches mein Dachayl anwandte, um der Wirkung der Sonnenſtrahlen
zu begegnen, war — jeden Abend und Morgen, nachdem ich die
Beine gewaſchen hatte, mir dieſelben mit Butter einzureiben. Ich
fand dieſes Mittel ſehr probat, denn ſchon am vierten Tage war die

Geschwulst verschwunden. Auch die Beduinen schmieren sich jeden
Morgen mit Butter oder Oel ein, weil ihnen sonst, wie sie sagen,
die Haut zu trocken wird und aufspringt. In der Folge beobachtete
ich auch diese Gewohnheit, und befand mich fortwährend sehr wohl dabei.

Am Abend zeigte der Thermometer 25° R.

29. Juni. Am 29. Juni verließen wir Missne erst vor ½7 Uhr,
da natürlich die Beduinen keine besondere Eile hatten, sich von ihren
Familien zu trennen.

Um 7 Uhr kamen wir an dem kleinen, am südlichen Rande des
Wâdiy höchst malerisch gelegenen Dörfchen El Da'da vorüber, welches
höchstens 150 Einwohner zählen kann. Sie leben vom Ertrage ihrer
fruchtbeladenen Gärten, welche oberhalb des Dorfes, wie die bei
Missne, in Terrassen aufsteigen.

Je höher wir den Wâdiy hinaufkamen, um so beschwerlicher
wurde der Weg, welcher über Anhäufungen von großen Rollsteinen
und durch dichtes, dorniges Gebüsch führt.

Gegen ½8 Uhr passirten wir das romantisch gelegene Dorf
Çily [62]), welches auf einer Anhöhe zur Rechten des Weges und am
Wiedervereinigungspunkte des Wâdiy Dhayff mit dem Wâdiy Çi=
dâra [63]) liegt.

Dattelpalmen und Saatfelder nehmen hier den ganzen, ungefähr
300 Schritte breiten Wâdiy ein und lassen nur ein schmales Bett
zum Abfluß des Regenwassers frei. — Dem Dorfe gegenüber steht
auf einem hohen Felsen eine kleine Kapelle, in welcher Reliquien eines
Heiligen ruhen, zu welchen an einem gewissen Tage des Jahres ge=
wallfahrtet wird und wobei ein großer Markt stattfindet.

Çily zählt ungefähr 300 Einwohner und gehört wie El Da'da
zum Stamme Aqaybere. — Von El Da'da bis hierher ist die Haupt=
richtung Nord, 30° West. — Der Wâdiy Dhayff kommt hier aus
einer Schlucht am Fuße des Dschebel Foghâr [64]), der ungefähr
5800 Fuß über der Meeresfläche erhaben sein mag. — In der Rich=
tung Nord, 40° West bogen wir in den Wâdiy Çidâra ein, welcher
seiner ganzen Länge nach mit Felstrümmern übersäet ist, durch welche

ein klarer, von kleinen Fischen belebter Bach rauscht, welcher sich im
Wâdiy Dhayss unter dem Sande verliert. Dichte Gebüsche decken die
Bergesabhänge, ingleichen die Ufer des Baches und der Quellen,
welche, wenigstens zehn an der Zahl, dem Gehänge am südlichen Ufer
des Wâdiy entsprudeln.

Außer den bereits oben genannten Pflanzen bemerkte ich hier noch
die Ssenna Mekky (Cassia lanceolata), Sauerampfer, Brunnenkresse,
Salbei. Ein Botaniker würde in diesen Thälern und an den Abhängen der Gebirge einer reichen Ausbeute gewiß sein. Wie manches
Neue mag hier verborgen wachsen, was ich als Laie in der Pflanzen-
kunde keiner Beachtung würdigte.

Zu meinem großen Bedauern verließen wir zu bald dieses duftende
herrenlose Thal; denn schon um 10 Minuten nach 8 Uhr stiegen wir
den steilen Dschebel Cidâra hinan. Links brauset hier der Bach mit
Heftigkeit unter dichtem Schilf aus dem mit Lianen durchschlungenen
Gebüsch hervor. — Eine halbe Stunde stiegen wir in Schnecken-
windungen steil bergan, — dann wurde der Anhang sanfter. Da
aber die Kameele sehr erschöpft waren, machten wir unter einem überhängenden Felsen Halt.

Der Thermometer stand am Morgen bei schwachem Südostwind
und heiterm Himmel auf 20°. Um Mittag vollkommene Windstille.

Die Sonne ist dann und wann mit Wolken bedeckt. Der Thermometer zeigt 25°. Im Nordwesten steht ein Gewitter.

Gegen ½1 Uhr verließen wir unsern Ruheplatz und stiegen den
gewundenen Weg hinan. Der Reichthum dieses Gebirges an aromatischen Stauden und Kräutern ist unerschöpflich und zum Erstaunen.
Oft genug bedauerte ich, kein Botaniker zu sein, um diese Schätze
ausbeuten zu können.

Vor uns lagen jetzt zwei riesenhafte Gebirgswände, die Dschebel
Chorahbe [65] und Fardschalât [66]), welche ursprünglich zusammenhingen,
jetzt aber durch eine zehn Minuten breite Schlucht getrennt sind,
die das Ansehen hat, als sei sie von Menschenhänden durchbrochen
worden.

Um 2 Uhr ſtanden wir in dieſem Rieſenthore, deſſen Boden mit
Felsblöcken bedeckt iſt; Denkmäler der Kataſtrophe, welche dieſes merk=
würdige Defilé bildete. Die Wände dieſer beiden Gebirge erheben
ſich etwa 800 Fuß über den Boden der Schlucht. Die abſolute Höhe
der Gebirgswände mag dagegen meiner ungefähren Schätzung nach
6000 Fuß betragen. Die Breite des Dſchebel Fardſchalât beträgt
da, wo der Durchbruch ſtattfand, kaum 200 Fuß, nimmt aber nach
Nordoſten allmählich ab.

Nachdem wir uns durch ein Chaos von Felstrümmern, von denen
einige die Größe eines Hauſes haben, hindurchgewunden hatten, traten
wir in den Wâdiy Montiſch [67]) ein, in welchem wir die Richtung
Weſt, 20° Nord längs der ſteilen Wand des Dſchebel Choraybe ein=
ſchlugen. — Wâdiy Montiſch iſt ungefähr ¼ Stunde breit und wird
im Norden von dem ſanft abfallenden Dſchebel Roch⸗ [68]) und im
Süden von den langen, ſteilen Wänden des Dſchebel Fardſchalât und
Choraybe eingeſchloſſen. Vom Fuße des letztern dachet ſich das Thal
nach Norden bis zum Fuß des gegenüberliegenden Gebirges allmählich
ab, längs dem ſich das Flußbett mit ſtarkem Fall von Oſt nach Weſt
hinzieht. Eine unzählbare Menge Ravins durchfurchen dieſe Abdachung
von Süd nach Nord. Dſchebel Fardſchalât hängt mit den Rieſen=
toppen dieſer Gegend, dem Dſchebel Kaur Ssaybân und Mâyile
Matar [69]) zuſammen und bildet mit dem Dſchebel Choraybe die Waſſer=
ſcheide zwiſchen dem Wâdiy Montiſch und dem Wâdiy Dhayſſ. Der
Wâdiy Montiſch iſt dem Wâdiy Oirbe tributär.

Schon ſeit Mittag hatte ein Gewitter drohend in Nordweſten ge=
ſtanden und brach nun über uns los. Die höchſten Zinnen des Gebirges
waren in ſchwarze Wolken gehüllet, Blitz auf Blitz durchzuckte
ziſchend die Luft, und mit betäubenden Schlägen folgte ihnen
krachend der Donner nach. — Einer jener erweichenden, tropiſchen
Regen, die man weit richtiger „Wolkenbrüche“ nennen kann, ergoß
ſich in Strömen über unſere Häupter, und ſchäumende Gießbäche
ſtürzten von der Gebirgswand ins Thal. — In dem noch vor
wenig Augenblicken trockenen Bette des Montiſch branſte jetzt ein

reißender Strom hin, der Felsblöcke von bedeutender Größe mit sich
fortriß und deren dumpfes Gerolle man deutlich vernahm.

Die bisherige Windstille wurde plötzlich vom heftigsten Sturme
unterbrochen, der sich aus der Ferne heulend kundgab und mit furchtbarem Getöse in den Klüften und Höhlen des Dschebel Choraybe
wüthete. Schön, erhaben und im vollkommenen Einklange mit den
großartigen Umgebungen war freilich diese Naturscene, — versetzte
mich aber in eine höchst prosaische Stimmung. Denn nicht nur, daß
ich alle Augenblicke durch die reißenden Wildbäche waten mußte,
welche in den Hohlwegen und Schluchten herniedertobten, wobei meine
Füße mit den mitrollenden Steinen in unangenehme Berührung kamen,
bewirkte auch noch der schlüpfrige Boden, daß ich mehr wie einmal
den Abdruck meiner Person darin zurückließ.

Endlich erreichten wir eine Stelle, welche die Beduinen El Hadschar nennen, wo wir unser Nachtlager aufschlugen. Meine Begleiter,
welche keine andere Bekleidung, als einen Schurz, um die Hüften
trugen, konnten die ganze Begebenheit als ein Sturzbad ansehen; ich
aber, der nicht gewohnt war in einem so primitiven Costüm einher-
zugehen, sah die Sache aus einem ganz andern Gesichtspunkte an,
denn alle meine Effecten waren durchnäßt und die Nacht, welche kalt
zu werden drohte, nicht mehr fern. Zum Glück zog das Gewitter
bald vorüber, und dank der tropischen Sonne hatte ich das Vergnügen,
noch vor Einbruch der Nacht Alles wieder trocken zu sehen.

Ich darf hier nicht übergehen, daß die Beduinen nach jedem
Donnerschlag in die Ausrufung ausbrachen: „eh = ha = ho!" — und
mit der Faust nach der Gegend drohten, von woher das Gewitter
kam. — Am Abend frug ich nach der Bedeutung dieses sonderbaren
Gebrauchs. Sie wußten es aber selbst nicht, oder wollten mir es nicht
sagen; denn die einzige Antwort, welche sie mir gaben, „Firach ya
bá!" („Es ist so Gebrauch, mein Sohn!") — Auch später konnte
ich nie etwas Näheres darüber erfahren.

Mein Dachayl sagte mir, daß der „Felsen" oder „Stein",
welcher dieser Stelle den Namen gegeben hat, nämlich „Hadschar"

(„Stein"), vor 60 Jahren während eines Erdbebens von dem obern
Theile der Felswand herabgestürzt sei. Der Platz, den er früherhin
einnahm, ist noch deutlich bemerkbar. Der Felsen hält auf etwa
70 Fuß Höhe, 20 Fuß Tiefe und Breite und ist etwas nach dem
Thale geneigt, gleich einem „Pfeiler" stehen geblieben.

Aus einer Spalte am obern Theile desselben war eine Mimose
gewachsen und auch die übrigen Risse und Höhlungen mit kleinem
Gesträuche bedeckt.

Während ich diesen „Felsen" betrachtete, schoß einer der Beduinen unweit desselben eine schöne Gazelle, deren Fleisch nach den
Beschwerden dieses Tages trefflich mundete.

Tiefe Stille war dem Toben der empörten Elemente gefolgt, in
violettem Farbenspiele zeichneten sich die fernen Berge auf dem Azur-
blau des Himmels in scharfen Conturen ab, und ein Strom von Wohlgerüchen entstieg den aromatischen Kräutern des Thals und erfüllte
die gereinigte Atmosphäre. Es war einer der schönsten der vielen
schönen Abende, welche ich während dieser Reise genoß.

Von Mißne bis oberhalb Cily ist auf der nördlichen Seite des
Wâdiy Dhayssi der oben erwähnte Grobkalk das herrschende Gestein,
während auf der entgegengesetzten Seite die Grauwacke dem Hauptgebirgsstocke vorliegt.

Oberhalb Cily herrscht im Dschebel Cidâra ein grobkörniger
Sandstein vor, welcher auf Drusen und Nestern Thoneisenstein führt
und dergestalt von Eisenoxyd durchdrungen ist, daß er fast ein Eisensandstein genannt werden könnte.

Die Dschebel Fardschalât und Choraybe sind sehr deutlich geschichtet, und die Straten derselben correspondiren hinsichtlich der Beschaffenheit ihrer Gesteine und ihrer respectiven Lage genau. Die
Lagerungsverhältnisse sind folgende: zu unterst lagert Jura-Kalk,
über diesem Jura-Dolomit-Kalk, alsdann lithographischer
Schiefer, und als oberstes Glied dieser Oolithenbildung lagert
ein mergelig-sandiger Kalk. — Die Schichten fallen ein wenig
nach Südosten ein. Dschebel Choraybe ist die nordwestlichste Koppe

des großen Gebirgszugs, welchen ich unter dem Namen Dschebel Aqaÿ-bere aufgeführt habe.

Ich hatte während meiner Reise bisher die Bemerkung gemacht, daß die Kolben der Gewehre meiner Begleiter mehr oder minder mit rohen Fellen überzogen waren, ohne dabei einen andern Zweck zu vermuthen, als den, die Gewehrkolben gegen den Einfluß der Feuchtig-keit 2c. zu schützen. Jetzt wurde ich aber eines Andern belehrt. Der glückliche Jäger nämlich zog ein Stück von dem Felle der erlegten Gazelle über den untern Theil eines Gewehrkolbens, obgleich derselbe bereits mit einem Felle überzogen war. Auf mein Befragen sagte man mir: daß es Sitte sei, ein Stück von dem Felle eines jeden erlegten Wildes als Trophäe auf den Kolben zu spannen. Einer der Beduinen zeigte mir ein Gewehr, auf welchem neun Felle übereinander gezogen waren.

Mit Sonnenuntergang stand der Thermometer 18° R.

30. Juni. Den 30. Juni früh 6 Uhr verließen wir unser Nachtlager und bestiegen nach 1/4 Stunde einen steilen Thonhügel, auf dessen Rücken ein großer Wasserbehälter eingegraben ist, welcher von dem Regen gefüllt war. Das Thal, welches hier nur noch 300 Schritt Breite hält, wird von diesem Thonhügel fast ganz ein-genommen. 1/4 Stunde später stiegen wir in das Flußbett des Wâdiÿ Montisch hinab, welches wir bis 7 Uhr verfolgten und dann in nörd-licher Richtung den Dschebel Rochç hinanstiegen. Der Wâdiÿ Montisch verfolgt die Richtung West, 30° Nord und mündet, nachdem er sich mit dem Wâdiÿ Mobârek vereinigt hat, einige Stunden unterhalb, bei dem Orte El Dâra in den Wâdiÿ Dirbe. Die brausende Fluth von gestern hatte keine weitere Spur hinterlassen, als einige Lachen in den Felsenvertiefungen. Nachdem der sanfte Abhang des Dschebel Rochç erstiegen war, schlängelte sich der Weg durch Thonhügel bis zum Entstehungspunkte des Wâdiÿ Mossafaq [7]), wo wir um 9 Uhr anhielten. Außer diesem Wâdiÿ, welcher nach Osten streicht, nehmen auf der entgegengesetzten Seite zwei andere Wâdiÿ ihren Anfang; nämlich der Wâdiÿ Mobârek, der sich Süd, 10° West wendet, und

der Wâdin 'Dswe [71]), der eine mehr westliche Richtung nimmt.   Schon
am Abhange des Dschebel Cidâra hatte ich den sogenannten „Milch=
busch“ (Euphorbia tirucalla), welchen die Araber Schadscherat Chasu,
die Beduinen Damhâna nennen, bemerkt.   Hier aber bedeckte diese
Pflanze bald das ganze Gebirge.   Sie hat weiche, schwammige, glän=
zend bleifarbige, beinahe blätterlose Zweige, welche verworren durch=
einander wachsen, und dichte runde Büsche von 2 Fuß Höhe und
3 Fuß Breite bilden.   Die wenigen Blätter, welche ich sah, waren
lederartig, herzförmig gezackt und glänzend dunkelgrün.   Die kronen=
förmigen, grünlich gelben Blüthen sitzen am Ende der Zweige.   Beim
Abbrechen der Zweige und Blätter quillt ein dicker, ätzender milch=
artiger Saft hervor.   Demungeachtet fressen die Kameele diese Pflanze
sehr gern, und sie bekommt ihnen vortrefflich.   Der Grobkalk, dessen
ich bei Missne erwähnt habe, tritt auch im Dschebel Rochç in be=
deutender Entwickelung auf.   Er ist von einem mergeligen Thon über=
lagert, welcher durch die Auswaschungen des Regenwassers nach allen
Richtungen hin durchfurcht ist.

Am Morgen stand der Thermometer bei wolkenlosem Himmel
und schwachem Westwind 15°, um Mittag bei freiem Himmel 25°.

Um ½1 Uhr setzten wir unsere Reise wieder fort und erstiegen
in einer Stunde den Dschebel Mobâret (Berg des Segens), welcher
ein Plateau oder vielmehr eine Terrasse bildet, auf der wir nach einem
Marsche von einer Stunde am Fuße des Dschebel Harâmy (Diebesberg)
anlangten, wo zwei Wâdin ihren Anfang nehmen, nämlich der Wâdin
Harâmy, welcher sich nach Westen zieht, und der Wâdin Chilafat.
Dieser Wâdin nimmt einige Stunden östlich von seinem Entstehungs=
punkte den Namen Mâhile Matár an, als welcher er sich dann
mit dem Wâdin Howâyre vereinigt.   Nach der Aussage der Beduinen
soll dieses breite und tiefe Thal einen erstaunlichen Reichthum
an aromatischen Stauden und Kräutern besitzen, und es herrscht unter
ihnen die Sage: „daß Jemand, der in diesem Thale wohnen
würde, unfehlbar ein Alter von wenigstens 100 Jahren
erreichen würde.“

Trotzdem ist es unbewohnt, da es als ein Tummelplatz böser Geister verrufen ist.

Der Dschebel Harâmy bildet abermals eine Terrasse, welche bis zum Fuße der großen hadhramauter Hochebene, welche hier unter dem Namen Dschebel Tsahura bekannt ist, eine Strecke von beinahe zwei Stunden einnimmt. Auf dieser Strecke entstehen zur Rechten des Weges die Wâdiy Hirâwe, Ssanâwe und Tsahura, welcher sich mit dem Wâdiy Ssanawe verbindet, zur Linken die Wâdiy Hirma und Werura. Alle diese Wâdiy sind tief eingeschnitten, mit dichtem Gestrüpp bedeckt und als der Tummelplatz der Tigerkatzen, Panther, Luchse, Wölfe, Hyänen, Räuber und obligaten bösen Geister verschrieen. Trotz diesen gefährlichen Bewohnern sah ich mehrere Steinböcke und Gazellen am Abhange derselben weiden, auf welche die Beduinen vergeblich Jagd machten. Am Fuße des Dschebel Tsahura hielten wir in dem Wâdiy gleichen Namens einige Minuten an, um die Schläuche aus einem mit Wasser gefüllten Felsbecken zu füllen und Brennholz zu sammeln, und erstiegen dann in ³/₄ Stunden den Gipfel des Berges.

Nach einer ungefähren Schätzung gebe ich diesem Plateau 8000 Fuß über dem Meeresspiegel, und die Aussicht, welche man von ihm aus genießt, ist eine der großartigsten, welche man sich denken kann. — Von West nach Nordost schweift der Blick über eine unabsehbare, graugelbe Ebene, auf der sich hier und da kugel- und dachstuhlförmige Hügel erheben. — Im Osten ragte, von der scheidenden Sonne magisch beleuchtet, der kolossale Kaur Ssaybân weit über die Ebene hinaus und zeichnete seine riesigen Formen auf dem dunkeln Blau des tropischen Himmels. — Nach Süden überschaut das Auge ein Labyrinth bereits in Finsterniß versunkener Thäler und scheinbar chaotisch hingeworfener Gebirgskegel, und verliert sich in der schwach erleuchteten, nebelerfüllten Atmosphäre des indischen Oceans. Giganten, wie der Bâ Byhac, el Ibne u. a. m., zu deren Gipfel ich früher bewundernd hinstaunte, lagen jetzt zu meinen Füßen. — Geraume Zeit nach Sonnenuntergang leuchtete noch die Koppe des Kaur Ssaybân, während schon das Geheul der Beute suchenden Raubthiere die tiefe Stille der Thäler unterbrach. — Die Nacht war unbeschreiblich schön. Wohlthätige Kühle wehte herab und Myriaden funkelnder Sterne schmückten das dunkle Gewölbe des Himmels. — Im Süden stand, wie auf dem hehren Altar der Natur gepflanzt, das Zeichen der Erlösung, das südliche Kreuz, und mahnte ehrfurchtgebietend an den großen Architecten des Weltalls, der die Bahnen der Gestirne ordnete und auch die Massen des Kaur Esahbân ordnete und thürmte.

Um meine Schätzung der Höhe des Dschebel Tsahura zu recht= fertigen, habe ich Folgendes zu bemerken. Man wird aus der vorher= gehenden Beschreibung des Weges vom Meeresgestade bis zur hadhra= mauter Hochebene ersehen haben, daß man zu ihr über fünf Terrassen hinaufsteigt, welche durch den Dschebel 'Aqaba el Mahnye, Çidâra, Rochç, Mobârek und Harâmy gebildet werden. — Das Terrain vom Fuße der ersten Terrasse bis zum Meere hat ferner einen sehr starken Fall, welcher im Wâdiy Mahnye auf eine Stunde Wegs wenigstens 100 Fuß beträgt, also auf die Strecke von 7¼ Stunden, welche ich in ihm aufwärts zog, 725 Fuß. Von der Stelle an, wo ich diesen Wâdiy zuerst betrat, bis ans Meer, rechne ich einen Niveauunterschied von 100 Fuß an, welches das Bett des Wâdiy, am Fuße des Dschebel 'Aqaba el Mahnye 825 Fuß über den Meeresspiegel setzt. Diese erste Stufe zur Hochebene erhebt sich über den Thalboden um 1500 Fuß und dacht sich bis zum Wâdiy Schura um 150 Fuß ab, welches diesen Wâdiy 2175 Fuß über dem Meere erhebt. Vom Wâdiy Schura bis zum Fuße des Dschebel Çidâra beträgt der Höhenunter= schied auf 3¼ Stunde Wegs 325 Fuß. Die Höhe des Çidâra über dem Thalboden ist 1000 Fuß, folglich über dem Meere 3500 Fuß. Die drei folgenden Terrassen schätze ich immer über die Ebene der untern gerechnet, den Dschebel Rochç 800 Fuß, den Dschebel Mo= bârek 1500 Fuß und den Dschebel Harâmy auf 600 Fuß. Hierzu kommt noch der Höhenunterschied auf den Ebenen der Dschebel Mo= bârek und Harâmy, welcher auf jeder 50 Fuß ausmacht. Dieses also giebt 6500 Fuß als absolute Höhe des Dschebel Harâmy am Fuße des Dschebel Tsahura. Dschebel Tsahura, die letzte Stufe zur Hoch-ebene, steigt 1500 Fuß über den Dschebel Harámy empor, und hat also eine positive Höhe von 8000 Fuß. Dschebel Kaur Sjaybân ist etwa 1000 Fuß über der Ebene erhaben.

Am Fuße des Dschebel Mobârek hören die tertiären Gesteine auf und die Oolithenbildungen des Dschebel Choráybe treten wieder hervor, verschwinden aber am Fuße des Dschebel Tsahura unter einem mächtigen Thonlager. Dieser Thon wird von einem Conglomerate von Hornsteingeschieben überlagert, welches dem Grünsandsteine zur Unterlage dient. Dieser Grünsandstein ist von gelblicher Farbe, welche nach Oben hin lebhafter wird, sehr feinkörnig, hart und wechsellagert mit Jura = Dolomit = Kalk.

Mit Sonnenuntergang stand der Thermometer bei Nordwestwind und wolkenlosem Himmel auf 18° R.

Drittes Capitel.

Der nördliche Gebirgsabhang.

Wâdiŋ el 'Aſ. — Maqubet el Chomra. — Die Hochebene. — Nachtlager am Wâdiŋ Haçarhaŋan. — Wâdiŋ Dahme. — Waſſerbehälter. — Wâdiŋ Chârit. — Nachtlager am Wâdiŋ Châŋile. — Ueberraſchende Ausſicht in dem Wâdiŋ Do'ân. — Ankunft in Choraŋbe. — Schaŋch 'Abd-Allaŋ-Bâ-Sſudân. — Bewäſſerungsſyſtem und Kanalanlagen — Abendmahlzeit bei Manâçi' ben Sſa'ŋd ibn 'Ŋſſâ el 'Amud, Sultan von Choraŋbe.

Am folgenden Morgen ſaßen bei meinem Erwachen die Beduinen am Feuer und ſchienen an keinen Aufbruch zu denken. Man erzählte mir, daß während der Nacht ein Kameel entweder entlaufen oder geſtohlen worden ſei und daß Einige von ihnen in den Wâdiŋ geſtiegen ſeien, um es aufzuſuchen. Ihre Beſorgniß, das Thier zu verlieren, war freilich gegründet genug; denn außer, daß die Umgegend nicht im beſten Rufe ſtand, befanden ſie ſich jetzt nicht mehr auf ihrem Territorium, ſondern auf dem der Stämme Sſaunahŋn und Aſſwhrâ, deren Stammesgenoſſen, wie überhaupt alle Beduinen, ſich kein Gewiſſen daraus machen, ihre Nachbarſtämme zu beſtehlen. Dieſe beiden Stämme ſind Unterabtheilungen des Stammes Benŋ Sſahbân. Ich benutzte dieſen Aufenthalt, um die Gebirgsgipfel zu viſiren.

Die Beduinen zeigten mir unter andern den Dſchebel Dâra, an deſſen Fuß Malalla liegt, wodurch ich die Hauptrichtung von dieſer Stadt nach dem Dſchebel Tſahura Nordweſt, 6° Weſt fand. Obgleich im Juli und innerhalb des 11. Breitengrades zeigte Réaumur's

Thermometer, nach einer bitterkalten Nacht, — bei Sonnenaufgang, heiterm Himmel und vollkommener Windstille 10° und um Mittag bei Nordwestwind 20°.

Dieser niedere Thermometerstand unter dieser Breite und in solcher Jahreszeit läßt mich vermuthen, daß meine Höhenschätzungen, wenn auch nicht vollkommen, doch annähernd richtig sind.

Kurz nach Mittag kamen die Beduinen mit dem wiedergefundenen Kameele zurück. Jedoch verzögerte sich meine Abreise bis nach 1 Uhr.

Der Weg führte nun in die unabsehbare Ebene, welche sich mit trostloser Nacktheit vor uns ausbreitete. Daher bietet auch der Weg über diese Hochebene wenig Interessantes dar. Jeden Tag zeigt sich dieselbe abschreckende Nacktheit und Oede, und nur dann und wann bietet sich die Gelegenheit dar, eine Scene zu beschreiben, welche als Beitrag zur Kenntniß der Sitten und Gebräuche der Bewohner dieser steinigen „Wüste" beitragen kann.

Wenn nun auch die wiederholten Angaben der Namen der Wâdih und der Richtung, welche dieselben nehmen, für viele meiner Leser etwas Monotones haben und vielleicht ermüden könnten, so ist es doch im Interesse der Wissenschaft durchaus nothwendig, dieselben zu berücksichtigen, und ich bitte daher, mich durch den Sachverhalt zu entschuldigen, wenn der Inhalt einiger Seiten etwas trocken ist.

Um 2 Uhr sah ich rechts am Wege den Wâdih Mâdschid, welcher sich Nord, 50° Ost zieht. Zwanzig Minuten später lag links der Wâdih Qotub.

Nach einer halben Stunde führte uns der Weg zwischen zwei Wâdih, von denen der zur Linken liegende Wâdih El Ayssiry genannt wird. Er vereinigt sich mit dem Wâdih Kotub und mündet dann bei dem Orte Oirbet Oahwe in den Wâdih Oirbe. Der zur Rechten ist der Wâdih Maṭâra, welcher sich mit dem Wâdih Mâdschid vereinigt.

Um ¼4 Uhr kamen wir in den Wâdih Butrach, der auch in den Wâdih Mâdschid mündet. Kaum zehn Minuten später führte der Weg zwischen dem düstern, tiefen Wâdih El ʿAf [72]) und einem der dachstuhlförmigen Hügel hin, welcher den Namen Darr eth Thamule führt.

In diesem Wâdiy liegt in einer Entfernung von einer Tagereise das Dorf El Bathâ [73], welches von Beduinen des Stammes Sjau mahhn bewohnt wird. Wâdiy El 'Af mündet in den Wâdiy Mâdschid, nimmt dann den Namen El Ahssâr an, und mündet bei der Stadt El 'Arssâme in den Wâdiy Do'ân.

Kurz nach 4 Uhr kamen wir an dem Wâdiy Sfedun vorüber, welcher in den Wâdiy El 'Af mündet und an dessen Rande sieben Cisternen eingehauen sind, unter dem Namen Maqubet el Chomra (die Cisternen von Chomra) bekannt.

Die runden Oeffnungen der Cisternen, von den Einwohnern „Maquba“, d. i. „Ort, dahin man das Wasser schüttet“ genannt, halten im Allgemeinen drei Fuß Durchmesser und sind brunnenartig durch die Schichten des Grünsandsteins gebrochen. In dem untenliegenden Jura-Dolomit-Kalk ist dann ein zimmerartiger Raum ausgehauen, der je nach den Umständen größer oder kleiner ist, gewöhnlich aber auf 6 Fuß im Quadrat 4 Fuß Tiefe mißt. Die herausgebrochenen Steine sind zu beiden Seiten der Oeffnung zu einer Mauer aufgeschichtet, die sich nach Außen abdacht.

Um das Regenwasser hineinzuleiten, hat man von der Oeffnung aus zwei Reihen dicht aneinander gelegter, mit Thon verbundener Steine gezogen, welche mehr oder minder (gewöhnlich unter einem Winkel von 45°) divergiren. Gewöhnlich steht in jeder Cisterne ein mit kurzen Aesten versehener Baum, um das Heraufheben des Wassers zu erleichtern.

Auf allen Wegen über diese Ebene findet man eine Anzahl solcher Wasserbehälter. Sie sind eine wahre Wohlthat, denn ohne sie wäre es nicht möglich, diese große, wasserlose Wüste zu durchziehen.

Diese gemeinnützigen Anlagen verdankt der Reisende der Wohl- thätigkeit einiger Reichen, welche bei ihrem Absterben eine gewisse Summe, sowohl zur Anlage neuer, als auch zum Unterhalt der schon vorhandenen Cisternen aussetzten.

Eine halbe Stunde von Maqubet el Chomra trafen wir am Fuße des Hügels Kura [74]) wiederum fünf Cisternen. Eine halbe Stunde weiter gelangten wir zum Wâdiy Bu Dalayt, der in den Wâdiy El 'Aš mündet. Eine Stunde Marsch brachte uns in den Wâdiy Haçarhayan [75]), wo wir unser Nachtlager aufschlugen. Nahe an unserm Lager lag der Hügel Dschonayhde, an dessen Fuße eine große Cisterne vortreffliches Wasser lieferte. Der Wâdiy Haçarhayan vereinigt sich mit dem Wâdiy El 'Aš. — Die Richtung von Dschebel Tsahura bis hierher ist Nordwest, 13° West.

Im Nordwesten drohte ein Gewitter, welches sich aber zu meiner Freude verzog und sich über einer andern Gegend entlud. — Die Nacht wurde so empfindlich kalt, — daß ich, obwohl in eine wollene Decke gehüllt, fortwährend fror. — Gegen Morgen stürmte ein scharfer Nordwest über die Ebene, und noch mit Sonnenaufgang stand der Thermometer auf 10° R.

Alle Wâdiy der Hochebene stellen sich als tiefe, von steilen Wänden begrenzte Schluchten dar. An ihren Entstehungspunkten dachen sie sich erst 30—50 Fuß allmählich ab, und fallen dann plötzlich steil nieder. Die vorliegende Abdachung ist gewöhnlich mit Mimosen und Nebekbäumen besetzt, deren Wurzeln das Abspülen der Erde verhindern. Die Wege über diese Plateaux führen gewöhnlich über ein etwas erhöhtes Terrain, welches eine Wasserscheide bildet; denn alle Wâdiy, welche ich angeführt habe, sah ich an ihren Entstehungspunkten zu beiden Seiten des Weges.

2. Juli. Am 2. Juli setzte sich unsere Dâfila ¼6 Uhr wieder in Bewegung. Der Wind war immer noch heftig und kalt, und ich wunderte mich nicht wenig über die Gleichgültigkeit, mit welcher meine nackten Gefährten das Unbehagliche derselben ertrugen. Um ½7 Uhr kamen wir an den Entstehungspunkten zweier Wâdiy vorüber: am Dorn [76]) und Lakal-Lakal [77]), von denen sich der erste links nach dem Wâdiy Dirbe, der andere rechts nach dem Wâdiy El 'Aš zieht. Bis um ½8 Uhr passirten wir noch die drei Wâdiy El Mâ Ghorâbe, d. i. „das verdorbene Wasser", — El Foraysch und Sjorbe, welche

in Zwischenräumen von ¼ Stunde sich links dem Wâdiŷ Oirbe zuwenden. Am Wâdiŷ Sjorbe befinden sich fünf Cisternen, und ein
kleines Haus, welches als Zufluchtsort während eines Unwetters dient.

Solche Häuschen bestehen aus übereinandergelegten Steinen, ohne
alle Mörtelverbindung, und sind mit Reißig und Lehm gedeckt. Man
findet sie dann und wann an Stellen, wo Cisternen angelegt sind.
¼,8 Uhr gelangten wir in eine Niederung, welche mit dem jetzt durch-
wanderten Theile der Hochebene wahrhaft wohlthätig und erquickend
contrastirt. Sie führt den Namen Wâdiŷ Dahme. Diese Niederung
streicht von West nach Ost, und wird von dem Flußbette, welches
von einem dichten Aréa-Gebüsche eingefaßt ist, in zwei fast gleiche
Theile gelegt. Am Eingange der Niederung befindet sich ein Wasserbehälter (Báade), welcher in ein festes Thonlager eingegraben ist.
An der Thalseite sind in dem Damme desselben zu beiden Seiten
mehrere Löcher übereinander angebracht, um bei dem verschiedenen
Stande des Wassers die thalabwärts, terrassenförmig angelegten Weideplätze bewässern zu können. Die sanften Abhänge der angrenzenden
Höhen und die Säume der Terrassen sind mit Mimosen-, Tamarisken-
und Nebekbäumen besetzt. Zahlreiche Schaf- und Ziegenheerden weiden
unter der Obhut einiger Beduinenfrauen, auf den im herrlichsten
Grün prangenden Terrassen.

Der einfache und originelle Anzug dieser Beduinenfrauen besteht
in einem großen, braunen, wollenen Hemde, dessen hinterer Theil
bis auf die Fersen reicht, während der vordere kaum die Kniee bedeckt. Oben ist eine runde Oeffnung gelassen, welche auf beiden
Schultern durch einen Einschnitt erweitert ist, der, nachdem es an-
gezogen worden ist, zugeknöpft werden kann. Die Aermel reichen
nur bis auf die Hälfte des Oberarms. Ein breiter, lederner Gürtel,
der mit messingenen Ringen und kleinen weißen Porzellanmuscheln,
sogenannten „Otterköpfchen" besetzt ist, hält dieses Kleidungsstück
über den Hüften zusammen und dient zugleich zum Tragen eines Beiles,
welches sie immer mit sich führen, um während des Weidens das
nöthige Holz zu schlagen. Eine enge Hose aus blauem Baumwollen-

zeuge reicht bis unter die Waden. Kopf und Gesicht sind unbedeckt,
und die Haare fallen unordentlich herab. — Wie ihre Männer, gehen
die Beduinenfrauen fast immer barfuß, der Sandalen bedienen sie
sich nur, wenn sie im dornigen Gebüsche Holz holen. — Als Zier
rathen tragen sie an den Beinen Messingringe von 3 Zoll Breite
und 1 Linie Dicke; desgleichen um den Arm messingene Ringe, welche
aber glatt und von der Breite eines Fingers sind, um den Hals eine
Schnur Glaskorallen und in den Ohren und Nasenflügeln messingene
oder silberne Ringe. — Wenn sie die Heerden austreiben und ins
Freie gehen, tragen sie an einem Riemen einen Korb, der die Gestalt
eines Viertel Kugelabschnittes hat und mit Leder überzogen ist. Beim
Tragen ist die Oeffnung nach dem Körper gewandt. Es dient ihnen
dieser Korb zum Fortschaffen ihres vollkommen nackten Säuglings,
und jüngst geborener Lämmer und Zickelchen, wenn diese zum Laufen
noch zu schwach sind.

Das kleine Dorf Dahme besteht aus elenden Hütten, welche
ungefähr 50 Einwohner beherbergen und dem Stamme Ssaumahŋn
angehören. Wir passirten es um 9 Uhr und kamen gleich darauf in
ein kleines Gehöfte, dessen Bewohner Schafe zum Verkauf anboten.
Da meine Beduinen sich bisher immer zuvorkommend gegen mich benommen hatten, so erstand ich zu ihrer Belohnung drei Schafe, zu
dem geringen Preis von ⅕ eines österreichischen Thalers ein jedes,
oder 8 Silbergroschen.

Das Flußbett, welches sich diesseit des Dorfes zu unserer Rechten
hinzog, schneidet sich etwas unterhalb desselben, wie die übrigen Wâdiŋ
der Hochebene, plötzlich grabenartig ein, bildet in den angrenzenden
Höhen eine tiefe Schlucht und mündet weiter unten in den Wâdiŋ
Chârit. — Zwanzig Minuten hinter dem Gehöfte führte uns ein mit
Gerölle bedeckter Weg auf das Plateau, wo wir uns am Entstehungspunkte des Wâdiŋ Chârit unter einigen Mimosen lagerten.

Links vom Dorfe erhebt sich ein Hügel in der Form eines Halb-
mondes, auf welchem ein „Wachtthurm" steht, um den einige
20 Hütten gruppirt sind. Dieser Ort heißt Hiŋn el Ghowaŋr.[78)]

In dem Raume, welchen die concave Seite des Hügels einschließt, liegen terrassenförmig übereinander mehrere Weideplätze. — Wâdiy Chârit mündet bei dem Orte Doqum el Ayssâr [79]) in den Wâdiy El Ayssâr.

Der Thermometer stand um Mittag bei wolkenlosem Himmel und Nordwestwind 20° R.

Gleich nach Mittag brachen wir auf und kamen nach einer halben Stunde an einem großen Wasserbehälter vorüber, welcher am Entstehungspunkte des Wâdiy Bâ Rayyara eingehauen ist und mit Wasser gefüllt war. Der Wâdiy Bâ Rayyara wendet sich rechts vom Wege ab und mündet in den Wâdiy Chârit.

Einige zwanzig Minuten später sah ich rechts am Wege in den Wâdiy Ghowayr hinab, welcher sich mit dem Wâdiy Chârit vereinigt. Ein Weg, welcher in diesen Wâdiy hinabführt, wird von einem Wachtthurm vertheidigt, welcher von einigen Beduinen des Stammes Dschanbuch besetzt ist. Links entsteht der Wâdiy Bâ 'Auda, der dem Wâdiy Dirbe tributär ist. Neben dem Thurme befindet sich eine Cisterne.

Ein Viertel 2 Uhr kamen wir wieder an zwei Cisternen und um 2 Uhr an dem Wâdiy Ess Ssyrabbe vorüber, welcher mit dem Wâdiy Chârit zusammenhängt. Zwanzig Minuten später füllten wir unsere Schläuche aus einer Cisterne, und bezogen um 3 Uhr unser Nachtlager am Wâdiy Châyile, der in den Wâdiy Chârit mündet. — Die Hauptrichtung während der heutigen Tagereise ist West, 30° Nord.

Wir fanden hier bereits 20 Beduinen des Stammes Aqaybere mit einigen 20 Kameelen gelagert, welche Waaren nach dem Wâdiy Do'ân beförderten.

Nachdem die Begrüßungen beendigt waren und die Kameele unter der Aufsicht einiger Beduinen in den Wâdiy geschickt worden waren, wurden mehrere Feuer angezündet und zur Abschlachtung der Schafe geschritten. Als Gastgeber beeilte ich mich, die Tugend der Gastfreundschaft zu üben und lud die fremde Partei zum bevorstehenden

Schmause ein, welches mir, wie man denken kann, warme Lobes
erhebungen erwarb. Ein Jeder mußte nun, dem Gebrauche gemäß,
etwas zur Bereitung des Gastmahls beitragen. Einige holten Holz,
Andere sammelten Kiesel, noch Andere schafften Wasser zum Reinigen
der Thiere herbei, oder halfen meinem „Führer", der das Schlachten
übernommen hatte, da er als mein „Beschützer" (Dachayl) seine
Ansprüche auf die Felle geltend machte. Ihr Verfahren bei dieser
Gelegenheit ist so eigenthümlich, daß es hier wohl beschrieben zu
werden verdient.

Nachdem nämlich das Thier geschlachtet ist, wird es an den ge=
spreizten Hinterfüßen aufgehangen, die abgezogene Haut wird auf dem
Boden ausgebreitet, um das Fleisch darauf zu legen, welches bis auf
die Schenkel abgeschnitten wird, bevor die Eingeweide herausgenommen
sind. Hierauf wird der Magen herausgenommen, gereinigt und zer=
stückt; um die Eingeweide zu reinigen, nahm mein Führer den Mund
voll Wasser und blies dasselbe so stark als möglich in den Anus des
Thieres, während es dessen Gehülfen durch die Eingeweide drückten.
Diese Operation wiederholte er, bis Alles genügend rein erachtet
wurde. Das an ihnen haftende Fett wird dann abgetrennt, sie selbst
abgenommen und in fingerlange Enden geschnitten, um welche dann
das Fett gewickelt wird. Zuletzt werden dann auch die Schenkel zu
kleinen Stücken zerschnitten. — Mittlerweile haben Andere von großen
Steinen einen kreisförmigen Heerd errichtet, auf denselben einen
großen Holzhaufen zusammengetragen und denselben mit Kieseln be=
deckt. Ist nun das Feuer heruntergebrannt, so wird das Fleisch auf
die glühend gewordenen Kiesel gelegt, bis es heiß geworden ist.
Hierauf werden so viele gleich große Haufen gemacht, als Personen
zugegen sind, und zur Theilung verschritten.

Um jeden Streit zu vermeiden — giebt ein Jeder irgend
einen Gegenstand, welcher in ein dazu bereit gelegtes Tuch geworfen
wird. Einer der Gesellschaft nimmt diese Pfänder in Empfang,
schüttelt sie durcheinander, und setzt sich, mit dem Rücken nach dem
Fleische gewandt, nieder. Ein Anderer zeigt dann auf den Fleisch=

haufen und fragt: „Für wen derselbe bestimmt sei?" Hierauf wird ein Pfand aus dem Tuche gezogen und auf das bezeichnete Fleisch gelegt. Ein Jeder nimmt dann das Fleisch, auf welchem sein Pfand liegt.

Das Fleisch ist dann noch roh. Die Beduinen essen es aber so am liebsten — wenigstens sah ich äußerst selten, daß sie es noch einmal auf die glühenden Kohlen gelegt hätten. — Ebenso essen sie es ohne Salz, und scheinen sogar den Gebrauch des Salzes lächerlich zu finden. Wenigstens machte Einer den Andern darauf aufmerksam, daß ich mich desselben bediente, und Alle lachten herzlich darüber; — aus welchem Grunde, konnte ich nicht erfahren; die Scheriffe versicherten mir übrigens, daß die Beduinen zu keiner ihrer Speisen Salz gebrauchen.

Am Abend (des 2. Juli) flammten in unserm Lager, dessen Stärke jetzt auf 36 Mann und 50 Kameele gestiegen war, acht Feuer auf, um welche die Beduinen gelagert, durch die eingenommene Mahlzeit froh gestimmt, sich mit Gesang ergötzten.

Sie sangen „Hodschayny" und „Achâmer". Die erstere der beiden Gesangweisen, Hodschayny, ist „erotisch", und wird nur von einer Person vorgetragen; der zweite, Achâmer, ist „panegyrisch" und wird im Chore vorgetragen. In der Regel singt Einer einige Worte aus dem Stegreif, worauf dann der ganze Chor diese Worte wiederholt. Von einem andern Feuer antwortete einer auf diese ersten Strophen und fuhr in dem Lobe fort, und der Chor wiederholte dann die gesungenen Worte. Dieser Chorgesang pflanzte sich von Feuer zu Feuer fort und dauerte bis spät in die Nacht. — Im Uebrigen war der Gesang zwar rauh, aber sehr harmonisch und durchaus von dem Gesange der Aegypter verschieden.

Bei Sonnenuntergang, Nordwestwind und heiterm Himmel stand der Thermometer auf 18° R.

Am 3. Juli brach unsere vereinigte Dâfila früh 6 Uhr auf und langte um 1/2 8 Uhr an zwei Wâdihs an, deren Namen ich nicht erfahren konnte. Der zur Rechten mündet in den Wâdih Chârit und

der zur Linken in den Wâdiy Naube. Hier befindet sich ein Wasser
behälter, welcher in den Felsen gehauen ist, und eine „Cisterne“,
beide aber waren ohne Wasser. Um 8 Uhr trafen wir eine „Cisterne“,
und um 9 Uhr den Wâdiy Hebât, welcher bei der Stadt Tsâhir [80])
in den Wâdiy Do'ân mündet. Kurz vor 10 Uhr lagerten wir uns
an einem Wâdiy, der sich mit dem Wâdiy Hebât vereinigt und an
welchem eines jener „Zufluchtshäuschen“ steht. Hier sind nicht
weniger als 17 Cisternen in einer Reihe eingehauen, von denen aber
nur einige Wasser enthielten.

Um Mittag war der Thermometerstand bei heiterm Himmel und
Nordwestwinde 20 . Am Morgen bei Sonnenuntergang 10° R.

Um ½1 Uhr setzten wir die Reise fort und gelangten nach einem
Marsche von ¾ Stunde an den Wâdiy Dolahle [81]), der in den
Wâdiy Eff Sjabal [82]) mündet und dessen Entstehungspunkt wir
nach zehn Minuten erreichten. Er mündet bei der Stadt Carrayn [83])
in den Wâdiy Do'ân. Ihm gegenüber sah ich rechts vom Wege den
Wâdiy Esch Schaff [84]), der sich mit dem Wâdiy Minna vereinigt.
Zwei andere Wâdiy Chadhâra [85]) und Dolle [86]), an denen wir um
½3 Uhr vorüberkamen, münden in den Wâdiy Do'ân; der erstere
bei der Stadt 'Awra [87]), der andere bei dem Dorfe Esch Scharq [88]).

Zehn Minuten später trafen wir vier kleine Häuschen und 13 Ci
sternen: dieser Ort wird Dabr Baht [89]) genannt.

In kurzen Zwischenräumen kamen wir noch an einer „Cisterne“,
einem „Wasserbehälter“ und einem jener kleinen „Zufluchtshäuser“ vorüber, die Schutz gegen die Witterung gewähren, und
lagerten dann ¼ nach 4 Uhr auf der Ebene.

Die Beduinen hatten hier einen harten Stand, da sie Brennholz
und Futter für die Kameele aus dem entlegenen Wâdiy Dolle holen
mußten und daher spät erst ihr Brod backen konnten. Wie wenig die
Beduinen die Vorschriften des Dorân beachten, und wie wenig delicat
sie in der Wahl ihrer Speisen sind, kann man aus folgender Thatsache entnehmen.

Einer der Beduinen unserer Dâfila brachte eine große Eidechse

mit und warf sie lebendig, wie sie war, in die Gluth der brennenden
Kohlen; kaum war das Thier todt und die Haut von der Hitze ge=
borsten, so zog er es hervor und verspeiste es mit seinen Gefährten.
Auf meine Bemerkung, daß der Genuß solcher Thiere verboten sei,
antwortete man mir lachend: „Nur für die Städter sind solche Ge=
bote gegeben, nicht' aber für uns, die mit dem zufrieden sein müssen,
was wir hier im Gebirge finden."

Die Richtung, welche wir während dieser Tagereise eingehalten
hatten, war Nord 12°, West. Mit Sonnenuntergang stand der Thermo=
meter bei heiterm Himmel und Nordwestwind auf 18°.

4. Juli. Am folgenden Tage zogen wir nach 6 Uhr in der
Richtung Nord 32°, West dem nahen Wâdiŋ Do'ân zu, und meine
Erwartung war, nach dem, was man mir von ihm erzählt hatte,
nicht wenig gespannt. Bereits eine halbe Stunde waren wir unter=
wegs, und noch immer sah ich nichts als die unabsehbare steinige
Fläche. Kaum 300 Schritt von dem Wâdiŋ entfernt, bemerkte ich
endlich den gegenüberliegenden Rand desselben, der immer sichtbarer
hervortrat, je näher wir kamen. Wir stiegen nun etwa 40 Fuß in
eine enge Schlucht hinab, und gelangten in einigen Minuten an den
Rand dieses merkwürdigen Wâdiŋ.

Nie ward ich so mächtig überrascht, wie von dem Anblick, der
sich jetzt so plötzlich darbot. Er war unvergleichlich, im höchsten Grade
anziehend und originell. Da das Hinabsteigen der Dâfila auf dem
sehr schwierigen und gefährlichen Wege nur langsam von statten ging,
so setzte ich mich auf einen seitwärtsliegenden Felsblock, um diese
Scene mit Muße betrachten zu können. Ich sah in eine 600 Schritt
breite und 500 Fuß tiefe, von senkrechten Felsenwänden begrenzte
Schlucht hinein, von deren halber Höhe aus hinabgerollte Felsstücke
und Schutt des verwitterten Gesteins eine sanfte Abdachung gebildet
haben, welche den Thalboden auf eine Breite von 300 Schritt reducirt.
Auf ihr erheben sich amphitheatralisch Städte und Dörfer, zwischen
denen einzelne Gehöfte und Gräber von Heiligen liegen. Thalabwärts
bemerkte ich die Städte: Darrahŋ, Raschŋd und 'Awra. Ueber sie

hinaus begrenzt die Felswand des sich daselbst wendenden Thals die
Aussicht. Thalaufwärts sah ich die Städte: Choraybe, Ribât, und
die Dörfer: Chorbe, Darn el Manâsil, Esch Scharq und Bâ Dschisâs.
Alle diese Orte liegen auf einer Strecke von einer Stunde beisammen. —
Dichter Dattelpalmenwald und grüne Saatfelder bedecken das Thal
und nur hier und da zeigt sich das trockene Bette des Wildbachs als
blendend weißer Streifen zwischen dem dunkeln Grün der Palmen.

Dieser Anblick entschädigte mich reichlich für alle Entbehrungen,
welche ich während der Reise erduldet hatte, und flößte mir neuen
Muth ein, diese interessanten Gegenden weiter zu erforschen.

Die Dâfila war mittlerweile an mir vorübergezogen und der
Zuruf der Beduinen entriß mich meinen Betrachtungen.

Der Weg, welcher in das Thal führt, ist etwa 6 Fuß breit und
wird zur Linken von der hochansteigenden Felswand begrenzt, während zur Rechten der Abgrund droht. An vielen Stellen führt er auf
einer Treppe 8 bis 10 Stufen abwärts, an andern ist er mit Kieseln
gepflastert und der felsige Boden durch das Auf- und Absteigen der
Thiere und Menschen spiegelglatt geworden. Da keine Wehr existirt,
so ist es ein wahres Wunder, daß nicht mehr Unglücksfälle vorkommen,
als die wenigen, von denen man mir später erzählte.

Bewundernswerth ist die Sicherheit des Schrittes, mit welchem
die Kameele diesen glatten Weg zurücklegen. Ich selbst glitt im Anfang mehrere Male aus, weshalb ich dem Rathe meines Führers
folgte und die Sandalen auszog. Unter den unaufhörlichen Zurufungen:
„Gieb Acht!", „Langsam!", „Halt fest!", Zurufungen, denen
die Kameele mit Aufmerksamkeit horchen, hatte die ganze Dâfila um
8 Uhr das Thal ohne Unfall erreicht, wo sie sich in verschiedene
Abtheilungen sonderte, von denen eine jede, je nach der Richtung des
Ortes ihrer Bestimmung, eine andere Straße zog. Wir zogen thalaufwärts durch den Palmenwald, wo die Kameele das Bette des
Wildbachs als Straße benutzten, während die Fußgänger auf den Fuß-
steigen blieben, welche auf den Dämmen liegen.

Um ½9 Uhr langten wir an dem Orte unserer Bestimmung,

der Stadt „El Choraybe" an. Mein Führer beind sich mit meinem
Gepäcke und führte mich durch die engen, krummen und steilen Straßen
in das Haus des Schaych „'Abd 'Allah Bâ Tsudân". Die neu=
gierige Stadtjugend lief von allen Seiten herbei, um den Fremden
zu sehen, jedoch ohne mich zu belästigen oder gar zu beleidigen; im
Gegentheil betrug sie sich sehr anständig und drängte sich heran, um
mir die Hand zu küssen.

Nach wiederholtem Klopfen wurde die Thüre von einem hoch=
gewachsenen jungen Manne geöffnet, der sich als „Schaych 'Abd el
Câdir" und Sohn des Hauses gab, weshalb ich ihm, der Sitte des
Landes gemäß, die Hand küßte. Er hieß mich willkommen und führte
mich eine schmale dunkle Treppe hinauf, in ein Zimmer im oberen
Theil des Hauses, von dem aus ich eine herrliche Aussicht in das
Thal genoß.

Hier entrichtete ich den Gruß von dem Schaych Mohammed el
Bâ Harr und übergab ihm das Empfehlungsschreiben an seinen Vater.
Zu gleicher Zeit bat ich, demselben vorgestellt zu werden; man sagte
mir aber, daß er ruhe, und gab mir das Versprechen, mich Nachmittag
zu ihm zu führen. — Gleich darauf erschienen noch drei andere Söhne
des Hauses, die Schaychs Mohammed, Ahmed und Abu Bekr, welche
mich bewillkommneten und sich angelegentlich nach meinem Befinden
und dem Verlauf meiner Reise erkundigten. — Hierauf kam ein Sclave,
wusch mir die Füße und rieb sie mit Butter ein. Es herrscht
diese Sitte in allen Gegenden dieses Landes, und der Reisende würde
ein Recht haben, sich über einen Mangel an Aufmerksamkeit Seitens
seines Wirthes zu beklagen, im Falle sie nicht beachtet würde. Das=
selbe gilt vom Räuchern der Stube mit Weihrauch — welches
täglich fünf= bis sechsmal geschieht. — Nach einiger Zeit brachte ein
bereits erwachsenes Mädchen Kaffee und Datteln. Es war die
Schwester des jungen Schaych, „Sophie", ein Name, den ich hier
nicht zu finden hoffte. Noch mehr aber wunderte ich mich, sie mit
unbedecktem Gesicht vor einem Fremden erscheinen zu sehen, welches
hier, wie ich später erfuhr, allen unverheiratheten Mädchen gestattet

ist. Nachdem wir den Kaffee getrunken hatten, entfernten sich die Schaychs, damit ich mich ungestört der Ruhe überlassen könne.

Mir selbst überlassen überdachte ich meine Lage, deren Schwierigkeiten ich mir nicht verhehlen konnte. Ich befand mich auf einem Boden, der, als heilig anerkannt, nur von Mohammedanern betreten werden darf, und überdies in dem Hause eines Mannes, der von dem höchst fanatischen Volke wie ein Heiliger verehrt wurde.

Bei den Beduinen, welche ihre eigene Religion wenig kennen — und fast keine ihrer Vorschriften befolgen — ist es leicht, als Muselmann zu gelten. Hier aber hatte ich es mit Leuten zu thun, welche als handfeste Theologen auch die kleinsten Fehler bemerken und bei einem schärferen Examen leicht die Entdeckung machen konnten, daß ich kein Mohammedaner sei. Geschah dies aber, so wurde ich ohne Weiteres der Wuth eines fanatischen Pöbels Preis gegeben. Bei einer Religion, wie die mohammedanische, welche fast einzig und allein darin besteht, einige Stellen des Corâns unter sinnlosen Gestikulationen herzuleiern und bei dem Gebote die vorgeschriebenen Formen zu beobachten, scheint es freilich ein Leichtes zu sein, als Bekenner derselben aufzutreten; aber es giebt eine Unzahl von Kleinigkeiten, welche berücksichtigt werden müssen.

So unterscheiden sich z. B. die beiden Secten der Hanefy und Schâfi'y unter Anderem dadurch, daß Erstere bei der Abwaschung (Ablution) Arme und Füße „nur bis zum Ellbogen und Knöchel", letztere hingegen „vier Finger breit höher waschen", und andern Unsinn mehr. — Dann darf ein echter Muselmann nicht anders als mit der rechten Hand Speise und Trank zum Munde führen, nichts unternehmen, ohne vorher die Worte auszusprechen: „B' ism illah er rahmân errahym", d. h. „im Namen des allbarmherzigen Gottes!" Er darf keinen Gegenstand auf die Erde werfen oder auf die Erde werfen sehen, ohne „tesbur", d. h. „erlaube" zu sagen, und dergleichen mehr. — Solcher Kleinigkeiten giebt es, wie gesagt, eine unzählige Menge, die ein echter Muselmann streng befolgen und beachten muß, und man muß wirklich ein geborener Musel-

7 *

mann fein, um alle diefe Abgeschmacktheiten genau kennen zu können.

Man kann hiernach abnehmen, welche Vorsicht ich anwenden mußte, um nicht aus der Rolle zu fallen, und ich folgte daher am Nachmittag mit klopfendem Herzen einem Diener, der mich zu dem alten Schaych führte.

In einem Zimmer des oberen Stockwerks, welches mit ellenbreiten Streifen eines schwarzen, grobgewebten Wollenzeuges bedeckt war, und keine andern Möbel enthielt, als einen mit Büchern gefüllten Wandschrank, saß in einem Winkel auf persischem Teppiche der Schaych 'Abd Allah Bâ Sjudân, ein etwa 70jähriger, hagerer, vollkommen erblindeter Greis. — Um ihn, mit aufgeschlagenem Dorân in der Hand, seine Söhne, nebst einem halben Dutzend junger Scheryf und Sjayydy.

Bei meinem Eintritte standen Alle, mit Ausnahme des alten Schaych, auf und erwiderten meinen Gruß: „Eß Ssalâm 'alaykom!", d. h. „Friede sei mit Euch!" mit der üblichen Antwort: „Alaykom eß Ssalâm!", d. h. „Mit Euch sei Friede!" Ich schritt dann auf den ehrwürdigen Alten zu und küßte ihm beide Seiten der Hand, welches er aus Höflichkeit zu verhindern suchte; ich wandte mich hierauf zur Versammlung und sprach der Sitte gemäß: „Haqq esch Scherâf!", d. h. „das Recht der Scheryfe!", worauf sogleich alle Scheryfe und Sjayydy 90), unter welchen auch ein 12jähriger Knabe — mir die Hände entgegenstreckten, welche ich denn auch pflichtschuldigst beroch. Die Art und Weise, mit der sie diese Ehrenbezeigung annahmen, war so anmaßend und impertinent stolz, daß nur der Drang der Umstände mich vermochte, meinen Widerwillen zu überwinden.

Die Söhne meines Wirths, denen ich als Schaychs die Hände küssen mußte, ließen nach vielem Widerstreben meinen Mund die Finger streifen und wollten den Handkuß erwiedern.

Nachdem diese Ceremonie beendet war, nahm ich im Kreise Platz; ich mußte dem Schaych über mein Vaterland, den Verlauf und die Absicht meiner Reise Rechenschaft geben.

Dann frug er mich, zu welcher Secte ich gehöre, worauf ich ihm die Hanefy nannte, zu welcher Secte sich fast alle Aegypter bekennen. Zu meinem unendlichen Vergnügen war das die einzige Frage, welche die Religion betraf.

Dagegen mußte ich von Aegypten und Mohammed 'Alyy, welchen der alte Schaych früher während seiner Pilgerreise nach Mená in Dschedda gesehen und gesprochen hatte, viel und ausführlich erzählen. Da der Alte wahrscheinlich noch einige Kapitel des Dorân mit seinen Zöglingen durchnehmen wollte, so empfahl ich mich und ging in mein Zimmer zurück.

Am Abend kamen mehrere Scherife und statteten mir ihren Besuch ab, während welchem sich das Gespräch um Aegypten, seinen Beherrscher und den Zustand ihres Landes drehte. Schaych 'Abd el Dâdir machte mich auf einen Schaych aufmerksam, der, wie er mir sagte, alle Gegenden des Hadhramaut kenne. Ich knüpfte daher mit diesem Manne ein Gespräch an, welches ich nach und nach auf die „Hypogäen" lenkte, welche nach Fresnel im Wâdiy Do'ân existiren sollen. Er theilte mir mit, daß sich bei der Stadt Meschhed 'Alyy an der Mündung des Wâdiy Ghaybun in den Wâdiy Hadscharyn etwa „40 Grabmäler" befänden, welche er mir aber, nicht als in Felsen gehauen, sondern als kleine Häuser beschrieb, welche aus behauenen Quadern aufgeführt wären. Diese Gebäude, beschrieb er, hätten nur eine Kammer und über dem Eingange eines jeden befände sich eine Inschrift, die Niemand lesen könne.

Aehnliche Inschriften, erzählte er mir, fände man auch in Beled el Hadschar, namentlich im Wâdiy 'Obne.

Außer andern merkwürdigen Mittheilungen, welche ich an Ort und Stelle näher bemerken werde, erfuhr ich von ihm, daß die Gegend, welche ich von Makalla aus bereist hatte, sowie auch der Wâdiy Do'ân [90a]) und andere Thäler, welche er mir nannte, zu einer Provinz gehören, welche Beled beny 'Yssâ (das Land der Söhne 'Yssâ's) genannt würde, und nicht zum eigentlichen Hadhramaut, welches einige Tagereisen nach Nordosten läge, u. s. w.

Jede Stadt, ja fast jedes Dorf des Wâdiy Do'ân hat seinen Herrn, der sich die verschiedenen Titel „Sultan", „Dawlet", „Naqyb" oder „Dula" beilegt.

Alle diese kleinen Fürsten oder vielmehr „Feudalherren" sind zwar einer von dem andern unabhängig, stehen aber sämmtlich unter dem Schutze oder vielmehr der Herrschaft der hier hausenden Stämme El Châmiye und Morâschide, denen sie einen jährlichen Tribut ent- richten müssen. Bei vorkommenden Streitigkeiten zwischen zweien dieser Sultane werden sie gewöhnlich als Schiedsrichter von denselben anerkannt. Eine Anzahl Beduinen der beschützenden Stämme wohnen mit den Sultanen in ihren Thürmen, welche außerhalb der Städte so angelegt sind, daß sie dieselben beherrschen. Durch diese Ein- richtung haben die Beduinen nicht nur die Stadt, sondern auch den Sultan in ihrer Gewalt. Die beiden hier herrschenden Stämme sind Unterabtheilungen des Stammes Beny Ssaybân. Der Schaych des Stammes Châmiye heißt Hossayn bâ Sohra ben 'Amudy, und der Schaych des Stammes der Morâschide heißt 'Abd er Rahman bâ Dorra ben 'Amudy, und wohnen beide zu Choraybe. Der Sultan, der zur Zeit meiner Ankunft dort regierte und dem auch das gegen- überliegende Dorf Esch Scharq gehört, hieß: Menâçih ibn 'Abd Allah ibn ben 'Yssâ el 'Amudy, und stammt, wie alle seine Collegen, in gerader Linie von dem heiligen Ssa'yd ibn 'Yssâ el 'Amud ibn Hodun ibn Hud ab. Er residirt in einigen festen Thürmen, die südlich von der Stadt, nur durch eine tiefe Schlucht oder Hohlweg von derselben geschieden, dergestalt liegen, daß sie einen großen Theil der Stadt beherrschen. Die Gruppen von Thürmen heißen „El Arr".

El Choraybe liegt an der westlichen Seite des Wâdiy und zählt ungefähr 6000 Einwohner, welche den Geschlechtern der 'Amudy und Dorayschy angehören und sich mit Ackerbau und Handel be- schäftigen. Die Straßen sind eng und abschüssig, mit Kiesel gepflastert und überall mit Kehricht bedeckt, den man nur dann und wann hin- weggräumt, um ihn als Dünger zu gebrauchen. — Fast neben jedem Hause befindet sich eine kleine Lache, in welche sich Wasser und Unrath sammelt und mehr wie einen Sinn unangenehm berührt. — Dieses macht das Gehen auf den Straßen eben nicht angenehm, besonders, da man immer besorgen muß, von oben herab mit schmutzigem Wasser begossen zu werden. — Die Form der meist vier, auch fünf Stock hohen Häuser erinnert mich an die der Tempel der alten Aegypter, welche, wie sie, oben schmäler als unten sind.

Die Fenster sind verhältnißmäßig sehr klein und werden nur mit starken Läden von hartem Holze verschlossen, da Glasscheiben unbekannt sind. Außer dem Fundament, welches aus unbehauenen Steinen etwa sechs Fuß hoch über den Erdboden reicht, ist der obere Theil der Häuser aus Lehmziegeln aufgeführt, welche, obgleich in der Sonne getrocknet, dennoch sehr dauerhaft sind.

Die Terrasse steht ungefähr 2 Fuß vor, und ist mit einer ungefähr 4 Fuß hohen Mauer umgeben. In jedem Stocke sind die Zimmer durch einen Gang verbunden, auf welchen die schmale Treppe ausmündet. Die Wände der Zimmer, Treppen, Gänge, sowie auch deren Fußböden und die Stufen der Treppe sind mit einem thonigen Cement belegt, in denen zur Zierrath breite, wellenförmige Streifen eingedrückt sind. Die Hausthür ist sehr niedrig und geschmackvoll mit Schnitzwerk verziert, in der Regel ist auch ein Spruch aus dem Qorân darauf angebracht; die Einrichtung der Zimmer ist sehr einfach, denn außer einem Wandschrank, dessen Thür mit eingeschnitzten Arabesken und großen messingenen Nägelknöpfen geschmückt ist, sieht man keine Möbel. Der Fußboden ist entweder ganz oder nur längs den Wänden mit dem oben erwähnten schwarzen Wollenzeuge bedeckt, und an den Wänden hängen Luntenflinten, Säbel, kurze Lanzen und Schilde. — An der Wand, welche der Ka'ba (Mekka) zugewandt ist, hängen mehrere kleine Matten, auf denen man das Gebet verrichtet. In allen nach Außen gehenden Wänden und im vorspringenden Theile der Terrasse sind runde Schießlöcher angebracht. — Die Wohnungen der Sultane und großen Schaychs erkennt man an den „Hörnern des Steinbocks", welche auf der Terrasse und allen oder einigen Ecken eingemauert sind.

Die Stadt besitzt drei Moscheen und einen kleinen „Basar", in welchem sich höchstens einige zwanzig spärlich ausgerüstete Kauf= läden befinden. Die Häuser sind von Außen so dicht aneinander gebaut, daß sie die Stelle der Stadtmauern vertreten; roh gearbeitete starke, hölzerne Gitter verschließen die Ausgänge der Straßen. Brunnen befinden sich sowohl innerhalb, als auch außerhalb der Stadt mehrere, welche ein vortreffliches Trinkwasser in gehöriger Menge liefern.

Mit Sonnenuntergang stand der Thermometer bei heiterm Him= mel und Windstille 20°.

5. Juli. Am folgenden Morgen machte ich in Begleitung Schaych Abu Betr's, des jüngsten Sohnes meines Wirths, einen Spaziergang in die Umgebung der Stadt. Während wir über den Basar gingen, bemerkte ich dem Schaych: „daß ich den Basar für eine solche Stadt — schlecht versorgt fände". Darauf entgegnete er mir: „daß die Städte Ribât, Raschyd, Awra und Carrayn keinen Basar besäßen, und daß die Kaufleute ihren größern Waarenvorrath in ihren Häusern hätten. Da aber die beiden Beduinenstämme des Wâdiy mit denen der Umgegend fortwährend im Streite lägen, und daher jeden Augen= blick ein Ueberfall möglich sei, so wagten sie es nicht, die in solchen Fällen unbeschützten Kaufläden mit ihren Waaren zu füllen. Selbst die beiden sonst befreundeten Stämme geriethen oft innerhalb der Stadt in Streit, wobei die Einwohner für die Einen oder die Andern Partei nähmen, und die den Besiegten zugehörigen Kaufläden gewöhnlich ge= plündert würden. Aus diesem Grunde verläßt Niemand sein Haus, ohne mit Gewehr und Dolch bewaffnet zu sein, und jeder Kaufmann hat in seinem Laden seine geladene Flinte neben sich stehen."

Welch ein Zustand! Keine seelenläuternde Moral legt hier der rohen Gewalt Fesseln an, und in seiner ursprünglichen Rohheit herrscht hier noch das Faustrecht. — Die Religion kann keinen mildern= den Einfluß ausüben, — denn die, welche hier herrscht, ist nicht die Religion der Liebe und Versöhnung, sondern die des Schwertes.

Die beiden Beduinen-Schaychs, ein Neffe des Sultans und der Dâdhy ſaßen auf einer Erhöhung neben einem Kaufladen, und waren, wie mir mein Begleiter ſagte, beſchäftigt, Streitigkeiten zu ſchlichten; eine Menge Beduinen umgaben ſie. Es ſchien mir aber, daß die Furcht des Herrn nicht groß bei ihnen war; denn ſie machten einen Lärm, daß man ſein eigenes Wort nicht hören konnte. Schaych Abu Bekr machte mich mit dem Schaych bekannt, und nach den landes-üblichen Begrüßungen ſetzten wir uns auf eine Matte nieder; ſetzten aber, nachdem wir die Neugierde dieſer „Gewaltigen" befriedigt hatten, unſern Spaziergang fort. Durch ein enges Gäßchen gelangten wir ins Freie und ſtiegen in die Schlucht hinab, welche El Arr von der Stadt trennt und mit Dattelpalmen dicht beſetzt iſt. Am Ab-hange der gegenüberliegenden Anhöhe fielen mir die oben erwähnten anſehnlichen Subſtructionen auf. Sie ſind aus roh behauenen Quadern gemauert, welche mit einem ſteinharten Mörtel verbunden ſind und hier und da noch 3—4 Fuß über den Schutt hervorragen. — El Arr beſteht aus „12 Thürmen", die dergeſtalt angelegt ſind, daß ſie ſich gegenſeitig beſtreichen. Von El Arr ſtiegen wir ins Thal hinab, wo ich die Waſſerleitungen beſah, deren zweckmäßige An-lagen in einem „ſolchen" Lande wirklich überraſchen.

Das 20 Fuß breite Flußbett, welches, wie die meiſten Wâdihs, nur nach jedesmaligem Regen Waſſer führt, hat auf beiden Ufern 10 Fuß hohe Dämme, deren Breite an der Baſis 8 Fuß, im obern Theile aber nur 4 Fuß mißt. Sie ſind aus dem feſten, mergligen Thone des Wâdih aufgeführt, und mit großen Steinen, ſowohl nach Außen, als nach Innen bekleidet. Hier und da ſind in dieſen Dämmen kleine runde Oeffnungen angebracht, durch welche das Waſſer in kleine Kanäle fließt, welche je nach der Höhe des danebenliegenden Terrains höher oder tiefer angelegt ſind.

Die obere Fläche der Dämme iſt mit kleinen Steinen ge-pflaſtert und dient als Weg für die Fußgänger. — Steinerne Brücken exiſtiren nicht, und nur hier und da ſieht man, von einem Damm zum andern, drei bis vier Dattelpalmſtämme nebeneinandergelegt. — Da das Thal einen ziemlich starken Fall hat, so sind im Flußbette an verschiedenen Stellen 4—5 Fuß hohe Quer= dämme oder Wehre gezogen, oberhalb welcher sich das Wasser staucht und dadurch in 4 Fuß breite, ebenfalls eingedämmte Neben= kanäle gedrängt wird, die das Terrain bewässern, welches thalabwärts, längs den Abhängen, folglich höher liegt, als die Ländereien neben dem Flußbette.

Alle diese Anlagen fand ich aufs Beste unterhalten. Der Boden des Thals besteht aus einem fetten, mergligen Thon, welcher mit etwas Sand vermischt ist und sehr fruchtbar sein soll. Längs den Kanälen zieht sich eine üppige Vegetation von Aréa, Tamarisken, Mimosen, Ricinus, Platanen und Sykomoren hin. Die Felder sind auf eben die Art eingetheilt, wie die von Harr Schwâts.

Choraybe gegenüber mündet der Wâdiy Dolle, welcher mit Gärten bedeckt ist, die theils dem Sultan, theils einigen Scheryfen gehören und Bananen, Aprikosen, Citronen, Weintrauben, Gemüse mancherlei Art liefern; unter diesen bemerkte ich Badingan (Solanum melon= gena), Zwiebeln, Linsen, Rettige (weiße), Petersilie, Bohnen, Lu= pinen, Gurken, Kürbis, Lattich u. dergl. m.

An der Südseite des Wâdiy Dolle liegt das Dorf Esch Scharq, welches Eigenthum des Sultans von Choraybe ist. Schaych Abu Bekr schlug mir vor, daselbst einen Scheryf seiner Bekanntschaft zu besuchen, worein ich gern willigte, da ich keine Gelegenheit vorüber= gehen lassen wollte, die mir Belehrung versprach.

Wir trafen bei dem Scheryf mehrere andere Personen, welche alle sehr erfreut waren, mich zu sehen. Nachdem wir Ehre gegeben, dem Ehre gebührte, ließen wir uns nieder und zogen unsern Kaffee= beutel, aus dem ich 5—6 rohe Kaffeebohnen, nebst einem kleinen Stückchen Ingwer nahm und auf einen aus Palmblättern geflochtenen Präsentirteller legte, den ein Negersclave herumreichte. — Diese sonderbare Sitte herrscht im ganzen Hadhramaut, weshalb auch ein Jeder einen kleinen Beutel mit rohen Kaffeebohnen bei sich führt. Es würde als eine Beleidigung gelten, wenn Jemand dem, der ihm

Besuch macht, mit Kaffee bewirthen wollte, bevor nicht derselbe durch das Oeffnen seines Kaffeebeutels das Verlangen darnach geäußert hat; eine Ausnahme von dieser Regel ist, wenn der Fremde im Hause wohnt. Das Gespräch war für mich von wenigem Interesse, da ich nur die Neugierde der Gesellschaft zu befriedigen hatte, während sie meine Fragen nur oberflächlich beantworteten. Ich verabschiedete mich daher, sobald der Kaffee getrunken war, und kehrte nach Choraybe zurück.

Des Nachmittags besuchte mich des Sultans Bruder, ein schöner Mann, von etwa 50 Jahren, dunkler, fast schwarzer Gesichtsfarbe und mit der einfachen Tracht der Beduinen angethan. Er sagte mir, daß sein Bruder, der Sultan, mich zu sehen wünsche und ihn daher geschickt habe, mich zum Abendessen einzuladen; an Schaych 'Abd el Câdir erging dieselbe Einladung. Natürlich war ich erfreut, den Beherrscher von Choraybe kennen zu lernen, und folgte also in Begleitung 'Abd el Câdir's dem hohen Führer nach der Residenz.

Bei unserer Ankunft im Hause des Sultans schritt einer der dort Wache haltenden Beduinen voran und führte uns in die obere Etage, wo er die Thüre des Zimmers öffnete, in welchem sich der Sultan befand. An einem Fensterchen des mehr breiten als langen Gemachs saß Sultan Menâçih, ein hagerer, etwa 70jähriger Greis, auf einem persischen Teppiche, den der Zahn der Zeit bedeutend mitgenommen hatte.

Wie sein Bruder, war auch er bis zur Hälfte nackt und von dunkler Farbe, von der das blanke silberne Heft der Dschembihe und der mit kleinen silbernen Platten besetzte Riemen seines kleinen Pulverhorns nicht weniger auffallend abstach, als das schneeweiße Haar seines Hauptes und Bartes. Sein Gesicht hatte einen freundlichen edlen Ausdruck und deutete keineswegs sein hohes Alter an.

Nach beendigtem Begrüßungsceremoniel mußte ich mich neben ihn auf den Teppich setzen, die Kaffeebeutel wurden gezogen und die Bohnen von einem Sclaven gesammelt, welcher bald nachher Kaffee und eine Schüssel mit Datteln brachte.

Das Zimmer, in welchem wir uns befanden, schien das Prunk-
gemach zu sein; denn ob es gleich mit dem oben beschriebenen,
schwarzen Wollenzeuge bedeckt war, so hingen doch gegen 30 lange
Gewehre und eine Anzahl Säbel, Lanzen, Dschembihe (Dolche),
Schilde und Patrontaschen an den Wänden umher.

Der Sultan, welcher mich keinen Augenblick unbeachtet ließ, be-
merkte, daß meine Blicke an den Waffen hingen, und rief daher seine
Sclaven, die ein Stück nach dem andern herbeibringen mußte. Die
Gewehre waren sämmtlich mit persischen Läufen versehen, die übrigen
Waffen hatten aber nicht viel mehr Werth, als den des daran ver-
schwendeten Silbers. Während ich mit der Besichtigung der Waffen
beschäftigt war, kamen die beiden Beduinen-Schaychs Bā Dorra und
Bā Sohra, welche ebenfalls eingeladen waren.

Die Unterhaltung drehte sich nun um Waffen und Krieg, wobei
Mohammed 'Alyy's, des türkischen Sultans, Fadhl 'Alyy und der
Engländer in reichlichem Maße Erwähnung geschah. Sie erstaunten
nicht wenig über Alles, was ich ihnen von der Macht und dem Reichthume Mohammed 'Alyy's, den sie (nebenbei gesagt) nicht anders
nannten, als „den Sultan von Aegypten", und was ich ihnen
von der Macht der Engländer und andern europäischen Mächte
erzählte.

Auch hier fand ich die Meinung eingewurzelt, daß der Sultan
der Beny Ottoman König der Könige und seine Macht unwiderstehl-
lich sei. — Als ich die wahre Sachlage berichtet hatte, stellte der
Sultan die Frage, „warum denn die Macht des türkischen Kaisers
heruntergekommen sei?" Diese Gelegenheit, mich als eifrigen Moslim
zu zeigen, ließ ich nicht unbenutzt vorübergehen und antwortete daher:
„Wie willst Du, daß Gott und der Prophet, den Gott für immer
verherrlichen möge, ihm Kraft verleihe, wenn er nicht die Gesetze hält,
wie es eines Muselmannes Pflicht ist? Das Oberhaupt des Islams
schwelgt, wie ein Ungläubiger, im Weine und verdirbt so, durch sein
böses Beispiel, die alte Zucht und Sitte seiner Unterthanen! Kann
es nach diesem anders sein, als daß Gott ihn in die Hände seiner

Feinde giebt!" — Ich hätte in diesem Augenblicke Maler sein mögen, um den Ausdruck des Erstaunens und des Abscheus zu copiren, welcher sich in den Zügen meiner Zuhörer aussprach. — Nach kurzer Pause machten sie ihren Gefühlen durch ein kräftiges „Eschhed Allah!" Luft und verdammten den Sünder mit frommem Eifer in den Abgrund der Hölle.   Der Sultan bemerkte dann mit Stolz, „daß der wahre Islâm nur noch in ihren Thälern wohnhaft sei und hoffentlich mit der Hülfe Gottes, bis zum Tage des jüngsten Gerichts darin verbleiben werde."   Die Versammlung sprach zu diesem frommen Wunsche ihr „Amen!" und strich mit beiden Händen über Gesicht und Bart.

Auf meine Frage, ob in ihrem Lande nicht hier und da „Juden" wohnten, antwortete mir der Sultan entrüstet, wie ich so etwas von ihrer Heimath denken könne, ihr Land sei ein Beled ed Dyn (ein Land des Glaubens), in welchem mehr Heilige begraben worden wären, als in allen andern Ländern des Islâms und in das weder Christ, noch Jude, noch Baniane (Brahmaverehrer) kommen dürfe.

Unter solchen Gesprächen war die Stunde der Abendmahlzeit herangekommen, und nachdem wir das Abendgebet verrichtet hatten, wurde eine große runde, aus Palmblättern geflochtene Matte vor uns ausgebreitet, auf der man Weizenbrode in Form großer, flacher Kuchen herumlegte.   Eine große hölzerne Schüssel mit Reis, der ohne Salz und Butter bereitet war und auf dem ein halbes gekochtes Schaf lag, wurde nun aufgetragen.   Dem Gebrauche gemäß servirte man die Fleischbrühe in einem besondern Gefäß; bei dieser Gelegenheit aber war sie in einem Geschirr enthalten, welches in Europa zu einem ganz andern Zwecke bestimmt ist, nämlich: „in einem ansehnlichen, mit blauen Blumen gezierten — Nachttopfe!" Beim Anblick dieses Geschirres auf der Tafel eines arabischen Fürsten, konnte ich nicht umhin, zu lachen. — Der Sultan, welcher nebst den andern mitlachte, ohne zu wissen, warum, fragte mich nach der Ursache.   Ich entschuldigte mich, so gut ich konnte, mit dem Vorgeben, an etwas Anderes gedacht zu haben, das in keiner Beziehung

mit irgend einem hier vorhandenen Gegenstand stehe. — Gegen das
Ende der Mahlzeit ging diese neue Art Suppenschüssel von Mund
zu Mund, bis sie geleert war.   Ich war neugierig zu erfahren, durch
welche Schicksale dieses Geschirr bis hierher verschlagen worden sei,
und man sagte mir, daß es ein Kaufmann von Makalla von
einem englischen Schiffscapitain erhalten und es dem Sultan
zum Geschenk gemacht habe.   Bald nachdem es dunkel geworden
war, mahnte Schaych 'Abd el Qâdir zum Aufbruch, worauf uns der
Sultan durch einen Beduinen bis an unser Haus escortiren ließ.

Am Morgen, mit Sonnenaufgang, bei wolkenlosem Himmel und
Windstille stand der Thermometer auf 15°, um Mittags 25°, des
Abends 20° R.

6. Juli.   Den 6. Juli besuchte ich unter dem Schutze eines
Beduinen, den mir auf mein Verlangen Schaych Bâ Qorra geschickt
hatte, die etwas über ¼ Stunde von Choraybe entfernte Stadt Ri=
bât. — Sie ist mit jener von gleicher Größe, und liegt zwischen dem
Wâdiy Minna und En Nebyy (des Propheten) an dem Unions=
punkte beider Wâdiy, der zugleich der Entstehungspunkt des Wâdiy
Do'ân ist.   Die Richtung des Wâdiy Do'ân von Choraybe nach
Ribât ist Süd, 20° West.   Der Wâdiy Minna zieht sich in der
Richtung Süd, 16° West hinauf.

Ribât gegenüber an der rechten Seite des Wâdiy Minna liegt
das Dorf Chorbe, und an der linken Seite des Wâdiy En Nebyy
das Dorf Qarn el Manâsil.   ¼ Stunde oberhalb dieses Ortes liegt
an der rechten Seite des Wâdiy En Nebyy, da, wo er sich mit dem
Wâdiy Chanuda vereinigt, das Dorf Hassussa.   Fast diesem Dorfe
gegenüber, um ein Weniges mehr thalaufwärts, mündet der Wâdiy Tann
Ssiybe. Alle diese Ortschaften sind das Eigenthum des Sultans von Ribât.

Auf dem Rückwege sah ich in der Schlucht oder dem Hohlwege
von Choraybe, nicht weit von der Stadt, mehrere junge Mädchen,
welche, der allgemeinen Sitte islâmitischer Völker zuwider, unver=
schleiert gingen, sich auch nicht im Geringsten genirten, bei unserer
Annäherung uns weidlich mit Fragen zu plagen.   Ihr Anzug und

die Mittel, welche sie angewandt hatten, um recht schön zu sein, waren im höchsten Grade originell, würden aber wenig nach dem Geschmacke unserer Damen sein.

Der Schnitt ihrer Kleidungsstücke ist ganz der, wie bei den Beduinenfrauen oben beschriebene, und der einzige Unterschied besteht darin, daß sie aus feinern Stoffen verfertigt sind. Die Oberhemden waren bei Allen hellblau, der Rand an den Aermeln, der Halsöffnung und den Einschnitten auf den Schultern grün und mit Stickereien verziert, welche bei den Reichern mit Silber, bei den Aermern aber blos mit weißen Baumwollenfaden ausgeführt sind. Eben= so eine herzförmige Verzierung, welche vom Halse bis zur halben Brust niedergeht. Der Gürtel ist aus dunklerm Zeuge ebenfalls ge= stickt und mit einem silbernen oder messingenen Schlosse versehen.

Die Beinkleider sind meist aus roth und weiß gestreiftem Baumwollenzeuge verfertigt. Je nachdem sie reich oder weniger reich sind, tragen sie fingerdicke silberne oder messingene Ringe um Bein und Arm, auch in jedem Ohre bis zu zwölf ziemlich starke Ringe, welche längs dem Rande des ganzen Ohres angebracht sind und dasselbe stark hinunterziehen, was ihnen eben kein graziöses Ansehen giebt. Einige dieser jungen Schönen hatten noch zum Ueber= fluß in jedem Nasenflügel einen Ring angebracht. — Auf jeder Seite des Kopfes ordnen sie sich ihr Haar in Kugeln, welche sie traubenförmig zusammenbinden. Um so viel als möglich solche Kugeln aufweisen zu können, welche gewöhnlich die Größe einer halben Mannes= faust haben, nehmen sie ihre Zuflucht zu alten Stücken verschiedener Stoffe, über welche die Haare gewickelt werden. Die ganze Frisur wird dann mit einer Gummiauflösung überstrichen, um ihr den ge= hörigen Halt zu geben. Von einer Schläfe zur andern binden sie ein farbiges Band, an welchem mehr oder weniger kleine metallene Käst= chen (Etuis) von der Form kleiner Schnupftabaksdöschen angebracht sind, in welchen „geschriebene Amulette" stecken. Das Haar ist an beiden Seiten und in der Mitte, von vorn nach hinten, mit finger breiten rothen Streifen bemalt.

Gesicht, Hals, Arme und Füße sind mit einem Extract der Curcumawurzel gelb gemalt und ersteres (das Gesicht) mit rothen und indigoblauen Blümchen bemalt. Die Augenlider sind mit dem oben beschriebenen Kohl stark gefärbt. Der Anblick des Costüms, welches ich hier beigegeben habe *), wird eine richtige Idee von dem ganzen Anzuge geben, richtiger, als es meine Beschreibung vermag.

Die Kinder der „Do'ânh" gehen, mit Ausnahme der Reichen, bis zu ihrem vierten Jahre vollkommen nackt.

Ihr Haupthaar haben sie auf eine ganz eigenthümliche Art geschoren. So sah ich Einige, welche nur oberhalb der Stirn einen runden Büschel Haare trugen; Andere, bei denen man nur oberhalb der beiden Schläfe einen Büschel und über den Scheitel von vorn nach hinten einen zwei fingerbreiten Kamm hatte stehen lassen; noch Andere endlich, bei denen zwei dergleichen Kämme den Kopf in drei Felder theilten. Diese Art, das Haupt zu scheeren, ist jedoch nur bei den Knaben gebräuchlich.

Die Frauen tragen die Kinder nicht, wie die Aegypterinnen, auf der Achsel, sondern sie setzen sie rittlings auf die Hüfte. Die Kinder der Reichen tragen, wie die Erwachsenen, weiter keine Kleidungsstücke, als einen Schurz um die Hüfte und ein kleines vorn offenes Hemd mit langen engen Aermeln. Kopfbekleidung sah ich nur bei den größern Knaben und verheiratheten Frauen.

Um die Kinder vor Unglücksfällen und dem Einflusse des bösen Auges zu schützen, hängt man ihnen eine Menge Amulette um, welche bei reichen Leuten in silberne Kapseln eingeschlossen, bei den Armen aber in Leder eingenäht sind. Bei mehrern dieser Kinder zählte ich bis zu 50 solcher „Talismane".

Nachdem ich die Neugierde dieser Schönen wenigstens zum Theil befriedigt hatte, begab ich mich, so schnell es sich thun ließ, nach meiner Wohnung, da Einige der Mädchen Miene machten, meine Geduld noch ferner auf die Probe zu stellen.

---

*) Wrede's Costümbilder gingen, wie gesagt, verloren.

Nach meiner Zurückkunft besuchte ich meinen greisen Wirth und zeigte ihm meinen Entschluß an, noch vor der Esyâra (Wallfahrt) nach Ghâdm, „die Ruinen im Wâdiy 'Obne und dem Wâdiy Mayfa'a" zu besuchen, zugleich bat ich ihn, mich mit Empfehlungsschreiben nach jenen Gegenden zu versehen. Erstaunt frug er mich: „warum ich mich den Beschwerden und Gefahren einer solchen Reise aussetzen wolle, da ich doch ruhig das Fest in seinem Hause abwarten könne, wo es mir an Nichts mangeln würde". Ich dankte ihm für die Güte, die er mir bis jetzt erwiesen und erklärte: „daß ich neben dem eigentlichen, religiösen Zwecke meiner Reise, auch noch den verbände, mich soviel als möglich zu unterrichten und durch Anschauung zu belehren, und daß besonders die alterthümlichen Inschriften aus der Zeit der himyarischen Könige meine Aufmerksamkeit in die höchste Spannung gesetzt hätten, und ich sehnlichst wünsche, meiner erregten Wißbegierde zu genügen". Diese Erklärung befriedigte den ehrwürdigen Alten vollkommen und er versprach mir Briefe nach Hiçn ben Dighâl und Dschul esch Schaych mitzugeben. Auch sollte mir sein Sohn einen „Führer" verschaffen.

Doch ermahnte er mich, nicht zu lange bei den Ruinen zu bleiben, da die Beduinen leicht die Meinung fassen könnten, daß ich der Schätze halber dahin gekommen sei. Vor zehn Jahren sei auch ein Mann durch Choraybe gekommen, der einen „rothen Bart" getragen, weshalb ihn die Beduinen für einen „Kâfir" (d. i. „Ungläubigen") gehalten hätten. Dieser Fremde habe auch die Ruinen besucht und deren Inschriften copirt, sei aber auf dem Wege nach Mârib von den Beduinen des Stammes Hawâlyy [91]) erschlagen worden, hauptsächlich deswegen, weil sie der Meinung gewesen, er habe dort Schätze gehoben.

Der Abscheu, welchen die Beduinen des Hadhramaut für alle diejenigen hegen, welche „rothes Haar" tragen, schreibt sich auf Grund folgender Legende aus den Zeiten des Propheten Çâlih her. „Als Gott nämlich den Propheten Çâlih sandte, um den in greuliche Laster versunkenen Stamm Thamud zu bekehren, läugneten sie die

Göttlichkeit seiner Sendung und verlangten von ihm ein Zeichen. Hierauf führte sie der Prophet an einen Felsen, öffnete denselben und ließ daraus ein Kameel mit seinem Jungen hervorgehen. Zugleich warnte er sie, diesen Thieren etwas zu Leide zu thun, widrigenfalls es dem ganzen Stamme zum Verderben gereichen würde. Trotz dem Wunder schenkten sie dem Propheten keinen Glauben, und einer unter ihnen, Namens Dodâr el Ahmar [92]) (Dodâr der Rothe), tödtete durch einen Pfeilschuß die Kameelkuh. Das junge Kameel verschwand in dem Felsen. — Gott aber vernichtete den Stamm." — Noch jetzt sagen die Araber: „roth wie Dodâr" — oder auch: „Unheil bringend wie Dodâr der Rothe", — und sehen unter andern einen Jeden, der rothes Haar trägt, wie einen Menschen an, der Böses gegen sie im Schilde führt.

Nächst diesem unterhielten wir uns über die vorislamitische Geschichte der Araber, worüber indeß der alte Schaych wenig zu sagen wußte.

„Sein Sohn Ahmed dagegen", versicherte er mir, „wisse mehr als er von solchen Sachen, denn der besitze ein altes Manuscript, welches die Geschichte der himyarischen Könige von Dahtân bis Mohammed enthalte."

Nachmittag besuchte ich den Schaych Ahmed und bat ihm, mir das Manuscript zu zeigen. Es war durch vier verschiedene Hände und mit vielem Fleiß geschrieben. Das Papier war geblich und glatt und im Quartformate. Zur Schreibung der Namen der Könige, Provinzen und Stämme hatte man rothe Tinte verwandt, der Titel jedoch fehlte. — Ich hätte es sehr gern an mich gebracht. Jedoch da die Summe, die Schaych Ahmed dafür verlangte, meine Reisetasse zu stark angegriffen haben würde, so mußte ich zu meinem Leidwesen auf den Besitz desselben verzichten. Der Schaych war so zuvorkommend, mir zu versprechen, mir bis zu meiner Rückkehr ein Verzeichniß der darin genannten Könige anzufertigen, welches An erbieten ich mit Dank annahm. Er hielt auch in der Folge Wort, — wodurch er mich in den Stand setzte, eine bedeutende Lücke aus-

zufüllen, welche sich bei Abu el Fidâ und andern arabischen Schrift-
stellern finden. *)

Kaum war ich auf meine Stube zurückgekehrt, so brach ein heftiges
Gewitter los. Blitz auf Blitz durchzuckte das schwarze Gewölke,
welches dicht über dem Thale lag. Mit furchtbarem Getöse hallten
aus allen Schluchten des Thales die krachenden Schläge des Donners
wieder und ein Regen, wie man ihn nur unter den Tropen kennt,
prasselte gleich einem Wolkenbruche nieder. Hunderte von Cascaden
stürzten von der Hochebene in die Tiefe hinab, und in dem kurz vorher
noch trockenen Flußbette des Wâdiy tobte jetzt ein reißender Berg-
strom. Dabei brauste ein heftiger Nordwest und bog die schlanken
Stämme der Palmen.

Der Ruf „Eç Çâl!" („die Ueberschwemmung!") erscholl
aus allen Häusern, und die Frauen trillerten den auch hier gebräuch-
lichen „Sugharit".

Endlich nach zwei Stunden ruhten die empörten Elemente und
die letzten Strahlen der untergehenden Sonne erhellten wieder das
während des Sturmes in nächtliches Dunkel gehüllte Thal.

Der Thermometer zeigte am Morgen bei heiterm Himmel und
Windstille 15 , am Mittag bei Nordwind 25°, am Abend nach dem
Gewitter bei Nordostwind 20 .

7. Juli. Am 7. Juli übergab mich Schaych Abd el Qâdir
dem Schutze eines Beduinen vom Stamme Bâ Omm Çjaduff, welcher
sich verpflichtete, mich sicher nach dem Dorfe Hiçn ben Dighâl zu
bringen, welches fünf Tagereisen von Choraybe im Wâdiy el Hadschar liegt.

Da ich noch nicht mit dem nöthigen Proviant versehen war, der
Beduine aber einer Qâfila angehörte, welche sogleich aufbrechen wollte,
und ohnehin am folgenden Tage mehrere Beduinen und Städtebewohner nach Hiçn ben Dighâl reisen wollten, so beschloß ich,
in Gesellschaft dieser Leute zu gehen, und übergab meine Effecten

---

*) Man sehe die Wrede'sche Königsliste im Anhang I, A.

8*

dem Beduinen, welcher versprach, im Dorfe el Ebnâ auf mich zu warten.

Gegen Abend wiederholte sich der Gewittersturm, der an Heftig=keit dem des vorigen Tages Nichts nachgab. Später hatte ich eine Unterredung mit dem schon oben erwähnten „länderkundigen Scheryf", der mir sehr interessante Mittheilungen machte.

So sagte er mir unter anderm: „daß es im ganzen Lande keine Stadt oder Dorf gäbe, welches den Namen Do'ân *) führe, ebenso wenig existire eine Ortschaft Hadhramaut". Unsere neuern Geo=graphen haben mit diesem Namen ohne Weiteres „zwei Städte" be=nannt, welche nirgend vorhanden sind und die sie ganz willkürlich in „Hadhramaut" existiren lassen. Wie viele andere Irrthümer haben sich noch auf unsere Karten eingeschlichen, welche durch falsche oder falsch verstandene Berichte entstanden sind, und die bei näherer Unter=suchung beseitigt werden können.

Der Thermometerstand war am Morgen bei Windstille und heiterm Himmel 15°, zu Mittag bei Nordwestwind im Schatten 25°, am Abend nach dem Gewitter und bei Nordostwind 20°.

---

*) Ueber die wahre Schreibart des Namens „Do'ân" sehe man die Note 90ᵃ.

Viertes Capitel.

Erste Excursion vom Wâdiy Do'ân aus.

～～～～～

Abreise von Choraybe. — Wâdiy Minua. — El Dirbe. — Wâdiy Gharâm.
— Nachtlager im Wâdiy Schomayre. — El Ebnâ. — Cirrayn. — Excursion
nach dem Dschebel Schaqq. — Nachtlager im Wâdiy Ssalaf. — Wâdiy Ma'yfche.
— Dschebel Dabr eff Ssâyir. — Nachtlager im Wâdiy Dârat es Soha. —
Wâdiy el Boynt. — El 'Aqyq. — Dschebel Molk. — Wâdiy Ḥafrâ. — An-
kunft in Ḥiçn ben Dighâl. — Wâdiy El Ḥadschar. — Ḥiçn el Dâyime.

8. Juli. Am 8. Juli wurden am Morgen alle Reisevorberei-
tungen beendigt. Mein Wirth versorgte mich mit Mehl, Datteln,
Kaffee, Butter und Honig und mit einem großen Stücke getrockneter
Haififchflinne, hier „Cham" genannt, welches Alles auf den Esel
eines meiner Reisegefährten geladen wurde, eines Scheryfs, dessen
Obhut bis El Ebnâ ich besonders empfohlen ward. Die gesammte
Reisegesellschaft war um 1 Uhr Nachmittags auf dem Bazar ver-
sammelt, wohin sie uns rufen ließ. Ich machte dann noch mit dem
Scheryf einen Abschiedsbesuch bei meinem alten Wirth, der mir seine
Empfehlungsschreiben einhändigte und mich noch einmal dem Scheryf
nachdrücklichst empfahl.

Nachdem wir ein Fâtiḥa gebetet und den Segen des Schaychs
empfangen hatten, eilten wir, uns der übrigen Reisegesellschaft an-
zuschließen, welche aus 20 Personen bestand. Da war aber noch so
Manches zu besorgen, daß wir erst ¼ nach 2 Uhr zur Abreise

kommen konnten. Sechs Beduinen des Stammes Bâ Omm Sjaduff bildeten die Escorte.

Einige 100 Schritt vor der Stadt machten wir Halt, um an einem hier befindlichen Grabe eines Heiligen, aus der Familie der Bâ Sjubân, ein kurzes Gebet zu verrichten. Dieses Grab ist sonderbarerweise auf einen von der Gebirgswand herabgestürzten, enormen Felsblock erbaut und mit einer Kuppel bedeckt. Bei Ribâṭ bogen wir in den Wâdiy Minna ein und kamen um 3 Uhr an einem Wachtthurme vorüber, der auf dem westlichen Abhange erbaut ist.

Das Thal, welches bis hierher mit herrlicher Palmenwaldung und grünenden Saatfeldern bedeckt war, nimmt hier plötzlich an Breite ab, und ist mit übereinandergethürmten, enormen Felsblöcken bedeckt, zwischen welchen Mimosen, Tamarisken, Nebek und kräftig wuchernde Schlingpflanzen hervorwachsen, welche einen großen Theil der Felsmassen gleich einem Teppich bedecken. — Obgleich diese Felsenpartien dem Thale einen romantischen Anstrich geben, so ist doch der Weg durch dieselben im höchsten Grade beschwerlich, und ich war daher sehr erfreut, als wir nach einer Stunde diese Trümmeranhäufungen verließen.

Der Wâdiy ist hier wieder auf eine kleine Strecke frei von Felsblöcken, und von Dattelpalmen und Saatfeldern besetzt. Rechts an der Mündung des Wâdiy Gharhân, einer düstern buschigen Schlucht, liegt das kleine Dörfchen El Dirbe. Von hier aus stiegen wir in den Wâdiy Minna in der Richtung Ost, 30° Süd hinan. Einige 100 Schritt oberhalb der Mündung des Wâdiy Gharhân fangen die Anhäufungen der Gebirgstrümmer wieder an, und zwar in solcher Masse, daß sie bis zur Hälfte der gegen 300 Fuß hohen Thalwände hinanreichen.

Die Gegend hat ganz das Ansehen, als wenn das Wasser eines früher weiter oben existirenden Sees, anstatt es von oben auszuwaschen, sich unten Bahn gebrochen habe, wo dann die zu stark unterhöhlte Decke einstürzte. — Diese Gebirgstrümmer haben eine Ausdehnung von 15 Minuten, und steigen von beiden Seiten plötzlich an. Oberhalb dieser Rudera rieselt ein Bach krystallklaren Wassers durch ein dichtes Gebüsch von Aréa, Platanen, Mimosen und Tamarisken. Der Bach ist permanent und voller kleiner Fische und einer winzig kleinen Art Granelen. Um 5 Uhr verließen wir den Wâdiy Minua und bogen rechts in den Wâdiy Schomayre ein, welchen wir etwa 10 Minuten hinanstiegen und unser Nachtlager unter weit überhängenden Felswänden aufschlugen. Wie gewöhnlich, wurden sogleich einige Feuer angezündet und Kaffee gekocht, wozu ich, wie die Uebrigen, Holz herbeiholen wollte, welches aber Niemand zugab, woraus ich abnehmen konnte, wie nachdrücklich die Empfehlung des hochverehrten Schaychs 'Abd Allah bâ Ssudân zu meinen Gunsten gestimmt hatte.

Ein Gewitter war im Anzug und wir waren froh, unter unserer Felsdecke einigermaßen geschützt zu sein.

Das Unwetter warf sich zum Wâdiy Do'ân hinüber, und entlud sich über ihm, der es auch besser gebrauchen konnte, als wir.

Am Abend belustigten sich meine Reisegefährten mit Gesang und mit Tanz, welche von einer Rhobâba [93]) und Oaçâba begleitet wurden. Die Oaçâba war aber für dies Mal weiter nichts, als eine europäische „Querpfeife", wie sie Pfeifer bei den Regimentern in Europa brauchen, und der Virtuos war als Knabe Compagniepfeifer bei einem ägyptischen Regimente gewesen. Sein Vater war bei demselben Regimente Soldat, desertirte aber sammt seinem Sohne und wurde hierher verschlagen. Der frühere Regimentspfeifer hatte von den damals erlernten Stückchen Nichts vergessen, denn er blies ganz gemüthlich die Arie: „Marlborough geht in den Krieg" (Marlborough va à la guerre), nach deren Takt die Andern wie besessen umhersprangen. Zum Finale parodirte ein alter und witziger „Spaßmacher", der lange in Dschidde gewesen war, die „Türken", „Seeleute" und selbst die „Beduinen", wozu ihm sein ausgezeichnet häßliches Satyrgesicht vortrefflich zu statten kam. Ob er gleich den Beduinen stark zusetzte, so nahmen sie es ihm doch nicht übel, sondern lachten auf ihre eigenen Kosten mit.

Des Morgens stand der Thermometer bei heiterm Himmel und Windstille 15°, um Mittag im Schatten 25, des Abends bei Süd= westwind 20°; der Himmel war mit Wolken bedeckt.

9. Juli. Am 9. Juli früh ¼ nach 5 Uhr stiegen wir in der Richtung Süd, 30 West den sehr steilen Wâdiy hinan und gelangten nach einer halben Stunde bei seinem Entstehungspunkte auf das Plateau, wo wir etwas anhielten, um die Nachzügler zu erwarten. Bald waren wir Alle versammelt und stiegen rüstig bis ½8 Uhr vorwärts, wo dann ½ Stunde geruht wurde. Nach einem aber= maligen Marsche von fünf Viertelstunden gelangten wir an den Ent= stehungspunkt des Wâdiy Gharhân. Links vom Wege senkt sich der Wâdiy Dilhâm ein, welcher in den Wâdiy Minna mündet. Der Raum zwischen diesen beiden Thälern heißt: Dabadh Schaych. [94] Unter einem am Rande des Wâdiy Gharhân stehenden Baume ruhten wir bis um 10 Uhr. Eine Stunde Marsch brachte uns an die Stelle, welche die Beduinen Dabadh Hâyif [95] nannten, und wo an der Ein= senkung des Wâdiy Mâ Allah (d. i. das Wasser Gottes), welcher in den Wâdiy Gharhân mündet, drei Cisternen eingehauen sind.

Die ganze Gegend, auf eine Strecke von mehrern Stunden, gewährt hier einen eigenthümlichen Anblick. Sie ist nämlich mit kleinen 1—2 Zoll hohen Felszacken dicht besäet, zwischen denen eine pechschwarze, glänzende, etwa ¼ Zoll starke Kruste liegt. Bei näherer Untersuchung fand ich, daß sie aus einer im Bruche „sehr weißen Kreide" bestand. Ich nahm einige Stücke davon mit, da ich vermuthete, daß der schwarze, außerordentlich feine Ueberzug nichts Anderes als eine vielleicht unbekannte „Alge" sei. Un= glücklicherweise fand ich aber später die sehr zerreibliche Kreide fast pulverisirt.

Um ¼ nach 1 Uhr lagerten wir unter einem Mimosengebüsch am Wâdiy Dschilwe, an dessen Rand sich eines jener kleinen „Schutz= häuschen" und drei Cisternen befinden. Dieser Wâdiy gehört nicht mehr zum Gebiete des Wâdiy Do'ân, sondern zu dem Wâdiy Dirbe, mit welchem er durch den Wâdiy Raube in Verbindung steht. —

Von hier aus hört das Gebiet der Stämme Châmize und Marâschide auf und das des Stammes Bâ Mardagha beginnt.

Zweiundzwanzig Minuten setzten wir unsern Weg fort und ge=langten in drei Stunden und zwanzig Minuten an den Fuß einer hohen Hügelkette, über welche unser Weg führte.

Auf dieser Strecke trafen wir von Zeit zu Zeit mehrere Wasser=behälter und Cisternen, sowie auch einige der kleinen Schutz= oder Zufluchtshäuschen an. Von Wâdiy Dschilwe an erhebt sich das Terrain allmählich. Plänarkalk und mergliger Thon überlagert auf der ersten Hälfte des Weges den Grünsandstein und verschwindet dann bis zur Hügelkette unter Nummulithenkalk.

Der Gesteinhügel ist eine sehr weiße Kreide von Adern eines schwarzen Feuersteins durchsetzt, der zwischen 2 Zoll dicken Schichten eines schön grasgrün gefärbten, durchsichtigen Gypsspathes inneliegt. — Die übrigen Hügel der Hochebene zeigen dieselben Gesteine und haben zu oberst noch eine starke Lage mergligen Thon. Den Gypsspath fand ich nur hier von grüner Farbe; in den Hügeln der andern Gegenden ist er weiß und durchsichtig. Wie es scheint, war früher das ganze Plateau mit dieser Kreideforma=tion bedeckt, welche nach und nach mit dem Regenwasser ab=geschwemmt wurde.

Am südlichen Abhange dieser Hügelkette läuft ein nur wenig ein=geschnittener Wâdiy hin, welcher den Namen El Ebnâ führt und in welchem die Dörfer El Ebnâ und Eç Çirrayn liegen. El Ebnâ, das Ziel unserer Tagereise, erreichten wir ¼ nach 6 Uhr und fanden in einem kleinen Hause Obdach, welches eigens zur Aufnahme von Reisenden bestimmt ist. Wir kauften einige Schaafe und Brennholz, wozu, mit Ausnahme der escortirenden Beduinen, ein Jeder beisteuerte.

El Ebnâ ist der höchstgelegene Ort des Plateaus und das Klima daher sehr kalt. Wie man mir erzählte, frieren dort nicht nur im Winter, sondern schon im Herbst die Cisternen zu, welches ich durch=aus nicht bezweifele, da mein Thermometer am Abend nur wenige Grade über dem Gefrierpunkte stand. Unser aller Spaßmacher nannte es gar nicht anders als Omm eth Thaldsch (Mutter des Eises). Um so unangenehmer war es für mich, daß mein Beduine noch nicht angekommen war. Meine Decke und mein Schaaffell waren mit auf dem Kameele, und so war ich genöthigt, so wie ich war, auf der nackten Erde zu schlafen. Den größten Theil der Nacht saß ich mit mehrern Andern, denen die Kälte gleichfalls unbehaglich war, am Feuer, dessen dichter Rauch noch unser Ungemach vermehrte. Der sehnlichst erwartete Morgen brach endlich an, und die Gesellschaft rüstete sich zum Aufbruch. Da aber mein Beduine noch nicht angekommen war, so blieb ich zurück, um ihn zu erwarten.

Des Morgens stand der Thermometer bei heiterm Himmel und Windstille 15°, um Mittag 20°, und am Abend 10°. Die Hauptrichtung von unserm Nachtlager bis hierher war Süd, 10° West.

Das Dorf El Ebnà zählt etwa 300 Einwohner, welche in etwa 60 niedrigen Häuschen wohnen und dem Stamme Bâ Miardagha angehören. Dieser Stamm ist eine der Abtheilungen oder Zweige des Stammes Beny Ssahbân. Es Cirrayn gehört zu demselben Stamme und hat dieselbe Einwohnerzahl. Ein jedes dieser beiden Dörfer hat einen großen Wachtthurm, in welchen sich die Einwohner bei einem Ueberfall flüchten.

Der Wâdiy streicht von Westen nach Osten und mündet einige Stunden unterhalb in den Wâdiy Er Raube.

Wahrscheinlich ist das rauhe Klima schuld, daß der Wâdiy gänzlich von Bäumen entblößt ist und überhaupt nur eine dürftige Vegetation aufzuweisen hat; denn außer einigen verkrüppelten Mimosen und einiger Gerste sah ich weiter nichts. Der Name dieses Ortes erinnert an die Colonie, welche von persischen Soldaten gegründet wurde, die zurückblieben, als die persischen Machthaber, von dem mohammedanischen Feldherrn verdrängt, das südliche Arabien räumten. Diese Colonie nennen die arabischen Geschichtschreiber mit dem Namen El Ebnà oder Ebne. Ist dieses Ebnà das hier liegende oder existirt ein anderes? Manches spricht dafür, Manches dagegen. Daß die Sieger den besiegten und zurückgebliebenen Feinden nicht eben den fruchtbarsten Theil des Landes überließen, ist mehr als wahrscheinlich, und in dieser Beziehung wäre es wohl möglich, daß dieser Ort derselbe sein könnte, den die arabischen Geschichtschreiber genannt haben. Diese Wahrscheinlichkeit wird stärker durch die Bedeutung des Wortes, denn „Ebnâ" bedeutet „Barbar". Allein die Bewohner des heutigen Ebnâ sind keine Abkömmlinge der Perser, sondern stammen von Sjahban ibn Redschd ibn Esa'yd ibn 'Amud el 'Amud ab, also von Hud (Eber) durch Hodun (Peleg). Oder haben sich im Laufe der Zeiten diese persischen Ansiedler mit diesem Stamme vermischt? Das wäre leicht möglich. ⁹⁵ᵃ)

10. Juli. Gegen 6 Uhr Morgens kam mein Beduine mit der Dâfila an und wollte gleich weiter ziehen, was aber nicht in meinem Plane lag. Ich wollte vorher eine „Höhle" besuchen, welche in der Nähe von El Ebnâ liegt und von der mir der Scheryf von Choraybe viel Wunderbares erzählt hatte. Ich machte den Beduinen mit meiner Absicht bekannt, stieß aber, wie ich erwartet hatte, auf starken Widerstand, den jedoch das Versprechen überwand, ihn und die andern Beduinen für den verursachten Aufenthalt schadlos zu halten.

Er holte nun die Truppe herein, um den Handel mit mir abzuschließen, und nach vielem Hin= und Herschreien wurden wir endlich dahin einig, daß ich zwei Schaafe kaufen und einen Thaler zahlen solle, wogegen sie sich verpflichteten, bis zu meiner Zurückkunft zu warten und mir vier Mann zur Bedeckung mitzugeben. Ich machte sogleich die nöthigen Vorbereitungen; einige Brode wurden gebacken, Kaffee, Butter, Datteln eingepackt und in Ermangelung von Fackeln oder Wachskerzen einige Bündel trockener, zusammengedrehter Dattelzweige herbeigeschafft. Außerdem füllten meine Begleiter einen kleinen Schlauch mit Wasser, und so ausgerüstet zogen wir Morgens um ¹/₂8 Uhr von dannen.

Der Weg führte bei dem Dorfe Eç Çirrayn vorüber, ⁵/₄ Stunden thalabwärts, wo wir dann die Hochebene in der Richtung Süd, 20 West bestiegen.

Ich hatte von hier aus eine Aussicht in den Wâdiy Er Raube,

welcher bedeutend tiefer liegt, als der Wâdiy El Ebnâ, und mit einem
dichten Dattelpalmenwalde bestanden ist, in welchem ich das ansehn=
liche Dorf Raube bemerkte.   Nach einer Stunde überschritten wir
den nur wenig eingeschnittenen Wâdiy Ça'âr und wandten uns Süd,
24° Ost.   Ein Marsch von 1¾ Stunde brachte uns an den süd=
lichen Rand der Hochebene, wo wir neben einer Cisterne ausruhten.
Die Hochebene fällt hier etwa 2000 Fuß in mehrern schmalen
Stufen mauerartig ab.   Ein schmaler Fußsteig führt längs dieser
Riesenmauer mit unzähligen Windungen in eine schauerliche Schlucht
hinab, welche den Namen Wâdiy Schaqq führt.

Das unterwegs getrunkene Wasser wurde ersetzt und wir traten
nunmehr die gefährliche Wanderung auf einem Pfade an, dessen ge=
wöhnliche Breite 4 Fuß, mehrere Male bis zu 2 Fuß — ab=
nimmt.   Grauenerregende, fürchterliche Abgründe gähnten auf der
einen Seite, während auf der andern Felsen theils senkrecht empor=
stiegen, theils die Schwindel erregende Tiefe überhangend, den Pfad
beschatteten, den man an solchen Stellen nur gebückt gehen kann. —
Ich muß gestehen, daß ich gern wieder umgekehrt wäre; aber ich
schämte mich, weniger Muth zu zeigen, als die Beduinen, welche mit
leichtem, sicherm Schritte vorangingen. — In der unmittelbaren Nähe
einer Gefahr, gegen welche menschliche Hülfe Nichts vermag, bei dem
Bewußtsein, daß ein Fehltritt unausbleibliches Verderben zur Folge
hat, wo, einmal vom Schwindel ergriffen, auch der Muthigste, wie
von unsichtbarer Geisterhand, unwiderstehlich in den Abgrund gezogen
wird, da wird wohl auch dem Tapfersten das Herz im Busen klopfen.
In keiner Situation meines Lebens hat sich meiner ein solch un=
beschreiblich beklemmendes Gefühl bemeistert, wie bei dieser Gelegen=
heit.   Ich glaube, es ist dasselbe, welches ein armer Sünder empfindet,
wenn er zum Hochgericht geführt wird.   Auch schienen meine Ge=
fährten diese Empfindung mit mir zu theilen, denn die so geschwätzigen
Bursche sprachen nicht eher eine Silbe, als bis wir am Fuße der
kolossalen Felswand standen.

Nachdem wir ⅝ Stunde den Wâdiy Schaqq verfolgt hatten,

stiegen wir nördlich 300 Fuß den steilen Berg gleichen Namens (Dschebel Schaqq) hinan und langten glücklich ¼ Stunde vor 4 Uhr zum Eingange der Höhle.

Nachdem wir unser frugales Mittagsmahl zu uns genommen hatten, forderte ich die Beduinen auf, einige der trocknen Palmzweige anzuzünden und mir in das Innere der Höhle zu leuchten, wogegen sie aber allerlei Einwendungen machten. Ihre Meinung, daß wilde Thiere in der Höhle sein könnten, widerlegte ich dadurch, daß ich sie auf den gänzlichen Mangel von Spuren im sandigen Boden des Ein= ganges aufmerksam machte; hierauf rückten sie mit der wahren Ur= sache ihrer Furcht, „den bösen Geistern, welche dem Volksglauben gemäß, diese Höhle bewohnen", heraus. Nach langem Zureden ent schlossen sich endlich „zwei meiner Begleiter" unter der Bedingung mit mir zu gehen, „daß ich vorher durch Gebet die Geister bannen wolle", wozu ich mich denn auch, um der Sache ein Ende zu machen, verstand und „mehrere Gebete" sagte, worauf sie sich zum Befahren der Höhle anschickten. — Da keiner meiner beiden Begleiter zuerst hinein wollte, nahm ich eine der Palmenzweigfackeln und kroch, ihnen voraus, in die kaum 1 Meter im Umfange umfassende Oeffnung der Höhle hinein. Die Beduinen folgten mir, indem sie fortwährend riefen: „Tossdor! Tossdor! ya Mobârekyn!" — d. i. „Erlaubet! Erlaubet! Ihr Gesegneten!"

Nach einer durchkrochenen Strecke von 6 Meter befand ich mich in einem Gewölbe, welches auf 100 Fuß Höhe ungefähr 300 Fuß Länge und 250 Fuß Breite mißt und von einer Säulenreihe mächtiger Tropfsteinpfeiler getragen zu werden scheint, welche die Form zweier mit ihren Spitzen zusammengegossener Kegel haben. Die Farbe dieses Tropfsteins, welcher auch die Wände der Höhle überzogen hat, ist „röthlich=gelb" und contrastirt seltsam mit dem weißen Sande des Bodens. Eine Menge anderer Pfeiler sind im Entstehen und hängen, gleich Eiszapfen, vom Gewölbe herab, während sich am Boden Kegel und Blöcke gebildet haben, deren phantastische Formen wohl geeignet sind, einem unwissenden und abergläubigen Menschen Furcht einzujagen, der schon darauf gefaßt ist, etwas Uebernatürliches zu sehen. Meine Begleiter standen daher eine namenlose Angst aus, und ein Jeder von ihnen hielt fortwährend einen Zipfel meines Oberhemdes fest, als wenn meine Berührung sie vor einem Unfalle hätte beschützen können.

Von diesem domähnlichen Raume gehen nach verschiedenen Seiten hin fünf Gänge, welche ich der Reihe nach untersuchte.

Den ersten Gang, welcher sich links vom Eingange befindet, fand ich nach wenigen Schritten durch einen Felsblock versperrt. Der zweite endete nach fünfzehn Schritten in einen Spalt; der dritte war so niedrig, daß ich nur gebückt darin gehen konnte, erweiterte sich aber bald und führte nach zwanzig Schritten an den Rand eines Abgrundes, dessen Weite mir nicht möglich war zu bestimmen. Ein Stein, welchen ich hinabwarf, fiel nach zehn Secunden in Wasser (dem Geräusche nach zu urtheilen). — Der vierte Gang führte eben falls an den Rand dieses Abgrundes. — Durch den fünften ge langten wir an eine kleine Nebenhöhle, welche auf 30 Fuß Höhe, 64 Fuß Länge und 50 Fuß Breite hält. Wände und Decke derselben sind mit Krystallisationen bedeckt, die das Licht unserer Palmenzweig= fackeln unzählige Male zurückwarfen. Während ich mich in diesem Prachtgewölbe umsah, flüsterte mir einer meiner Begleiter ins Ohr: „Nur ein Palmenzweig ist noch übrig und Zeit die Höhle zu verlassen.“ Da ich, wie sie, ebenso wenig Lust hatte, im Dunkeln herumzutappen, so trat ich den Rückweg an, versuchte aber vorher von den Krystallen loszuschlagen. Hieran wurde ich aber von meinen Begleitern mit einer Heftigkeit verhindert, welche mich nicht wenig betroffen machte. Mit Gewalt und ohne ein Wort zu sprechen, zogen sie mich bis an den Ausgang der Höhle und krochen so schnell als möglich hinaus.

Draußen hatten sie wieder Muth zu sprechen, erzählten ihren zurückgebliebenen Kameraden, was sich zugetragen, und machten mir Vorwürfe über mein Betragen in der Höhle, nämlich, daß ich es hätte wagen wollen, die Schätze anzutasten, welche den Dschinn oder Geistern zur Bewachung anvertraut worden seien. Sie waren der festen Ueberzeugung, daß, hätte ich mein Vorhaben ausgeführt, es unvermeidlich unser Aller Verderben gewesen wäre. Ich versuchte, sie von dieser Idee abzubringen; aber, wer vermag einem Volke, wie diesem, seine mit der Muttermilch eingesogenen Vorurtheile zu entreißen? Ich ließ sie also bei ihrer Meinung und machte mich bereit, den Rückweg nach El Ebnâ anzutreten.

Es lag uns natürlich viel daran, noch vor Anbruch der Nacht die Hochebene zu erreichen, da es im Dunkel doppelt gefährlich wurde, am steilen Abhange hinzutappen. Um ½6 Uhr stiegen wir in den Wâdiy Schaqq hinab und gingen so schnell wie möglich, wurden aber dennoch auf der halben Höhe von der Nacht überfallen, welche in diesen Breiten plötzlich, ohne vorhergegangene Dämmerung eintritt. Zum Glück hatten wir Mondenschein, ohne welchen es fast unmöglich gewesen wäre, einen solchen gefahrvollen Weg zu betreten. — Immer längs der Felswand hin vorsichtig fortschreitend, und auf Stellen, wo die Felsen den Weg überhingen, auf Händen und Füßen fortkriechend, erreichten wir um 9 Uhr die Hochebene, wo wir uns neben der Cisterne niederließen. Wir zündeten Feuer an und bereiteten Kaffee, welcher nebst Brod und Datteln vortrefflich mundete. Nach einer Stunde Ruhe machten wir uns wieder auf den Weg und erreichten um 3 Uhr Morgens das gastliche Dach im Dorfe El Ebnâ.

11. Juli. Bei unserer Ankunft standen sogleich alle Beduinen auf und waren geschäftig, uns zu bedienen. Einige legten Holz auf das Feuer, Andere kochten Kaffee und brachten unsere Portionen Brod und Fleisch herbei. Des Fragens war kein Ende und meine Begleiter wurden nicht müde zu erzählen, daß ich die Geister gebannt hätte, daß, nachdem ich einen Stein in den Schacht geworfen, sich furchtbare Stimmen hätten vernehmen lassen u. s. w. Nichts wurde vergessen und wie gewöhnlich auf das Unsinnigste commentirt. Die Beduinen sahen bald mich, bald die Erzähler mit großen Augen an. Stillschweigend nahm ich meine Abendmahlzeit ein und horchte der Erzählung der von mir vollbrachten Wunder, erhob mich dann mit der Erklärung: „daß sie Alle insgesammt nicht recht gescheidt

wären": die Einen, solche Ungereimtheiten zu erzählen, die Andern, sie anzuhören und zu glauben" — und streckte die müden Glieder auf mein Schaffell. — Diese unerwartete Erklärung bewirkte eine augenblickliche Stille, die aber bald durch ein allgemeines Gelächter unterbrochen wurde. Alle traten auf meine Seite und gegen meine Begleiter damit auf, daß sie weniger Muth besäßen, als der fremde Aegypter, und jeder rühmte sich, bei einer solchen Gelegenheit mehr Muth zu zeigen, wie sie. Ich meinerseits wünschte ihnen in aller Stille Glück dazu, war aber überzeugt, daß sich keiner von Allen in einem solchen Falle besser benommen haben würde, als meine heutigen Begleiter, welche übrigens derselben Meinung zu sein schienen; denn ohne sich um die Spöttereien zu kümmern, folgten sie meinem Bei=spiele und legten sich zur Ruhe.

Der Thermometer stand am Morgen 5°, um Mittag und bei heiterm Himmel und Nordwestwind 20°, des Abends hatte ich nicht observirt.

Am 11. Juli erwachte ich erst um 10 Uhr, sah aber keine An=stalten zum Aufbruch. Die Beduinen sagten mir, daß sie heute nur eine kurze Strecke zurückzulegen gedächten, da dieser Tag einer der unglücklichen sei und sie daher befürchteten, beim Hinabsteigen von der Hochebene Unglück zu haben.

Um ½2 Uhr verließen wir El Ebnâ und stiegen von der ent=gegengesetzten Seite des Wâdiŋ auf die Hochebene, wo wir die Rich=tung Süd beibehielten. Nach zwei Stunden kamen wir an einer Cisterne vorüber, welche zwischen den Entstehungspunkten der Wâdiŋ Ça'âr und Ma'ŋsche liegt. Letztgenannter Wâdiŋ zieht sich zur Rechten des Weges hin. ¼ nach 4 Uhr schlugen wir unser Nachtlager in einer kümmerlich mit Mimosen besetzten Niederung auf, welche Wâdiŋ Ṣfalaf genannt wird.

Am Morgen hatte ich den Thermometer nicht beobachtet, um Mittag bei heiterm Himmel und Nordwestwind 20°, des Abends 10°.

12. Juli. Nach einer empfindlich kalten Nacht verließen wir kurz vor 6 Uhr Morgens unser Nachtlager, stiegen eine halbe Stunde

einen steilen Abhang hinan und kamen etwas nach ½7 Uhr an eine
enge steile Schlucht, durch welche der Weg führte. Bevor wir sie
betraten, lösten die Beduinen die Stricke, mit denen die Kameele ge=
wöhnlich gebunden sind; damit, wenn eins stürzen sollte, die andern
nicht nachgezogen werden.

Um 7 Uhr Morgens befanden wir uns am Ausgange der Schlucht
und am Rande des hier 1000 Fuß jäh abstürzenden Plateaus. Der
Weg, der zur Rechten von dem Abgrunde begrenzt wird, während
sich zur Linken eine steile Felswand erhebt, wendet sich hier plötzlich
im rechten Winkel links, sodaß die Kameele auf einem Raum von
6 Fuß Breite die Wendung machen müssen. Fast alle waren bereits
an dieser gefährlichen Stelle vorüber, als eines der letztern, welches
mit zwei kleinen Kisten böhmischer Glaswaaren beladen war, an die
zu umgehende Ecke anprallte, ausglitt und ins Thal hinabstürzte. —
Die Verzweiflung des Eigenthümers, welcher, wie man mir sagte,
mit diesem Kameel seine ganze Habe verlor, war unbeschreiblich. Er
wollte sich seinem Thiere nachstürzen, und würde es auch ohne Weiteres
gethan haben, hätten ihn die andern Beduinen nicht daran verhindert.

Am Fuße dieser Unglückswand angekommen, zogen wir in vielen
Krümmungen eine langgedehnte sanfte Abdachung hinab, welche sämmt=
lich aus ungeheuern Felsblöcken und aus Schutt bestand, von einer
Fülle aromatischer Kräuter, Stauden und Bäume überdeckt. Diese
Anhäufung von Gebirgstrümmern erinnerte mich lebhaft an den Berg=
sturz von Goldau in der Schweiz. Auch hier liegen, wie dort,
kolossale Massen, dem Gesteine der Hochebene angehörig, in bedeu=
tender Entfernung umher. Dieser Bergsturz fand vor geraumer Zeit
statt, denn ein beinahe 70jähriger Beduine berichtete mir: „daß, als
sein Vater noch ein Knabe gewesen sei, sich diese Massen von der
Hochebene getrennt hätten".

Um ½10 Uhr befanden wir uns am Fuße dieses Trümmer=
gebirges und im trocknen Flußbette des Wâdiḥ Ma'hsche [96]), in dem
wir noch zehn Minuten fortschritten und dann unter dichtbelaubtem
Aréagebüsche lagerten.

Die Richtung von unserm Nachtlager bis hierher ist gerade Süd.

Ich folgte den Beduinen, welche mit dem Eigenthümer des ver=
unglückten Kameels zu der Stelle gingen, wo es zerschmettert lag.
Die Ausrufungen des Schmerzes erneuerten sich hier. Voller Ver=
zweiflung warf sich der Beduine auf sein todtes Thier, rief es beim
Namen und weinte bitterlich. Kurz, der Anblick eines zerschmetterten,
zu seinen Füßen liegenden einzigen Sohnes hätte einem Vater keine
stärkern Aeußerungen der Trauer entreißen können.

Die Beduinen starrten schweigend, auf ihre Gewehre gelehnt,
in die Scene, ohne auch nur den geringsten Versuch zu machen, den
armen Menschen von dem Gegenstand seiner Betrübniß zu entfernen.
Endlich machte Einer von ihnen die Bemerkung, daß es Zeit sei, nach
dem Ruheplatze zurückzukehren, worauf sie ihren klagenden Kameraden
mit Gewalt fortführten. Der Packsattel, obgleich zerbrochen, und die
Halfter wurden mitgenommen.

Rechts (westlich) von der Stelle, wo wir die Hochebene ver=
ließen, erhebt sich jenseits des Wâdiy Ma'yfche, ein weit über die
Ebene ragendes Vorgebirge desselben, Dschebel el Haçu genannt,
welches in der Richtung Nordwest streicht und, so weit ich es vom
Plateau aus übersehen konnte, in unersteiglichen Riesenwänden abfällt.

Mit Ausnahme des Flußbettes ist der Wâdiy mit einem Dickicht
von Aréa, Nebek, Mimosen, Tamarisken, Dompalmen, Senneßtauden,
Uwar und mehrern Arten aromatischer Sträucher bedeckt, welches
von Schlingpflanzen so durchwachsen, daß es nicht möglich, in
dasselbe einzudringen. Außer den bereits früher beschriebenen Bäumen
und Sträuchern lernte ich noch drei nie von mir früher gesehene
kennen.

Das erste Gewächs, welches mir besonders durch seine Gestalt
auffiel, war der Drachenblutbaum (Dracaena draco, Procarpus
draco; von den Arabern Erq el Hamrâ genannt).

Der größte, den ich hier sah, war gegen 16 Fuß hoch. Der
gerade Stamm hatte 1½ Fuß im Durchmesser und ist mit einer
glänzend bleifarbigen Rinde bedeckt, ebenso die Zweige, welche auf

der halben Höhe des Stammes beginnen, sehr verschlungen sind, und
da, wo sie aussprießen, sich plötzlich verdünnen.

An den Enden der Zweige stehen die schwertförmigen, lederartigen
und glänzend grünen Blätter im rechten Winkel ab und bilden einen
Kranz, welcher einen Durchmesser von 20 Zoll hat. Sie nehmen,
je mehr nach der Mitte des Kranzes, an Größe ab, sodaß die größten
10 Zoll Länge und an der Basis 1½ Zoll Dicke messen; die kleinsten
haben 1 Zoll Länge. Das Ganze formirt eine Krone, welche das
Ansehen eines umgestürzten Kegels hat, der auf einem Pfeiler steht.

Der Saft, der beim Abbrechen der Zweige reichlich hervorquillt,
ist weiß, und hat die Consistenz eines verdünnten Syrups, verdickt
sich aber und wird dann dunkelroth. Das ist das sogenannte Drachen=
blut, welches in der Mitte des Monats Mai gesammelt und von
den Arabern unter dem Namen Dum Dobahl, in der Sprache der
Beduinen aber Edh Dhahâ ⁹⁷) in den Handel gegeben wird.

Das Holz des Stammes und der Aeste ist schwammig und weiß.

Der zweite Baum oder vielmehr Strauch, der mir hier auf=
fiel, ist die Mimosa selam, von den Arabern Schedscherat et
Tâ'a ⁹⁸) genannt. Ich lernte ihn durch Zufall kennen, denn als ich
einige seiner schönen rothen Blüthen abbrechen wollte, geriethen die
Blätter und dünnern Zweige in eine zitternde Bewegung und die
Blätter schlossen sich. Ein Beduine, welcher mich sah, riß mich zurück
und versicherte mir: „daß mir ein Unglück zustoßen würde, wenn ich
diesen Baum verletzen würde". Sie glauben nämlich, daß in diesem
Gewächse ein Geist lebe, der Jeden bestraft, der es verletzt.

Außer dieser empfindsamen Mimose und dem Drachenblut=
baum fiel mir auch eine Pflanze auf, welche eine Art Lilie zu sein
scheint, bajonnetförmige Blätter hat, und in großer Menge in diesem
Wâdiy wächst. Mein Dachahl sagte mir, daß diese Gegend vorzugs=
weise von Panthern, Hyänen, Tigerkatzen, Luchsen, Wölfen, Schakals
und Dirbuns (ein von einem Wolfe und einem weiblichen Schakal
erzeugtes Thier) bewohnt sei, weshalb auch Niemand gern hier über
Nacht lagere. Im Wâdiy Ma'yſche hört das Gebiet des Stammes

Bâ Mardagha auf und das des Stammes Kaschwyn beginnt. Dieser Stamm ist eine Abtheilung des großen Hauptstammes Beny Ruh.

Während wir uns im Schatten der herrlichen Bäume lagerten, setzte sich der um sein Kameel trauernde Beduine unter eine dürre Mimose und machte seinem gepreßten Herzen durch improvisirte Klage= lieder Luft, die er nach einer monotonen Weise hersang, sich nach dem langsamen Takte seines Gesanges schwankend hin= und herbewegte und jede Strophe mit lautem Schluchzen endete.

Seine Kameraden forderten ihn mehrere Male auf, zu ihnen zu kommen und Etwas zu genießen. Er wollte aber durchaus Nichts zu sich nehmen und setzte seinen Trauergesang bis zu unserm Aufbruch fort. Der Inhalt desselben war abwechselnd, übertriebenes Lob der Vorzüge und seltenen Eigenschaften seines Kameels und Klagen über seinen Verlust.

Um 1 Uhr verließen wir den angenehmen, schattigen Ruheplatz und verfolgten das Flußbett des Wâdiy, welches sich durch das Dickicht windet, etwa ½ Stunde, bis an den Fuß des Dschebel Qabr eſſ Sfâhir.

Aus einem großen Wasserbehälter füllten wir unsere Schläuche und gelangten um ½3 Uhr auf den Gipfel dieses Berges, wo sich neben dem hier einsenkenden Wâdiy El Ma'âdin eine Cisterne befindet. Dieser Wâdiy vereinigt sich mit dem Wâdiy Farte. — Wâdiy Ma'yſche mündet, nachdem er den Wâdiy Schaqq aufgenommen hat, in den Wâdiy Raube, welcher, wie schon früher bemerkt worden, den obern Theil des Wâdiy Dirbe ausmacht. Dschebel Qabr eſſ Sfâhir ist die nördlichste Kuppe des Gebirgszuges, welcher mit Râſſ Borum, Râſſ el Ahmar und Dschebel Esch Scherebbe endigt, und die Wasserscheide zwischen dem Wâdiy Dirbe und El Hadschar bildet.

Dieser Gebirgszug scheidet auch die Provinzen Beny Beled 'Yſſâ und Beled el Hadschar.

Eine Stunde Marsch brachte uns an den Wâdiy Farte, welcher tief eingeschnitten und mit dichten Gebüsch bewachsen ist. Eine halbe Stunde später führt der Weg bei einem der kleinen Zufluchtshäuser

vorüber, neben welchem ein großes Bassin und eine Cisterne ein=
gehauen sind. Wir überstiegen dann einige sehr steile Hügel, zogen
einen sanften Abhang hinab und lagerten um ½5 Uhr unter einigen
Mimosen im Wâdiy Oârat es Sohâ. [99]) Die Richtung des Weges
vom Wâdiy Ma'yfche bis hierher ist Süd, 30° West.

Vom Wâdiy Ma'yfche an ist der Graphiten=Lias=Kalk das vor=
herrschende Gestein, das einen sandigen Mergel zur Grundlage hat,
unter welchem an einigen Stellen in dem tief eingeschnittenen Wâdiy
das Rothliegende zum Vorschein kommt. Die Form der Hügel, welche
diesen Kalk bildet, giebt dieser Gegend das Ansehen von sturm=
bewegtem Meere, dessen langgedehnte Wellen, sich überstürzend,
plötzlich steil abfallen. — Die Sturzseite, wenn ich mich so
ausdrücken darf, liegt bei allen diesen Hügeln, mit Inbegriff des
Dschebel Oabr eff Sfâhir nach Norden, während sich die lange
Dehnung nach Süden verläuft. — Alle diese Hügel sind öde,
von aller Vegetation entblößt und blendendweiß, weshalb der Reflex
der Sonnenstrahlen die Augen außerordentlich angreift.

Bald nach unserer Ankunft brach ein Gewitter los, welches sich
aber nach der Hochebene hin entlud und uns nur mit wenigen Regen=
tropfen heimsuchte. Bis spät am Abend unterhielten sich die Be=
duinen über den Unglücksfall von heute, bei welcher Gelegenheit eine
Menge Beispiele von gleich unglücklichen Ereignissen der Reihe nach
erzählt wurden. Indeß hatte der Arme, den es betroffen, sich wieder
abgesondert und sang bis spät in die Nacht seine Klagelieder,
ohne auch nur das Geringste zu sich genommen zu haben.

Am Morgen stand der Thermometer bei Windstille 5°, um
Mittag bei Nordwestwind und heiterm Himmel im Schatten 25°;
am Abend bei Nordwestwind, während des Gewitters 15°.

Am folgenden Morgen brach unsere Oâfila ½7 Uhr auf und
erreichte, nachdem sie zwei Hügel überstiegen hatte, den Rand des
Wâdiy Halle, den sie bis ¼ vor 8 Uhr entlang zog. Hier erstiegen
wir abermals einen Hügel, dessen südliche Abdachung sich in weiter
Ferne allmählich verläuft. Die Aussicht, welche ich von dem Gipfel

desselben genoß, war belohnend und um so wohlthuender, als ich seit
dem Wâdiy Ma'ysche nichts als das ermüdende Einerlei der kahlen
Kalkhügel gesehen hatte. Dschebel Bihr Schyh [100]) links, Dschebel
El Ghowayte [101]) rechts, erheben in einiger Entfernung stolz ihre
Häupter und bilden die beiden Endpunkte eines großen Gebirgs-
panoramas, dessen Vordergrund die gebüschreichen Wâdiy El Boyut
und El Ghowayte einnehmen. Zehn Minuten nach 8 Uhr hatten wir
den tief eingeschnittenen Wâdiy El Boyut zur Linken des Weges und
stiegen um 9 Uhr an seinem Vereinigungspunkte mit dem Wâdiy El
Ghowayte in ihn hinab. Hier beginnt das Gebiet des Stammes Bâ
Ssa'd, einer Abtheilung des Stammes Beny Ruh. Von hier an
bleibt der Weg im Flußbette des Wâdiy Boyut, der mit dichten Gebüschen bedeckt ist. Kurz vor 11 Uhr lagerten wir unter großen
laubreichen Platanen neben einem Felsenbecken, in welches sich eine
starke Quelle ergießt, die etwa 50 Schritte oberhalb plötzlich aus dem
Sande hervortritt und sich unterhalb des Bassins in eine enge, tiefe,
mit dichtem Gesträppe überwachsene Schlucht stürzt. Dieser Ruheplatz heißt El 'Aqyq (der Achat), so von den vielen Achaten genannt, welche im Sande des Wâdiy umherliegen. Außer den Achaten
fand ich auch Chalcedon, Jaspis u. dergl. m.; alle jedoch von
höchst unansehnlicher und schlechter Qualität.

Der Ruheplatz war so angenehm, daß ich gern bis zum folgenden
Morgen dageblieben wäre, wenn die Beduinen es zugegeben hätten;
aber diese gestrengen Herren kümmern sich so wenig um die Wünsche
des Reisenden und machen überhaupt so wenig Umstände, daß man
oft alle Mühe hat, nicht gegen sie aufzubrausen. So geschieht es
oft, daß ich von meinem Beduinen durch einen Fußtritt in die Seite
geweckt werde. — Jedoch diese zarte Manier, Jemanden zu wecken,
ist unter ihnen gäng und gäbe, und ich machte deshalb, obgleich wenig
davon erbaut, gute Miene zum bösen Spiele.

Der Wâdiy El Boyut ist von Gebirgen eingeschlossen, in welchen
der Liassandstein und die ihn begleitenden quarzfelsartigen Bildungen
die vorherrschenden Felsarten sind, woher sich das Vorkommen der

Achate, Chalcedone u. s. w. erklärt. Der Wâdiy El Boḥut vereinigt sich mit dem Wâdiy Ro'mân, welcher in den Wâdiy El Hadschar mündet. Die Richtung des Weges von unserm Nachtlager bis El 'Aqyq ist Süd, 30° West.

Nachdem ich mich für die lange Entbehrung eines Bades schad= los gehalten hatte, brachen wir um 1 Uhr 10 Minuten auf und zogen binnen 40 Minuten den Dschebel Molk hinan, bis auf seine untere Terrasse, welche sich nach Osten allmählich abdacht, während sich im Westen das Gebirge steil erhebt. Der Liassandstein des Dschebel Molk, dessen Schichten fast horizontal liegen, ist an mehrern Stellen von 40 Fuß mächtigen Straten eines Conglommerats höchst merkwürdiger kugeliger Concretionen durchbrochen, welche unter einem Winkel von 45° von Ost nach West einfallen.

Die kugeligen Concretionen bestehen aus Gypsspath, sind durch ein mergelig=thoniges Bindemittel verbunden und haben eine concen= trisch=schalige Textur, und=zwar so, daß sie im Durchschnitte ab= wechselnd durchsichtige und opake Ringe zeigen, welche erstere nach dem Mittelpunkte hin an Breite zunehmen. Ihr Durchmesser war verschieden und variirte von 2 Zoll bis zu 2 Fuß. Einige waren an der Oberfläche rauh, hart, mit kleinen Kryſtallen bedeckt, andere aber locker und nach allen Richtungen hin gespalten.

Kurz nach 2 Uhr lag zur Linken des Weges der Wâdiy Molk, welcher die untere Terrasse des Gebirges durchfurcht und in den Wâdiy el Boḥut mündet. Von hier bis zum Wâdiy Çafrâ, eine Stunde Weges, überstiegen wir mehrere Höhen, deren Sandstein= bildungen von dem darin vorkommenden Eisensandstein röthlich=braun gefärbt sind. Ehe ich in den Wâdiy Çafrâ hinabstieg, genoß ich eine entzückende Aussicht in den Wâdiy El Hadschar. Unter dem ihn bedeckenden Palmenwalde schlängelt sich ein Fluß hin, in dessen Fluthen sich an offenen Stellen die Sonne spiegelte.

An den Abhängen des gegenüberliegenden Gebirges liegen höchst malerisch mehrere Dörfer und Wachtthürme, deren Bauart und Lage an unsere mittelalterlichen Burgen erinnert. Durch eine Schlucht zur

Rechten erblickte ich größere Saatfelder, die sich unter dem Palmenhaine verlieren. Im Hintergrunde dieser reizenden Landschaft erhebt
sich in pittoresken Formen ein hohes Gebirge, dessen Gipfel in die
Region der Wolken ragen. — Eine Stunde währte es, bis wir an
der Mündung des Wâdiy Çafrâ ankamen und dann den Palmen=
wald des Wâdiy' El Ḥadschar betraten.

Rechts an der Mündung des Wâdiy Çafrâ liegt auf einem hohen,
steilen Felsen das Schloß El Dâhime [102]) mit dem Dorfe gleichen
Namens.

Ueberall sah ich unter Dattelpalmen gut bebaute Felder, welche
mit Bewässerungskanälen durchfurcht sind. Wir zogen jetzt thalabwärts
und kamen nach ½ Stunde vor der Mündung des Wâdiy Dîn=
uyne [103]) vorbei. Rechts liegt hier ein Gehöfte und links auf einer
Anhöhe ein Wachtthurm. ½ Stunde wanderten wir längs den an=
muthigen Ufern des Flusses dahin und langten dann in dem Haupt=
orte des Wâdiy Ḥiçn ben Dighâl an, wo ich im Hause des
Schaych Mohammed ibn 'Abd Allah Bâ Râss eine gastliche Auf=
nahme fand.

Mein Wirth ließ sogleich Datteln und Kaffee auftragen,
welche ich in seiner und zweier Scheryfe Gegenwart zu mir nahm.
Während des Gespräches fragte er mich nach seinem Bruder, der als
Kaufmann in Kairo etablirt ist, und schien ebenso erstaunt, als un=
angenehm berührt zu sein, als ich ihm entgegnete, daß ich seinen
Bruder nicht kenne. Auf meine Bemerkung, daß es ein Leichtes sei,
in einer Stadt von 250,000 Einwohnern einen Menschen zu über=
sehen, erwiederte er dagegen: daß der Ḥadhramaut noch weit größer
sei als Kairo, und daß dennoch alle Glieder seiner Familie von Jeder=
mann im ganzen Lande gekannt seien. Gegen dieses Argument war
nun freilich Nichts einzuwenden und ich versprach ihm daher, bei
meiner Zurückkunft nach Kairo diesen Fehler wieder gut zu machen und
seinen Bruder zu besuchen. — Nach beendigter Mahlzeit wies man
mir ein Zimmer an und ließ mich allein, um von meiner Reise aus=
zuruhen.

Kaum mochte ich eine Stunde geruht haben, als mir mein Wirth einen herkulisch gebauten Mann von beinahe schwarzer Hautfarbe brachte, angethan mit einer ärmlichen Beduinentracht, den er mir als den Sultan Dâffim ibn ben Dighâl vorstellte; er setzte sich neben mich nieder und überschwemmte mich mit einer solchen Fluth von Fragen, daß ich gar nicht wußte, welche ich zuerst beantworten sollte. Zudringlicher als diesen schwarzen Prinzen habe ich keinen Menschen auf meiner ganzen Reise angetroffen. Alles wollte er besehen und betasten, was mir um so unleidlicher wurde, als ich bemerkte, daß er eine sehr lebhafte Neigung blicken ließ, sich das Eigenthum Anderer zuzueignen; denn kaum hatte er einige Worte mit mir gesprochen, so verschwand auch schon eine neben mir liegende Scheere unter seinem Gürtel. Ich sagte kein Wort, ließ es ihn aber merken, daß ich seiner Fingerfertigkeit Anerkennung zolle, indem ich mehrere Gegenstände, welche zwischen uns lagen, mit einiger Hast auf die andere Seite legte; welches er aber nicht zu beachten schien.

Zu meiner großen Zufriedenheit befreite er mich bald von seiner Gegenwart, nicht aber ohne mich vorher gebeten zu haben, ihm ein Messer zu schenken, welches ich eben erst aus dem Bereiche seiner Hände entfernt hatte.

Schaych Bâ Râff erzählte mir am Abend, daß in dem Schlosse El Dâhime ein merkwürdiger Brunnen existire, welchen ein himyarischer König habe ausbauen lassen. Ich bat ihn daher, mir am folgenden Morgen einen Beduinen zu verschaffen, damit ich dem im Schlosse hausenden Schaych des Stammes Schoqahr einen Besuch abstatten könne, welches er mir auch versprach. Er hatte von dem Beduinen, welcher mich hergebracht hatte, gehört, daß ich die Höhle im Dschebel Schaqq besucht habe, und war neugierig auf das, was ich darin gesehen. Nachdem ich ihn befriedigt hatte, erzählte er mir: daß in dieser Höhle, lang vor Mohammed, ein Zauberer, Namens Schaqq gewohnt habe, in dessen Körper außer den Rippen und den Fingerknocheln keine andern Knochen existirt hätten; daß ferner unermeßliche Schätze in ihr aufbewahrt lägen, die von einem Heere böser Geister bewacht würden u. s. w. — Solche Erzählungen sind bei diesem Volke so allgemein, daß ich denselben wenig oder gar keine Aufmerksamkeit schenkte.

Mehr interessirte mich dagegen, was mir der Schaych Bâ Râss über die Bevölkerung des Landes, die politische Eintheilung und den Handel mittheilte.

Da ihm die Aufmerksamkeit gefiel, mit der ich ihm zuhörte, so war er unerschöpflich in Mittheilungen, und ich muß gestehen, daß ich den größten Theil von dem, was ich darüber erfahren habe, diesem Manne verdanke.

Schaych Bâ Râss erzählte mir unter Anderm: „daß der Sultan Câssim ibn ben Dighâl noch vor 20 Jahren sehr mächtig gewesen sei, aber durch einen unglücklichen Krieg mit Ahmed ibn 'Abd el Wâhid, Sultan von Habbân, zu Grunde gerichtet worden wäre, und der ehedem so mächtige Fürst jetzt Nichts mehr besäße, als sein Haus und einige Grundstücke mit den darauf befindlichen Dattelpalmen. — Abgaben würden keine an ihn entrichtet, denn diese habe sich der Schaych der Bâ Schoqayr angemaßt, welcher der eigentliche Machthaber des Wâdih sei. Dieser müsse aber einen Theil der Abgaben an den Sultan von Habbân entrichten, welcher den obern Theil des Wâdih besitze. Die Familie der 'Abd el Wâhid (Sclave des Einigen) haben mit der Familie der Ben Dighâl einen und denselben Stammvater, nämlich einen gewissen 'Abd el Manâh. [104]) — Der hier regierende Beduinenstamm ist eine Abtheilung des Stammes Ben Nuh.

Hiçn ben Dighâl (das Schloß oder der Thurm der Söhne Dighâl's) ist ein kleiner Ort von 40 Häusern und höchstens 200 Einwohnern, welche sämmtlich der Klasse der Scheryfe und Schaychs angehören. Er erhebt sich auf dem Rücken eines steilen, schmalen Gebirgsvorsprunges an der Nordseite des Thales. Die Häuser sind wie die im Wâdih Do'ân gebaut und wie dort mit Schießlöchern versehen. Das Haus des Sultans zeichnet sich durch seine Größe aus, sowie durch seine höhere Lage und durch die Hörner des Steinbocks, mit welchen die Ecken der Terrasse geschmückt sind. Die Straßen ſind ſchmal und durch Mauern unterſtützt, welche, gleich den Dämmen des Wâdiŋ Do'ân, nur aus übereinandergelegten Kieſeln ohne Mörtel= verbindung beſtehen.

Der Wâdiŋ el Hadſchar, nach welchem die ganze Provinz be= nannt wird, nimmt 12 Stunden nordweſtlich von Hiŋu ben Dighâl am Dſchebel Bâ Dſchanaf ſeinen Anfang, behauptet dieſen Namen bis ⅗ Stunden ſüdöſtlich von dieſem Orte und wird dann Wâdiŋ Dſchiswel genannt, welchen Namen er 8 Stunden Weges beibehält; 6 Stunden, bis zum Meere, welches er bei Biŋr el Hâſſŋ am Râſſ el Kelb (Vorgebirge des Hundes) erreicht, führt er den Namen Maŋfa'a. Es iſt vielleicht das einzige Thal Arabiens, welches ſich eines permanenten Waſſerſtandes erfreut, und vielleicht das einzige, welches einen Fluß beſitzt, der zu allen Jahreszeiten das Meer erreicht. Dieſer Fluß entſpringt am Fuße des Dſchebel Bâ Dſchanaf und nimmt an der nördlichen Seite des Wâdiŋ Hadſchar noch zwei ſtarke Bäche auf, welche aus dem Wâdiŋ Scharab und Carhŋr hervortreten. Die Durchſchnittsbreite deſſelben beträgt 50 Fuß und iſt er ſtellen= weiſe ſehr tief. Ich ſah ſehr viel kleine Fiſche und eine Art Gra= nelen in ihm.

Im ganzen Wâdiŋ El Hadſchar ſoll kein Sperling exiſtiren, und wirklich ſah ich dort auch keinen einzigen, obgleich während meiner Anweſenheit die Dattelernte war, wo ſie ſich in andern Gegenden ſcharenweiſe einfinden. Die Einwohner ſchreiben dies dem Nebŋ Allah Hud (dem Propheten Gottes Hud) zu, welcher, um das gehorſame und ehrerbietige Betragen der Einwohner gegen ihn zu be= lohnen, den Sperlingen den Zutritt in dieſes Thal verbot.

Da ich mich nur einen Tag aufhalten wollte, ſo äußerte ich gegen meinen Wirth den Wunſch, einen beſchützenden Führer auf den Wâdiŋ Maŋfa'a und Habbân anzunehmen, worauf er mir ein ſehr ab= ſchreckendes Bild von den zügelloſen und räuberiſchen Gewohnheiten des auf dieſem Wege hauſenden Beduinenſtammes Ebs Dſiŋaŋbŋ entwarf und mir rieth, dieſe Reiſe nicht zu unternehmen. Jedoch einmal entſchloſſen, mich weder durch eingebildete noch wirkliche Ge=

fahren abhalten zu laſſen, erklärte ich, daß ich troß dem Allen die
Reiſe dennoch wagen wolle. Er ſagte mir dann, daß Niemand mich
ſicherer dahin geleiten könne, als ein Mitglied der Familie 'Abd el
Manâh, welche in jener Gegend hoch verehrt würde und daher im
Lande den größten Einfluß hätte; wenn mich also der einzige hier
wohnende 'Abd el Manâh dahin führen wolle, ſo würde ich viel=
leicht Nichts zu befürchten haben.

Mit dem Verſprechen, am folgenden Morgen wo möglich dieſen
Mann zu gewinnen, zog er ſich in ſein Zimmer zurück.

Der Thermometer ſtand des Morgens bei Windſtille und hei=
term Himmel auf 15°, um Mittag bei Nordweſtwind 25°, am
Abend bei demſelben Winde 25°. Die Richtung von El 'Aqbq bis
hierher iſt Süd.

14. Juli. Am Morgen des 14. brachte mein Wirth den er=
wünſchten 'Abd el Manâh zu mir, einen jungen rüſtigen Mann,
von ſchwarzbrauner Hautfarbe und vielverſprechendem Aeußern. Bald
kam ich mit ihm überein, daß er mich über die Ruinen von 'Obne,
Dſchul=eſch=Schayd), Naqb el Hadſchar und 'Yçân nach Habbân
bringen und ſich überall mit mir ſo lange aufhalten müſſe, als ich
es für gut befinden würde. Dagegen verſprach ich, bei unſerer An=
kunft in Habbân zu der ausgemachten Summe noch ein Geſchenk
hinzuzufügen, welches im Verhältniß zu ſeinem Betragen gegen mich
ſtehen ſolle.

Nach dieſer Uebereinkunft übergab mich ihm mein Wirth mit
Beobachtung des ſchon früher bei Makalla beſchriebenen Gebrauchs.

Dieſes wichtige Geſchäft beendigt, begab ich mich mit Schayd
Sſalym (ſo hieß nämlich mein ſchwarzer Schußengel) nach El
Qâhime, wo ich vom Schayd der Bâ Schoqahr freundlich em=
pfangen wurde. Auch dieſer rieth mir davon ab, auf dem Territo=
rium der Dſihayby zu reiſen, welche er als eingefleiſchte Teufel ſchil=
derte. „Es ſind keine Beduinen wie wir (ſagte er), die Gott
fürchten und dem Reiſenden das Seinige laſſen, — ſon=
dern Mörder und Räuber, die weder Wort noch Eid bindet.“

Mit diesem Lobe, welches er sich und den andern Beduinen auf
diese indirecte Weise auf Kosten der Dsijaybh gab, war ich nun
freilich nicht ganz einverstanden; bei alledem war es aber keineswegs
beruhigend, einen Räuber, der nur durch die Macht herkömmlicher
Gesetze oder durch Furcht abgehalten wird, den zu berauben, der
unter dem Schutze seines oder eines andern befreundeten Stammes
steht, sagen zu hören, daß für einen Stamm, dessen Gebiet man
betreten will, alle diese durch die Länge ihres Bestehens geheiligten
Conventionen ein leerer Schall sind und daß weder religiöses Gefühl
noch Furcht ihn abhält, seinen räuberischen Gewohnheiten freien Lauf
zu lassen. Doch beruhigte mich einigermaßen seine Meinung, daß
unter dem Schutze eines 'Abd el Manâh die Gefahr geringer sei.

Auf meinen Wunsch, die Brunnen zu sehen, führte er mich
in den Schloßhof, wo mehrere Beduinen Datteln auf Matten ausbreiteten. Ich bemerkte hier, daß die Fundamente der Gebäude
frühern alten Bauten angehörten, während der obere Theil derselben
in neuerer Zeit aufgeführt war. Auf einem der Mauersteine bemerkte ich zwei himyarische Buchstaben, sonst aber nichts von
alten Inschriften. — Man führte mich dann in einen großen bedeckten Raum, der ein gemauertes Bassin umschließt, das 10 Fuß
ins Gevierte enthält und zu dem das Wasser durch eine Rinne von
Außen hergeleitet wird.

Der Schahch ließ eine kleine Thür öffnen, durch die wir ins
Freie traten. Hier steht, etwas von der Mauer entfernt, ein runder
Thurm, in welchen sich der erste Brunnen öffnete, der ungefähr
3 Fuß im Durchmesser und 4 Fuß Tiefe hat. In den Seiten des
Brunnens sind Löcher gehauen, welche als Treppe dienen; denn ein
anderer Weg zu den untern Brunnen existirt nicht.

In der Hoffnung, an den untern Brunnen eine Inschrift zu
finden, stieg ich mit meinem Schahch und einem Beduinen hinunter. Etwa 3 Fuß oberhalb des Brunnenbodens ist ein Seiten-
kanal eingehauen, durch welchen das Wasser in ihn geleitet wird.
Dieser Kanal ist so niedrig, daß ich nur gebückt hindurchgehen konnte,

und führt in einen Thurm, der mit einem andern in Verbindung
steht, in welchen der zweite Brunnen niedergeht.   Durch diesen
gelangten wir in den untersten Thurm, in dessen Nebengebäude
der eigentliche, wasserspendende Brunnen bis unter dem Niveau des
Flusses eingehauen ist.

Das Wasser wird in ledernen, konischen Eimern, ohne Hülfe
einer Rolle oder Welle von Brunnen zu Brunnen gefördert, bis es
das Bassin innerhalb der Schloßmauer erreicht.

Von Inschriften fand ich nicht die geringste Spur, auch sind die
Thürme, die Grundmauern abgerechnet, neuerer Construction.   Obgleich dieses Brunnenwerk den Brunnen Adens nicht gleichkommt (wenigstens hinsichtlich der Solidität des Gesteins), so ist es
doch nichts desto weniger ein bewundernswürdiges Werk, welches auf
Zeiten höherer Cultur hindeutet.

Welche Ursachen walteten ob, die Nachkommen jenes civilisirten
Volkes in ihren jetzigen Zustand der Brutalität zu versenken und ein
Land, welches die alten Geschichtschreiber und Geographen ein reiches,
fruchtbares und daher glückliches nannten, in eine wüste Einöde, in
den Tummelplatz roher Horden zu verwandeln? — Auch hier hat
sich der geisttödtende Einfluß der Religion Mohammed's kund gegeben, deren sinnlose Formen und leerer Wortschwall im Verein mit
der unseligen Lehre des Fatalismus die edlern Seelenkräfte der
Völker entschlummern ließ.   Das Heidenthum mit seinen Lehren voll
Poesie, das Erblühen der Künste und Wissenschaften — das Christen-
thum pflanzte sie fort und baute auf unvergänglicher Basis das
schönste aller Gebäude, „das Glück der Völker", indem es mit
trostbringendem Licht die Macht der Barbaren verdrängte.   Die Religion des Dorâns aber wie ein zerstörender Brand auf die Bahn
der Zeiten geworfen, vernichtet jedes Gefühl für Humanität, erstickt
jeden Keim, aus welchem sich eine beglückende Civilisation entwickeln könnte, und verwandelt blühende Länder in grauenerregende
Wüsteneien.

Bei unserer Zurückkunft verabschiedete ich mich bei dem Schatych und verließ das Schloß, um noch einen Spaziergang im Thale zu machen. Auch hier ist das Bewässerungssystem im Gange, das ich im Wâdiy Do'ân beschrieben habe, jedoch mit dem Unterschied, daß hier weder das Flußbett, noch die Kanäle eingedämmt sind. Auf der kurzen Strecke von einer Stunde sah ich drei Wehre im Flusse, welches auf einen ziemlich starken Fall des Wassers schließen läßt.

Den Rest des Tages benutzte ich zum Niederschreiben meiner Notizen und zu den Vorbereitungen zur Reise.

Der Thermometer stand am Morgen bei Windstille und starkem Nebel 25°, um Mittag bei heiterm Himmel und Nordwestwind 36°, des Abends 28°.

Fünftes Capitel.

Die Ruinen von 'Obne.

15. Juli. Am 15. Juli verließen wir kurz vor 7 Uhr das Haus meines gastfreien Wirthes und befanden uns bald unter den fruchtbeladenen Palmen an den Ufern des Flusses, dem wir thalabwärts rüstig entlang schritten. Mein Schaŋch war nicht so gesprächig wie die Beduinen, mit denen ich bisher reiste, denn stillschweigend trieb er sein Kameel vor sich her und sang nur dann und wann einige an dasselbe gerichtete Worte, um es zum raschern Schritte aufzumuntern. Die Sitte, dem Kameele vorzusingen, herrscht im ganzen Orient, und die Kameele hören den Gesang gern und nehmen auch, sobald gesungen wird, einen raschern Schritt an. — Die Worte des Gesanges haben gewöhnlich Bezug auf die Eigenschaften des Thieres oder auf die Beschaffenheit des nächsten Ruheplatzes. So hörte ich unter Anderm die Beduinen oft singen: „O! mein Kameel!

Dein Rücken ist breit und fleischig! Du trägst mehr wie andere Kameele! Dein Gang ist rasch und sicher, und Du wirst nicht müde!" — Oder auch: „Vor uns liegt ein Brunnen! Ein Brunnen mit süßem Wasser! Du wirst unter den Bäumen einhergehen, unter Bäumen voll saftiger grüner Blätter" u. s. w.

Nach ¼ Stunde sah ich rechts vom Wege, auf einer Anhöhe, fast in der Mitte des Wâdiŋ einen Wachtthurm, welcher Hiçŋ el Miʃne genannt wird.

Zehn Minuten später kamen wir an das Dorf Dʃul bâ Yaghuth [105]), welches an der westlichen Seite der Mündung des Wâdiŋ Ro'mân liegt und gegen 200 Einwohner zählt. Der Wâdiŋ Ro'mân ist eine halbe Stunde breit und mit Dattelpalmen bedeckt, unter denen vortrefflich angebaute Felder liegen. — Wir hielten hier an, da der Schaych zu einem seiner Bekannten gehen mußte, um einen Wasserschlauch zu holen. Ungefähr 300 Schritt vom Dorfe entfernt, liegt unmittelbar am Dorfe ein Wachtthurm, welcher dazu dient, die Einwohner, während sie Wasser holen, zu beschützen. — Kurz vor 8 Uhr setzten wir unsere Reise weiter fort. Die Palmen und mit ihnen die Saatfelder verschwinden schon nach 10 Minuten, und das Thal verengt sich plötzlich zu einer etwa 40 Fuß breiten Schlucht, die einen Höhenzug durchschneidet, welcher die Dʃebel Ro'mân und Matuŋ [106]) verbindet.

Mit starkem Getöse stürzt sich der Fluß in diese Schlucht und drängt sich schäumend durch die Felsentrümmer, welche seinen Lauf hemmen. Der Weg führt etwas bergan und 1½ Stunde zwischen der Schlucht und dem Abhange des Dʃebel Ro'mân hin. Dieser Berg entsendet einen Ausläufer nach Südost, welcher den Namen Dʃebel Dʃofaŋŋe [107]) führt. Von diesem Höhenzuge stiegen wir in ein breites Thal hinab, welches Wâdiŋ Dʃiŋwel genannt wird und mit einem Dickicht von Aréa, Platanen, Mimosen und Tamarisken besetzt ist, durch welches sich der Fluß schlängelt. Um 10 Uhr lagerten wir unter dem Laubdache einer riesigen Platane am linken Ufer des Flusses.

Die dammartige Ablagerung des tertiären Kalksandsteins, welche die beiden Dschebel No'mân und Matny verbindet und durch welche sich der Fluß Bahn gebrochen hat, hat eine Höhe von ungefähr 150 Fuß.

Nahe bei unserm Ruheplatze braust aus der Schlucht der Fluß hervor und ergießt sich in ein kreisförmiges Becken, welches eine Tiefe von mindestens 20 Fuß mißt und augenscheinlich durch den Fall des im Anfang über den Damm fließenden Wassers entstanden ist. Denn allem Anschein nach war der Wâdiy El Hadschar früher von einem Landsee bedeckt, welcher nach vollendeter Auswaschung der Schlucht vollständig abfloß. Auch deuten die Süßwasserbilvien darauf hin, mit welchen ich später den westlichen Theil des Wâdiy, von El Hodà aufwärts, auf eine Strecke von 3 Stunden überdeckt fand. Der Fluß war hier reich an Forellen und karpfenartigen Fischen.

Gegen ½2 Uhr brachen wir auf und verfolgten den Lauf des Flusses bis ¼ nach 3 Uhr, wo wir die bisherige südöstliche Rich= tung verließen und, uns nach Süden wendend, eine Anhöhe erstiegen, auf welcher der Weg einem bedeckten Gebirge zuführt, welches den Namen Dschebel No'âb trägt und nur durch eine Niederung von dem hier steil abfallenden Dschebel Matny getrennt ist.

Um 4 Uhr genoß ich eine herrliche Aussicht in das Thal, an dessen westlicher Seite ein burgähnlicher Bau liegt, welcher Hicn et Tawyle heißt. In dem Bette des Wâdiy No'âb, welcher bei diesem Bau in den Wâdiy Dschiswel mündet, erblickte ich mehrere mit Saat= feldern umgebene Häuser, welche von den Beduinen des Stammes Bâ Dorus bewohnt werden. — Dieser Stamm ist eine Abtheilung des Stammes Beny Ruh. Von Hicn et Tawyle abwärts wird das Thal Wâdiy Mayfa'a genannt. Das Bett des Wâdiy No'âb ver= folgten wir eine Stunde in südwestlicher Richtung und stiegen dann einen schroffen Abhang hinan, an welchem kein anderer Weg war, als die vorspringenden Schichten der Grauwacke.

Man ist in Europa der irrigen Ansicht, daß das Kameel nur auf ebenem Boden fortkommen könne und in den Gebirgen von wenigem

Nutzen oder auch ganz und gar nicht brauchbar sei. Allein sowohl hier, als auch bei vielen andern Gelegenheiten habe ich mich vom Gegentheil überzeugt, und oft mit Erstaunen den sichern Tritt und die Leichtigkeit bewundert, mit welcher dieses Thier auf den schwierigsten Gebirgswegen einherschreitet.

Wir hatten 40 Minuten zur Ersteigung dieser Anhöhe gebraucht und betraten jetzt eine Gegend, welche in geologischer Beziehung eine der merkwürdigsten ist, die mir während meiner Reise aufstieß. Der Weg führte nämlich in eine kreisförmige Niederung von 10 Minuten Durchmesser, die von einem 20 Fuß hohen wulstigen Rande erstarrter Lava umgeben ist. Längs der innern Seite desselben erheben sich mehrere konische Hügel, welche man beim ersten Anblicke für Aschen= haufen ansehen könnte. Bei näherer Besichtigung jedoch fand ich, daß sie aus Bimstein bestanden, dessen Oberfläche schon sehr verwittert war. Sie sind von Strömungen eines schwarzen Obsidians durch= setzt, welcher als schwer zu verwitterndes Gestein über die Oberfläche der Hügel vorsteht. — Die Lava ist schwarz, voll runder, oft ganz schwarzer Blasenräume, Olivin und glasigen Feldspath, Kryställ= kreide enthaltend. — Die schauerlichen Klüfte, welche in den Wänden des nahen Gebirges gähnen, und die bedeutenden Hebungen der Schichten in der nächsten Umgebung des Kraters zeugen von der erschütternden Gewalt, mit welcher sich hier das plutonische Element Bahn brach, geben der Gegend einen höchst bizarren, wilden und großartigen Cha= rakter, der auch auf die lebhafte Einbildungskraft der Araber einen starken Eindruck gemacht hat. „Gleich feurigen Phantomen" (erzählt man sich) „streifen hier nächtlicher Weile Geister umher und vernichten jeden tollkühnen Sterblichen, der es wagt, an diesem ihren Tummel= platze zu übernachten."

So hat sich die Sage von den Schrecknissen, deren Schauplatz dieser Ort einst war, bei dem Volke fortgepflanzt und dem Glauben an bösartige Feuergeister seine Entstehung gegeben. Sie nennen daher auch diesen Ort: Omm el Dschinny, d. i. Ort der Geister.

Nachdem wir den südwestlichen Rand des Kraters überstiegen

10*

hatten, zogen wir bis zum Wâdiŋ 'Obne 40 Minuten lang eine
sanft abgedachte Ebene hinab, welche von einem Lavastrom bedeckt ist.
Noch eine kleine Strecke verfolgten wir den Wâdiŋ und lagerten uns
unter einer großen Mimose. Während wir nun hier an einem hell-
lodernden Feuer sitzend unsere frugale Abendmahlzeit hielten, wurden
wir durch das plötzliche Aufspringen des Kameels aufgeschreckt. Zu
gleicher Zeit erblickten wir in einer Entfernung von 15 Schritten zwei
große Hyänen, welche aber, als wir mit Feuerbränden bewaffnet, auf
sie losgingen, eiligst die Flucht ergriffen. Wir banden das Kameel
an den Baum, beendigten unsere Abendmahlzeit und legten uns zur
Ruhe, die auch in dieser Nacht nicht weiter gestört wurde. Am
Morgen stand der Thermometer bei starkem Nebel und Windstille
25°, am Mittag bei heiterm Himmel und Nordwestwind 36°, am
Abend 25°.

16. Juli. Am 16. früh ¼ nach 5 Uhr machten wir uns auf
den Weg, und verfolgten den Wâdiŋ, der sich mit sehr starkem Gefälle durch ein Jura-Dolomit-Kalkgebirge windet. Die Thalsohle
bildet eine vollkommene Treppe, deren Stufen eine Höhe von 1—5 Fuß
haben. Eine Viertelstunde Weges hatten wir zurückgelegt, als mir
der Schaych auf der zur Linken des Weges liegenden Anhöhe die
Ruinen eines alten Baues zeigte. Ich stieg hinauf, fand aber Nichts
als einen alten Schutthaufen, in dem man herumgewühlt hatte, wahrscheinlich um Schätze zu suchen. Behauene Steine, Ziegel und zer-
brochenes Töpfergeschirr lagen umher. Das Gebäude war, nach dem
Material zu urtheilen, gewiß aus sehr alter Zeit und mochte wohl
ein Wachthurm gewesen sein.

Um ½7 Uhr hörte die treppenförmige Abdachung des Thales
auf, und ein sandiger, mit Gerölle bedeckter Pfad wand sich zwischen
großen Felsblöcken.

Kurz vor 7 Uhr langten wir bei den merkwürdigen Ruinen
an, welche von den Arabern Hiçn el 'Obne genannt werden. Von
unserm Nachtlager bis zu diesen Ruinen hatten wir beständig die
Richtung Süd, 20° West eingehalten. Ueberaus kümmerlich ist die

Vegetation auf dieser Strecke, und nur unter einem großen schief-
liegenden Felsblocke fanden wir Schatten.

Die Ruinen von 'Obne sind nicht die einer Stadt, wie ich
mir vorgestellt hatte, sondern die einer Mauer, welche quer durchs
Thal gezogen ist und dann über einen nicht sehr steilen Berg geht,
welcher den Wâdiy 'Obne in Westen begrenzt und im Osten an einer
tiefen, wie ein Graben gestalteten Schlucht endigt, an deren entgegengesetzter Seite eine Anhöhe sehr steil abfällt. Diese Anhöhe
und der Thalboden bestehen aus Grauwacke, der gegenüberstehende
Berg aus Jura=Kalkstein. Dem östlichen Ende der Mauer gegenüber
zieht sich von der Anhöhe eine schmale Schlucht nieder, welche auch
durch eine Mauer geschlossen ist, an der man am Boden ein viereckiges Loch gelassen hat, um das Regenwasser durchfließen zu lassen.
100 Schritt südlich von der großen Mauer fällt die Thalsohle einige
30 Fuß ab, und der Wâdiy, welcher von da an 'Arâr genannt
wird, ist so ziemlich mit Arêa, Mimosen und Dompalmen bepflanzt.
Einige 50 Schritt weiter mündet östlich ein anderer Wâdiy ein,
nach welchem obenbemerkte Anhöhe sehr steil abfällt, aber da, wo
sie gleichsam ein Vorgebirge bildet, eine weniger steile, stufenförmige
Abdachung zeigt. Da nun von diesem Punkte aus die Hauptmauer
umgangen werden kann, so hat man den Gipfel des Vorgebirges mit
einer Mauer gekrönt, die, wenn auch nicht so groß, doch hinsichtlich
ihrer Bauart der großen Mauer gleicht. Die Hauptmauer ist im
Thale gleich gut erhalten, dagegen am Berge und am Abhange
desselben zerstört. Die großen Quadern sind sorgfältig behauen und
mit einem Mörtel zusammengefügt, der beinahe so hart geworden ist,
wie das Gestein selbst. Die Höhe dieser Mauer ist 6 Meter und
92 Centimeter, die Breite 6 Meter und 8 Centimeter. Die
Länge von der Schlucht bis zum Fuße des gegenüberliegenden Berges
67 Meter. In der Mitte des Thals befindet sich ein Thorweg
von 1 Meter und 64 Centimeter Breite, dessen Wände etwas
abdachen und der augenscheinlich nie bedeckt war. An seinem südlichen Ausgange ist auf einem langen Quader, in der östlichen

Wand eine 5 Zeilen starke, zierlich eingehauene, himyarische Inschrift. — Am nördlichen Ausgange hat der Thorweg eine Erweiterung von einigen Zollen, als wie für eine Thür
bestimmt gewesen; jedoch fehlt jede Vorrichtung, sie einzuhängen. Die
Wände der Mauer sind gleich denen des Thorwegs um ein Weniges
abgedacht und treten an verschiedenen Stellen um ein Weniges hervor.
An der Seite, welche an die Schlucht stößt, ist die Böschung etwas
stärker und ein Strebepfeiler angebracht, der auf einem Vorsprunge
des Felsens ruht. Auf der Mauer ist von den Osihahby-Beduinen
eine mit Schießlöchern versehene Brustwehr aufgeführt worden, hinter
der sie mit vorgestreckten Gewehren dem Reisenden ein Passagegeld
abverlangen. Zum Glück waren bei meiner Anwesenheit keine dieser
Wegelagerer zugegen.

Die Bestimmung dieser Mauer spricht sich schon in der Art
ihrer Anlage aus; sie diente augenscheinlich zu nichts Anderm, als
den Zugang zum Wâdiy Hadschar und dem Hadhramaut zu ver-
sperren. Ihre Entfernung von Bihr ʿAlyy, einer in alten Zeiten
blühenden Hafenstadt, beträgt eine Tagereise. Nun führen von dort
zwei Hauptstraßen nach dem Innern, von denen die eine durch den
Wâdiy Mayfaʿa nach Habbân und nach der Provinz Yâfiʿa, die
andere durch den Wâdiy ʿObne und El Hadschar nach dem
Hadhramaut führt.

Jene wurde durch die Stadt beherrscht, deren Ruinen noch unter
dem Namen Naqb el Hadschar bekannt sind; diese durch die oben
beschriebene Mauer.

Die Zeit der Erbauung dieser Mauer zu bestimmen, überlasse ich den Gelehrten, welche durch die beifolgende Copie der
Inschrift hoffentlich genügende Aufklärung erhalten werden. (Ueber
die Inschrift s. Anhang.)

Vergeblich suchte ich nach Ueberresten anderer Bauten; ich konnte
in der ganzen Umgebung nicht das Geringste der Art finden. Wo
wohnte die Besatzung? Vielleicht in dem Bau, dessen Ruinen ich
thalaufwärts sah?

Gleich nach unserer Ankunft begab ich mich zu der Inschrift und copirte dieselbe, was freilich sehr langsam von statten ging, da mir die himyarischen Charaktere gänzlich unbekannt waren. Während ich mit dieser Arbeit beschäftigt war, vernahm ich einen Lärm, als wenn sich mehrere Personen zankten. Natürlich kam ich auf den Gedanken, daß Schaych Ssalym mit Djinaybi-Beduinen in Streit gerathen sei, und eilte deshalb zu ihm. Dieser aber kam mir bereits im vollen Lauf entgegen, weil er ebenfalls der Meinung gewesen, ich sei mit Djinaybi-Beduinen in Collision gerathen. Jetzt entdeckten wir erst auf der andern Seite der Schlucht die Ruhestörer, nämlich eine Truppe von einigen 60 Affen, die herabgekommen waren, um ihren Durst mit dem auf dem Boden der Schlucht stehenden Wasser zu löschen. In seinem Aerger schleuderte mein Schaych unter allen nur möglichen Verwünschungen Steine gegen sie, welches aber keine andere Wirkung hervorbrachte, als daß die ganze Gesellschaft in einer größern Entfernung niederkauerte. Schaych Ssalym sah ihnen nach und rief dann aus: „Nun, wie werdet ihr mir gehorchen, da ihr nicht einmal auf die Ermahnung Hud's, des Propheten Gottes, geachtet habt?"

Abergläubische Sagen, welche durch den ganzen Orient verbreitet sind, knüpfen sich an diese Bewohner der Klüfte; die Legende erzählt unter Anderm:

„Der König Scheddâd aus dem aramäischen Geschlechte der «'Ad» eroberte die Welt und brachte alle erbeuteten Schätze in seine Hauptstadt Iram-djât-el-'Issnâd [108]), deren Bewohner so reich wurden, daß der König in einem goldenen Palaste und seine Unterthanen in silbernen Häusern wohnten. Dieser Reichthum hatte zur Folge, daß der König und seine Unterthanen ein höchst lasterhaftes Leben führten. Gott schickte daher seinen Propheten Hud, um sie zur Besserung zu ermahnen. Doch alle Ermahnungen waren vergeblich. Im Gegentheil verhöhnten sie nur den Mann Gottes. Ja der König entschloß sich sogar, Gott und seinem Propheten zum Trotz einen Garten anzulegen, dessen Pracht die des Paradieses übertreffen sollte. Diesem

Plane zufolge baute er einen Palast, dessen Mauern und Fundamente aus goldenen Quadern bestanden. Die Decken der Gemächer wurden von krystallenen Säulen getragen und mit Perlen und Brillanten ausgelegt. In den Wänden waren Rubine, Smaragde, Sapphire und Topase so fest gefaßt, daß Niemand sie herausbrechen konnte. 12000 Kuppeln bedeckten diesen Prachtbau, welcher dergestalt mit Edelsteinen übersäet war, daß bei Sonnenschein Niemand darauf hinsehen konnte. In 200 goldenen Kiosks wohnten ebenso viel Mi- nister, welche in Gewändern einhergingen, welche von Perlen und Diamanten strotzten. Durch den Garten, welcher diesen Palast um- gab, floß ein Bach wohlriechendes Wasser, statt über Kiesel, über Perlen und Edelgestein; immerblühender Saffran wuchs an seinen Ufern, anstatt der gewöhnlichen Gewächse. Längs dem duftenden Bach standen eine Menge goldener Belvedere, welche von Bäumen desselben Metalls umgeben waren, deren Früchte und Blüthen Ru- binen und Perlen, das Laub aber Smaragde waren. — Auf diesen Bäumen saßen goldene und silberne Vögel mit Augen von Rubin, deren Inneres mit süßduftenden Essenzen angefüllt war, die ringsum die Luft mit Wohlgerüchen füllten. — Der Boden dieses Wunder- gartens endlich bestand aus Ambra und Moschus. — Tausend Ge- neräle, deren jeder 1000 Mann Garde befehligte, waren zur Be- wachung dieser Reichthümer bestellt. Es trugen diese Generäle gol- dene, und ihre Soldaten silberne Harnische.

„Kaum hatte der König Schebdâd erfahren, daß sein Garten fertig sei, so brach er mit allen seinen Ministern, Generälen und Garden auf, um sich an dem Anblick desselben zu laben. Aber noch ehe er des Gartens ansichtig wurde, erreichte ihn und sein Volk die Strafe Gottes. Denn plötzlich erblickte er eine silberne Figur mit goldenen Hüften, welche von marmornen Beinen getragen wird und an welcher Rubinen die Stelle der Augen vertraten. Ohne Verzug sprengte er auf sie los. Allein ebenso schnell, als er reitet, weicht auch das Bild zurück. Schon hat er seine Gefährten aus den Augen verloren, und er sieht sich deshalb um, ob dieselben folgen. Als er

nun seine Blicke wieder der geheimnißvollen Gestalt zuwendet, ist dieselbe verschwunden. An ihrer Statt sieht er aber einen geharnischten
Reiter, welcher ihm mit donnernder Stimme zuruft: «Elender Sclave!
an was denkst Du in einer Lage wie die Deinige, oder was ist das,
das Du so hartnäckig verfolgst? Bildest Du Dir ein, daß der
Gegenstand, mit dem jetzt Dein Geist beschäftigt ist, oder die Thaten
und Unternehmungen Deiner Vergangenheit, Dich vor den Streichen
des Todes schützen?» — Mit diesen Worten öffnet der Tod (denn
dieses war der geharnischte Reiter) die Erde unter seinen Füßen —
und der König Scheddâd verschwindet. — Sein Volk aber wurde in
Affen verwandelt, und ihre Stadt Iram-dsat-el-'Isnâd, ingleichen
der Garten mit seinen leuchtenden Palästen verschwanden — und
schwirren jetzt in der Luft umher, wo sie von Zeit zu Zeit als glänzende Meteore erscheinen, um das Geschlecht der Menschen an dieses
Strafgericht Gottes zu erinnern."

Dieser Scheddâd ist derselbe, von welchem erzählt wird, daß er
zur Zeit des Durchbruchs der Meerenge Bâb el Mândeb regiert
habe. Man kann hier vermuthen, daß der Landstrich, welcher
früher die Stelle eingenommen hat, in welcher jetzt die Meerenge
fluthet und der Stamm der „'Ad" in einer und derselben Kata-
strophe untergingen, um so mehr, als die arabischen Schriftsteller
die Stadt dieses Volkes und den Wundergarten ihres Königs in die
Nähe von 'Aden setzen.

Bis 5 Uhr Nachmittags war ich mit der Aufnahme alles dessen
zu Stande, was mir dieser merkwürdige Ort bieten konnte, und
gab daher den Vorstellungen meines Schaych's Gehör, der durchaus
weiter thalabwärts übernachten wollte, weil einerseits das nöthige
Futter für sein Kameel daselbst zu finden wäre, und andererseits,
weil dort nicht zu befürchten sei, mit den an der Mauer nächtlicher-
weile umherschweifenden Geistern in Collision zu gerathen. Wir
zogen also noch 1/4 Stunde weiter und lagerten an einer gebüschreichen
Stelle des Wâdiy 'Arâr am Fuße des Dschebel 'Arâr. Der Thermometer stand am Morgen bei Windstille und heiterm Himmel 20°,

um Mittag bei Nordwestwind 36°, am Abend bei sehr schwachem
Südwestwind 25°.

17. Juli. Am 17. Juli früh (10 Minuten vor 5 Uhr) verfolgten wir den Wâdiy 'Arâr in südlicher Richtung. Es herrschte
vollkommene Windstille und die Hitze wurde um 8 Uhr schon so
drückend, daß wir unser Vorhaben, erst um Mittag zu ruhen, auf-
gaben und uns schon um 9 Uhr unter einem Dome des herrlichsten
Grüns lagerten. Das Thal ist hier ungefähr 400 Schritt breit und
von niedrigen Hügeln des Nummulitenkalks eingeschlossen. Die Vegetation ist herrlich. Riesige Palmen, schlanke Aréas, Mimosen und
Nebek bilden hier ein Dickicht, welches von blumenreichen Schlingpflanzen durchflochten wird. Um das schmackhafteste Trinkwasser zu
bekommen, braucht man nur höchstens 1 Fuß tief in den Sand des
eigentlichen Flußbettes zu graben. Der Boden besteht aus merge-
ligem Thon, mit etwas Sand vermischt, und könnte Tausende von
Menschen ernähren. Kaum hatten wir einige Minuten geruht, so
hörten wir die Stimmen mehrerer Männer durch das Gebüsch schallen,
und bald erblickten wir auch acht bewaffnete Beduinen, wie es schien,
Freunde meines Schaychs; denn nachdem sie sich gegenseitig begrüßt
hatten, setzten sie sich nieder.

Da sie mir weder die Hand gegeben, noch mich sonst begrüßt
hatten, so ahnte mir nichts Gutes. Es dauerte auch nicht lange, so
entfernten sich zwei von ihnen und riefen meinen Schaych, dem gleich
darauf die übrigen folgten. Während ihrer langen Unterredung
beobachtete ich ihre Bewegungen und Blicke, und sah auch bald, daß
von mir die Rede sei, sowie daß sie es darauf abgesehen hatten,
mir einige Thaler abzupressen. Ich hatte mich nicht geirrt; denn,
nachdem sie zurückgekehrt waren, führte mich Schaych Ssalym auf die
Seite und erklärte mir, daß ich den Beduinen 50 Thaler Passagegeld
zu zahlen hätte, widrigenfalls würde er mich verlassen und allein nach
dem Wâdiy El Hadschar zurückkehren.

Schon bekannt mit solchen Beduinenkunststücken, verweigerte ich
entschieden diese oder irgend eine noch so kleine Summe und erinnerte

ihn, daß er ſich verpflichtet habe, mich ſicher nach dem Orte meiner
Beſtimmung zu bringen. Es ſei daher ſeine Sache, ſich mit den
Beduinen abzufinden; übrigens möge er thun, was er verantworten
könne.

Wie ich es vorausgeſehen hatte, ſo geſchah es. Er verſuchte nun,
mich zu überreden, und drängte einige Male, das Geld herzugeben;
da ich ihn aber keiner Antwort würdigte, ſo brach er mit der ganzen
Truppe auf, nahm ſein Kameel und zog von dannen. Ich that, als
bemerke ich den Abzug nicht, und blieb ruhig auf meinem Platze ſitzen.
Mein Dachayl kam nach ¼ Stunde wieder und theilte mir ganz im
Vertrauen mit, daß es ſeinem Einfluſſe gelungen ſei, die Beduinen
mit 25 Thalern zufrieden zu ſtellen. Ich ſolle doch nicht ſo hart=
näckig ſein und dieſe Summe zahlen; denn ſonſt müſſe er mich
ganz gewiß verlaſſen. „Und was wird dann Dein Schickſal ſein?“
ſetzte er hinzu. „Entweder bringen Dich die Beduinen um, oder Du
wirſt von wilden Thieren zerriſſen, oder Du verhungerſt in dieſen
Bergen! — Darum bezahle lieber das Geld, damit wir weiter
ziehen können.“ — Ich erwiederte ſo barſch als möglich, daß ich
auch nicht 25 Kaffeebohnen hergeben würde, und daß ich, was
meinen Untergang anbelange, unter dem Schutze Gottes ſtände, ohne
deſſen Willen kein Haar meines Bartes gekrümmt werden könne. Er
aber ſei nicht viel beſſer als ein Räuber, obgleich er ſich einen Schaych
und 'Abd el Manâh nenne; er möge alſo ſeiner Wege ziehen, wenn
er es glaube zu dürfen.

Nach dieſem Beſcheid verließ er mich mit den Worten: „Du
haſt mich nicht hören wollen, Dein Blut komme über Dich!“ —
Worauf ich ihm zurief: „Nicht über mich komme es, ſondern über
Dich, der Du handelſt wie ein Barwâq (Treuloſer)! Schande über
Dich und Deinen Stamm, 'Abd el Manâh!“

Nach Verlauf von ½ Stunde hörte ich die ganze Geſellſchaft
zurückkommen, ohne daß ich jedoch durch eine Bewegung verrieth,
daß ich es bemerkte. Sie ſetzten ſich wieder neben mich hin und ver=
langten zehn, dann fünf und endlich nur einen Viertelthaler, welche

Forderungen ich alle in einem sehr bestimmten Tone von mir wies. Als sie sahen, daß mich bis jetzt Nichts eingeschüchtert hatte, versuchten sie es, mir auf eine andere Art Furcht einzujagen. Einer von ihnen zündete die Lunte seines Gewehrs an, öffnete die Pfanne und setzte mir die Mündung auf die Brust, mit der Drohung mich zu erschießen, wofern ich ihren Forderungen nicht Genüge leisten würde, ein Anderer versetzte mir zugleich Kolbenstöße in den Rücken.

Obgleich ich überzeugt war, daß der Beduine mich nicht er= schießen würde, so hatte ich doch die Besorgniß, daß sich das Gewehr durch Unvorsichtigkeit entladen könne, zumal die brennende Lunte kaum 1 Zoll hoch über der offenen Pfanne schwebte. In der Hoffnung, daß sich mein Schaych ins Mittel schlagen würde, verhielt ich mich noch einige Augenblicke leidend. Als ich aber sah, daß derselbe lachend zusah, so machte ich dem Unfuge ein summarisches Ende; das heißt, ich riß mit der einen Hand die Mündung des Gewehrs von der Brust und gab mit der andern Hand meinem Gegner einen so derben Faustschlag vor die Stirn, daß er rücklings zu Boden fiel. Ich erwartete jetzt, daß mich der Beduine mit der Dschembihe angreifen würde, und zog deshalb die meinige. — Allein Nichts von Allem erfolgte. Im Gegentheil lachten Alle, selbst der Geschlagene. Man gab mir gute Worte, verzichtete auf jede Contribution und setzte sich mit der Bemerkung nieder: „daß ich ein Mann mit weitem Herzen, d. i. ein muthiger Mann sei". — Es wurde Kaffee getrunken. Mein früherer Gegner setzte sich mir zur Seite nieder, gab mir die Hand und wechselte zum Zeichen der Versöhnung die „Kaffeetasse" mit mir, kurz, Alles war wieder ins alte Gleis gebracht.

Im Verlauf meiner Reisen im Orient habe ich sehr oft Ge= legenheit gehabt, zu bemerken, daß bei einem rohen Volke nur der= jenige imponirt, der bei einer kräftigen Persönlichkeit Muth und Geistesgegenwart besitzt. Daher darf man nie unterlassen, solchen anmaßenden Forderungen gegenüber eine ruhige, feste Haltung anzu= nehmen, und sich nur dann Thätlichkeiten zu erlauben, wenn die Sache im Wege der Güte nicht beizulegen ist. Aber auch dann muß man sich hüten, seinen Gegner auf eine Weise zu behandeln, welche in seinem und Anderer Augen für schmachvoll gilt. Hätte ich z. B. dem Beduinen eine Ohrfeige statt des Faustschlages versetzt, so wäre eine solche Beleidigung nur mit meinem Blute abzuwaschen gewesen; dahingegen lag in dem Faustschlage nichts Beschimpfendes, und das gute Vernehmen wurde bald wieder hergestellt.

Bald nach Beendigung dieser Scene verließen uns die Beduinen, wir aber wanderten erst am Mittag weiter, wo wir noch eine halbe Stunde den Wâdiy verfolgten und dann die den Wâdiy zur Linken begrenzenden Anhöhen bestiegen, auf deren Rücken sich eine von aller Vegetation entblößte Ebene nach Südwesten ausdehnt, welche in dieser Richtung allmählich abfällt. Von diesen Punkten aus erhebt sich zur Rechten in einiger Entfernung ein hohes Gebirge, der Dschebel 'Arçime; links ragen die gezackten Gipfel des düstern Dschebel El Oçaybe. [109] Drei Stunden bleibt der Boden felsig, dann aber beginnt ein tiefer Sand, aus dem im auffallenden Gegensatze zu seiner blendenden Weiße mehrere 100 Fuß hohe, kugelförmige, schwarze Hügel hervorragen. Im Hintergrunde endigt die Sandwüste an der feuchten Wüste des indischen Oceans.

Etwa ½ Stunde vom Meere entfernt überstiegen wir einen Damm oder vielmehr einen kammartigen Durchbruch des Basaltes, der von Norden nach Süden streicht, nahe am Meere in einem kegelförmigen Hügel endigt und mit den früher erwähnten Hügeln in Verbindung steht. Kurz vor 6 Uhr lagerten wir zwischen Dünen, welche größtentheils mit einer grünen Laubdecke überzogen sind, auf welcher unser Kameel weidete. Von dieser Stelle aus lag uns Dschebel 'Arçime gerade im Norden. Am Fuße dieses Gebirges, welches ich auf 3000 Fuß Höhe schätzte, und in den Schluchten und Thälern desselben haben sich hohe Sandberge aufgethürmt. Ich lernte hier eine Art winzig kleiner Ameisen kennen, die oft in dieser Gegend zur Landplage werden, da sie Alles und sehr schnell zerstören. Hier hatten sie die Mimosen und Tamarisken von der Wurzel bis in die feinsten Spitzen der Zweige vollkommen ausgehöhlt, sodaß ich ohne große Mühe einen 20 Fuß hohen Baum umreißen konnte. Sie scheuen das Licht und bauen daher bedeckte Gänge, in denen sie bis zu irgend einer Oeffnung der Rinde laufen; denn diese verzehren sie nicht, nagen sie auch nirgend an. Ich zerstörte einen Gang, den diese Ameisen gebaut hatten, sie arbeiteten aber so emsig, daß der Schaden bald wieder ausgebessert war.

Diese kleine weiße Ameise heißt bei den Arabern El Arda und ist die Termes fatale des Linné.

Die Hauptrichtung von Hiçn el 'Obne hierher ist gerade Süd-west. Der Thermometer stand am Morgen bei heiterm Himmel und Windstille 22°, um Mittag bei schwachem Nordwestwinde 36°, am Abend 25°.

18. Juli. Am 18. früh um 5 Uhr verließen wir unser sandiges Lager und wateten in der Richtung Nordwest zwischen und über Sand-dünen hin. Nach einer Stunde betraten wir eine kiesige Ebene, die im Norden und Nordwesten von hohen Sandbergen begrenzt wird und auf denen sich mehrere kleine Waldungen von Dattelpalmen gruppiren. Um ¼ nach 7 Uhr erreichten wir El Dschowahry, ein 10 Minuten vom Meere, am Abhange eines Sandberges gelegenes Dorf des Stammes Eff Ssolaymânh, einer Unterabtheilung des Hauptstammes der Djuhaybh. Es besteht aus einigen 60 ärmlichen Hütten, zwischen denen eine Moschee und einige massiv gebaute Häuser stehen. Die Einwohner beschäftigen sich hauptsächlich mit Fischfang, liegen aber auch der Viehzucht und der Jagd ob. Ackerbau wird nur sehr wenig betrieben, da der sandige Boden nicht dazu geeignet ist.

Wir kehrten in das Haus eines Bekannten meines Schaychs ein, wo wir freundlich bewirthet wurden. Ich hatte in Hiçn ben Dighâl einem Kranken etwas Arznei gegeben, und der Hauswirth, der dieses durch Schaych Ssalym erfahren hatte, bat mich, einen armen kranken Mann zu besuchen, der am Ufer des Meeres in einer Hütte wohne. Ich besuchte den Kranken, der in einem sehr heftigen Fieber lag. Da man aber in Arabien mit Arzneiengeben sehr vorsichtig sein muß, so erklärte ich, daß ich bei dieser Krankheit Nichts thun könne. Man bat mich), dem Kranken ein Amulett zu schreiben, welchem Verlangen ich auch nachkam, indem ich aus Schiller's „Lied von der Glocke" den bekannten Vers schrieb:

Gefährlich ist's den Leu zu wecken,
Verderblich ist des Tigers Zahn;
Jedoch das Schrecklichste der Schrecken,
Das ist der Mensch mit seinem Wahn.

Unterschriftlich fügte ich meinen Namen bei. Die Frau des Kranken legte das Papier sorgfältig zusammen, nähte es in ein Stück Leder ein und hing es dem Kranken um den Hals. Zugleich hörte ich sie zu ihrem Manne sagen: „er solle bis zu seiner Genesung zu irgend Jemand so hoch als möglich ins Gebirge gehen".

Ich hatte hier die Gelegenheit, die Fahrzeuge zu sehen, welcher sich die Araber beim Fischfang bedienen. Es waren ihrer zwei Arten, und ich muß gestehen, daß es wohl nicht etwas Primitiveres geben kann.

Die eine Art besteht aus 10—12 armstarken, 6—7 Fuß langen zusammengebundenen Aesten. Auf diesem Floß ist eine Matte aus= gebreitet und einige aus Palmblättern geflochtene Körbe sind an ihm befestigt, um die gefangenen Fische darin aufzubewahren. Etwas nach vorn ist in der Mitte eine Vorrichtung, um eine Stange darin be= festigen zu können, an der eine Matte als Segel aufgezogen wird. Ein Paar Stücke Holz dienen als Ruder.

Die zweite Art ist ebenfalls ein Floß, welches aus 6 auf= geblasenen Schläuchen besteht, auf denen eine Art Rost von zusammen= gebundenen Dattelzweigen ruht. Diese letzte Art der Flöße, und wahrscheinlich auch die erstere, war schon in den ältesten Zeiten in Gebrauch; denn Ptolemäus erwähnt derselben in seinem 6. Buche bei der Beschreibung des Sinus Sachalitorum, und Arrian in seiner Beschreibung des Erythräischen Meeres. — „Zur Zeit der Blüthe des sabäischen Reiches" (erzählt Diodor von Sicilien) „wohnte an der Küste des indischen Meeres, im glücklichen Arabien, ein Volk Debae genannt, mit wel-

chem die Sabäer Handelsverbindungen pflogen." — Ver=
muthlich ſind dieſe Debae und die Dſiṇaḥḅy [110]) ein und daſſelbe
Volk. Wenigſtens iſt kein Grund vorhanden, die Identität in Zweifel
zu ziehen.

Um 3 Uhr Nachmittags verließen wir dieſen gaſtlichen Ort,
welcher mich bei weitem günſtiger für die verrufenen Dſiṇaḥḅy geſtimmt
hatte. Wir ſtiegen den mit Dattelpalmen beſetzten Sandberg
hinan, auf welchem ein gemauerter Waſſerbehälter die wenigen
mit Tabak bepflanzten Felder bewäſſerte. Eine alte Waſſerleitung,
welche in ihn mündet, verliert ſich nördlich in dem Sande. Um
¼ nach 3 Uhr gelangten wir wieder an eine Gruppe von Dattel=
palmen und ein Baſſin, welches, wie das frühere, durch eine Waſſer=
leitung geſpeiſt wird. Bis hierher ſah ich bedeutende Subſtructionen
eines alten Baues, wahrſcheinlich einer Mauer, ſtellenweiſe vom Sande
entblößt, deren behauene, ſehr große Quader mit einem ſehr feſten
Mörtel verbunden ſind und daher einer ſehr alten Zeit anzugehören
ſcheinen. Eine Viertelſtunde weiter lag zur Rechten des Weges das
von Palmen umgebene Dörfchen 'Aṇu ḅâ Mi'ḅet.

Hier kaufte mein Schaṇch einen ledernen Beutel voll geſalzener
Fiſche von der Größe der Sardellen, von den Arabern Wark ge=
nannt. Von dieſen gab er dem Kameele täglich eine oder zwei Hände
voll, die von ihm mit Begierde gefreſſen wurden, ſie erſetzen die
Salzlecke, welche zur Erhaltung der Geſundheit dieſer Thiere erforder=
lich iſt. Ich ſah auch in der Folge in andern Gegenden des Ha=
dhramauts die Beduinen ihren Kameelen von Zeit zu Zeit ſolche
Fiſche reichen.

Um 4 Uhr trafen wir, gleichfalls zur Rechten des Weges, auf
einen andern kleinen Ort, Namens 'Aṇu 'Aḥwaḥrḥ.

Im Norden erheben ſich die Sandhügel noch bedeutend und
ſind hier und da mit Gruppen von Dattelpalmen beſetzt. Dieſe
aus dem dürren Flugſande ſtellenweis hervorbrechende Vegetation
verdankt ihr Daſein dem Waſſer des Wâdiḥ 'Arâr, welches auf
dem vom Sande bedeckten, feſten mergeligen Thone, der Tihâma

(Niederung) zufließt. Dieser Thon bildet nämlich eine dem Dschebel Arçime vorliegende Terrasse, auf welche der Wâdiy 'Arâr aus= mündet. Der Weg wird nun, des tiefen Sandes wegen, außerordent= lich beschwerlich; besonders wurde er uns aber noch dadurch ermüdender, daß sich kein Lüftchen regte und die Hitze durch den erhitzten Sand noch bedeutend gesteigert wurde. Erschöpft kamen wir um 5 Uhr in dem Dorfe Dobbet el 'Ayn an, wo wir bei einem Freunde Schaych Sſalym's Nachtquartier nahmen.

Das Dorf zählt ungefähr 400 Einwohner vom Stamme der Sſolaymâny, liegt an dem Abhange der sandigen Höhen und besteht aus lauter massiven Häusern, zu deren Erbauung das Material größtentheils den Ueberresten alter Bauten entnommen ist. Seine Entfernung vom Meere beträgt ½ Stunde. Die Einwohner treiben Fischfang, Viehzucht, Jagd und etwas Ackerbau. Die Richtung von unserm Nachtlager hierher ist West, 10° Nord.

Das Meer bildet in diesen Gegenden eine Bucht, welche Scherm Hardscha genannt wird und sich 6 englische Seemeilen landeinwärts erstreckt. Im Westen schließt diese Bucht Râſſ Hardscha, eine niedere sandige Landzunge am Fuße des Dschebel El Hamrâ. Im Osten wird sie von dem düstern Vorgebirge Râſſ el Oçaÿde begrenzt. Diese beiden Vorgebirge sind ungefähr 22 englische Seemeilen voneinander entfernt.

Nahe bei dem Vorgebirge El Oçaÿde liegt ein befestigter Thurm, welcher dem Sultan von Biÿr 'Alyÿ und Medâha, Mahdÿ ibn ben 'Abd el Wâhid gehört und den Namen Hiçn Bâ el Haff führt.

Von diesem Thurme aus begannen die Herren Wellsted und Cruttenden ihre Excursion nach Naqb el Hadschar.

Wellsted bemerkt hier auf seiner Karte einen Stamm, den er Wâhidi nennt. Zu dieser unrichtigen Angabe hat ihn wahrscheinlich der Name des Sultans von Biÿr 'Alyÿ verleitet; denn ein Beduinen= stamm jenes Namens existirt nicht, wohl aber mehrere Glieder der Familie El Wâhid (Sclave des Einigen). Ebenso wenig wohnt in dieser Gegend der von Wellsted angegebene Stamm der Beny

Ghorâb; denn bis Medâha wohnt der Stamm Dsiŋaŋbŋ, von deſſen
Abtheilungen keine dieſen Namen führt. Beiden Herren fallen indeß
dieſe unrichtigen Angaben nicht zur Laſt, da Nichts leichter iſt, als
von den Beduinen hintergangen zu werden. Sie ſind ſogleich mit
einer Antwort bei der Hand und ſagen gewöhnlich immer Ja, wenn
man ſie fragt, ob dieſer oder jener Ort ſo und ſo heiße. Ich bin
feſt überzeugt, daß, hätte ich einen Beduinen gefragt, ob nicht in
der Gegend ein Stamm exiſtire, der Benŋ Bornſſia hieße, er ohne
zu zögern, Ja geſagt haben würde. Man darf dieſe Leute nie fragen,
ob ein Ort ſo oder ſo heiße, ſondern muß ſie jedesmal fragen,
wie er heiße, und dann erſt Andere, welche die Antwort nicht gehört
haben, noch einmal fragen. Stimmen dieſe Angaben überein, ſo kann
man von der Richtigkeit des Namens eines Ortes überzeugt ſei.

Längs dieſer Bucht zieht ſich eine Tihâma hin, in deren nord=
öſtlichem Winkel der Wâdiŋ 'Arâr, in deren nordweſtlichem dagegen
der breite Wâdiŋ Maŋfa'a mündet.

Der Sand der Ebene iſt reich an Glimmer, und in den Betten
einiger Regenbäche fand ich kleine Stückchen Feldſpath, Quarz,
und wenn ich nicht irre, Augitkörner. Aus allen dieſen Stein=
arten hat ſich am Meere ein eigenthümlicher, merkwürdiger Sand=
ſtein gebildet, in welchem die verſchiedenen Muſcheln und Schnecken=
arten des indiſchen Oceans eingeſchloſſen ſind. Dieſer junge Meeres=
ſandſtein bildet bei dem Dorfe El Dſchowaŋre eine 18 Fuß lange
Bank von ziemlicher Mächtigkeit, und iſt bereits ſo hart, daß es
mir viele Mühe koſtete, ein Handſtück davon zu trennen.

Ganz in der Nähe dieſer Bank ſieht man noch andere, die im
Werden begriffen ſind. Als Bindemittel dient der durch die Regen=
bäche herabgeſchwemmte mergelige Thon.

Dieſer Sandſtein erinnerte mich lebhaft an die jüngſte Sand=
ſteinformation am Räſſ et Thŋn in Alexandrien, in welcher man
außer den Schnecken und Muſcheln des Mittelmeeres auch Scherben
von irdenen Gefäßen und Ziegeln eingeſchloſſen findet.

Der Thermometer ſtand am Morgen bei heiterm Himmel und

Windstille 20°, um Mittag im Schatten 30°, am Abend bei schwachem Nordwestwinde 25°.

19. Juli. Am 19. Juli begannen wir unsern Tagemarsch bereits um 4 Uhr Morgens und stiegen in Begleitung unseres Wirthes, der merkwürdigerweise 'Abd el Yaghuth (Sclave des Yaghuth) hieß, in die mit Flugsand bedeckte Ebene bis zu einem Wasserbehälter hinab, wo eine Viertelstunde angehalten wurde, um das Morgengebet zu verrichten und den Schlauch zu füllen. Hier nahmen wir von unserm Wirthe Abschied und wateten in der Richtung von West, 20° Nord eine Viertelstunde durch ermüdenden Sand, bis zu einer mergelig-kreidigen Ebene, welche mit Feuersteinen bedeckt war, auf der wir bis 10 Minuten nach 6 Uhr fortwanderten. Hier begannen die Mühseligkeiten aufs Neue, indem sich ein unabsehbares Labyrinth hoher Flugsandhügel vor uns ausdehnte, zwischen denen die Sonne mit entsetzlicher Gluth brannte. Kein Baum, kein Strauch, kein Grashalm war irgend zu erspähen, überall vollkommener Tod. — Kein Lüftchen regte sich, uns Kühlung zuzuwehen. Eine traurigere Wüste ist nicht zu denken. — Endlich erreichten wir ¼ vor 8 Uhr einige verkrüppelte Tamarisken, neben denen sich eine kleine Wasserlache befindet. — Wir waren von dem fortwährenden Auf- und Niedersteigen in den Flugsandhügeln so erschöpft, daß wir uns unter den dürftigen Schatten der Tamarisken lagerten. — Der Brunnen oder vielmehr die Lache war in ein Lager eisenschüssigen Thones gegraben, der mit kleinen Adern von Gypsspath und Steinsalz durchsetzt ist, weshalb denn auch das Wasser einen unangenehmen, stark brackigen Geschmack hat. Zum Glück bedurften wir seiner nicht, da wir hinlänglich mit gutem Wasser versehen waren.

Um ½ 12 Uhr setzten wir unsern mühseligen Marsch fort und erreichten um ¼ 1 Uhr das Ende dieses Sandmeeres, — am westlichen Abhange des Dschebel Maßha, welcher sich mit dem Flußbette des Wâdiy allmählich abdacht. Dieser Berg erreicht eine Höhe von ungefähr 500 Fuß und hat ein so auffallendes Aussehen, daß man in einiger Entfernung die Ruinen von Burgen auf ihm zu sehen ver-

11*

meint. Sein Fuß besteht aus tertiärem Kalk, der, nach den herab-
gefallenen Blöcken zu urtheilen, weiter oben in quarzigen Kalfsand-
stein übergeht. Der Wâdiy Masṡya, welcher den Namen dieses Berges
führt, scheidet ihn von dem westlichen Abhange des Dschebel Arcime.
Von hier aus konnte ich den ganzen untern Theil des Wâdiy Mayṡa'a
übersehen, in welchem mir Schaych Ṡalym in der Reihenfolge von
Süden nach Norden, die Ortschaften Kofaḥçe, Nadum, Schomcha
und Salym zeigte, welche alle dem Stamme Ṡolaymâny gehören.

Wir zogen nun längs dem Abhange hin, auf welchem von Zeit
zu Zeit noch Anhäufungen von Flugsand vorkommen, und gelangten
um 4 Uhr in das Bett des Wâdiy, der durchaus mit hohen Platanen, Sykomoren und andern Gesträuchen besetzt ist. Der Flugsand
nimmt stellenweis wieder überhand und zwar so, daß ich Hunderte
der höchsten Bäume bis zum Gipfel damit bedeckt sah.

Diese konischen Hügel sind meistens mit Schlingpflanzen so dicht
überzogen, daß man nur ganz in der Nähe den Sand durchschimmern
sieht, und gleichen grünen Grasschobern; welches der Gegend ein ganz
eigenthümliches Ansehen giebt. Von nun an führte der Weg fortwährend thalaufwärts, längs dem hohen steil abfallenden Dschebel
Ḥamrâ hin. Vor der Mündung eines breiten Thales kamen wir
$1/_2$6 Uhr vorüber, und erreichten $1/_2$ Stunde später und im höchsten
Grade erschöpft das Dorf Dschul eṡch Schaych und die Behausung
des Oberhauptes der Familie 'Abd el Manâh, des Schaychs 'Omâr
ibn 'Abd er Raḥman.

Man findet in diesem Theile Arabiens oft, daß Familien noch
jetzt Namen tragen, welche an Gottheiten der vorislamitischen Mytho-
logie der Araber erinnern, so die Familie des 'Abd el Yaghuth
oder Sclave des Götzen des Stammes Madhidsch: Yaghuth, bei
welcher ich in Dobbet el 'Ayn übernachtete, und die Familie 'Abd
el Manâh, Sclave des Manâh, des Götzen der Stämme Ọçay.
Nach Abu el Fidâ war 'Abd el Manâh, der Stammvater dieses Geschlechts, auch der mehrerer Stämme, welche alle verschwunden sind,
mit Ausnahme der Beny Dighâl, welche, wenn auch nicht als großer

Stamm, so doch als Geschlecht, wie ich bereits oben erwähnt habe, im Wâdin Hadschar leben. Kein Glied dieser Familie hat auch nur die leiseste Ahnung davon, wessen Sclaven sie sich nennen; denn, wenn sie es wüßten, müßten sie als orthodoxe Muselmänner dieselben im höchsten Grade anstößig finden. Der alte Schaych bewillkommnete uns auf der Terrasse seines Hauses. Nachdem die Begrüßungen vorüber waren, befahl er seinem Sclaven, uns die Füße zu waschen und mit geschmolzener Butter einzureiben, eine Operation, die aus= nehmend restaurirt und die ich jedem Fußgänger empfehlen kann.

Ich übergab ihm dann mein Empfehlungsschreiben, welches er bei dem Scheine einer Laterne las. — Und da ihm in demselben mein Wunsch mitgetheilt worden war, Naqb el Hadschar und Habbân zu besuchen, so sprachen wir nach beendigter Mahlzeit ein Langes und Breites über diesen Gegenstand. Während dieser Unterredung erzählte er mir, daß vor mehrern Jahren zwei Kâfir (Ungläubige; er meinte die Herren Wellsted und Cruttenden) die Ruinen von Naqb el Hadschar besucht hätten. Hier ergoß er sich in Verwünschungen über das böse Treiben dieser Herren. „Daß ihr Name verflucht sei!" rief er aus. „Diese Ferenghy (so nennen sie die Europäer) hatten ein böses Auge auf unser Land geworfen, denn im ganzen Jahre, das auf ihren Besuch folgte, ist weder im Wâdin Mahsa'a, noch in den Thälern, die in ihn münden, ein Tropfen Regen gefallen! Ohne Zweifel haben sie auch die Schätze entführt, die in den Ruinen begraben lagen, und sie dem Malik (König) der Ferenghy überbracht! — Denn der Eine ist zur Belohnung Dawla von 'Aden (Gouverneur von 'Aden; Cruttenden nämlich Adjutant des Gouverneurs) geworden. So lange ich lebe, soll keiner dieser Hunde wieder nach Naqb el Hadschar kommen!"

Ebenso brachte der alte Schaych 'Omâr die Besitznahme von 'Aden mit dem Besuche der Herren Wellsted und Cruttenden in Ver= bindung, indem er behauptete, daß sie in den Ruinen Inschriften ge= funden, welche sie über die Art und Weise aufgeklärt hätten, wie 'Aden zu nehmen gewesen sei. [111])

Außer diesen Herzensergießungen, welche meinen geehrten Lesern einen Begriff von dem Ideengange dieser Leute geben können, theilte er mir die Nachricht mit, daß der frühere Sultan von Habbân, Ahmed ibn 'Abd el Wâhid, durch seinen Vetter entthront und nebst seinem Sohne eingekerkert sei. — Sowohl in Habbân, als auch in der Umgegend herrsche vollkommene Anarchie, indem die Beduinen= stämme sich theils für den entthronten Sultan, theils für den Usur= pator erklärt hätten und die Wege unsicher machten. Alle Kaufmanns= läden wären daselbst geschlossen und Jedermanns Leben schwebe in Gefahr. — Der neue Sultan (fügte er hinzu) kann dieser Un= ordnung nicht Einhalt thun, da die Sorge für seine eigene Sicher= heit ihm gebietet, den Beduinen seiner Partei nicht zu nahe zu treten. Bei so bewandten Umständen wäre es eine Tollkühnheit gewesen, nach Habbân zu reisen. Ich änderte daher meinen Plan und beschloß, nur bis nach 'Jçân zu gehen und von dort nach Hiçn ben Dighâl zurück= zukehren.

Der Thermometer stand am Morgen bei Windstille und heiterm Himmel 20°, am Mittag im Schatten 45°, am Abend bei schwachem Nordwestwinde 25°.

20. Juli. Am 25. Juli Morgens um 5 Uhr traten wir unsere Reise nach Naqb el Hadschar und 'Jçân an. Von dem Dorfe Dschul esch Schaych aus führte der Weg eine Viertelstunde über angebautes Feld, neben dem eine Menge Heiligengräber stehen, die, wie der Schaych Ssalym mit Stolz bemerkte, sämmtlich der Familie 'Abd el Manâh angehören. Wir stiegen dann in dem Bette des Wâdiы thal= aufwärts und hielten schon um 6 Uhr neben den Ruinen von Saqquma, von welchen mir mein Schaych versicherte, daß sie aus der himyarischen Zeit stammten. Mehrere Beduinenfamilien lebten hier unter großen Sykomoren und Platanen, welche von einem Verhaue dorniger Sträucher umgeben sind. Die zunächststehenden Bäume sind mit ähnlichen Verhauen umgeben und dienen den Heerden während der Nacht zum Aufenthalt. Milch= und Wasserschläuche, die wenigen Hausgeräthschaften, der Tragekorb und eine lederne Wiege in der

Form eines Troges hängen an den Aesten umher. In der Nähe des Stammes brannte ein Feuer, an welchem die Frau des größtentheils müßig liegenden Beduinen Kaffee bereitet, Brod bäckt und ihn und seine Gäste mit Feuer für die Pfeife versorgt. Wir ließen uns bei einer dieser Familien nieder, in welcher drei Männer, auf Stroh= matten ausgestreckt, dem dolce far niente fröhnten. Sie empfingen uns sehr gut und warteten mit Kaffee, Brod, Datteln, Milch und Honig auf. Einer von ihnen vermochte es sogar über sich, mich nach den Ruinen zu geleiten.

In meiner Erwartung, Ueberreste alter Bauten oder gar interessanter Inschriften zu finden, wurde ich jedoch getäuscht, denn ich fand Nichts als einen Haufen in der Sonne getrockneter, größten= theils zerbrochener Lehmziegel, kurz „die Rudera eines modernen Dorfes". — Ich kehrte daher sogleich zurück und fand bei meiner Ankunft unter dem Baume ein Gericht aufgetragen, das aus einer Mischung von gekneteten Brod, Datteln und Milch bestand, über welche man frische Butter gegossen hatte.

Um 8 Uhr Morgens verließen wir dieses gastliche Laubdach und wanderten weiter thalaufwärts. Mein Schaych sang seinem Kameele vor, während ich die schönen Formen des zur Linken ragenden Ge= birges und die pittoreske Lage zweier von Saatfeldern umgebenen Höfe bewunderte, als wir plötzlich $\frac{1}{4}$ Stunde nach unserm Aufbruch von 9 Beduinen, die mit Säbeln, kurzen Lanzen und Keulen bewaffnet waren, angehalten wurden, welche hinter einem dichten Gebüsche hervortraten; ein Zehnter stand schußfertig in einiger Entfernung seit= wärts. Mit Ungestüm verlangte ihr Anführer, ein alter Graubart, 20 Thaler Wegegeld, welche mein Schaych entschieden verweigerte, da, wie er sagte, dieser Boden Ardh el 'Abd el Manâh (Land der 'Abd el Manâh) sei, und Niemand das Recht habe, von einem Mitgliede dieser Familie ein Wegegeld zu verlangen. Der Alte sprach ihm jedoch die Qualität eines 'Abd el Manâh ab, und bestand auf seiner Forderung. Da gegen so Viele Nichts auszurichten war, so traten wir den Rückweg nach Dschul esch Schaych an, wo wir hoffen konnten,

von dem in dieser Gegend Alles vermögenden Schaych 'Omâr unterstützt zu werden. Uns so ungeschoren ziehen zu lassen, lag jedoch
nicht in dem Plane unserer Straßenräuber; denn kaum waren wir
100 Schritt weit von ihnen entfernt, so liefen sie hinter uns her und
riefen uns zu, „anzuhalten". Schaych Ssalym übergab mir nun
die Sorge für das Kameel, und ermahnte mich, es so viel als möglich anzutreiben. Er rief ihnen dann mit gebieterischer Stimme zu,
„zurückzubleiben", und da sie wenig darauf achteten, griff er zu
Steinen, welche er mit vieler Kraft und Geschicklichkeit warf. —
Aber auch unsere Gegner blieben nicht müßig, und die Kiesel sausten
von allen Seiten heran.

Man hielt es gar nicht der Mühe werth, mich mit einigen Steinwürfen zu beehren, und somit war nun mein armer Schaych die
Zielscheibe aller. Mittlerweile waren wir auf eine erhöhte Stelle gekommen, wo man uns von Saqquma aus sehen konnte. Da ich bemerkte, daß uns die Beduinen von dort zu Hülfe kamen, der Schaych
aber hart bedrängt wurde und mich zugleich auch die Geringschätzung
meiner Person von Seiten dieser Buschklepper ärgerte, so ließ ich das
Kameel stehen und nahm Theil an der Affaire. Kaum aber hatte ich
einige Steine geworfen, so schenkte man mir zu viel Aufmerksamkeit
und Kiesel um Kiesel sausten um meine Ohren; auch wurde ich an
der linken Schulter getroffen, welches mir später eine schmerzhafte
Geschwulst verursachte. Schaych Ssalym, dessen Gewandtheit bewundernswerth war, wurde ungeachtet derselben mehrere Male, jedoch
glücklicherweise an keiner empfindlichen Stelle, getroffen. Als das
Gesindel die Hülfe herankommen sah, floh es in die Gebüsche.

Was mich hierbei besonders Wunder nahm, war, daß der seit-
wärtsstehende Beduine ein müßiger Zuschauer blieb, und sich seines
Gewehres nicht bediente.

Da es nach diesem Vorfalle nicht rathsam war, die Reise fort-
zusetzen, so kehrten wir nach Dschul esch Schaych zurück, wo sich
Schaych 'Omâr nicht wenig wunderte, uns so bald wieder zu sehen.
Anfänglich war ich der Meinung, daß dieser Unfall durch Schaych

Ssalym absichtlich herbeigeführt sei, um Geld zu erpressen, oder um
der Mühe überhoben zu sein, mich weiter zu geleiten; jedoch ließ ich
diese Idee fahren, wie ich die Quetschungen sah, welche ihm die
Steinwürfe verursacht hatten. Sowohl Schaych ʿOmâr, als auch die
Bewohner des Ortes waren der Ansicht, daß diese Wegelagerer aus
dem Stamme verjagte Bawwâq (Treulose) wären, besonders schlossen
sie dieses aus der schlechten Bewaffnung derselben.

Der Wâdiy Mayfaʿa streicht, wie alle Hauptwâdiy, die von der
Hochebene niedergehen, von Nordwest nach Südost, und mißt eine
Breite von 2 Stunden. Nordwestlich von Dschul esch Schaych liegen
an seiner östlichen Seite die Dörfer: Bâ Roqayç, El Mançura und
Mayfaʿa, welches dem Wâdiy seinen Namen giebt.

An der westlichen Seite liegen Ess Ssayid und Dschul el Aqyq.
Jedoch liegen mehr Ortschaften in dieser Gegend, denn die englischen
Reisenden sahen ihrer eine Menge. Ich konnte aber nicht mehr in
Erfahrung bringen und mögen diese wohl auch die Hauptorte sein.

Die ganze Gegend oberhalb Dschul esch Schaych bis Naqb el
Hadschar ist von Beduinen des Stammes Es Ssalmy bewohnt, welcher
eine Abtheilung der Dsiyayby ist. Oberhalb des Dorfes Mayfaʿa
mündet an der Ostseite bei den Ruinen von Naqb el Hadschar der
Wâdiy ʿYçân, in welchem die Stadt ʿYçân liegt; hier beginnt das Gebiet
des Stammes El ʿAbsuny, gleichfalls eine Abtheilung der Dsiyayby. —
Zwei Tagereisen von ʿYçân liegt nordwestlich im Wâdiy Dschandân
die Stadt Habbân. Der Wâdiy Dschandân ist der obere Theil des
Wâdiy Mayfaʿa. Habbân soll nach der Aussage mehrerer glaub=
würdiger Personen nicht weniger als 20,000 Einwohner zählen,
darunter 2000 Juden, welche unter dem grausamsten Druck leben.
Man erlaubt ihnen weder Handel zu treiben, noch die Stadt zu ver=
lassen. Ebenso dürfen sie nur von den Moslims abgesondert leben.
Ihre einzige erlaubte Beschäftigung ist die Bearbeitung der edlen
Metalle und des Kupfers.

Von Dschul esch Schaych nach Mârib giebt es zwei verschie=
dene Wege, und zwar der erste, abgesetzt von Dschul el Schaych

nach Naqb el Hadſchar 1 Tagereiſe, von da nach 'Jḍân 1 Tagereiſe, von da nach Ḥabbân 2 Tagereiſen, von da nach 'Jſchybum im Wâdiy gleichen Namens, Provinz Jâfi‘a, 1 Tagereiſe, von da nach Ḥârib 1 Tagereiſe und von da nach Mârib 3 Tagereiſen; alſo im Ganzen 9 Tage.

Der andere Weg iſt: bis Naqb el Hadſchar 1 Tagereiſe, von da nach Tſâhir 3 Tagereiſen, von da nach 'Obâra 2 Tagereiſen, von da nach Ḥârib 1 Tagereiſe und von da nach Mârib 3 Tage= reiſen; alſo im Ganzen 10 Tage.

Der Weg von Dſchul eſch Schaych nach Mardſcha im Wâdiy 'Jſchybum führt zuerſt über 'Jḍân und Ḥabbân nach 'Jſchybum, dann weiter nach Niçâb im Wâdiy 'Jſchybum 1 Tagereiſe, und von da nach Mardſcha 1 Tagereiſe; alſo im Ganzen 8 Tage.

In der Landſchaft liegen von dieſen Städten 'Jſchybum mit 10,000 Einwohnern, Tſâhir mit 6000 Einwohnern, 'Obâra mit 6000 Einwohnern; Ḥârib iſt ein Dorf, Niçâb mit 15,000 Ein= wohnern. — Ḥabbân und 'Jḍân liegen in der Provinz Beled el Ha= dſchar. Letzteres zählt ungefähr 5000 Einwohner und gehört dem Sultan von Ḥabbân.

Von Tſâhir nach Baydḥâ, einer Stadt in der Landſchaft Jâfi‘a mit mehr denn 10,000 Einwohnern, beträgt die Entfernung 2 Tage= reiſen. In allen Städten der Landſchaft Jâfi‘a wohnen Juden.

Dſchul eſch Schaych iſt ein anſehnlicher Ort von etwa 600 Ein= wohnern, welche dem Stamme El Aḥmedy angehören. Er liegt am Fuße des öſtlichen Abhanges des Dſchebel Ḥamrâ. Der Stamm El Aḥmedy iſt eine Abtheilung der Dſihaybiy und bewohnt den Wâdiy und die angrenzenden Gebirge von Dſchul eſch Schaych ſüdlich von Saḥun. Die nächſte Umgebung des Ortes iſt gut angebaut und liefert Weizen, Durra, Dochen, Seſam, Tabak, Bohnen, Lupinen, Kürbis, Linſen, Bodingan, Zwiebeln, Knoblauch und Melonen, hier Ḥundſchil genannt. Außerdem wird auch noch Viehzucht getrieben, welche ſich auf Kameele, Eſel, Schaafe, Ziegen und ganz wenige Kühe beſchränkt. Das Coſtüm der Frauen iſt, was den Schnitt der

Kleider betrifft, mit dem im Wâdiy Do῾ân vollkommen gleich; der
Kopfputz aber und die Farbe der Kleider iſt weſentlich von demſelben
verſchieden. Die Haare werden hier in Flechten getragen, von denen
gewöhnlich zwei nach vorn und zwei nach hinten hängen. Ueber den
Kopf hängen ſie jedoch ſo, daß das Geſicht unbedeckt bleibt; ein blaues
Netz, welches, je nach dem Reichthume des Familienvaters, entweder
aus Seide oder Baumwolle verfertigt iſt. Die Farbe der Ober=
hemden iſt roth. Im Uebrigen iſt das Gelbfärben der Haut und das
Bemalen des Geſichts auch hier Mode. Das Rothbeizen der Nägel
an Händen und Füßen mit Henne, wie es in Aegypten und andern
arabiſchen Provinzen der Fall iſt, ſcheint hier ganz unbekannt zu ſein.
Verheirathete Frauen bedecken ſich hier nicht allein das Geſicht, ſon=
dern — wenden auch den Männern den Rücken zu, wenn dieſelben
vorübergehen. Dagegen ſieht man unverheirathete Frauenzimmer un=
bedeckt einhergehen.

Auch die Männer weichen hier in ihrer Kleidung etwas von den
Beduinen anderer Gegenden ab. So ſah ich unter Anderm Viele,
welche weiße Tücher anſtatt blaue um die Hüften trugen. Die Scheide
ihrer Dſchembiye (Dolche) hat eine ſtärkere Krümmung und iſt ſo
lang, daß die Spitze beinahe die Höhe der Schulter ῾erreicht, wäh=
rend die, welche ich bisher ſah, nur zur halben Bruſt hinaufreichten.

Des Nachmittags bat ich den Schaych ῾Omâr, mir zu meiner
weitern Reiſe behülflich zu ſein, wozu er ſich auch ſogleich bereit=
willig zeigte. Jedoch behauptete er, nur bis Naqb el Hadſchar ver=
antwortlich ſein zu können. Im Fall ich alſo nach dieſen Ruinen
und wieder zurückreiſen wolle, würde er mir zur Bedeckung 4 Mann
mitgeben, welche ich aber mit 8 Thalern zu bezahlen habe. Dieſes
Anerbieten ſchlug ich aus. Denn da ich nur bis zu den Ruinen und
zurück garantirt war, alles dort Sehenswürdige aber von den eng=
liſchen Reiſenden bereits genügend beſchrieben wurde, ſo hielt ich es
für unnütz, der Neugierde Zeit und Geld zu opfern, welche anders
beſſer benutzt werden konnten; verzichtete daher auf die Excurſion und
entſchloß mich, geraden Weges nach Wâdiy el Hadſchar zurückzukehren.

Der Thermometer stand am Morgen bei Windstille und heiterm Himmel 20°, am Mittag 40°, am Abend bei schwachem Nordwest=wind 25°.

21. Juli. Am 21. Juli, Nachmittags gegen ½3 Uhr, ver=ließen wir Dschul esch Schaych und schlugen die Richtung nach den gegenüberliegenden Bergen ein. Unsere Gesellschaft hatte sich um den Bruder des Schaychs 'Omâr, den Schaych 'Alyh ibn 'Abd=el=Manâh, und einen Beduinen vermehrt, welche Geschäfte halber nach dem Wâdiy El Hadschar reisten. An der Grenze des bebauten Bodens hielten wir neben einem Brunnen an, um die Kameele zu tränken und die Wasserschläuche zu füllen. Der Brunnen war etwa 40 Fuß tief und lieferte vortreffliches Wasser, das auf eine ganz eigenthümliche Weise zu Tage gefördert wird. Man gräbt nämlich vom Brunnen aus eine schiefe Ebene in die Erde, deren Länge der Tiefe des Brunnens gleichkommt. Ueber den Brunnen ist ein Gestell erbaut, an dem eine Rolle angebracht ist, über welche ein Seil läuft, an dem ein großer lederner Schlauch befestigt wird. Ein Stock hält diese Art Eimer offen. Am andern Ende des Seils wird ein Kameel angespannt, welches, indem es die schiefe Ebene hinabgeht, den Schlauch herauf=zieht. Diese Manier, Wasser aus einem Brunnen zu ziehen, ist auch in Yemen gebräuchlich.

Nach ¼ Stunde zogen wir weiter und bezogen bald die Region der wilden Gesträppe, ohne jedoch einen gebahnten Weg zu verfolgen. Mehrere entlaubte Bäume, an denen kleine, bedeckte Erdgänge hinan=führten, deuteten die Gegenwart der kleinen, verwüstenden Arda (Termes fatalis Linn.) an.

Um ½3 Uhr deutete Hundegebell die Gegenwart von Menschen an, und gleich darauf erblickten wir mehrere Beduinenfamilien, die mit ihren Heerden ihren Wohnsitz unter Bäumen aufgeschlagen hatten. Alle drängten sich heran, um dem allverehrten 'Abd el Manâh die Hände zu küssen, und von allen Seiten ergingen dringende Ein=ladungen, unter ihren von der Natur gebauten Wohnungen auszu=ruhen. Jedoch lehnte der Schaych Alles ab, da wir noch eine lange

Strecke zurückzulegen hätten. Nach einer Stunde trafen wir abermals Beduinen, gleichfalls unter Bäumen wohnend und uns einladend, Erfrischungen bei ihnen einzunehmen. Diesmal wurde die
Einladung angenommen und wir setzten uns auf Matten außerhalb
der Einzäunung nieder, wo Kaffee, Milch, Datteln, Brod und Honig
mit solcher Freigebigkeit aufgetragen wurden, daß es mir schien, die
guten Leute hätten ihren ganzen Vorrath hervorgeholt, um ihre Gäste
würdig zu bewirthen. Sie klagten dem Schaych, daß in der ver-
flossenen Nacht ein Panther in ihre Heerden eingebrochen und ihnen
mehrere Ziegen erwürgt hätte, bevor sie hätten zu Hülfe kommen
können. Meine Frage, ob es viele Panther im Wâdiy gäbe, bejahten
sie, setzten aber hinzu, daß Wölfe noch häufiger und bei weitem
mehr zu fürchten wären. Ebenso häufig sei der Dirbun (Crocuta des
Strabo), welcher aber den Heerden nicht so gefährlich sei.

Nach 1 Stunde machten wir uns wieder auf und bestiegen nach
20 Minuten eine nur wenig über den Wâdiy erhöhte, traurig nackte,
felsige Ebene, welche sich auf eine Strecke von 3 Stunden ausdehnt
und dann von hohen Sandbergen bedeckt wird, über welche die dunkeln Massen des östlichen Gebirges ragen, welches die Wasserscheide
zwischen den Wâdiys Mayfa'a und El Habschar bildet.

Nach ½ Stunde trafen wir einen alten, im Umziehen begriffenen
Beduinen, der mit seiner zahlreichen Familie und einer bedeutenden
Heerde sich soeben gelagert hatte. Wir folgten seinem Beispiele, und
nach den üblichen Begrüßungen schlachtete der Alte, der sich als der
zuerst Angekommene das Recht nicht nehmen lassen wollte, ein Schaaf,
welches nach der bereits beschriebenen Methode geschlachtet wurde.

Neun Uhr Abends marschirten wir weiter und erreichten um
11 Uhr den Fuß der Sandberge. Ist das Besteigen eines steilen
Berges schon ermüdend, so ist dieses um so mehr der Fall, wenn
man es, wie hier, mit einem aus Flugsand bestehenden Berge zu
thun hat, wo man mit jedem Schritt einen halben Schritt zurückweicht.

Zum Tod ermüdet erreichten wir endlich nach einer Stunde den
Gipfel, setzten aber dennoch den Marsch, fortwährend im tiefen Sande

bergauf, bergab watend, fort. Nach einer Stunde versagten uns die
Glieder ihre Dienste, und ein Jeder streckte sich ermattet auf das weiche
Sandlager — um am andern Morgen neugestärkt den Rest dieser
trostlosen Gegend durchwandern zu können, die im falben Lichte des
Mondes sich noch meilenweit auszudehnen schien.

Der Thermometer stand am Morgen bei Windstille und heiterm
Himmel 20°, um Mittag 40° und am Abend, bei schwachem Nord=
westwind, 25°.

22. Juli. Am folgenden Morgen verließen wir schon um
½4 Uhr unser Lager und erreichten in 3 Stunden den östlichen Ab=
hang der Sandberge. In der sandigen, spärlich mit Grasbüscheln
bewachsenen Ebene, welche diese Sandanhäufungen vom Gebirge trennt,
zieht sich ein grüner Strich, der Wâdiy Hadhena, in welchem wir
uns um 7 Uhr unter einer Platane lagerten. Um 1 Uhr Nachmit=
tags setzten wir die Reise, den Wâdiy aufwärts verfolgend, fort, und
kamen um 20 Minuten nach 2 Uhr an eine Stelle, wo sich derselbe
zu einer Schlucht gestaltet. Hier hört der von einem bläulichen, salz=
führenden Thone getragene Diluvialsandstein auf, und es beginnt ein
Conglommerat, in welchem die Gesteine des Hauptgebirges, als Granit,
Syenit, Diorit, Grauwacke und einige oolithische Gebirgsarten, durch
einen sehr festen, eisenschüssigen, mergeligen Thon verbunden sind,
und in welchem sich der Wâdiy Hadhena sein Bett gegraben hat.
Kurz vor dem Eingange der Schlucht befinden sich rechts einige Sand=
hügel, in denen der Sand bereits in einen lockern Sandstein umge=
wandelt ist. In ihnen stehen theils abgestorbene, theils noch grü=
nende Bäume, welche letztern aber auch schon kümmerlich ihr Leben
fristeten. Beim Anblick dieses im Entstehen begriffenen Sandsteins
drang sich mir die Frage auf: Werden diese vom Sande eingeschlos=
senen Bäume von der siliciösen Materie durchdrungen werden, und
erklärt sich mir hier, während ich die schaffende Natur in ihrer Werk=
statt belausche, auf eine ganz einfache Art das Entstehen jener merk=
würdigen Anhäufungen fossilen Holzes, welche man in der Wüste
zwischen Kairo und Suez antrifft?

Die Richtung des Weges, welche von Dschul esch Schaych bis hierher Nordost, 10° Ost gewesen war, wird nun Nord, 20° Ost.

Einige 100 Schritt innerhalb der Schlucht öffnet sich rechts ein tiefes Thal, welches bis zur Höhe von einigen 100 Fuß mit Flugsand angefüllt ist. Der Weg führte um eine Stunde thalauf=wärts durch dichtes Mimosengebüsch bis zum Fuße des steil abfal=lenden Abhanges eines Vorberges, der sich an den Hauptstock an=lehnt und aus Grauwacke besteht.

Kurz vor 4 Uhr hatten wir dieses Vorgebirge erstiegen und lagerten in einem Hohlwege, unter einer Art Dach, welches durch zwei sich aneinander lehnende Felsblöcke gebildet wird. Unter diesem Dache lagen in einem ledernen Beutel: Kaffeetöpfe, Tassen, Mörser, eine Pfanne zum Brennen der Kaffeebohnen und selbst Kaffeebohnen, kurz alle Geräthschaften, deren man zur Kaffeebereitung bedarf; selbst ein vollständiges Feuerzeug war nicht vergessen. Wie man sich denken kann, wunderte ich mich nicht wenig, daß Gegenstände, nach deren Besitz der Beduine besonders lüstern ist, keine Mitnehmer fänden, und gab dem Schaych mein Erstaunen darüber zu erkennen. Der Schaych erklärte mir: daß dieses eine fromme Stiftung sei und es daher Niemand wagen würde, diese Sachen zu entwenden, indem ein solcher Diebstahl den, der ihn beginge, zum Bawwâq (Treulosen) stempeln würde.

Dieser zarte Gewissensscrupel ergötzte mich nicht wenig. Welch ein Volk! — Ohne sich ein Gewissen daraus zu machen, bemächtigt es sich des Eigenthums eines Jeden, dem es ohne Schutz auf der Landstraße begegnet, und ermordet ihn sogar. Ohne Bedenken zu tragen, ob er die Gottheit erzürnt, taucht er mit mörderischer Hand den Stahl in die Brust seines Freundes, Bruders, ja selbst seines Vaters! — Aber nach einem Kaffeetopfe, zum Gebrauche eines Jeden auf die Landstraße gestellt, wagt er die Hand nicht auszustrecken; denn sein Stamm würde ihn verdammen, wenn er den geheiligten Brauch der Väter mißachtet, und ausgestoßen würde er, wie ein

Raubthier von Kluft zu Kluft gejagt, endlich unter den Streichen seiner Feinde verbluten.

Etwa 10 Fuß über dem Hohlwege geht in der Grauwacke ein 5 Fuß mächtiges, quarziges, sehr reichhaltiges Eisenerz (Eisenglanz) zu Tage, und fällt, wie die Schichten des Muttergesteins, unter einem Winkel von 47° nach Westen ein. Ich zweifle nicht, daß in dieser Gegend ein ergiebiger Bergbau betrieben werden könnte, besonders da alle Thäler dieses Gebirges reich an Brennholz sind. Aber die Zeit ist noch weit entfernt, wo die rohen Bewohner des Landes die Wohlthaten der Civilisation genießen werden. Und so wird denn wohl auch dieses reiche Lager noch Jahrhunderte der mütterlichen Erde anvertraut bleiben, bevor der Hammer des Bergmanns es ihr entreißt.

Die Aussicht, welche man von diesem Punkte aus genießt, ist prachtvoll. Tief unten im Wâdiy Hadhena ein Chaos marmorner Felsblöcke mit Bäumen und Gesträppe durchwachsen. Rechts gegenüber der hohe, von dunkeln Schluchten zerrissene Dschebel 'Açiun. Links zieht sich der Bergrücken des Dschebel Matny nach Süden, und in der Richtung unseres Wegs endlich strebt in steilen Abhängen der Dschebel 'Alqa empor, dessen Gipfel das Ziel unserer Tagereise sein sollte.

Neugestärkt stiegen wir ½5 Uhr über loses Gerölle den steilen Pfad hinan und erreichten nach einer Stunde mühsamen Kletterns den Gipfel des Dschebels 'Alqa. Auch hier war eine mit Schießlöchern versehene Brustwehr aus losen Steinen aufgeführt, welche den 'Aqaba (d. i. den Aufstieg) beherrscht und, wie schon bei den Ruinen von 'Obne bemerkt worden, den Zweck hat, im Falle eines Kriegs diesen Uebergang zu vertheidigen oder auch gelegentlich Reisende zu brandschatzen. Oben senkt sich das Gebirge nach Nordwesten und bildet eine Kesselvertiefung, welche sich als Wâdiy Soqqayme nach Norden öffnet. Wir stiegen in den Wâdiy hinab und lagerten unter einigen Mimosen, am Fuße eines Hügels, auf dem vier Cisternen eingehauen sind.

Die Formation des Gebirges ändert sich von dem Punkte aus, wo das Lager zu Tage steht. Die Grauwacke verschwindet nämlich unter dem Lias-Sandsteine, auf welchem dann weiter oben der Oolithen=Kalkstein liegt. Nach meiner ungefähren Schätzung steigt der Dschebel 'Alqa 3500 Fuß, Dschebel Aҫfun 4000 Fuß und der Dschebel Matuy und 'Arҫine jeder 3000 Fuß über den Meeresspiegel empor.

Der Thermometer stand am Morgen bei Windstille und heiterm Himmel 20°, um Mittag bei schwachem Nordwestwinde 45°, am Abend 18°.

23. Juli. Am folgenden Morgen um 5 Uhr begannen wir den östlichen Abhang des Gebirges hinabzusteigen. Am Ausgange der Schlucht, aus welcher der Wâdih hervortritt, schneidet er sich plötzlich als eine enge und sehr tiefe Kluft ein, längs der ein schmaler Pfad den Schlangenwindungen folgt, welche sie beschreibt.

Einige funfzig Stellen kamen vor, welche mich an den Pfad er= innerten, auf dem ich den Wâdih Esch Schaqq niederstieg. Uebrigens ist das Gebirge reich an romantischen Partieen, welche den Reisenden einigermaßen für die Mühen und Gefahren schadlos halten. Gegen 6 Uhr hörte die Oolithenbildung auf und die Grauwacke, häufig mit Grauwackenschiefer wechsellagernd, trat wieder hervor. Etwas nach 10 Uhr stiegen wir wieder in den Wâdih hinab, welcher bereits eine Breite von 100 Fuß erlangt und der hier von straffen Wänden des Jura=Dolomit=Kalks begrenzt wird. Große Blöcke füllen das Thal oft dergestalt, daß man sie bis zu einer Höhe von 60 Fuß förmlich überklettern muß, wobei die dornigen Mimosen und Nebek, welche zwischen diesen Trümmern hervorwachsen, Gesicht, Hände und Kleider arg mitnehmen. Hier hatte ich wieder Gelegenheit, die Sicherheit zu bewundern, mit der die Kameele sich auf diesem Terrain be= wegen, welches kaum für Menschen gangbar war.

Mit der größten Vorsicht setzten sie Fuß vor Fuß auf die oft sehr hohen Felsblöcke und thaten keinen Schritt, ehe sie nicht gewiß waren, ihn mit Sicherheit thun zu können. Bis 11 Uhr blieb der Weg im Wâdih und führte dann eine Anhöhe Brackenschuttlandes

hinan, welche als unterste Stufe des Gebirges sich sanft nach dem
Wâdih el Hadschar abdacht, dessen üppige Fluren sich jetzt zu unsern
Füßen ausbreiteten. Gerade vor uns, fast in der Mitte des Thals
und am rechten Ufer des Flusses, lag Eç Çodayre, ein ansehnliches,
von Thürmen flankirtes Dorf von etwa 300 Einwohnern, welche den
Stämmen Bâ Hâfir und Bâ Çaura, Abtheilungen des Stammes
Beny Ruh, angehören.

Auf der andern Seite des Dorfes öffnet sich der Wâdih Scharad,
aus welchem ein starker Bach hervorbricht, der in keiner Jahreszeit
versiegt.

Im Nordwesten des Dorfes verengt sich der Wâdih el Hadschar
zu einer engen Schlucht, welche sich bis zum Fuße des Dschebel
Bâ Dschanaf hinaufzieht und dem Hauptflusse das Rinnsal giebt.
In einer halben Stunde erreichten wir das Dorf, wo wir bei einem
Freunde Schaych Sjalym's Einkehr nahmen. Es gehört jetzt dem
Sultan von Habbân, welcher die Wachtthürme mit Beduinen des
Stammes Hawalyk aus der Gegend von Riçâb besetzt hält. Diese
Leute wußten bereits die Entthronung ihres Herrn und waren auf
den Ausgang gespannt, wollten aber von einer Uebergabe Çodayre's
an den neuen Sultan nichts hören.

Die Stämme Bâ Hâfir und Bâ Çaura bewohnen den Wâdih
el Hadschar von seinem Entstehungspunkte bis zum Ausflusse des
Wâdih Scharad und diesen in seiner ganzen Ausdehnung. Die Ge=
birge zwischen den Dschebel Bâ Dschanaf und Matny werden von
einer andern Abtheilung der Beny Ruh, nämlich von dem Stamme
Bâ Maur bewohnt.

Trotzdem, daß wir bereits 7 Stunden eines beschwerlichen Weges
zurückgelegt hatten, entschlossen wir uns, noch bis Hiçn ben Dighâl
zu gehen. Schaych 'Alyy 'Abd el Manâh blieb zurück. Dagegen
fanden wir eine andere Reisegesellschaft in fünf Beduinen des Stam=
mes Bâ Schoqayr, und Freunde meines Schaychs. Da dieselben
noch Geschäfte abzumachen hatten, so kamen wir überein, daß
wir vorangehen sollten; sie selber wollten ½ Stunde später auf=

brechen und uns dann einholen. Um ¼ vor 2 Uhr verließen wir
Eç Çodayre und verfolgten thalabwärts die Richtung Ost, 10° Süd.
Dem angebauten Boden, der sich ¼ Stunde vom Orte erstreckt,
folgte eine dichte Waldung von Platanen, Sykomoren, Aréa, Mimosen und Nebek, unter der ein Pflanzenteppich den fetten, mergelig-
thonigen Boden bedeckt.

Um 20 Minuten nach 3 Uhr lag uns rechts am nahen Gebirge
Hiçn Bâ Ssolaymân ein kleines Dörfchen mit einem Wachtthurm.
Gleich darauf durchwateten wir den Fluß, der hier etwa 30 Fuß
Breite und 2 Fuß Tiefe hält. Mit tropischer Fülle breiten hier
Platanen und Aréa ihre dichtbelaubten Kronen und verschlingen sich
über dem Fluß zu einem undurchdringlichen Laubdach, in dessen
Schatten Tausende von kleinen, silberglänzenden Fischchen in der klaren
Fluth des spiegelhellen Wassers ihr munteres Wesen treiben. Nur
wer je durch trostlos nackte Sandwüsten oder über kahle Gebirgs-
rücken unter den senkrecht herabschießenden Strahlen der tropischen
Sonne gewandert ist, kann begreifen, mit welcher Freude, ja mit
welchem Entzücken ich diesen Fluß und diese Vegetationsfülle und die
grüne Decke betrachtete, welche sich über den Fluß wölbt.

Schaych Ssalym sah mich ganz erstaunt an, als ich ihm den
Vorschlag machte, an dieser Stelle zu übernachten, und wahrscheinlich
mochte er glauben, daß mir es im Gehirn nicht ganz richtig sei;
denn er antwortete keine Silbe, schüttelte mehreremale den Kopf
und trieb das Kameel zum raschern Gehen an, wobei er folgende
Strophen sang, deren Inhalt seine Gedanken über den kranken Zustand meines Kopfes aussprach. Er sang nämlich:

„Geh' rasch, mein Kameel! Geh' rasch! Nicht jeder Kopf ist
heute gesund! Nicht jeder! Die Sonne hat heiß geschienen in unsern
Bergen und der Sand hat die Augen geblendet, der heiße Sand!
Nicht jeder Kopf ist heute gesund, mein Kameel! Geh' rasch! Geh'
rasch!"

Ich lachte laut auf und fragte: ob es denn nicht vorzuziehen
sei, an einem so schönen Orte zu schlafen, anstatt sich in einer

dumpfen Stube einzuschließen. Er erwiederte hierauf: „ob ich denn
nicht wisse, daß eine unzählige Menge von Dschinny und Ghul (böse
Geister) an solchen Orten des Nachts ihr Wesen trieben und ich
glaube, daß er so ein Narr wäre, sich den Mißhandlungen derselben
auszusetzen?" — Gegen solch ein Argument war natürlich Nichts
einzuwenden, und im Grunde konnte er auch Recht haben, wenn er
unter den Mißhandlungen der Geister das F i e b e r verstand, welches
in diesem Thale sehr häufig und bösartig ist, und das man am leichtesten in der unmittelbaren Nähe eines Flusses bekommen kann, der
von einer so üppigen Vegetation umgeben ist.

Jenseits des Flusses windet sich der Weg noch eine kurze Strecke
durch das Dickicht und führt dann etwas bergan auf eine dürre, kiesige Ebene, welche hier und da mit verkrüppelten Mimosen und einzelnen Gruppen Aloë (Aloë spicata) umherstehen. Diese Ebene
besteht aus Süßwasserdiluvien, und der Sandstein derselben schließt
viele Versteinerungen ein, welche aber, wie das Gestein selbst, sehr
verwittert sind. Er liegt einem röthlich-braunen mergeligen Thone auf.

Um 4 Uhr kamen wir an eine Stelle, von der aus man rechts
am Abhange des Gebirges ein kleines Dorf nebst Wachtthurm liegen
sieht, welches den Namen Ḥiçn ben Dommân führt. Der Wâdiy
macht hier eine Wendung nach Nordosten, welche aber schon nach
½ Stunde um 10° östlicher wird. Rechts am Gebirge zeichnet sich
eine Schlucht durch ihr frisches Grün aus, in welchem das kleine
Dörfchen 'Ayn beny Mo'yin schimmert.

Um 5 Uhr überschritten wir den mit dichtem Gesträpp bedeckten
Wâdiy Ḥaſſy, welcher links aus einer Schlucht der nackten Kreide-
hügel hervortritt und die Ebene bis zum Flusse grabenartig durchzieht. Der Fluß ist zur Rechten durch die Gebüsche seiner Ufer
sichtbar, welche gleich einem grünen Bande die trockene Ebene durch-
schlängeln.

Kaum hatten wir den Wâdiy Ḥaſſy überschritten, so wurden
wir von derselben Bande angefallen, welche uns noch von Eſaqquma
aus in frischem Andenken war.

Mit lautem Geschrei stürzte sie, den Alten an der Spitze, aus dem Dickicht des Wâdiy auf die Ebene. Schaych Ssalym empfing sie mit Steinwürfen und sagte mir schnell, mich in Nichts zu mischen, bis er mich dazu auffordern würde, und das Kameel anzutreiben. Obgleich er die Steine mit außerordentlicher Geschicklichkeit schleuderte, so hielt sie das doch nicht ab, ihm auf den Leib zu kommen. Auch diesmal dachte Niemand daran, mich zu beunruhigen, dahingegen waren Lanzen, Dschembiye und Keulen gegen den Schaych erhoben, der auch seine Dschembiye gezogen hatte und, rückwärts gehend, damit hin= und herfuhr, ohne jedoch einen seiner nachdrängenden Gegner zu verwunden, welche auch keinen Gebrauch von ihren Waffen, wohl aber einen desto bessern von ihren Zungen machten. Voller Erwar= tung und staunend sah ich der Scene zu und hatte große Lust, mit meinem eisenbeschlagenen Rebut ernstlich darein zu schlagen; denn es kam mir im höchsten Grade lächerlich vor, so schreiend, lärmend, Dolche zückend, rückwärts zu gehen und nachzudrängen, ohne sich die Haut zu ritzen, da doch die Sache auf die eine oder die andere Art ein Ende nehmen mußte.

Etwa eine Minute mochte der Auftritt gedauert haben, als er einen sehr ernsten Charakter annahm. Schaych Ssalym konnte nämlich, da er gegen die Räuber Front gemacht hatte, den Weg übersehen, den wir zurückgelegt hatten, und erblickte die fünf Beduinen, welche uns einzuholen versprochen hatten und die jetzt im vollen Laufe herbeieilten. Jetzt schrie er mir zu: „'Abd el Hud! Schlag nieder die Hunde!" und stieß in demselben Augenblick den alten Anführer nieder. Ich war mit dem Kameel etwa 20 Schritt entfernt und eilte auf seinen Ruf sogleich herbei, hatte aber kaum einige Schritte gethan, als zwei Schüsse fielen, welche zwei der Räuber todt niederstreckten. Die Uebrigen hielten es nicht für rathsam, die Beduinen zu erwarten, und verschwanden hinter dem Gebüsch. Unsere Beduinen hatten dies erwartet und daher zwei der Ihrigen in das Dickicht des Wâdiy Hassy gesandt, die auch einen der Flüchtlinge fingen und brachten. Diesem wurden die Hände auf den Rücken gebunden und dann an den

Schweif des Kameels befestigt. Keiner der Unsrigen ließ es sich ein=
fallen, die Gefallenen zu begraben, wohl aber setzten sie sich in den
Besitz ihrer Kleidungsstücke und Waffen.

Während dem Marsche wurde mit dem Gefangenen ein förm=
liches Verhör angestellt, und wir erfuhren nun, wer sie waren und
warum sie so erpicht auf uns gewesen. Sie gehörten dem Stamme
der Beny 'Oldschyy an, welcher jenseits des Dschebel Hamrâ längs
der Küste wohnt, und standen in dem Wahn, es habe der Schaych
mit meiner Hülfe die Schätze gehoben, welche der Sage nach in den
Ruinen von Hien el 'Obne vergraben liegen.

Auf meine Frage, warum sie uns denn hier und nicht im Dschebel
'Alga angegriffen hätten, gab er mir die Antwort, daß die Furcht
vor dem alten Schaych, 'Alyy ibn 'Abd el Manâh, sie davon abge=
halten habe. Man sagte ihm dann, daß Schaych Ssalym ebenfalls
ein 'Abd el Manâh sei, worauf er den Schaych sehr reuig um Ver=
zeihung bat und seine Hand zu küssen wünschte, welche ihm denn auch
mit vieler Würde dargereicht wurde.

Schaych Ssalym erklärte ihm hierauf, daß er Rabiet sei und
als solcher behandelt werden würde. Rabiet heißt nämlich derjenige,
welcher auf einem Raubzuge oder im Kriege zum Gefangenen gemacht
wird, und gehört nicht dem Stamme, sondern dem Beduinen, der
ihn gefangen hat und der dann Rabbât genannt wird. Sie be=
halten ihn so lange, bis er das Lösegeld bezahlt hat; von dem Augen=
blicke an, wo Jemand gefangen worden ist, kann er das Recht des
Dachayl (das Recht des Schutzes) nicht mehr beanspruchen, wie es
im nördlichen Arabien der Fall ist.

Zwanzig Minuten von dem Wâdiy Haffy kamen wir an einem
Wartthurm vorüber, welcher hart am linken Ufer des Flusses liegt
und zum Schutze eines Wehres erbaut ist, welches hier das Wasser
staucht und in Kanäle drängt, die das im untern Theile des Wâdiy
längs dem Gebirge, also höher liegende Terrain bewässern.

Um 6 Uhr erreichten wir das Ende der unfruchtbaren Ebene
und traten in einen dichten Dattelpalmenwald, in dem wir ¼ Stunde

später einen Wachtthurm zur Rechten des Weges liegen ließen, in welchem einige Beduinen zur Bewachung der Anlagen wohnen.

Von hier aus liegt das Dorf Masyhat el Dâhime zur Rechten, Hicn ec Cobâyh zur Linken des Wâdih. Wir näherten uns nun der linken oder nördlichen Seite des Thals, verließen 20 Minuten nach 6 Uhr den Palmenwald und stiegen am äußersten Ende eines niedern, schmalen Gebirgsvorsprunges zum Dorfe El Hodâ hinan.

Die Häuser dieses Dorfes sind nicht so groß und gut gebaut, wie die der andern Orte des Wâdih, und liegen zerstreut umher. Die Einwohner, etwa 200 an der Zahl, gehören dem Stamme Bâ Schoqayr an. Bei unserm Durchzuge hatten wir Alt und Jung auf den Fersen, welche mich und den Gefangenen begafften. Jedoch war ich, als ein fremdartiges Geschöpf, ganz vorzüglich der Gegenstand ihrer Neugier, und besonders war die Dorfjugend so zudringlich, daß ich froh war, als wir auf der andern Seite des Dorfes in den Wâdih Carhyr hinabstiegen. — Dieser Wâdih führt dem Flusse des Wâdih El Hadschar einen starken, nie versiegenden Bach zu. — Jenseits dieses Baches führt der Weg wieder unter Palmen fort, am Schloßberge von Hicn el Dâhime und den Mündungen der Wâdih Ec Cafrâ und Dimyne vorüber. Nach ½8 Uhr langten wir wieder vor dem Hause des Schaych Bâ Râss in Hicn ben Dighâl an.

Der Abend verging unter allerlei Gesprächen und Mittheilungen des Schaych Bâ Râss, welche von großem Interesse waren. Ich erzählte unsere Reiseabenteuer, verschwieg aber den Vorfall im Wâdih 'Arâr, da Schaych Ssalym durch sein späteres Betragen den Eindruck verwischt, den er damals auf mich gemacht hatte. Ich frug meinen Wirth nach der Entfernung Mâribs und nach dem Wege, welcher dahin führt, da ich später denselben zu reisen gesonnen war. Er sagte mir, der Weg führe über Habbân, 'Ischybum u. s. w. und daß die Entfernung 11 Tagereisen bis Mârib betrage; bis Habbân, wie er mir angab, 6 Tagereisen.

Der Wâdih El Hadschar, den ich jetzt, so weit er bewohnt ist, gesehen habe, hat, von Ec Cobayre an gerechnet, bis Dschul Bâ

Yaghuth eine Länge von 6 Stunden und ſeine größte Breite 2 Stunden. Mit Ausnahme von Eç Çodahre, welches dem Sultan von Ḥabbân gehört, ſteht er unter der Herrſchaft des Beduinenſtammes Bâ Schoqahr, welcher von den Dörfern, die von Perſonen bewohnt werden, welche nicht zu dem Stamme gehören, ſehr ſtarke, oft ganz willkürlich erhöhte Abgaben erpreßt. Verweigert eines dieſer Dörfer die Bezahlung der Abgaben, ſo wenden die Beduinen nie offene Gewalt an, ſondern ſchneiden die Verbindung mit dem Fluſſe ab, wodurch denn, da keines derſelben Brunnen oder Ciſternen hat, die Einwohner gezwungen werden, die Beduinen zu befriedigen. Dieſer Wâdiy iſt der ungeſundeſte oder vielmehr der einzig ungeſunde des ganzen Landes, und Krankheiten, wie Fieber, Ruhr, Pocken, Ausſatz, ſind ſehr häufig. Ebenſo ſah ich Viele, welche an dem oben beſchriebenen Yemengeſchwür und Guinea=Wurm (Ferentit; Gordius-Vena medinensis) litten. Die Urſache dieſer Krankheiten liegt in dem Fluſſe, beſonders aber in der in Anwendung gebrachten Bewäſſerungsmethode. Wie ſchon erwähnt, iſt der Lauf des Fluſſes mehreremal durch Wehre gehemmt, wodurch das Waſſer immer zwiſchen zweien derſelben ſtagnirt. Da nun die Ufer ſtark mit Bäumen beſetzt ſind, ſo fallen eine Menge Blätter u. ſ. w. hinein, die natürlich im ſtehenden Waſſer in Fäulniß übergehen und ſchädliche Dünſte im Thale verbreiten.

In keinem Theile des von mir beſuchten Arabien ſah ich ſo viele Sternſchnuppen, wie in dieſem Thale. Dieſes hat wahrſcheinlich ſeinen Grund in den Dünſten, welche ſich fortwährend aus dem Bette des Fluſſes entwickeln. Ebenſo erklären ſich auch die übelriechenden Nebel, welche jeden Tag bis gegen 10 Uhr Morgens ſo dicht über dem Thale liegen, daß man auf 10 Schritt Weite einen Gegenſtand kaum unterſcheiden kann.

Die Hauptproducte des Wâdiy ſind Datteln und Tabak. Außerdem werden noch, jedoch in geringer Quantität, Weizen, Durra, Bohnen, Baumwolle, Linſen, Dochen, Seſam und Lupinen gebaut. Cocospalmen ſah ich keine, dagegen Tamarhinden=, Anba= oder Mango=, Aréa=, Citronen= und Bananenbäume. Da ich mich nicht aufhalten wollte, so bat ich meinen Wirth, mir für den folgenden Tag einen Führer nach dem Wâdiy Do'ân zu verschaffen, welches er mir versprach. Er erzählte mir, daß zwischen den vereinigten Stäm= men Bâ Mardagha und Châmiye und den Stämmen Bâ Schaybe und Bâ Kaschwyn Feindseligkeiten ausgebrochen wären, und daß in einigen Tagen eine Qabayl Bakry (Versammlung der Stämme) der beiden letztgenannten Stämme im Wâdiy Hasar stattfinden würde, um über Krieg und Frieden zu berathen. Viele, jetzt hier zum Dattelmarkte anwesende, neutrale Beduinen würden über den Wâdiy Hasar ziehen und dort verweilen, bis die Berathungen be= endigt seien; ich müsse daher zufrieden sein, diesen Umweg zu machen. Was der Schaych als für mich unbequem hielt, kam mir gerade er= wünscht; denn erstens brauchte ich nicht denselben Weg zurückzumachen, auf welchem ich gekommen war, und zweitens erwartete mich das höchst interessante Schauspiel einer Qabayl Bakry (Stammversamm= lung), bei welcher Krieg und Frieden beschlossen werden sollte.

Das Thermometer stand jetzt am Morgen bei heiterm Himmel und Windstille 15°, am Mittag bei Nordwestwind 36°, am Abend 25°.

_____

Sechstes Capitel.

Stämmeversammlung im Wâdiy Hasar.

Abreise von Hicn ben Dighâl. — Ankunft in Hodà. — Meine gefährliche Lage daselbst. — Lager am Wâdiy Hassy. — Nachtlager am Wâdiy Mintât. — Nacht-lager am Wâdiy Hasar. — Eine interessante Scene. — Aufbruch. — Wege-lagerer. — Metelle. — Wâdiy Rhaybe eb Dyn. — Delâ'. — Kaybâm. — Chowayre. — Nachtlager am Wâdiy Maghâra. — Ankunft in Choraybe.

24. Juli. Am 24. Juli übergab mich Schaych Bâ Râss einem Beduinen, Namens Bâ Omm Ssabuss, einer Abtheilung des Stammes Ed Dayin.

Nachmittags holte mich derselbe nach El Hodà ab, wo er mit mehrern Beduinen seines Stammes lagerte.

Auf dem Rücken des Gebirgsvorsprunges, an dessen äußerster Spitze der Ort liegt, machten wir neben einem Dattelhaufen Halt, wo mir mein Dachayl unter Gottes freiem Himmel einen Platz an-wies, auf welchem ich von den brennenden Sonnenstrahlen gebraten und fast vom Staube erstickt wurde, den die umherwogende Menge verursachte. Denn hier lagerten mehr denn 3000 Kameele mit ihren Führern, welche aus allen Gegenden des Hadhramaut herbeigezogen waren, um die Producte ihrer Thäler gegen Datteln einzutauschen.

Eine Viertelstunde ungefähr war seit meiner Ankunft vergangen, als sich plötzlich das Gerücht verbreitete, ich sei ein Christ und Fe-renghy (Europäer) aus 'Aden. In einem Augenblicke waren

Hunderte von wilden, drohenden Gestalten um mich versammelt, welche ihren Christenhaß gegen mich austobten. Man stieß mich mit Füßen, man spie auf mich herab, Staub und Steine wurden auf mich, als einen Kâfir (Ungläubigen), geworfen; kurz ein Jeder beeiferte sich, es dem Andern im Mißhandeln zuvor zu thun. Der ganze Haufe schrie wie besessen, Zwanzig auf einmal fragten mich, wer ich sei, woher ich käme, wohin ich ginge, während Andere mich aufforderten, die mohammedanische Glaubensformel zu sprechen. Dagegen schrieen meine Beduinen aus Leibeskräften: „Ich sei ein Moslim aus Aegypten, ich verrichte die fünf Gebete", — und ließen es weder an Bitten, noch an Drohungen fehlen, um die aufgeregten Gemüther zu besänftigen. Jedoch alle ihre Bemühungen blieben fruchtlos, sie wurden nur aus=gelacht, worauf mich diese einzigen Beschützer meinem Schicksale über=ließen. — Kaum hatten sie den Rücken gewandt, als sich auch der Kreis, den man um mich geschlossen hatte, immer enger zusammen=zog und mir ärger denn zuvor mitgespielt wurde. Der Eine stieß den Andern auf mich, und ich erstickte fast im Staube, den dieser Auf=lauf erregte. Endlich brachten sie einen Verrückten herbei, dessen Hände an eine kurze eiserne Stange geschlossen waren. Als man ihm gesagt hatte, ich sei ein Kâfir, warf er sich mit einem den Wahn=sinnigen eigenen Schrei auf mich, riß mir den Turban herab und kratzte mich an Hals und Kopf, während die Umstehenden in schal=lendes Gelächter ausbrachen. Obgleich ich mir vorgenommen hatte, dem Zwecke meiner Reise zulieb, so geduldig als möglich zu sein, so überstieg doch, was ich hier erduldete, die Grenzen von alle dem, was ich selbst inmitten dieser wilden, fanatischen Horden befürchten zu dürfen je gedacht hatte. Beim Angriffe dieses Menschen verließ mich der letzte Rest der Geduld. — Außer mir vor Wuth sprang ich auf, warf mit aller mir zu Gebote stehenden Kraft den rasenden Menschen zurück und zog meine Dschembihe, fest entschlossen, mein Leben so theuer als möglich zu verkaufen; denn, wie man denken kann, hielt ich mich für verloren.

Bei dem Anblick der von mir angenommenen drohenden Stellung

erhob sich von allen Seiten ein wüthendes Geschrei, aus dem ich die Ausrufungen: „Der Kâfir hat seine Dschembiye gezogen! Schlagt den Hund nieder! Steinigt ihn! Schlagt ihn!" verstehen konnte. Vertraut mit gewaltsamen Scenen und rasch zur blutigen That, griff der fanatische Haufe zu Steinen, um mich den Tod des heiligen Stephan sterben zu lassen, und Einige drangen mit gezogener Dschembiye auf mich ein.

In diesem kritischen Momente erschien der Schaych von El Hodà mit meinen Bedninen, welche ihn aufgefordert hatten, mir zu Hülfe zu kommen. Man machte ihm ehrerbietig Platz und dem rasenden Wuthgeschrei folgte tiefe Stille. Nach den gewöhnlichen Begrüßungen setzte der Schaych sich mir zur Seite und begann ein Verhör, welches ich wörtlich hierhersetzen will.

Der Schaych: Wer bist Du?

Antwort: Ein Aegypter.

Der Schaych: Du hast aber nicht das Ansehen eines Arabers! Wer war Dein Vater?

Antwort: Ein Maghreby (Bewohner des Westens).

Der Schaych: Und Deine Mutter?

Antwort: War ebenfalls aus dieser Gegend.

Der Schaych: Wie heißt Du?

Antwort: 'Abd el Hud.

Der Schaych: Was machst Du hier im Lande?

Antwort: Ich wallfahrte nach Qabr Hud, zufolge eines Nedsr (Gelübde) zur Sjâra (Wallfahrtfest).

Der Schaych: Bist Du ein Moslim?

Antwort: El hamdullah! (Gott sei Dank!)

Der Schaych forderte mich dann auf, Glaubensformel und Fâtiha herzusagen, an deren Schlusse die aus wenigstens 100 Mann tief umgebende Menschenmasse das „Amen" laut wiederholte.

Hierauf untersuchte der Schaych meine Arme, Hände, Beine und Füße, und verlangte endlich, daß ich die Arme so weit als möglich über den Kopf legen sollte. Hiermit war die Untersuchung beendigt und der Schaych theilte dem Volke das Resultat derselben in folgenden Worten mit: „Ja halq Allah!" (Ihr Volk oder Menge Gottes!) rief er aus, „dieser Mann ist ein Moslim, denn er hat Glaubensformel und Fâtiha gesagt; dann ist er ein Aegypter, welche alle gute Moslims sind; ferner kommt er aus dem Hause des Schaych 'Abd Allah bâ Sfudân, dessen Wohnung kein Aufenthalt für Ungläubige ist; auch hat er keine Zeichen auf seinen Gliedern, wie sie die Ungläubigen zu haben pflegen; und endlich kann er, wie wir, die Arme über den Kopf zusammenlegen, welches die Ferenghy nicht können." Hiernächst forderte er die Leute auf, mich in Ruhe zu lassen, da sie sonst eine schwere Sünde auf sich laden würden. — Wie man sieht, hatte der gute Mann seine Logik inne und war besonders in der Naturgeschichte der Europäer bewandert, die er auf den ersten Blick zu erkennen meinte. Ueber die Arme der Franken herrscht hier die sonderbare Meinung, sie seien so kurz, daß die Hände den Mund nicht erreichen könnten, weshalb sie Speisen mit Hülfe der Löffel und Gabeln genössen. Nachdem die Gelehrsamkeit des Alten vermittelst so schlagender Beweise meine Qualität als Moslim dargethan, und mich aus einer so drohenden Gefahr errettet hatte, veränderte sich das Benehmen der Leute gegen mich. So gefährlich mir vorher ihr Fanatismus gewesen war, so belästigend wurde er mir jetzt, indem Jeder das mir zugefügte Unrecht durch Freundschaftsbezeigungen wieder gut machen wollte. Alles drängte sich heran, mir die Hand zu reichen, ja Viele küßten sie mir. Ich verlangte Wasser, und gleich liefen Einige fort, um mir solches zu bringen; Milch, Datteln, Brod wurden mir gebracht, kurz, man that alles Mögliche, mich die erduldete Mißhandlung vergessen zu machen. — Aus diesem Vorfalle kann man abnehmen, wie gefährlich es für einen Christen, selbst unter der Maske des Islâms ist, diese Gegenden zu bereisen, und daß es unvermeidliches Verderben nach sich ziehen würde, als Christ aufzutreten.

Eine halbe Stunde nach diesem Auftritte beluden die Beduinen ihre Kameele, und bald darauf befanden wir uns auf dem Wege, den ich am vorigen Tage herwärts verfolgt hatte. Bei dem Wachtthurme, dessen ich schon früher als hart am linken Ufer des Flusses gelegen, erwähnt habe, wurde mein Führer von den dort Wache-haltenden Beduinen gebeten, mit mir heraufzukommen, um einen Kaffee zu trinken. Da ich begierig war, das Innere dieses Thurmes zu sehen, willigte ich ein. Auf einer Leiter stiegen wir zu einer kleinen Thür hinein, welche ungefähr 8 Fuß über dem Boden angebracht ist, und traten in einen Raum, der das ganze Innere der untern Etage ein= nimmt. Längs der Mauer führte uns eine Treppe in die obere Etage, die in mehrere kleine Kammern abgetheilt ist. Das dritte Stockwerk hatte dieselbe Einrichtung, so auch das vierte, wo uns die Beduinen in ein langes, schmales Zimmer führten, welches durch 4 kleine Fensteröffnungen erhellt wird und an dessen Wänden einige 30 Gewehre hingen. Nachdem wir Kaffee zu uns genommen und einige Dutzend Fragen beantwortet hatten, klagten sie mir, daß das kleine Insect El Arba schreckliche Verwüstungen in ihren Vorräthen anrichte, und baten mich, ihnen gegen diese Unholde ein Amulet zu schreiben. Ich sagte ihnen aber, daß es mir leid thäte, ihrem Wunsche nicht willfahren zu können, indem ich weder mit der Dora, noch mit andern verborgenen Künsten vertraut sei. Dieses wollten sie mir nicht glauben, und ich mußte mir alle nur erdenkliche Mühe geben, sie von meiner Unwissenheit in solchen Dingen zu überzeugen. Sie zeigten mir hierauf die Vorräthe, die fast alle zerfressen waren und von Millionen dieser Zerstörer wimmelten. Sie baten mich dann noch einmal, ihnen das gewünschte Amulet zu schreiben; jedoch blieb ich bei dem einmal Gesagten, und so mußten sie sich damit begnügen, daß ich auf ihre Bitten eine Fâtiha über ihre Vorräthe sagte. Wir empfahlen uns dann und eilten den Kameelen nach. Mit Sonnen= untergang erreichten wir die Qâfila, welche jenseits des Wâdiy Hassy, zwischen der Heerstraße und dem Flusse, lagerte. Rechts von dem Platze, wo 'Abd el Manâh und ich am vorigen Tage angefallen wurden, bezeichneten drei Steinhaufen die Ruhestätte der Beduinen, welche ihre Lüsternheit mit dem Leben büßten.

Der Thermometer ſtand am Morgen bei Windſtille und dichtem Nebel 20°, am Mittag bei heiterm Himmel und ſchwachem Nord=weſtwinde 36°, am Abend 25°.

25. Juli. Bis zum 25. Juli Mittags waren alle Abtheilungen der Dâſila verſammelt, und eine Viertelſtunde ſpäter entfaltete ſich der 600 Kameele ſtarke Zug zu einer unabſehbaren Linie, welche ſich längs dem Wâdiy Haſſy nach den Höhen hinbewegte. Unſere Abthei=lung war die vorderſte und erreichte nach ½ Stunde eine abſchreckende, nackte, ondulirende Ebene, welche ſich nach Norden ausdehnt und über welcher in weiter Ferne die impoſanten Maſſen der hadhramauter Hochebene ragen, welche ſich mit dunkelvioletten Farben auf dem tiefen Blau des Himmels zeichneten.

Glühende Sonnenſtrahlen ſchoſſen auf uns herab und verwan=delten die baumloſen, dürſtenden Schluchten dieſer traurigen Ebene in wahre Gluthöfen. Es dauerte nicht lange, ſo fühlte ich die Ein=wirkung der von dem weißen Kreideboden zurückprallenden Sonnen=ſtrahlen auf meine Augen.

Ich ſah alle Gegenſtände in blutrother Färbung und nach einigen Stunden beläſtigte mich ein ſtechender Schmerz in dem Innerſten der Augen, welches mich eine Ophthalmie befürchten ließ.

Um ½6 Uhr lagerten wir uns am Rande des Wâdiy Mintât. Meine Befürchtungen, an den Augen zu erkranken, waren glücklicher=weiſe unbegründet, denn mit dem Aufhören der Urſache verſchwand auch die Wirkung und meine Sehorgane kehrten zu ihrem normalen Zuſtande zurück. Da ſich auf der nackten Ebene kein Futter für die Kameele vorfand, ſo mußten die Beduinen daſſelbe noch aus dem ziemlich entfernten und tiefen Wâdiy Scharab heraufholen. Von hier aus erblickte ich in einer Entfernung von etwa 3 Stunden den ſteilen Dſchebel Scharab im Weſten und in einer etwas bedeutendern Entfer=nung die hohen Gipfel des Dſchebel El Ghowahta [112]) im Nordoſten. Die Richtung unſers heutigen Tagemarſches war durchgehends Nord, 10° Weſt.

Der Thermometer ſtand am Morgen bei Windſtille und ſtarkem

Nebel 20°, um Mittag bei heiterm Himmel und Nordwestwind 36,
am Abend 25°.

26. Juli. Da unser Wasservorrath bis auf einen kleinen Rest
verbraucht war, so brachen wir am folgenden Morgen bereits ¼
nach 4 Uhr auf.

Die Gegend erhebt sich von hier aus allmählich, gleicht aber im
Allgemeinen der, welche wir gestern durchzogen. Um 9 Uhr bestiegen
wir eine Anhöhe, von der aus mich der Anblick des mit dichter Waldung überzogenen Dschebel Ḥafar höchst angenehm überraschte. Mit
welcher Lust schwelgte mein ermattetes Auge an dem freundlichen Grün
der üppigen Vegetation, welche die dürren Hügel gleich einem Bande
durchzieht, welches im obern Theile des Wâdih einem Hügel entrollt
zu sein scheint, der auf seinem Rücken eine Ruine trägt. Im Hintergrunde dieser Landschaft ragen die steilen zerklüfteten Wände der
hadhramauter Hochebene. Eine Menge Rauchsäulen entstiegen dem
lachenden Grün, in welchem unzählige Kameele, sich an den saftigen
Blättern labend, weideten, und ein vielfaches Echo trug den Schall
von Gewehrschüssen und das dumpfe Gemurmel der lagernden Menge
zu unsern Ohren. Kurz, reges Leben herrschte in dieser Gegend,
welche gewöhnlich nur dann und wann eine Qâfila oder der irre Fuß
des Bawwâq betritt, und deren Stille sonst nur vom Geheul der
Raubthiere unterbrochen wird.

Wir stiegen in den Wâdih hinab und verfolgten ihn thalaufwärts
bis jenseits der Ruinen, wo wir neben einer Wasserlache, auf einer
mit Mimosen bewachsenen Anhöhe unsere Lagerstätte einnahmen.
Während des Marsches durch den Wâdih kamen wir an mehr denn
200 Feuern vorüber, an denen zusammengenommen mehr als 2000
Beduinen lagerten. Uns gegenüber brannten in geringer Entfernung
voneinander die Feuer der Stämme Bâ Eschahbe und Bâ Kaschwhn.

Die bisherige Kreideformation hört im Süden des Thals auf.
Die Anhöhen, welche den Wâdih im Osten und Westen einschließen,
bestehen aus einem sehr feinkörnigen Quader-Sandstein, dessen hori-
zontale Schichten eine Mächtigkeit von 10 Fuß haben. — Am Fuße

dieser Höhen und besonders im Bette des Wâdih sah ich viele große, regelmäßig geformte Blöcke dieses Gesteins, welche meistens auf 20 Fuß Länge 10 Fuß Breite und Höhe hatten. Viele dieser Blöcke waren durch die Einwirkung des Wassers zur Säule abgerundet. Der Thalboden besteht aus einem fetten, mergelig-thonigen Alluvium und ist des Anbaues im höchsten Grade fähig. Aber wie viele Jahrhunderte werden noch vergehen, bevor der Pflug darüber Furchen zieht, wo jetzt nur Räuber und wilde Thiere hausen?

Der Bau, welcher sich in der Ferne so malerisch ausnahm, hat in der Nähe gesehen nichts Interessantes und ist weiter nichts, als ein schlecht gebauter, zerstörter Thurm, dem sich die Trümmer eines Gebäudes von ebenso schlechter Construction anschließen. Dahingegen sind die Substructionen, auf denen die Ruinen liegen, wahrhaft riesenhaft, denn sie bestehen aus den obenerwähnten Blöcken des Quadersandsteins und gehören wahrscheinlich der anteislâmitischen Zeit an, während der obenerwähnte Bau ein Machwerk späterer, schon in Barbarei versunkener Generationen ist. — Wie gewöhnlich an alle Ruinen, so knüpft sich auch an diese eine Sage. Ihr zu Folge baute ein Riese diese Burg und versperrte von ihr aus die ganze Umgegend, wobei ihm seine sieben Söhne getreulich beistanden. Der Prophet Hud kam dann eines Tages dieses Wegs und wurde von diesen Unholden angefallen; aber Gott rettete seinen Liebling, indem er die ganze Rotte durch einen Blitzstrahl tödtete. — Diese Riesen waren nach der Meinung des Volks nichts Anderes als 'Aditen, denen sie eine außerordentliche Größe und eine solche Kraft zumessen, daß ein Jeder von ihnen im Stande war, mehrere hundert Centner zu tragen. So vergrößert die Einbildungskraft, vorzüglich bei rohen Völkern, Alles, was entfernt liegt.

Gegen Abend langten noch mehrere Züge Beduinen an, welche ihr Lager in unserer Nähe aufschlugen und dann hinübergingen, ihre Schahchs zu besuchen. Obgleich der größte Theil der hier zur Berathung erwarteten Beduinen angelangt war, so wurde doch an diesem Abende Nichts unternommen, da der Aberglaube das Erscheinen des

neuen Mondes als den glücklichen Zeitpunkt bezeichnet, in welchem
Unternehmungen berathen werden können. Es war der letzte Tag des
Monats Dschomâda eth thâny, und die Stunde der Berathung war
daher auf den folgenden Abend, als den Anfang des Monats Redscheb
festgesetzt, an welchem die schmale Sichel des ersten Mondviertels
sichtbar werden mußte. Die ganze Nacht leuchteten die Thalwände
von den Wachtfeuern wider, um welche sich die dunkeln Gestalten der
Beduinen gruppirten. Bis spät erscholl wohltönender Gesang durch
das Thal, der theils von Einzelnen, theils im Chore gesungen wurde.
Alle diese Gesänge wurden aus dem Stegreife vorgetragen und be=
zogen sich meist auf das Ereigniß, welches zu der Versammlung der
Stämme Veranlassung gegeben hatte, oder lobten die Tapferkeit der
Anführer, Andere besangen die Thaten der Väter und Krieger.

Den ganzen Abend brachte ich in Gesellschaft der Schaych zu,
und wie man sich denken kann, mußte ich Vieles vom Sultan der
Beny Ottoman und den Ferenghy und von Mohammed 'Alyy
erzählen, welchen letztern sie erwarteten, um vereint mit ihm die
Engländer aus 'Aden zu vertreiben. Auch Sultan Fadhl 'Alyy wurde
erwähnt, welchen sie als den einzigen Koryphäen des Glaubens an=
sehen. Es ist unglaublich, wie populär sich dieser Mann durch sein
feindliches Auftreten gegen England gemacht hat. Von Sultan Mo=
hassin sprachen sie nur mit Verachtung und nannten ihn einen Kâfir.

Gegen Mitternacht kehrte ich zu unserm Lager zurück. Hier und
da durch den Schatten eines Baumes oder durch vorspringende Felsen
verdunkelt, leuchteten die Thalwände noch immer im rothen Scheine
der Wachtfeuer, jedoch hatten die Gesänge aufgehört, und nur in
unserer Nähe tönte eine Stimme, die nach einer sehr anmuthigen,
aber schwermüthigen Melodie einen Hodschayn (Lied erotischen Inhalts)
sang. Sie gehörte einem arabischen Werther an, wenigstens schloß
ich dieses aus den Worten des aus dem Stegreif gesungenen Klage=
liedes. Mit sehr gewählten Ausdrücken besang er die unwidersteh=
lichen Reize seiner Schönen, und klagte dann diese Unvergleichliche
der tigermäßigsten Grausamkeit an. Die Allegorien, deren er sich

bediente, waren größtentheils nach echt orientalischem Geschmack und
so ziemlich denen ähnlich, welche weiland König Salomo seinem
„Hohen Liede" einverleibte, ja, einige waren sogar sehr unpoetisch,
und ich zweifle nicht, daß eine europäische Schöne ihrem Anbeter
sofort den Abschied geben würde, hätte er sich unterstanden, sie „ein
widerspenstiges Kameel" zu nennen, wie es der in Rede stehende
Hadhramauter Liebhaber that.

Auch andere Vergleiche kamen vor, welche in Arabien zwar als
sehr gelungen gelten, in Europa aber wahrscheinlich wenig Glück
machen würden. So verglich er den Hals seiner Geliebten mit einem
„Gänsehalse" und ihre Ohren mit „Kameelsohren". Doch ist der
gute Mensch zu entschuldigen, denn Schwäne giebt es im Hadhramaut
nicht, wohl aber Gänse, und unter allen Thieren, die er kennt, hat
das Kameel, im Vergleich mit seiner Größe, die kleinsten Ohren.
Die Natur behauptete endlich ihre Rechte und der hoffnungslose Liebhaber entschlummerte, wenigstens verstummten seine Lieder.

Seinem Beispiele war ich im Begriff zu folgen, als ein Beduine
unseres Zuges mit geheimnißvoller Miene neben mein Lager sich
niederließ und die Pantomime des Geldzählens machte. Aergerlich
sagte ich ihm, er solle sich deutlicher erklären, worauf er mir ins
Ohr flüsterte, daß in jenen Ruinen unermeßliche Schätze begraben
lägen; ich sollte deshalb die Geister bannen, damit wir sie miteinander heben könnten. Ziemlich heftig und laut sagte ich ihm, er
solle mich in Ruhe lassen, da ich von dergleichen Künsten weder etwas
wisse, noch wissen wolle, worauf er mich ganz verdutzt ansah und
sich, ohne ein Wort zu sagen, wieder ans Feuer setzte.

Der Thermometer stand am Morgen bei klarem Himmel und
Windstille 22°, um Mittag 36°, am Abend bei Nordwestwind 25°.

27. Juli. Um kein Aufsehen zu erregen, blieb ich den ganzen
folgenden Tag in unserm Lager. Jedoch fehlte es nicht an Besuchern,
die mich weidlich mit Fragen quälten, mir aber manches Interessante
mittheilten. Die Beduinen übten sich im Scheibenschießen und Steinewerfen, worin sie sehr viel Geschicklichkeit zeigten. Die Schußweite

wechselte von 300 bis 500 Schritt, und selbst mit letzterer verfehlten sie selten ihr Ziel. — Was ihre Geschicklichkeit im Steinewerfen be- trifft, so habe ich ihrer schon früher erwähnt, wo sie eine Probe auf meine Kosten ablegten.

Gegen Abend hatte eine Anzahl Beduinen die Höhen bestiegen, um den Mond vor seinem Verschwinden sehen zu können. Sowie die Dunkelheit hereinbrach, waren Aller Augen mit gespannter Aufmerk- samkeit nach dem Gebirge gerichtet, von dem das Signal gegeben werden sollte. Es dauerte auch nicht lange, so verkündete lautes Jauchzen und Gewehrschüsse, daß mit dem Erscheinen unseres Tra- banten die glückliche Stunde gekommen sei, in welcher die Be- rathungen vorgenommen werden konnten. Ein donnerndes Allah hâfits el Dabahl (Gott segne die Stämme!) ertönte aus dem Lager der zur Berathung versammelten Stämme, und ein lautes „Amen!", welches Tausende der neutralen Beduinen in die Lüfte sandten, wurde vom Echo von Berg zu Berg getragen und verhallte in den Klüften des nahen Hochlandes. Eine Fâtiha wurde dann vom ältesten Schaych laut gebetet und von den Uebrigen leise nachgesummt, wonach dann die Tarr [113]) erscholl, welche die betreffenden Individuen zur Berathung rief. Auch die neutralen Beduinen strömten herbei, blieben aber in bescheidener Entfernung vom Sammelplatze stehen.

Die beiden Schaychs ließen sich nieder und ihre Beduinen setzten sich im Kreise um sie herum. Eine Zeit lang herrschte tiefe Stille und Alle schienen in Nachdenken versunken zu sein. Dann erhob sich einer der Schaychs und hielt eine lange Anrede, welche mit gespannter Aufmerksamkeit gehört wurde. Die Entfernung hinderte mich, die Worte zu verstehen, und Alles, was ich bemerken konnte, war, daß er seine Rede mit sehr lebhaften Gesticulationen begleitete. Dann und wann entstand eine Bewegung unter den Zuhörern und ein dumpfes Gemurmel ließ sich vernehmen. Nachdem der zweite Schaych und einige der Aeltesten das Wort geführt hatten, erhoben sich auch zu wiederholten Malen Stimmen aus der Reihe der Beduinen, worauf dann abermals der zweite Schaych das Wort nahm und eine, nach

seinen Gesten zu urtheilen, heftige, aber kurze Rede hielt, nach deren
Beendigung ein „Allah hafits el Qabayl" die Luft erschütterte,
dem ein paar tausend Kehlen ein „Amen!" nachriefen.

Die Berathung war beendigt — und der Krieg beschlossen.

Das Feuer, welches in der Mitte des Kreises gebrannt hatte,
wurde durch einen großen Haufen Holz neu belebt und die auflodernde
Flamme mit lautem Jubel begrüßt. Man brachte dann einen grünen
Ast des Rebekbaumes und einen fetten Hammel, welchem der älteste
Schaych die Füße band. Nach diesen Vorbereitungen ergriff er den
Ast, sprach ein Gebet über ihm und übergab ihn den Flammen. Wie
jede Spur von Grün verschwunden war, entzog er ihn dem Feuer,
sprach abermals ein Gebet und durchschnitt mit seiner Dschembihe die
Kehle des Hammels, mit dessen Blute der noch brennende Ast gelöscht wurde. Er riß dann mehrere kleine Zweige von dem verbrannten
Aste und übergab sie ebenso vielen Beduinen, welche damit nach verschiedenen Richtungen forteilten. Der schwarze, blutige Ast wurde
dann in die Erde gepflanzt. Die Beduinen lösten ihre gewöhnlich
zusammengebundenen Haare, nährten das Feuer aufs Neue und begannen einen ausdrucksvollen, kriegerischen Tanz, welcher von der
Tarr und dem Hods (Kriegsgesang) begleitet wurde. Das magisch
beleuchtete Thal hallte von dem rauhen, aber harmonischen Kriegsgesange
wider, und die nackten schwarzen Gestalten, welche sich mit fliegendem
Haar in wildem Takte um das blutig geweihte Panier bewegten,
glichen entfesselten Dämonen, der Ruine entstiegen, die im Hintergrunde ihre schwarzen Schatten auf die hellerleuchtete weiße Thalwand
warf. Tanz und Gesang dauerten bis nach Mitternacht, wann sich die
beiden Schaychs an die Spitze ihrer Beduinen stellten, dem sonderbaren Banner folgend sich nach Osten wandten und bald im Dunkel
verschwanden.

Tiefe Stille folgte dieser interessanten Scene, und Jeder suchte
noch den Rest der Nacht zu benutzen, um sich zu den Mühen des
kommenden Tages zu stärken. Die Begierde aber, etwas Näheres
über die Bedeutung des eben Geschehenen zu erfahren, ließ mich kein

Auge schließen. Ich setzte mich deshalb zu dem wachehaltenden Beduinen ans Feuer und brachte nach vielen Umschweifen das Gespräch
auf meinen Gegenstand. Der Beduine machte auch nicht viel Schwierigkeiten, meine Wißbegierde zu befriedigen, und theilte mir Folgendes mit:

Von dem Gebrauche, „einen Ast des Nebekbaumes abzu-
brennen", wußte er weiter nichts, als daß es ein herkömmlicher sei
und daß kein Ast eines andern Baumes dazu verwandt werden könne.
In dem Augenblick, da der Schahch den Ast ins Feuer wirft, sagt
er die Worte: „So wie dieser Ast verdorrt, so mögen auch
unsere Feinde verdorren!" und nachdem er ihn mit dem Blute
des Opferthieres geröthet hat, sagt er: „Wer zurückbleibt in
der Stunde der Gefahr und wer dieses Zeichen verläßt,
der verdorre, er und die Seinigen, gleichwie es verdorrt
ist!" — Die kleinen Zweige, welche der Schahch abreißt und an die
Beduinen vertheilt, dienen als Lärmzeichen, mit denen die Abgesandten
von Thal zu Thal eilen, die Söhne des Stammes zum bevorstehenden
Kampfe zu laden. Keiner darf es bei Verlust seiner Ehre wagen,
zurückzubleiben, wenn das gewählte Zeichen an seiner Lagerstätte erscheint und die Stimme des Trägers zum Kampfe ruft. Aus allen
Höhlen und Schluchten stürzen der greise Krieger, der kräftige Mann
und der kaum dem Knabenalter entreiste Jüngling hervor und eilen
dem Kampfplatze zu, für die Ehre und Rechte des Stammes zu siegen
oder zu sterben. — Voran zum Kampfe wird das blutige Sinnbild
getragen. Um dieses entbrennt der Streit am heftigsten, denn Ehre
ist es, es dem Feinde zu entreißen; unauslöschliche Schande ist es,
es zu verlieren.

Beim Friedensschlusse übergeben die Schahchs der versöhnten
Stämme ihre Aeste dem Feuer und lassen sie zu Asche verbrennen.

Nach diesem geben sie sich die Hände und sprechen: „Unsere
Feindschaft ist vernichtet, wie diese Zweige vernichtet sind; Friede sei
fortan zwischen mir und meinen Kindern und Dir und Deinen Kindern." Ein Jeder schlachtet dann einen Widder zum Opfer. Hat

eine Partei mehr Todte wie die andere, so sagt der im Vortheil
stehende Schaych: „Wähle zwischen Blut und Milch!" welches
soviel heißen will: er könne die Gefallenen rächen oder die Diye
(Blutgeld) annehmen. Bei dieser Gelegenheit wird gewöhnlich das
Blutgeld angenommen, da man nicht genau wissen kann, wer Jemand
getödtet hat. Der Ausdruck „Milch" bedeutet hier „Diye", weil sie
gewöhnlich in Kameelen oder Schaafen bezahlt wird. Die Araber
nehmen im Allgemeinen an, daß 'Abd el Motallib ibn Hischâm, der
Großvater Mohammed's, der Erste gewesen sei, der eine Diye bezahlt habe, und daß es seitdem in Gebrauch geblieben sei. 'Abd el
Motallib hatte nämlich ein Gelübde abgelegt, daß er dem Götzen,
der damals in der Ka'ba (Tempel zu Mekka) verehrt wurde, einen
seiner zehn Söhne opfern wolle. Er ließ deshalb seine Söhne loosen
und das Loos fiel auf seinen Lieblingssohn. Jedoch konnte er es
nicht über sich gewinnen, ihn zu opfern, und schlachtete an seiner
Statt 100 Kameele. — Viele Stämme haben dieses beibehalten und
100 Kameele oder ein Aequivalent von 8 Thalern pro Kameel als
Sühne des vergossenen Blutes festgesetzt; Andere weichen von dieser
Summe ab und bestimmen das Blutgeld nach dem Reichthum des
Todtschlägers. Im Hadhramaut ist dieses überall im Gebrauch.

Der Thermometer war am Morgen bei Windstille und heiterm
Himmel 22°, am Mittag 36°, am Abend bei schwachem Nordwestwinde 25°.

28. Juli. Am 28. Juli kurz vor 7 Uhr setzten wir unsere
Reise fort und gelangten in einer Stunde über ein allmählich an-
steigendes Terrain und durch eine tief eingeschnittene, steile Schlucht
auf das Plateau oder vielmehr auf die untere Terrasse desselben;
dann in einer Entfernung von 3—4 Stunden ragte eine zweite steile,
unabsehbare Wand. Da der Weg durch die Schlucht sehr ermüdend
gewesen war, so lagerten wir uns schon um ½9 Uhr in einer mit
Mimosen besetzten Niederung.

Kurz vor 1 Uhr setzte sich die Dâfila wieder in Bewegung und
befolgte bis ¼4 Uhr die Richtung von Nord, 20° Ost. Das

Plateau stieg in steilen Wänden vor uns auf, konnte aber von uns nicht mehr erstiegen werden, weshalb wir unser Nachtlager unter einem Mimosenwäldchen nahmen, welches den Entstehungspunkt eines Wâdih umsäumt. Am Abend hatten wir ein Gewitter, welches jedoch seinen Segen über eine andere Gegend ausschüttete. — Am Morgen hatten sich uns fünf Scheryfe angeschlossen, welche nach dem Wâdih 'Amd reisten und die ich als die zudringlichsten und frechsten Bursche kennen lernte, die mir je vorgekommen sind. Trotzdem, daß sie reichlich mit Proviant versehen waren, nahmen sie die Säcke der armen Beduinen ohne Weiteres in Anspruch. Auch die meinigen hatten den Mittag das gleiche Schicksal gehabt, und um des Glaubens willen hatte ich es geschehen lassen. Diesen Abend aber wollten sie meinen Proviant= sack ebenfalls in Contribution setzen, fanden ihn jedoch verschlossen. Ohne Umstände und in einem Tone, als hätten sie das größte Recht dazu, verlangten sie, daß ich das Schloß öffnen solle, welche freche Zumuthung ich aber mit barschen Worten zurückwies. Dieses schien sie zu befremden, und Einer von ihnen frug mich: „ob ich nicht wisse, daß sie Scheryfe seien?" „Es ist möglich, aber ich glaube es nicht", entgegnete ich, „denn ein Scheryf muß mehr wie jeder Andere wissen, daß Gott in seinem Buche (dem Dorân) jedem Muselmanne verbietet, sich der Habe seines Nächsten zu bemächtigen. Wäret ihr also Scheryfe, so würdet ihr die Provisionen verzehren, mit denen ihr reichlich versehen seid, und nicht die meinigen und die der Be= duinen ohne Erlaubniß fortnehmen." Diese Sprache war ihnen un= erwartet und neu, und in Gegenwart der Beduinen demüthigend, um so mehr, als diese mir beistimmten und sie weidlich auslachten. Höch= lichst entrüstet verlegten sie ihre Lagerstätte unter einen andern Baum, als befürchteten sie, durch die Nähe eines solchen ruchlosen Menschen an ihrer Heiligkeit Schaden zu leiden.

Der Thermometer stand am Morgen bei Windstille und heiterm Himmel 22°, um Mittag bei schwachem Nordwestwinde 30°, am Abend bei Südostwind und bewölktem Himmel 20°.

29. Juli. Am 29. Juli brachen wir kurz vor 5 Uhr Morgens

auf und erreichten nach einer Stunde den Fuß der ungeheuern, faſt 3000 Fuß hohen Gebirgswand. Die 'Aqaba (der Aufſtieg) wird hier durch eine etwa 10 Minuten breite, ſehr ſteile Abdachung, welche wahrſcheinlich durch einen Bergſturz entſtand, gebildet. — Das Er= ſteigen dieſer Höhe war ſehr ermüdend, da man auf dem loſen Ge= rölle fortwährend ausglitt. Wir hatten noch ungefähr 100 Schritt zu ſteigen, als wir oben einen Beduinen erblickten, der uns das Wort: „El Ghaffar!" (Wegegeld!) zurief. Dieſe Aufforderung wurde durch 10 Gewehre unterſtützt, welche aus den Schießlöchern einer aus loſen Steinen errichteten Bruſtwehr hervorblinkten. Unſere Beduinen riefen hinauf, „wie viel ein Jeder zu zahlen habe und wohin das Geld zu legen ſei?" worauf die Summe von 1 Thaler feſtgeſetzt und ein großes Felſenſtück auf halbem Wege zwiſchen ihnen und uns als Ablieferungs= ort bezeichnet wurde. Mein Thaler war bald gezogen, aber die Scherhfe behaupteten, daß ſie als ſolche nicht verbunden wären, irgend ein Wegegeld zu zahlen. Man rief dieſe Einwendungen hinauf, je= doch die da oben wollten von ſolchen Prärogativen Nichts wiſſen, ſondern erklärten, „daß ein Jeder der Reiſenden (denn die Beduinen ſelbſt zahlen kein Wegegeld), der nicht zahlen wolle, zurückbleibe und daß der ſofort zuſammengeſchoſſen würde, der es wage, dieſes Gebot zu übertreten".

Dieſem Argument war nun freilich Nichts entgegenzuſetzen und die Herren Scherhfe machten deshalb auch keine weitern Umſtände und legten Jeder ihren Thaler in die Hand eines Beduinen, welcher zu dem bezeichneten Platze hinaufſtieg, das Geld deponirte und dann zu uns zurückkehrte. Der oben ſtehende Beduine ſtieg nun behend hinunter, nahm das Geld und verſchwand ebenſo ſchnell hinter der Bruſtwehr. Bald darauf langten wir oben an. Ich ſah mich aber vergebens nach den Wegelagerern um, ſie waren ſpurlos in einer der nächſten Schluchten verſchwunden.

Bis ½9 Uhr zogen wir über die einförmige Gegend und ſtiegen ſodann in den Wâdiy Metelle hinab, an deſſen oberm Ende das Dorf Metelle liegt.

Dieſes Dorf beſteht aus ungefähr 20 Häuſern, in welchen bei=

läufig 150 Einwohner des Stammes Dothâm, einer Abtheilung des
Stammes Beuh Sjahbân, wohnen. In der Umgebung des Dorfes
stehen einige Dattelpalmen auf gut angebauten Feldern umher, welche
von einem Wachtthurme beschützt werden. Kurz nach 9 Uhr lagerten
wir oberhalb des Dorfes unter einigen Mimosen. Von Metelle eine
Stunde Weges liegen im Nordosten die Dörfer Minter und Scho=
rut im Wâdih Minter, welcher in den Wâdih Rhahde eb Dhn
mündet. Der Wâdih Metelle streicht von dem Dorfe aus von Südost
nach Nordwest, macht dann einen Bogen nach Nordosten und ver=
einigt sich dann mit dem Wâdih Rhahde eſſ Sjowahde.¹¹⁴) Er ist
wenig eingeschnitten und nicht, wie die bisher beschriebenen Wâdih
der Hochebene, von steilen Felswänden, sondern von sanften Abhängen
begrenzt, die mit Mimosen und Nebek bewachsen sind.

Mein Beduine kaufte von einem der Einwohner Vorrath von
einer Art Mehl, welches aus der Frucht des Nebekbaumes gemahlen
wird und, mit Wasser vermischt, ein sehr nahrhaftes und kühlendes
Getränk gewährt. Auch getrocknete Heuschrecken wurden uns feil=
geboten. Die Heuschrecken, welche hier genossen werden, sind auf
folgende Art zubereitet. Nachdem man denselben Kopf, Flügel und
Beine abgerissen hat, wirft man sie in kochendes, stark gesalzenes
Wasser und läßt sie etwa eine Minute darin liegen. Dann werden
sie auf einer Matte ausgebreitet, mit Salz bestreut und an der Sonne
getrocknet, und so zum Gebrauche aufbewahrt. Viele ziehen sie auch
auf Fäden, wie bei uns die Beeren. Diese Heuschreckenart wird von
den Arabern Mekun genannt und ist nach Forskål der Grillus gre-
garius. Dieser Gelehrte ist der Meinung, daß sie nicht Grillus
migratorius des Linné sind, welche in der Tartarei vorkommen.
Diese Thiere richten greuliche Verwüstungen an und kommen oft in
so erstaunlicher Menge, daß ein einziger Zug während eines ganzen
Tages gleich einem Schneegestöber über eine Stadt zieht. · Der
größte Zug, den ich gesehen habe, ließ sich im Jahre 1835 in
der Nähe von Mochâ in einer Ebene nieder und bedeckte dieselbe
etwa 4 Zoll hoch auf einer Strecke von ½ Quadratmeile.

Um Mittag setzten wir unsere Reise fort und erreichten bald die Ebene, wo sich 50 Kameele von der Dâfila trennten und dem Wâdiy Minter zuzogen. Nach einer Stunde stiegen wir einen sanften Abhang entlang in den Wâdiy Rhaybe eff Sjowaybe hinab, der ungefähr ½ Stunde Breite haben mag.

Bis ½2 Uhr durchschnitten wir ihn thalabwärts in nordöstlicher Richtung und betraten dann den Wâdiy Rhaybe eb Dyn, der sich wie eine 2 Stunden breite Ebene unabsehbar nach Norden zieht. Links vom Wege ragten, etwa ½ Stunde entfernt, zwei Wachtthürme und 20 Minuten später erblickte ich in einer Entfernung von 1 Stunde die Stadt Delâ. Hier residirt ein Sultan, der aber wenig Macht besitzt, indem er, gleich seinen Stammesgenossen im Wâdiy Doʿân, unter dem Schutze oder vielmehr der Botmäßigkeit der Beduinen steht, die hier, wie fast überall, die Machthaber sind. Der hier herrschende Stamm heißt Bâ Omm Sjaduff und ist eine Abtheilung des Stammes Ed Dayin.

Die obern Theile der Wâdiy Rhaybe eb Dyn und Rhaybe eff Sjowaybe werden von zwei Abtheilungen des Stammes Benŷ Sjaḥbân, den Stämmen El Dothâm und Dschaḥâdeme, bewohnt, welche auch die kleinern, in sie mündenden Thälern inne haben.

Trotz dem fruchtbaren Boden dieser Wâdiy findet sich in denselben, außer in der nächsten Umgebung der Ortschaften, keine Spur von Anbau, und die ganze Vegetation beschränkt sich auf einige zerstreut umherstehende Mimosen, mächtig wuchernden Oschr (Asclepias procera) und einige andere Pflanzen, worunter hauptsächlich Hyoschamus.

Unser Weg lag jetzt quer über den Wâdiy und führte uns um ¼ nach 2 Uhr an drei Thürmen vorüber, welche die hier beginnenden angebauten Ländereien beschützen. Von hier aus sah ich auch rechts vom Wege die Dörfer Schâbith und Esch Schillât, das eine ½, das andere 1 Stunde entfernt liegen. Wir zogen längs der äußersten Grenze der angebauten Felder hin, auf denen Weizen, Sesam, vor allem der Indigo in üppigster Fülle standen. Kurz vor

3 Uhr passirten wir die beiden dicht beisammen und hart am Wege liegenden Dörfer Kaybâm und Ghowahre. Ein dritter Ort lag dicht hinter diesen beiden; ich konnte aber seinen Namen nicht erfahren. Diese Ortschaften sind ganz regelmäßig im Viereck gebaut und zwar so, daß die äußere Häuserreihe das Ganze mauerartig umgiebt; an jeder der vier Ecken steht ein starker viereckiger Thurm, von dem aus die Seiten bestiegen werden können. Zwischen den drei Dörfern zählte ich noch acht Wachtthürme, welche so angelegt sind, daß einer den andern vertheidigt. Alle diese Orte sind von Beduinen des Stammes Bâ Omm Sjaduss bewohnt, dessen ältester Schaych in Kaybâm resi- dirt. Die Seelenzahl dieser Dörfer wird wohl nicht 1500 übersteigen. Längs des Weges vor diesen Dörfern sah ich eine Menge irdener Töpfe, in welchen der Indigo bereitet wird, der ein Haupthandels- artikel dieses Wâdiy ist. Oestlich vom Wege entspringt am Abhange des Plateaus eine Quelle, die sich in ein natürliches Bassin ergießt, welches mit Lotosblättern bedeckt war. Kurz vor 3 Uhr bogen wir in den Wâdiy Maghâra ein, stiegen aber gleich darauf auf den ent- gegengesetzten Abhang zum Plateau hinan und lagerten neben einer Waldung von Mimosen und Nebekbäumen. Zehn Minuten thalauf- wärts liegt im Wâdiy Maghâra das bedeutende Dorf Horrahn, welches von Wachtthürmen umgeben ist.

Im Verhältniß zu seiner Ausdehnung und Fruchtbarkeit ist der Wâdiy Rhaybe ed Dyn nur wenig bevölkert. Demungeachtet ist er als einer der Hauptwâdiy der hadhramauter Hochebene anzusehen. Nach der übereinstimmenden Angabe mehrerer Personen liegen folgende Ortschaften in ihm: Esch Schillât, Schi'be [115]), Kaybâm, Ghowahre, Okâmiss, Chalhf [116]), Hiçn bâ 'Abd, Hiçn Baydra [117]), Bohut, El Hidschelyn und Neshun. Auf der Westseite, ebenfalls von Süden nach Norden, Delâ, Rhaybe, Hiçn bâ Omm Sjaduss, Esch Sche- ryn [118]), Esch Scherka [119]), 'Anif, Ryr. An der Ostseite münden Wâdiy Maghâra mit dem Dorfe Horrahn [120]), Wâdiy Ghaura [121]) mit den Dörfern Ghaura und Bâ 'Amr, Wâdiy Rabadh und Çafrâ und der Wâdiy Hidschelyn. An der Westseite münden: Wâdiy

Rhayde ess Ssowayde, Wâdiy Minter [122]) mit den Dörfern Minter und Schornt, Wâdiy Bâ Taryq mit den Orten Ghebess [123]), Ghaydyn und Bâ Taryq, und endlich der Wâdiy Nhr [124]), von dessen Mündung an der Wâdiy Rhayde ed Dyn den Namen 'Amd [125]) annimmt.

Unsere Dâfila war jetzt nur noch 20 Kameele und 14 Beduinen stark, da die Uebrigen nach den verschiedenen Ortschaften der Wâdiy Rhayde ed Dyn und 'Amd bestimmt waren.

Am Abend wurde mancherlei über den treulosen, habsüchtigen und filzigen Charakter der „Scheryfe" gesprochen und die Beduinen waren herzlich froh, von der Gesellschaft dieser Leute befreit zu sein. Zwar freuten sie sich, daß ich diese Leute zurechtgewiesen hatte, sie befürchteten aber, daß mir ein Unglück zustoßen würde; „denn", sagten sie, „die Scheryfe sind falsch und rachsüchtig und können Jemanden sehr viel Böses zufügen, da ihnen viel Macht durch die geheime Wissenschaft des Ssihr geworden ist." — „Gott ist groß", erwiderte ich, „und ohne seinen Willen kann mir nichts Uebles widerfahren. Ich fürchte diese Scheryfe nicht." — Die Beduinen sagten hierzu ihr „Amen!" und legten sich zur Ruhe.

Die Hauptrichtung der heutigen Tagereise war Nord, 20° Ost. Der Thermometer stand am Morgen bei Windstille und heiterm Himmel 15°, am Mittag bei schwachem Nordwestwind 20°, am Abend 18°.

30. Juli. Am 30. brachen wir erst des Morgens ½8 Uhr auf. Die Gegend auf der Hochebene bleibt sich fortwährend gleich. Dasselbe Gestein, dieselbe Form der in allen Richtungen zerstreut liegenden Hügel waltet hier wie dort vor, wo ich dieselben zum erstenmale betrat. Ueberall ermüdet eine traurige Einförmigkeit das Auge des Reisenden, welches das Ende der unermeßlichen Ebene vergebens zu erspähen sucht. Etwas vor 9 Uhr erblickte ich zur Linken den Wâdiy Ghaura, aus welchem die Minarets (Thürme der Moscheen) der Dörfer Ghaura und Bâ 'Amr hervorragten.

Nach einer Stunde kamen wir an einem in den Felsen gehauenes

Bassin vorüber, welches mit Wasser gefüllt war. Von hier aus legten wir noch eine Stunde Wegs zurück und lagerten dann unter einer großen Mimose, neben welcher zwei Cisternen eingehauen sind. Ganz in der Nähe steht eines der mehrerwähnten Schutzhäuschen.

Nach einer Ruhe von 2½ Stunden wurden die Kameele beladen und die Reise fortgesetzt. Um 20 Minuten vor 3 Uhr genoß ich eine hübsche Aussicht in den Wâdih Rabadh, in welchem sich das Dorf gleichen Namens aus einem dichten Gebüsche von Mimosen und Ta= marisken erhebt. An den Seiten des Thales befinden sich terrassen= förmige Anlagen, welche im herrlichsten Grün prangten. Zum Schutz derselben steht im obern Theil derselben ein Wachtthurm. Die Be= wohner des Orts sind Beduinen des Stammes Bâ Sjowahde, welcher eine Abtheilung des Stammes Ed Dahin ist. Um ¼ nach 3 Uhr trafen wir eine Cisterne und ¼ Stunde später sah ich das Dorf Çafrâ im Wâdih gleichen Namens liegen, dessen Bewohner gleichfalls dem Stamme Eß Sjowahdân angehören. Der kleine Wâdih Çafrâ vereinigt sich mit dem Wâdih Rabadh und dieser bei dem Orte Hiçn Bahdra mit dem Wâdih Rhahde ed Dhn. Wir legten noch zwei Stunden Weges zurück, während welcher wir an sechs Cisternen vorüberkamen, und lagerten dann auf einer mit Feuersteinen besäeten Niederung unter einigen Mimosen, welche in voller Blüthe standen und die Gegend mit ihren Wohlgerüchen erfüllten.

Der Thermometer stand am Morgen bei Windstille und heiterm Himmel 10°, am Mittag 20°, am Abend bei schwachem West= winde 18°.

31. Juli. Am 31. Juli verließen wir Morgens 7 Uhr unser Nachtlager und zogen dem nahen Wâdih Do'ân zu. Um ½9 Uhr stiegen wir in eine enge Schlucht hinab, und einige Minuten später stand ich am Rande des reizenden Thales, oberhalb der Residenz El 'Arr.

Mehr wie einmal war während dieser Reise mein Leben in Ge= fahr gewesen; glühende Sandgefilde und Ebenen von trostloser Nackt= heit und erdrückender Monotonie, nur hier und da von einem freund=

lichen Ruhepunkte unterbrochen, hatte ich bisher durchwandert. Man kann sich also denken, mit welcher Lust mein Auge an den in voller Farbenpracht prangenden Fluren hing, mit welch inniger Freude ich den dunkeln Hain der Palmen und das gastliche Choraybe wieder begrüßte.

Mit vorsichtigen Schritten zog die Kâfilah den äußerst gefähr= lichen Weg hinab, erreichte ohne Unfall das Thal, und schon um 10 Uhr saß ich in der Mitte der Familie meines ehrwürdigen Schaychs 'Abd Allah bâ Ssudân, welche ungeheure Freude blicken ließ, mich wohlbehalten wiederzusehen.

Am Morgen stand der Thermometer bei Windstille und heiterm Himmel 10°, um Mittag 25°, am Abend bei Nordwestwind 20°.

Siebentes Capitel.

Das eigentliche Hadhramaut.

Zweiter Besuch bei dem Sultan. — Abreise. — Ankunft in 'Amd. — Schaych 'Abd er Rahmân bâ Dyak ben 'Amudy. — Abreise. — Nachtlager bei Hallet bâ Salib. — Nachtlager bei Oirbe. — Ankunft in Haura. — Der Wâdiy 'Amd. — Der Wâdiy El Hadscharyn. — Die alten Königsgräber im Wâdiy Ghayibun unfern Meschhed 'Alyy. — Der Wâdiy Daçr.

1. **August.** Am folgenden Morgen stattete ich, in Begleitung des ältesten Sohnes vom Hause, dem Sultan meinen Besuch ab, der mich aber diesmal sehr kalt empfing und überhaupt vieles Mißtrauen zeigte. Er hörte nicht auf, von Mohammed 'Alyy zu sprechen, und ließ nicht undeutlich merken, daß er eine Invasion des Aeghptiers befürchte und daß ich von demselben geschickt sei, das Land zu er-spähen. Obgleich weder geschmeichelt noch erfreut, für einen Spion Mohammed 'Alyy's zu gelten, mußte ich doch über die Wichtigthuerei des alten Herrn lachen, der sein aus einer Stadt, einem Dorfe und einigen Morgen Landes bestehendes Reich für bedeutend genug hielt, die Eroberungslust eines so entfernten Fürsten zu reizen. Um ihm diese Meinung zu benehmen, frug ich ihn, wie viel er wohl glaube, daß eine Expedition nach dem Hadhramaut kosten würde? Nach einigem Besinnen gab er mir zur Antwort: „Nun, an 100,000 Thaler." Worauf ich ihm entgegnete: daß 3 Millionen nicht hinreichen würden, und daß, da der ganze Wâdiy nicht so viel werth sei, er von einer Invasion des Pascha Nichts zu befürchten habe. Jedoch blieb er bei

der Meinung, daß der Wâdiy Do'ân mit seinen vielen Städten und Dattelwäldern sich doch wohl der Mühe verlohne.

Als ich ihm nun erzählte, daß die einzige Stadt Kairo mehr Einwohner zähle, als der ganze Wâdiy, daß mehr als 100 Städte wie Choraybe, und mehr als 3000 Dörfer in Scharq unter der Botmäßigkeit des Pascha von Aegypten ständen, und daß, bloß in der Umgegend von Kairo, mehr Datteln, Durra, Weizen, Bohnen, Linsen u. s. w. geerntet würde, als alle Bewohner des Hadhramaut in einem Jahre verzehren könnten — da schien dem alten Herrn der Verstand stille zu stehen. Mit erstaunten Blicken und offenem Munde starrte er mich eine Weile an und brach dann in die Worte aus: „Gott ist Gott! Es ist nur ein Gott und Mohammed ist sein Gesandter! Mohammed 'Alyy ist ein mächtiger Sultan, der uns alle verderben kann. Du siehst, daß ich wohl Ursache habe, ihn zu fürchten." — Da meine Bemühungen, dem alten Herrn seine Furcht zu benehmen, gerade das Entgegengesetzte bewirkten, so hielt ich es für das Rathsamste, mich zu beurlauben und nach der Stadt zurückzukehren.

Am Ausgange des Bajars begegneten mir mehrere der angesehensten Einwohner, welche, wie mir mein Begleiter sagte, in Finanzangelegenheiten zum Sultan gingen. Schaych Bâ Dorra, der auch mit ihnen war, wünschte mir zu meiner Zurückkunft Glück und bat mich, ihn zu besuchen, welches ich ihm für den Nachmittag zusagte, da ich Willens war, unter dem Schutze seines Stammes nach dem Wâdiy 'Amd zu reisen.

Nachmittags erfüllte ich mein Versprechen und besuchte den Schaych, bei welchem ich auch seinen Collegen Hossayn bâ Sohra, Schaych der Châmiye, antraf, der mich ebenfalls beglückwünschte, so glücklich aus dem Lande der verrufenen Dsiyaybiy zurückgekehrt zu sein. Ich erzählte ihnen meine Reiseabenteuer und theilte ihnen meinen Entschluß mit, noch vor der Siyâra von Qabr Hud einen Ausflug nach Norden zu machen. Zu gleicher Zeit bat ich sie, mir einen sichern Führer aus einem der beiden Stämme zu geben.

Meine Reiselust kam ihnen komisch genug vor, und sie fragten mich lachend, was ich denn eigentlich an den Steinen des Hadhramaut Merkwürdiges fände? „Oder", setzten sie hinzu, „habt ihr in Aegypten etwa keine Steine?" — Ich entgegnete ihnen: „da ich nun einmal auf einer Pilgerreise in diesem Lande begriffen sei und ich mich bis zur Zeit der Sijâra langweilte, es aber ein verdienstliches Werk sei, auch die in andern Gegenden befindlichen Heiligen=Gräber zu besuchen, so wolle ich meine Zeit zum Besuch derselben verwenden." — Waren sie nun auch nicht so ganz von dem religiösen Zwecke meiner Reise überzeugt, so thaten sie doch wenigstens, als glaubten sie daran, und Bâ Corra [126]) versprach mir, am folgenden Morgen einen Beduinen zu schicken, mit dem ich mich verständigen könnte.

Mein Wirth, dem ich am Abend meinen Reiseplan mittheilte, war nicht so sehr dafür, gab aber doch, da er sah, daß mein Entschluß feststand, seinem Sohne den Befehl, mir einen Empfangsbrief an einen sehr einflußreichen Schaych in 'Amd mitzugeben.

Der Thermometer stand am Morgen bei Windstille und heiterm Himmel 15°, um Mittag bei Nordwestwind 25°, am Abend 20°.

2. August. Am folgenden Morgen weckte mich ein lebhaftes Gewehrfeuer und ein durchdringendes Geschrei, das in allen Häusern von den Weibern erhoben wurde. Anfangs war ich der Meinung, daß die Stadt überfallen worden sei, ein Blick nach El 'Arr belehrte mich jedoch, daß man von dort aus die Stadt beschoß. Ich ging nach der Thür, um mich nach der Ursache des Schießens zu erkundigen. — Hatte mich ein Inwohner der Residenz am Fenster erblickt oder schoß man aufs Gerathewohl, genug, daß eine Kugel durch das Fenster in die gegenüberliegende Wand schlug, nachdem ich mich kaum davon entfernt hatte.

Im Gange fand ich bereits alle männlichen Mitglieder der Familie installirt, während die Frauen sich in die untern Zimmer zurückgezogen hatten.

Ich erfuhr jetzt, daß einige Individuen dem Sultan 10 Thaler

Abgaben schuldeten, welche sie nicht auftreiben könnten. Um nun die Stadt zu zwingen, diese Summe einstweilen zu erlegen, wurde sie von dem Sultan beschossen.

Das System, eine Stadt für einzelne Individuen solidarisch haften zu lassen, findet sich also nicht blos in Aegypten, sondern ist seit undenklichen Zeiten im ganzen Hadhramaut gebräuchlich, wo noch obendrein, wie man sieht, die Zwangsmittel höchst energischer Natur sind.

Den ganzen Tag wurde auf die Stadt geschossen, sodaß es Niemand wagen durfte, den Basar oder die Straßen zu betreten, welche von El 'Arr aus bestrichen wurden. Besonders war ersterer den Kugeln ausgesetzt und die Kaufleute daher gezwungen, ihren Handel einzustellen.

Der Thermometer stand am Morgen bei Windstille und heiterm Wetter 15°, um Mittag 25°, am Abend bei schwachem Nordwestwind 20°.

3. August. Mit dem Beginn des nächsten Tages begann das Schießen aufs Neue, währte aber nur bis gegen Mittag, da die Reichen unter den Bewohnern der Stadt die Summe zusammengelegt und sie dem Sultan durch einen Beduinen übersandt hatten. — Dieser Auftritt war nicht ohne traurige Folgen gewesen, denn ein Mann wurde auf der Stelle getödtet, ein anderer starb am Morgen an der erhaltenen Wunde, und 7 Individuen, darunter auch eine Frau, waren minder oder mehr schwer verwundet. Niemand aber wunderte sich über diese Gewaltthätigkeit, noch war darüber aufgebracht. Im Gegentheil fand man sie sehr natürlich und versicherte mir, daß dieses das einzige Mittel sei, welches die Sultane anwendeten, um rückständige Steuern einzutreiben; auch käme dieses sehr häufig vor.

Des Nachmittags schickte ich zu Bâ Dorra und ließ ihn bitten, mir den versprochenen Beduinen zu schicken, da ich gesonnen sei, des folgenden Morgens nach dem Wâdih 'Amd zu reisen.

Er schickte auch sogleich einen jungen Mann seines Stammes, mit dem ich bald einig und dem ich von dem Schaych 'Abd el Qâdir in aller Form übergeben wurde.

14*

Den Abend brachte ich in Gesellschaft einiger Scheryfe und Schaychs zu, bei denen ich mich nach der Gegend erkundigte, welche ich besuchen wollte; aber keiner von ihnen konnte mir etwas Bestimmtes mittheilen.

Der größte Theil dieser Leute zeichnet sich durch eine großartige Ignoranz aus und ist so wenig mit dem eigenen Vaterlande bekannt, daß man fast Nichts von ihnen erfahren kann. Unglücklicherweise war der Schaych abwesend, der mir so viele Nachrichten von Beled el Hadschar gegeben hatte. Es ist in diesem Lande immer am Besten, sich an die Aussagen der Beduinen zu halten, die jeden Schritt im Gebirge kennen. Freilich findet man dann und wann Scheryfe, welche eine rühmliche Ausnahme machen und sich um andere Gegenstände bekümmern, als um den Corân; aber leider sind sie sehr selten.

Der Thermometer stand am Morgen bei Windstille und heiterm Himmel 15°, um Mittag bei schwachem Nordwestwind 25°, am Abend 20°.

4. August. Am 4. August früh Morgens um 6 Uhr verließ ich Choraybe, um die nördlichen Gegenden des Plateaus zu besuchen. Ich erstieg es auf demselben Wege, auf dem ich es vor einigen Tagen verlassen hatte, jedoch ging das Hinaufsteigen sehr langsam von Statten, sodaß wir sie erst nach zwei Stunden erreichten. Während 1½ Stunde blieben wir auf dem Wege nach Rhaybe ed Dyn und zwar bis zur Stelle meines letzten Nachtlagers, wo wir uns nach Nord, 25° West wandten. Um ¼ vor 11 Uhr lagerten wir neben einer Cisterne, wo wir einige Kaufleute mit ihren Beduinen fanden, welche Tags zuvor den Wâdiy 'Amd verlassen hatten. Um 2 Uhr verließen wir diesen Platz und legten noch eine Stunde Weges bis zu einer Cisterne zurück, neben welcher wir uns für die Nacht einrichteten. Hier entsteht zur Rechten des Weges ein Wâdiy, dessen Namen mir mein Beduine entweder nicht sagen konnte oder wollte; jedoch wußte er so viel, daß dieser Wâdiy bei der Stadt „Matruch" in den Wâdiy Do'ân mündet.

Etwa ¾ Stunde von dieser Cisterne erhebt sich ein Hügel von

ziemlicher Ausdehnung, der wie viele andere der Hochebene die Form eines Dachstuhles hat. Ueberhaupt ändert sich auf dem Plateau der Charakter der Gegend nirgends; überall dieselbe Nacktheit, dieselbe Einförmigkeit. Die Cisternen, deren man auf dem Wege von Ma-kalla nach dem Wâdih Do'ân und den andern Gegenden so viele an-trifft, werden hier seltener, denn ich traf während dieser Tagereise auf einer Strecke von sechs Stunden nur drei an.

Mein junger Beduine schien sich vor meiner Persönlichkeit ge-waltig zu fürchten und es war augenscheinlich, daß ich ihm ein höchst unheimlicher Geselle war. Er hielt sich fortwährend in einiger Ent-fernung und sah sich nach allen Seiten um, als ob er befürchte, ein Dutzend böser Geister erscheinen zu sehen; eine Wirkung des Gerüchts, welches sich seit meiner Zurückkunft aus dem Wâdih el Hadschar ver-breitet hatte, nämlich, daß ich ein Geisterbanner sei. Alle meine Handlungen beobachtete er auf das Genaueste und besonders schien seine Aufmerksamkeit am gespanntesten zu sein, wenn ich nach der Uhr sah, in welcher er, wie ich später erfuhr, nichts Anderes sah, als einen Behälter, in welchem ich einen jener bösen Dämonen ein-gesperrt hielt. Man kann sich denken, daß ich bei so bewandten Um-ständen keinerlei Unterhaltung mit ihm anknüpfen konnte. Zum Glück bot die Gegend, welche ich durchreiste, wenig Interessantes dar, und so verlor ich Nichts durch seine Verschlossenheit.

Der Thermometer stand am Morgen bei Windstille und heiterm Himmel 15°, um Mittag bei Nordwestwind 20°, am Abend 18°.

5. August. Am 5. August des Morgens 5 Uhr machten wir uns auf den Weg, passirten nach dreistündigem Marsch eine Cisterne und machten um 11 Uhr an einem Wâdih Halt, welcher sich bei dem Orte Dschahys mit dem Wâdih 'Amd vereinigt. Einige Beduinen-frauen trieben hier eine bedeutende Schaafheerde vorüber. Kaum hatten sie uns bemerkt, so umringten sie mich und meinen Führer und setzten uns weidlich mit Fragen zu. Besonders komisch fanden sie, daß ich als Mann Unterbeinkleider trug, welches bei ihren Sansculotten von Männern etwas Unerhörtes ist. Sie gehörten zum

Stamme der Murat Çobayḥ, einer Abtheilung des Stammes El
Dſcha'da. Ihr Anzug unterſchied ſich in Nichts von dem, welchen
ich früher bei dem Wâdiy Dahme beſchrieben habe; ein kleiner Sprößling lag, mit zwei Lämmern treulich gepaart, in dem Korbe der einen.

Um 1 Uhr Nachmittags ſetzten wir unſere Reiſe fort und erreichten um ½4 Uhr den Rand des Wâdiy 'Amd. — Dieſer Wâdiy
iſt zwar bedeutend breiter, als der Wâdiy Do'ân, gewährt aber keinen
ſo maleriſchen Anblick. Hier fehlen die großartigen Felſenpartieen und
die amphitheatraliſche Lage der Ortſchaften, hier laden keine ſchattigen
Baumgruppen zur Ruhe ein und kein Palmenhain erquickt mit ſeinem
dunkeln Grün das Auge; — überall dürre Steppen, nur hier und
da von grünen Streifen durchzogen, und in der Ebene liegende Dörfer,
welche, gehüllt in gelbliches Grau, mit dem Boden gleichſam ver-
ſchmelzen. In demjenigen Theile des Wâdiy, welchen ich überſehen
konnte, bemerkte ich folgende Oerter. (Gerade unter mir die Stadt
'Amd, weiter hinüber, weiter öſtlich, die Dörfer Nowaḥre und El
Hobul [127]), links im Südweſten das Dorf Neſhun [128]), im Norden
das Dorf Lohun [129]) und in nordöſtlicher Richtung thalabwärts das
Dorf Dſchaḥḥ. Wir langten, nachdem wir den ſanften Abhang der
Thalwand hinabgeſtiegen waren, kurz vor 5 Uhr in der Stadt 'Amd
und im Hauſe des Schaych 'Abd er Rahmân bâ Dyak ben 'Amudy
an, dem mich mein alter Wirth in Choraybe empfohlen hatte. Während wir klopften, lief aus allen Gaſſen ein Haufen Kinder heran,
welche ſich um den beſten Platz balgten, von dem aus ſie ein ſo
ſeltenes Geſchöpf, wie mich, am Beſten in Augenſchein nehmen konnten.
Nach einigem Warten öffnete endlich eine Negerſclavin die Thüre und
führte uns in das Gaſtzimmer, wo wir mit Kaffee und Datteln bewirthet wurden. Bald darauf führte man uns nach einem auf einer
Nebenterraſſe angebrachten Zimmer, in welchem ſich der Schaych auf-
hielt. Bei meinem Eintritt überraſchte mich der Anblick eines „Tiſches“
und „einiger eleganter, europäiſcher Lehnſeſſel“. Aus einem derſelben
erhob ſich der Schaych, ein ſchöner Mann in der vollen Kraft ſeiner
Jahre und von imponirendem Aeußern. Er ging mir einige Schritte

entgegen und führte mich, nach Beendigung des üblichen Ceremoniels, zu einem der Stühle, indem er mich Platz zu nehmen bat. Er verabschiedete hierauf meinen Dachayl, der seinerseits höchlichst erfreut war, der Sorge für meine ihm so unheimliche Person enthoben zu sein. Nachdem sich der Schaych nach meinem Vaterlande und dem Zwecke meiner Reise erkundigt hatte, stellte er in sehr gutem Englisch die Frage: „Ob ich diese Sprache verstehe?" Ob gleich es mir nicht sehr angenehm war, diese Frage hier, aus solchem Munde und in der Sprache der in diesem Lande so gehaßten Engländer zu hören, so erwog ich doch gleich, daß der Araber, welcher sie an mich richtete, nicht zu den fanatischen gehöre, und wagte es daher, dieselbe in derselben Sprache zu bejahen. Er sagte mir nun, daß er schon von mir gehört habe und daß es ihn freue, mich hier in seinem Hause zu sehen. Er leitete dann das Gespräch auf die Politik, welche die Engländer vermocht haben konnte, 'Aden zu besetzen. Wie alle Araber, beunruhigte auch ihn das Festsetzen der Engländer auf arabischem Boden, ohne jedoch, wie jene, die thörichten Hoffnungen zu hegen, die Eindringlinge mit Waffengewalt vertreiben zu können. Nach diesem Thema kam ich auf den Zweck meiner Reise zu sprechen, und da er gehört hatte, daß ich Vieles geschrieben, so bat er mich, ihm meine Notizen zu zeigen, welches ich, obgleich sehr ungern, that.

Er betrachtete die Schrift mit vieler Aufmerksamkeit und erklärte dann, daß, wenn es auch keine englische, so doch eine europäische sei. „Auch sind Sie kein Moslim", setzte er hinzu, „denn sonst würden Sie nicht so angelegentlich unsere Berge und Thäler beschreiben und sogar, wie man mir gesagt hat, einen jeden Stein mit so vieler Aufmerksamkeit betrachten."

Ich betheuerte, „ein echter Moslim zu sein"; aber er sagte mir mit einem Zeichen der Ungeduld: „Mein Lieber! in Ihrem Sinne wohl, nicht aber in meinem! Freilich haben Sie alle Ursache, es zu behaupten, — und glücklich für Sie, wenn man es glaubt. Ich aber, der ich lange Jahre mit Europäern

in Indien Umgang gepflogen und ihre Sprache erlernt
habe, bin über Ihre Nationalität nicht in Zweifel. Indeß
sind Sie mir deshalb nicht minder willkommen, denn ich
weiß die Beweggründe zu würdigen, welche Sie bestimmt
haben, eine Reise in diese den Europäern noch unbekannten
Gegenden zu unternehmen, und Fanatismus ist mir fremd.
Von meiner Seite haben Sie Nichts zu befürchten, im Gegen=
theil werde ich mir ein Vergnügen daraus machen, Ihnen
zur Erreichung Ihres Zweckes behülflich zu sein."

Nach diesem Ausspruche, auf den Nichts zu erwiedern das Beste
war, öffnete er einen Wandschrank und zeigte mir seinen Schatz von
englischen Büchern. Walter Scott's „Geschichte Napoleon's",
ein „Lehrbuch der Physik", eine „Geographie" und ein „geo=
graphischer Atlas" machten die Hauptbestandtheile dieser kleinen
Bibliothek aus. — Man kann sich meine Ueberraschung denken, in
einem Winkel dieses von „Halbwilden" bewohnten Landes einen Mann
zu finden, dem die Wissenschaften nicht fremd waren, und der Geist
genug besaß, sich für mein Unternehmen zu interessiren!

Diesem Manne verdanke ich Vieles, was mir ohne ihn unbekannt
geblieben wäre und welches ich am geeigneten Orte mittheilen werde.

Am Abend kamen mehrere Scherife, welche aber nicht dazu bei=
trugen, das Gespräch interessant zu machen. Mein Wirth, welcher
bemerkte, wie lästig mir das gehaltlose Gespräch und die albernen
Fragen dieser Leute waren, gab mir, indem er meine Müdigkeit vor=
schützte, eine schickliche Gelegenheit, mich auf mein Zimmer zurück=
zuziehen.

Der Thermometer stand am Morgen bei klarem Wetter und
Windstille 10°, am Mittag bei Nordwestwind 20°, am Abend 10°.

6. August. Am folgenden Morgen ersuchte ich den Schaych
'Abd er Rahmân, mir für den folgenden Tag einen sichern Dachayl
nach Haura, an der Mündung des Wâdiy 'Amd in den Wâdiy Daçr
zu verschaffen. Obgleich es sein sehnlichster Wunsch war, mich noch
länger bei sich zu sehen und ich selbst die interessante Gesellschaft dieses

Mannes gern noch länger genossen hätte, so war doch keine Zeit zu
verlieren, wenn ich, meinem Plane gemäß, den Wâdiy Er Râchiye
besuchen und am 25. in Ghaydin sein wollte. Diese Gründe und
das Versprechen, auf meiner Rückreise nach dem Wâdiy Do'ân einen
Tag bei ihm zu bleiben, bewogen ihn endlich in meine Abreise zu
willigen. Er schickte seinen Sclaven auf den Basar, der auch bald
einen Beduinen, vom Stamme Murat Cobayh brachte, dem er mich
übergab. Am Morgen machte ich mit meinem Wirthe einen Spaziergang
in die Stadt und ihre Umgebungen und besuchte auf dem Rückwege
den Dâdhy und zwei der angesehensten Scheryfe, bei denen ich jedoch
nichts Bemerkenswerthes hörte und nur eine Menge Fragen zu beant=
worten hatte, unter denen, wie gewöhnlich, mehrere höchst originelle
vorkamen. Unter Anderm war eine der Art, daß wir, der Sitte
zuwider, laut auflachten. Der Dâdhy, ein aufgeräumter, sehr rüstiger
Sechziger, frug mich nämlich nach den körperlichen Dimensionen der
— Königin von England und wie viel Eunuchen sie habe. Ganz
erstaunt sah er unserm Lachen zu, lachte aber endlich selbst mit auf
seine Kosten und konnte sich gar nicht darein finden, daß die Königin
gar keine Eunuchen (Verschnittene) haben sollte; „denn“, sagte er,
„die Frauen sind zu schwach, um allen Versuchungen widerstehen zu
können, und eine Königin muß deren doch eine bedeutende Menge haben.“

Des Nachmittags führte mich der Schaych in ein Haus, in
welchem soeben eine Hochzeit gefeiert wurde. Schon von weitem scholl
uns der Sugharith der Frauen und der Ton der Rhobâba und
Daçâba entgegen, welche einen harmonischen Gesang begleiteten. Von
Zeit zu Zeit hörte man auch den Schall der Tarr, welche, wie mir
mein Begleiter sagte, am Ende jeder Strophe fünf= bis sechsmal
geschlagen wird. Bei unserm Eintritt wurden wir von dem Vater
des Bräutigams empfangen und in ein großes Zimmer geführt, wo
der Bräutigam regungslos (denn es ist Sitte, daß der Bräutigam,
ohne sich zu rühren, mit möglichst steifer Gravität bis zum Ende des
Festes sitzen muß) auf einer eigens dazu errichteten, mit hellfarbigem
geblümten Katun bedeckten Estrade zwischen zwei Anverwandten der

Braut saß. Vor dieser Estrade stand ein kupfernes Gefäß, welches mit einem seidenen Tuche bedeckt war und dazu bestimmt ist, die Geschenke aufzunehmen, die jeder Besucher, der Sitte gemäß, machen muß. Neben dieser Schüssel saßen zwei aufgeputzte Knaben, von denen der eine ein Rauchfaß, der andere eine mit Rosenwasser ge- füllte Tissqie in der Hand hielt. — Die Tissqie sind im ganzen Orient gebräuchlich und werden aus Böhmen dahin verschickt. Es sind kleine, mit Blumen gezierte Flaschen mit langem engen Hals, welche vermittelst darauf geschraubter Stücke verschlossen werden, die mit kleinen Oeffnungen versehen sind. — Beide, Braut und Bräutigam, hatten einen Haufen kleiner, grüner Zweige neben sich liegen. Da ich bereits zu Hause mit diesem Gebrauch bekannt ge- macht war, so hatte ich ein Rasirmesser, eine Scheere, eine kleine Spiegeldose und eine Schnur Glaskorallen mitgebracht, welches ich Alles unter das Tuch in die Schüssel schob, ohne die bereits darin liegenden Geschenke aufzudecken. Wir bekamen ein Jeder einen der kleinen grünen Zweige, und nachdem uns einer der Knaben mit Rosen- wasser besprißt hatte, beräucherte der andere unsere Kleider mit Weih= rauch. Hierauf nahmen wir unter den andern Gästen Platz, welche auf den bereits erwähnten schwarzen Teppichen umhersaßen und sangen. Ich konnte nun den Bräutigam mit Muße betrachten, welcher, mit einem rothen Kaftan und großmächtigen Turban angethan, wie eine Bildsäule zwischen seinen beiden Gefährten saß. Vorn auf dem Turban ragte ein voluminöses Bouquet Knoblauchzwiebeln, welches, wenn es auch nicht zur großen Zierde gereicht, doch den Nutzen hat, die Macht des bösen Blickes unschädlich zu machen. Ueber eine mit geblümtem Katun verhangene Thür, welche aus diesem Zimmer in ein Nebengemach führte, in dem sich die Braut mit den weiblichen Gästen befand, hing zu demselben Zweck eine Aloëpflanze nebst einem Bouquet Knoblauch und einem Säckchen Alaun. — Süßes Gebäck und Kaffee wurde in Menge herumgereicht, und später gebratenes und gekochtes Fleisch mit Reis aufgetragen. Nach der Mahlzeit sangen abwechselnd Frauen und Männer Achâmer und Hodschayny.

Der Achämer ist ein Gesang, in welchem die Tapferkeit, Reli
giosität und Freigebigkeit irgend einer Person gepriesen wird, der
Hodschayni ist, wie ich schon früher bemerkte, erotischen Inhalts.

Nach dem, was mir gesagt wurde, kommt das Brautpaar bei
der ganzen Hochzeitbelustigung am schlechtesten weg; denn Beide,
Braut und Bräutigam, müssen von Mittag bis Mitternacht, ohne
auch nur das Geringste zu sich zu nehmen, fortwährend in der Stellung verbleiben, in der ich den Bräutigam von Anfang an sitzen sah.

Die Phasen, welche ein hadhramauter Liebeshandel bis zum
Augenblicke der Verlobung durchläuft, sind so ziemlich dieselben, wie
bei uns. Der junge Mann sieht das Mädchen sowohl im väterlichen
Hause, als auch beim Brunnen, dem Hauptversammlungsorte der
orientalischen Liebenden. Der Liebhaber stellt sich in der Nähe des
Hauses seiner Geliebten auf und singt Hodschayny u. s. w. Von
dem Augenblicke an, wo der Vater für seinen Sohn um sie anhält,
ändert sich Alles. Das Mädchen darf sich vor keinem Manne un-
verschleiert sehen lassen. Die Ständchen werden nicht mehr gebracht;
kurz, Beide sind bis zur Hochzeit auf das Strengste voneinander
geschieden. Am Hochzeittage wird die Braut nebst ihrer kleinen Aussteuer, welche ihr der Vater giebt, in Procession in das Haus des
Bräutigams gebracht, wo sie gleich ihm die obenerwähnte Geduls-
probe aushalten muß. Um Mitternacht bekommen zwar Beide die
Erlaubniß zurück, ihre Glieder zu rühren, dürfen sich aber bis zur
vierten Nacht nach der Hochzeitsfeierlichkeit nicht sehen. In der ersten
Hälfte dieser Nacht muß der Bräutigam sowohl seine Anverwandten
und Freunde, als auch die der Braut bewirthen; erst nachdem er
seine Gäste entlassen hat, ist es ihm erlaubt, seine Ansprüche als
Ehemann geltend zu machen. — Die Braut bekommt von ihrem
Bräutigam eine Aussteuer, welche ihr in keinem Falle und selbst dann
nicht genommen werden kann, wenn sie durch ihre üble Aufführung
dem Manne Gelegenheit gegeben hat, sich von ihr zu scheiden. Der
Vater verkauft seine Tochter förmlich an ihren zukünftigen Ehemann,
muß aber $\frac{2}{3}$ des Kaufpreises zurückzahlen, wenn dieselbe durch ihre

Schuld vom Ehemanne verstoßen wird. Die Beweise öffentlich zu
zeigen, daß ein Mädchen bei ihrer Verheirathung ihrem Bräutigam
als unbefleckte Jungfrau übergeben wurde, wie es in Aegypten und
der Türkei der Fall ist, findet hier nicht statt; sie werden jedoch von
ihren Anverwandten in Empfang genommen, damit sie dieselben im
Falle der Noth zur Rechtfertigung vorzeigen können.

Jn Arabien ist kein Band lockerer, als das eheliche, denn der
Mann braucht nur seiner Frau, ohne irgend eine Ursache anzugeben,
die Worte „Ent' alayk" („Du gehörst Dir selber!") zu sagen, um
von ihr geschieden zu sein. Sollte er sich ja herablassen, ihren Ver=
wandten die Ursache seines Verfahrens zu nennen, so braucht er blos
zu sagen: „Sie behagte mir nicht", so sind dieselben zufriedengestellt.
Eine solche Scheidung bringt der Frau und ihrer Familie keine
Schande, und sie kann sich nach Verlauf von 1 Jahr und 1 Tag
wieder verheirathen. — Ganz anders verhält es sich jedoch, wenn der
Mann seine Frau wegen begangener Untreue verstößt und diesen Grund
ihren Verwandten anzeigt. Jn diesem Falle wird die Ehebrecherin
von ihren Brüdern oder sonstigen männlichen Anverwandten in aller
Stille an einen einsamen Ort geführt und dort zu Tode gesteinigt.

Oft aber geschieht es, daß der Mann eine solche Frau verstößt,
ohne ihr die Scheidungsformel mitzugeben; so lange nun der Mann
ihr diese Formel vorenthält, kann dieselbe nicht heirathen und wird
dann Tamayhe genannt.

Die Stadt 'Amd liegt an der südlichen Seite des Wâdiy der
Mündung des Wâdiy Nyr gegenüber, der sich mit dem Wâdiy
Rhayde ed Dyn vereinigt, welcher dann den Namen 'Amd annimmt.

Sie hat ungefähr 6000 Einwohner, welche theils zu dem Stamme
der 'Amudy, theils zur Klasse der Scheryfe und Esayydy gehören. Jhre Erwerbsquellen sind der Handel, Ackerbau und die
Bereitung des Jndigo, der hier in bedeutender Menge gewonnen
wird. Die Häuser sind wie die im Wâdiy Do'ân gebaut, und wie
dort findet man in den enggepflasterten Straßen Schmutz und ominöse
Mistlachen. Am Ausgange der Stadt sind die Straßen mit starken

eisenbeschlagenen Holzgittern verschlossen. Am östlichen Ende befindet sich der „Basar", ein kleiner, mit dunkeln Kaufläden umgebener Platz, welcher wahrscheinlich aus dem schon bei Choraybe angegebenen Grunde sehr spärlich mit Waaren ausgerüstet ist. Die drei Moscheen, welche die Stadt besitzt, zeichnen sich weder durch ihre Größe, noch Architectur aus, und sind weiter nichts, als höchst einfache, flach ge= deckte Bethäuser mit Vorhöfen versehen, in deren Mitte mit Wasser gefüllte Bassins angebracht sind, vor denen die zum Gebet gehenden Gläubigen die vorgeschriebenen Abluitionen verrichten. Der Sultan heißt Ismähl ibn Moghtafir ibn ben 'Jssà el 'Ammdy und residirt mit seinen Familien in einigen Thürmen, welche auf einer südlich neben der Stadt liegenden Anhöhe stehen. Seine Macht ist sehr be= schränkt, da er unter dem Schutz oder vielmehr unter der Herrschaft des Beduinenstammes Murat Cobahh steht, dessen Schahch, welcher in dem nahen Lohm wohnt, eine Garnison von einigen 30 Beduinen in der Residenz liegen hat. Der Druck, unter dem der Sultan und seine Unterthanen leben, muß unausstehlich sein. So erzählte mir der Schahch 'Abd er Rahmân, daß die Beduinen die Stadt oft ganz willkürlich brandschatzten und sie von der Residenz aus so lange be= schössen, bis ihren Forderungen Genüge geleistet wird.

Mehrere tiefe Brunnen liefern vortreffliches Wasser, versiegen aber bei regenlosen Jahren, wo dann der Bedarf aus großen Ent= fernungen herbeigeschafft werden muß. In solchen Jahren steigt dann die Noth auf das Aeußerste; denn nicht allein, daß die ausgedorrten Felder keine Früchte liefern, sondern die Beduinen, welche alle außer= halb der Stadt befindlichen Brunnen als ihr Eigenthum betrachten, erheben auch noch von jeder Kameelladung Wasser eine verhältniß= mäßig sehr starke Abgabe. Tausende von Reisenden würden in einer solchen Zeit verdursten, wenn nicht die wohlthätigen Stiftungen reicher Verstorbener die Armen mit Trinkwasser versorgten. Es existiren nämlich, sowohl in der Stadt als auch auf den Wegen, welche den Wädiy durchkreuzen, gemauerte, mit Kuppeln bedeckte kleine Behälter, Sjabhl genannt, die fortwährend mit Wasser gefüllt sind, dessen Her-

beischaffung von dem Ertrage der vom Stifter zu diesem Zwecke bestimmten Summe bestritten werden. Solche Sfabyl findet man in
allen bewohnten Wâdiys in Menge und sind nebst den Cisternen unstreitig die segensreichsten Stiftungen in diesem von der Mutter Natur
so stiefmütterlich ausgestatteten Lande.

Der Thermometer stand am Morgen bei heiterm Himmel und
Windstille 15°, am Mittag bei Nordwestwind 25°, am Abend 20°.

7. August. Am 7. August Morgens 6 Uhr verließ ich unter
dem Schutze meines greisen Führers die Stadt 'Amd und nahm die
Richtung Nord, 40° Ost. Eine halbe Stunde durchzogen wir angebautes Land und betraten dann eine dürre Steppe, mit sandig-
thonigem Boden, auf der hier und da Tamarisken, Mimosen, Oscher,
Hyoscyamus und rankende Coloquinten umherstanden. Eine Stunde
Marsch durch diese Wüste brachte uns in das trockene, sandige Flußbette des Wâdiy, welches wir aber schon nach einigen Minuten verließen und wieder die öde Steppe betraten. Links vom Wege lag in
geringer Entfernung das von angebauten Feldern umgebene Dorf
Yohnn, von einem hohen Wachtthurm überragt, in welchem der Schaych
der Murat Cobayh residirt. Es mag ungefähr 400 Einwohner fassen,
welche diesem Stamme angehören. In einer Stunde, während welcher
wir die Richtung Ost, 10° Süd verfolgten, kamen wir an die fleißig
bebauten Felder des großen Dorfes Dschahys, welches von ungefähr
1000 Individuen des Stammes Murat Cobayh bewohnt wird. Es
liegt an der Mündung eines von Südosten kommenden Wâdiy und
wird von einigen Wachtthürmen überragt. Von hier aus zieht sich
der Weg nach Norden fortwährend über angebautes Feld bis zum
Dorfe Scho'be, welches wir in ½ Stunde erreichten. Seiner
Größe nach zu urtheilen, wird die Seelenzahl dieses Ortes wohl der
des Dorfes Dschahys gleichkommen; auch hier hausen die Murat
Cobayh. Während wir hart am Dorfe hinzogen, hatte ich das Vergnügen, die neugierige nackte Dorfjugend auf den Fersen zu haben.
Jedoch begnügte sie sich damit, mich zu begaffen, und verließ uns
bald, nachdem wir das Dorf im Rücken hatten. Von diesem Dorfe

aus wanderten wir ½ Stunde in der Richtung Nord, 30° Ost über
angebautes Feld und betraten dann eine öde, gebüschreiche Gegend.
Nach ½ Stunde gelangten wir an den Rand eines Durrafeldes, wo
wir unter einer großen laubreichen Platane lagerten.

Um 2 Uhr setzten wir die Reise fort und kamen nach ½ Stunde
in geringer Entfernung an der Stadt Mâ = Nabhy [130]) vorüber, welche
wir rechts liegen ließen. Diese Stadt zählt ungefähr 4000 Ein=
wohner, welche theils dem Stamme der 'Amudy, theils der Klasse der
Scheryfe und Sſayydy angehören und von einem der Schattenfürsten
regiert werden, welche den pompösen Titel „Sultan" führen; auch
hier herrscht der Stamm der Murat Hobayh.

Mein gemüthlicher alter Beduine, mit dem ich über ihr Ver=
hältniß zu den Städtebewohnern sprach und meine Verwunderung
äußerte, daß sich eine Bevölkerung, die ihnen an der Zahl weit
überlegen sei, so geduldig brandschatzen lasse, beantwortete diese Be=
merkung mit der Frage: „Kann denn eine Heerde Schaafe einen
Wolf erlegen?" — Diese Antwort, welche mein alter Führer mit
einem verächtlichen Blicke nach der Stadt begleitete, bezeichnet hin=
länglich die Meinung, welche die Beduinen von dem Muthe der
Städter hegen. Auf den Feldern, welche die Stadt umgeben, standen
Durra, Dochen, Weizen, Indigo in üppigster Fülle, und auf den
niedern Dämmen, welche die einzelnen Abtheilungen umgeben, standen
Platanen, Nebek, Tamarisken und Mimosen umher. Der Weg führt
nun nach Norden ½ Stunde zwischen den angebauten Feldern hin,
worauf wir wieder die Region der wilden Gesträppe betraten. Es
fehlt auf allen diesen wildliegenden Strecken nicht an Anzeichen, daß
der im höchsten Grade anbaufähige Boden in frühern, bessern Zeiten
den Fleiß seiner Bearbeiter belohnt hat; denn überall sieht man
regelmäßig abgetheilte Vierecke, welche mit Erdwällen umgeben waren,
die jetzt noch erkennbar sind, und aller Augenblicke sieht man ver=
schüttete Brunnen. Nach 1½ Stunde überschritten wir das Fluß=
bette, an dessen gegenüberliegender Seite bebaute Felder liegen, längs
denen wir in 1½ Stunde hinzogen und dann neben einem von

mehrern Platanen beschatteten Brunnen für die Nacht lagerten. Im
Osten sah ich an jeder Seite eines hier mündenden Wâdiy ein Dorf
amphitheatralisch am Abhange des Plateaus liegen, über den einige
Wachtthürme hervorragten. Das südlich gelegene Dorf trägt den
Namen El Medfarre; das nördliche heißt Hallet Bâ Çalyb. Beide
gehören dem Stamme Murat Çobayh, und jedes derselben mag ungefähr 500 Einwohner zählen. Das Territorium der Murat Çobayh
hört hier auf und es beginnt das des Stammes der Beny Schamlân,
einer Abtheilung des Stammes El Dscha'da. Ganz in der Nähe
unseres Lagerplatzes wohnte eine Beduinenfamilie unter einer Platane,
welche uns mit süßer und saurer Milch bewirthetete, eine Erfrischung,
deren ich schon lange entbehrte und die mir deswegen sehr willkommen war.

Auf dem ganzen Marsche von 'Amd hierher begegneten wir keiner
Menschenseele, sodaß es schien, als wäre die Communication zwischen
den verschiedenen Ortschaften aufgehoben. Ueber Mangel an Wasser
hatte ich keine Ursache zu klagen, denn ich traf auf diesem Wege
10 der schon erwähnten Sjabyl, welche fast alle mit Wasser gefüllt
waren. Ganze Strecken der brachliegenden Gegenden, welche ich heute
durchwandert hatte, waren mit der Aloë spicata (Es Succul) bedeckt, aus der, wie mir mein Führer sagte, eine bedeutende Quantität Gummi gewonnen und an die Küste von Makalla und Schihr
versandt wird; noch bedeutender soll die Menge sein, welche aus den
weiter östlich liegenden Provinzen in den Handel kommt.

Der Thermometer stand am Morgen bei Windstille und heiterm
Himmel 15°, um Mittag bei Nordwestwind 25°, am Abend 20 .

8. August. Am 8. August des Morgens ¼ vor 6 Uhr verließen wir unsere Lagerstätte und schritten in der Richtung Nord,
10° Ost längs des bebauten Feldes hin, betraten aber schon nach
¼ Stunde die traurige Einöde. Eine Menge Hasen und Gazellen,
welche auf Kosten der Beduinen ihr Frühstück in den Durrafeldern
eingenommen hatten, flüchteten bei unserer Annäherung in die Gebüsche und erweckten die Jagdlust unseres Dachayl, der auch sogleich

dem Wilde behutsam nachschlich, während ich das Kameel vor mir
hertrieb. Es dauerte auch nicht lange, so fiel ein Schuß und beladen mit einer prächtigen Gazelle trabte bald mein brauner Nimrod
heran. Nach einem Marsche von ⁵/₄ Stunde zeigten sich rechts vom
Wege bebaute Felder und das Dorf Habab, welches von etwa 500
Individuen des Stammes Beny Schamlân bewohnt wird; ein Wachtthurm ragte zur Linken des Dorfes. Die Aecker hörten bald wieder
auf, und die öde Steppe dehnte sich mit ihrer verstimmenden Einförmigkeit abermals vor uns aus. Nur am südlichen Ende des
Wâdiy erhebt sich ein Wachtthurm von einigen Wohnungen umgeben, welchen Ort mein Beduine mit dem Namen Rabadh Bâ
Kanbâl benannte.

Nach ⁵/₄ Stunde änderte sich die Richtung in Ost, 10° Nord,
welche wir 1 Stunde beibehielten, uns dann nach Nordosten wandten
und ⁵/₄ Stunde weiter unter einigen Tamarisken das Kameel ent-
luden, um die gewöhnliche Ruhestunde zu halten; ein halbverschütteter
Brunnen lieferte gerade noch Wasser genug, um uns und unser Thier
zu erquicken. Im Nordwesten bemerkte ich die Mündung eines Thals,
dessen Namen mir mein Führer nicht sagen konnte, nur soviel wußte
er mir von ihm zu sagen, daß es unbewohnt sei. Die erlegte Gazelle
wurde von meinem alten Führer auf übliche, bereits beschriebene
Weise zubereitet und wir hielten im dürftigen Schatten der Tamarisken ein im Vergleich zu dem gewöhnlichen herrliches Mittagsmahl.

Um 2 Uhr Nachmittags machten wir uns wieder auf und gelangten in 1½ Stunde durch eine mit Aloë bewachsene Gegend nach
dem Dorfe Dâmile, an welchem wir dicht vorbeizogen. Die ganze
Dorfjugend und sogar Erwachsene liefen eine Strecke mit uns, um
das seltene Schauspiel eines „Fremden", der noch dazu ein „Aegyptier" war, zu genießen. Dâmile mag ungefähr 300 Einwohner fassen,
welche dem Stamme Beny Schamlân angehören; hinter dem Dorfe
befinden sich einige Felder. Nach 1½ Stunde wandte sich der Weg
nach Ost, 40° Süd. Zwei hohe Wachtthürme ragten in der Richtung des Weges und bezeichneten die Lage des Dorfes Dirbe, welches

dem Stamme der Beny Schamlân gehört und etwa 1000 Einwohner
haben mag. In seiner Nähe lagerten wir uns nach einem Marsche
von 1¾ Stunde unter einem Tamariskengebüsch, welches die an=
gebauten Felder umsäumte. Von Dâmile bis hierher ist die ganze
Gegend dicht mit Aloë bewachsen, zwischen denen hier und da Mimosen
und Tamarisken kleine Gebüsche bilden.

Am Abend kamen mehrere Einwohner, welche uns vom Felde
aus bemerkt hatten, um sich mit uns zu unterhalten, wobei ich dann,
wie gewöhnlich, weidlich mit Fragen gequält wurde.

Der Thermometer stand am Morgen bei heiterm Himmel und
Windstille 15°, um Mittag 25°, am Abend 20°.

9. August. Am 9. August brachen wir schon um 4 Uhr auf,
um die starke Tagereise bis Haura zurücklegen zu können. Der Weg
führte in der Richtung Ost, 30° Nord, am Saume der Felder und
dann an der Mündung eines Thales vorüber, hinter welchem sich
wieder eine weite, mit Mimosen, Tamarisken und Aloë bewachsene
Ebene vor uns ausdehnte. Nach einem Marsche von 2½ Stunde
sah ich links die Mündung eines Wâdih und das Dorf Chamsa.
Die Richtung des Weges wurde Ost, 10° Nord, welche wir
1½ Stunde verfolgten und uns dann nach Ost, 20° Nord wandten.
Wir legten noch 1½ Stunde Wegs zurück und lagerten uns dann
neben einem Ssabyl unter einer schönen Platane. Hinter Chamsa
beginnt die Landschaft Hadhramaut.

Wir mochten ungefähr 1 Stunde gesessen haben, als ein Beduine
auf uns zukam, den Arm meines Dachayls umfaßte und sprach:
„So wahr Deine Kinder und meine Kinder in Frieden
leben, Du bist mein Beschützer!" — Mein greiser Führer sah
ihn eine Weile schweigend an und sagte dann: „Es ist gewährt!" —
Der Fremde setzte sich hierauf zu uns und erzählte, daß er zum
Stamme El Mahfus gehöre und daß zwischen ihm und der Familie
der Beny Schamlân Blut sei, indem sein Bruder ein Mitglied der=
selben erstochen habe. Er habe einen Brief nach Reschun gebracht,
seine Feinde hätten dieses erfahren und er wüßte ganz genau, daß

man auf allen Wegen nach Meschhed 'Alyy, wohin er reise, seiner Person auflauere. Mein Dachahl versprach ihm darauf nochmals seinen Schutz bis Haura und theilte ein Stück Brod mit ihm, als stillschweigenden Schwur „bei der Heiligkeit des Brodes", daß er sein Versprechen halten wolle.

Um ½1 Uhr setzten wir unsere Reise in der Richtung Ost, 38° Süd fort. Nach 2½ Stunde sah ich links des Weges in einer Stunde Entfernung das Dorf Eſſ Ssah'k liegen, welches dem Stamme Beny Schamlân gehört und etwa 600 Einwohner zählt. Von hier an wird der Wâdiy gebüschreicher und die Aloëpflanzen zeigen sich nur in einzelnen Gruppen. 1½ Stunde weiter sah ich noch zur Rechten des Weges das von 500 Beny Schamlân bewohnte Dorf Andâl, dessen Felder theilweise mit Dattelpalmen bepflanzt sind. Die Aussage des Schützlings meines Führers, daß man ihm auflauere, bestätigte sich 1 Stunde hinter Andâl bei einem Ssahyl.

Hier standen nämlich drei Männer, welche unser Gefährte als Mitglieder der Familie des Ermordeten erkannte. Mein Führer blieb stehen und winkte Einen derselben zu sich, worauf aber alle drei herankamen und sich sogleich an ihren Feind wandten. Mit größter Gelassenheit und Ruhe sprach zu ihm einer von ihnen: „Du und die Deinigen sind Bluthunde, das Blut unseres Bruders steht noch über der Erde [131], und wir brauchen das Deinige, damit es verschwinde. Komm hervor denn! Mit Deinem warmen Herzblute will ich mein Geschlecht von dem Schmutze reinigen, mit welchem Du und die räudigen Hunde, Deine Brüder, es beschmutzt haben!" Auf diese Art hatte er sich gleichsam in den Zorn geredet und ich dachte jeden Augenblick, daß sie aneinander gerathen würden; aber mein alter Beduine, der wohl dieselben Befürchtungen hegen mochte, legte sich ins Mittel. „Gott ist groß! Es ist nur Ein Gott und Mohammed ist sein Gesandter!" rief er aus; „das Blut dieses Mannes gehört mir bis zur morgenden Sonne! Ist diese aufgegangen, so möge es das Eure sein. Bis dahin bin ich und mein Stamm Dachahl dieses

Mannes. Ich habe mein Recht ausgesprochen und ihr kennt es jetzt. Die Dschembihe der Bâ Schoqayr sind scharf und ihre Kugeln reichen weit und sicher." — Die drei Beduinen sahen den Alten eine Weile schweigend an, und einer von ihnen erwiederte: „Die Bâ Schoqayr haben einem räudigen, blutigen Hunde, dessen Angesicht in den Dörfern der Beny Schamlân schwarz ist, den Dachayl angedeihen lassen; aber wir kennen Dein Recht, denn Gott ist groß! Es ist nur Ein Gott und Mohammed ist sein Gesandter! Möge Dein Tag weiß sein!" — Hierauf gaben sie ihm und mir die Hände und verschwanden in den Gebüschen.

Unser Gefährte hatte die ganze Zeit die Hand am Griffe der Dschembihe und betrachtete seine Gegner mit funkelnden Blicken, er= wiederte aber keine Silbe auf alle die Epitheta, welche man ihm und den Seinigen gab. Eine Stunde später langten wir glücklich in der Behausung des Schaych Hossayn ibn Abu Ssalâm el 'Amudy in Haura an, dem ich durch 'Abd er Rahman empfohlen war und der mich auf das Freundlichste empfing.

Der größte Theil des Wâdiy 'Amd ist, wie man aus dem Vor= hergehenden ersieht, ein zwar fruchtbares, aber brachliegendes Thal von 1 Stunde Breite, welches wenigstens zweimal soviel Einwohner ernähren könnte, als es jetzt der Fall ist. Früher muß es noch bei weitem bevölkerter gewesen sein, denn darauf deuten die vielen Brunnen und die halbverwischten Spuren einer Eintheilung der Aecker hin, welche man in den öden Strichen zwischen den Dörfern trifft. Trotz= dem liefert dieser Wâdiy eine erstaunliche Menge Gummi, Aloë; denn der alte Beduine sagte mir, daß alle Jahre über 1000 Kameel= ladungen, also 3000 Centner, nach der Küste geschafft würden. Datteln liefert er sehr wenig und Getreide kaum soviel, daß es für den Bedarf der Bevölkerung auf sechs Monate hinreicht. Dahingegen wird ein ziemliches Quantum Tabak und Indigo angebaut und aus= geführt. Der Alluvialboden scheint das Thal bis zu einer Höhe von 40 bis 50 Fuß auszufüllen; denn dieses war ungefähr die Tiefe der Brunnen. Die Abhänge des Plateau haben ungefähr eine Höhe von

100 bis 150 Fuß über dem Thalboden, sodaß also der ganze Thal-
einschnitt ungefähr 200 Fuß betragen mag.

Am Abend kamen mehrere Scheryfe, um mich zu sehen, denn
die Nachricht von der Ankunft eines Fremden hatte sich schnell durch
die ganze Stadt verbreitet. Ich mußte Vieles erzählen, erfuhr aber
auch viel Interessantes. So erzählte mir ein Scheryf, der mehreremal am Qabr Hud gewesen war, daß der berühmte Bijr Vorhut
vier Stunden nördlich von Qabr Hud am Rande des Wâdiy läge,
daß er die Form eines langen, in der Mitte breitern Spaltes habe;
die Länge desselben betrage ungefähr 500 Schritt und die größte Breite
etwa die Hälfte; der Spalt stoße fortwährend Schwefeldämpfe aus
und man höre in der Tiefe ein immerwährendes Rauschen, wie das
Fallen eines Wassers. Ferner sagte er mir, daß in den Spalten und
Höhlungen der naheliegenden Felsen sich sehr viel Schwefel fände,
welchen die Beduinen zur Bereitung ihres Pulvers brauchten. Obgleich dieser Schwefel immer fortgeschafft würde, so wüchse er doch
immer wieder aus dem Steine hervor. Natürlich hatte mein Bericht-
erstatter keine Ahnung, daß dieser Schwefel das Resultat der Con-
densirung der Schwefeldämpfe ist. Auf meine Frage, wie die Steine
beschaffen wären, sagte er mir, daß sie schwarz seien und ein zer-
spaltenes, gezacktes, schroffes Ansehen hätten. Auch sagte er mir,
die Bestimmung des Brunnens sei, die zur Hölle verdammten Seelen
aufzunehmen. Dieses mochte auch wohl schon Claud. Ptolemäus gehört haben, als er seine „Quellen des Styx" hierher verlegte. [132])

Qabr Hud (d. i. das Grabmal Hud's) besteht aus einer
Moschee, in welcher die Asche des Patriarchen ruht, und aus einigen
Häusern, die von einigen Priestern bewohnt werden, welchen die Bewachung des Grabmals anvertraut ist. Bei Haura [133]) mündet der
Wâdiy 'Amd in den Wâdiy El Hadscharyn [134]), welcher dann den
Namen Wâdiy Daçr annimmt und bis Qabr Hud beibehält, von wo
aus er als Wâdiy Moçyle [135]) eine südöstliche Richtung nimmt und
bei dem Orte Sjâh Hud [136]) (die Ebene Hud's) an der Küste ausmündet. — Bei Haura hat er eine Breite von 1½ Stunde, welche

bis Dabr Hud bis zu 6 Stunden zunimmt. Wâdiy Moçyle bildet die Grenze zwischen den Landschaften Hadhramaut und El Hamum und der Landschaft El Mahra. Nach der Aussage des Bericht= erstatters, welche später durch mehrere glaubwürdige Personen be= stätigt wurde, liegen im Wâdiy Daçr [137]) folgende Orte, unter welchen mehrere sehr bedeutend sind.

An der nördlichen Seite liegen von Westen nach Osten:

El Ghafar [138]), Dorf, von Beduinen des Stammes El 'Arâba bewohnt; El Ghiṭamm [139]), Dorf, dem Stamme El 'Arâba gehörig; El Ghoraf [140]), Stadt von 6000 Einwohnern, die von einem Sultan regiert werden; Schibâm [141]), Stadt von 20,000 Einwohnern mit einem eigenen Sultan; Teryse [142]) mit 10,000 Einwohnern und einem Sultan; 'Aridha [143]), Dorf mit 500 Einwohnern, steht unter dem Sultan von Teryse; Borr [144]), Stadt mit 600 Einwohnern, mit einem eigenen Sultan; Thârby [145]), Stadt von 6000 Einwohnern, unter dem Sultan von Terym. Beide letztgenannte Städte liegen an der Mündung des Wâdiy Râchiye [146]) einander gegenüber; Terym [147]), Stadt von 20,000 Einwohnern, hat einen eigenen Sultan.

Auf der südlichen Seite des Wâdiy liegen von Westen nach Osten:

Esch Scha'be [148]), Dorf an der Mündung des Wâdiy Tsohnr [149]), gehört dem Stamme El 'Arâba; Hanân [150]), Dorf der El 'Arâba [151]); Ma'dudy [152]), Dorf des Sultans von El Ghoraf; Aqnâb [153]), Stadt mit einem Sultan und 6000 Seelen; Tiss'a, Stadt an der Mündung des Wâdiy 'Odyme mit einem Sultan und 6000 Einwohnern; Tho= wahry [154]), Stadt mit einem Sultan und 6000 Einwohnern, und Dabr Hud.

Nur um die Städte umher soll das Land etwas angebaut sein, das Uebrige aber brach liegen; der Wâdiy liefert eine bedeutende Menge Gummi, Aloë und Indigo.

Der Wâdiy Hadscharyn erhält diesen Namen bei Esf Sfayf, wo sich der Wâdiy El Ahssar mit dem Wâdiy Do'ân vereinigt. In ihm liegen von Norden nach Süden an der östlichen Seite:

Sibbe, Dorf des Stammes El Mahsus; Hiçn Baydra [155]),

demſelben Stamme angehöriges Dorf; Meſchhed 'Alцц, Stadt von 4000 Einwohnern, die von einem Sultan regiert werden. Neben dieſer Stadt befinden ſich ſehr alte Gräber, von den Eingebornen Torbet el Moluk [156]) genannt; Ma'qq [157]), Dorf des Stammes El Aſſwad; Choraцchцr [158]), Dorf der El Aſſwad, und Sſowацq [159]), Dorf deſſelben Stammes.

An der Weſtſeite liegen von Norden nach Süden:

Marâwâ [160]), Homацſcha [161]), dieſe beiden Dörfer gehören dem Stamme El Mahfus; El Monацqцra [162]), Darret Sſudân, Dörfer, welche dem Stamme El Aſſwad angehören; Dahdun, Stadt mit einem Sultan und 6000 Einwohnern, und Eſſ Sſацf, Stadt mit 2000 Seelen, von einem Sultan beherrſcht.

Die Stadt Meſchhed 'Alцц (erzählte man mir ferner) ſei früher viel größer geweſen, als jetzt; denn außerhalb der Stadt wäre eine Strecke von wenigſtens einer halben Stunde mit alten Mauern bedeckt, die aus großen behauenen Steinen beſtänden und ſo feſt gemauert wären, daß man ſie nur mit vieler Mühe losbrechen könne, welche man zum Bau neuer Häuſer brauchen wolle. Nahe bei der Stadt befänden ſich innerhalb des dort mündenden Wâdiц Ghацbun gegen 40 Gräber, Torbet el Moluk genannt.

Dieſe Gräber ſähen aus wie kleine Häuſer von der Höhe eines Zimmers (alſo ungefähr 20 Fuß), wären aus behauenen Steinen auf= gemauert und hätten einen Eingang, in welchem ſich eine Inſchrift befände, die Niemand leſen könne. Ich zeichnete einige himцariſche Buchſtaben auf ein Papier und frug, ob die Inſchriften aus dieſen Charakteren beſtünden, und der Berichterſtatter beſtätigte das mit einem unzweideutigen „Ja".

Meſchhed 'Alцц iſt ein neuer Name, der ohne Zweifel aus der Zeit ſtammt, wo der Iſlâm in dieſe Thäler drang. Außer, daß dieſer Name auf die Bedeutendheit der Stadt hinweiſt; — denn Meſchhed bedeutet ein Ort, an welchem man niederkniet, oder Zeugniß ablegt, alſo Moſchee, Tempel, und 'Alцц be= deutet erhaben, groß. Alſo Meſchhed 'Alцц, große Moſchee,

großer Tempel. In Yemen gebrauchen die Einwohner das Wort
'Alyy oft auch nur, um eine große Stadt damit auszudrücken, und
gebrauchen dann den Ausdruck Bender [163]) 'Alyy, die große
Stadt. Es gestatten auch die daselbst befindlichen Ruinen und
Gräber, den Schluß zu ziehen, daß hier in jener Zeit, von welcher
nur Traditionen spärlich berichten, eine Hauptstadt stand, die entweder
vor oder nach Darr el Medschyd oder auch zu gleicher Zeit mit
demselben, die Residenz der Könige aus dem Geschlechte Hodun's
(d. i. Pelegs) war.

Mein Wirth sagte mir, daß vor etwa 10 Jahren ein Fremder
im Hadhramaut umhergereist sei und alle im Wâdiy Ghaybun befindlichen Inschriften copirt hätte; er habe gehört, daß er später bei
Niçâb in der Landschaft Yâfi'a von Beduinen ermordet worden sei,
welche ihn für einen Kâfir (Ungläubigen) gehalten, weil er rothes
Haar und Bart getragen hätte.

Andere Anwesende erzählten mir viel Wunderbares von ihm.
Unter Anderm habe er Verkehr mit Dschinny und Ghul gehabt, oft
ganze Nächte durch ein sonderbar gestaltetes Ding nach den Sternen
gesehen u. s. w. Auch Schätze habe er in Menge gehoben, weshalb
eigentlich die Beduinen ihn auch wohl ermordet hätten.

Heute stand der Thermometer am Morgen bei klarem Wetter
und Windstille 15°, um Mittag 25° und am Abend bei Nordwestwind am offenen Fenster des Zimmers 20°.

10. August. Am folgenden Morgen machte ich in Begleitung
des Schaych Hossayn, meines Wirthes, einen Spaziergang durch die
Stadt und besuchte einige Scheryfe, welche ich am vorigen Abend
kennen gelernt hatte. Bei einem derselben war man beschäftigt, Oel
aus Sesam zu pressen, wozu man sich einer ganz eigenthümlichen
Maschine bediente. Der Sesam wurde nämlich in einen aufrecht-
stehenden, etwa 6 Fuß hohen, ausgehöhlten, steinernen Cylinder ge-
schüttet, dessen innerer Raum oben 1½ Fuß, unten aber nur 1 Fuß
im Durchmesser hat. Unten ist ein kleines Loch angebracht, durch
welches das Oel in ein kleines Gefäß abläuft. Das Auspressen ge-

schieht vermittelst einer hölzernen Walze von 1 Fuß Stärke, welche unten abgerundet und oben mit einem Querholze versehen ist, welche zwei auf einem erhöhten Gestelle stehende Männer dergestalt vor- und rückwärts bewegen, daß die Walze an der innern Wand des Cylinders herumstreift und so die sich zwischen ihr und dem Cylinder befindlichen Samenkörner zerquetscht.

Auch einen Alchymisten besuchten wir, der trotz seiner Kunst in höchst dürftigen Umständen lebte. Er behauptete geradezu, daß er Gold machen könne und daß er einzig und allein davon lebe. Auf meine Frage, warum er dann aber so arm sei, erwiederte er, daß er nicht mehr Gold machen dürfe, als gerade zu seinem Unterhalte erforderlich sei; denn nur unter dieser Bedingung habe er die Geister in seiner Gewalt, welche ihm bei seiner Arbeit helfen müßten. Er zeigte mir mehrere alte Retorten, welche er aus Indien mitgebracht hatte, wo er, wie er sagte, die Alchymie erlernt habe. Als wir fort= gingen, bat er mich um eine Gabe, weil ihm zu seiner nächsten Gold= fabrikation eine Kleinigkeit fehle, zu deren Anschaffung er dieselbe verwenden wolle. Wir gaben ihm Jeder ein Sechskanassi und lachten über die sterile Kunst, Gold zu machen, und über ihren armen Adepten; mir aber wurde es klar, was er unter Goldmachen und den Geistern verstand, welche ihm dazu behülflich sein mußten, nämlich die Almosen und die Leichtgläubigen, denen er sie abbettelte.

Bei unserer Zurückkunft benachrichtigte uns der Sohn meines Wirthes, der am Morgen den Auftrag bekommen hatte, mir einen Beduinen zur Reise nach Meschhed 'Alyy aufzusuchen, daß er keinen habe finden können, der mich dahin geleiten wolle. Da Meschhed 'Alyy auf dem Wege von Chorahbe nach Dabr Hud lag, welchen ich später doch zu machen gedachte, so tröstete ich mich und beschloß geradeweges nach Çahwa [164] im Wâdih Er Râchiye zu reisen. Der Schaych gab demzufolge seinem Sohne abermals den Auftrag, mir einen Führer dahin zu verschaffen. Nach ½ Stunde kam er mit einem Beduinen zurück, welcher in der Umgegend von Çahwa zu Hause war und dem Stamme Beny Tâhir ben Radschym gehörte.

Wir wurden bald Handels einig, und mein Wirth übergab mich dann seinem Schutze auf die mehr erwähnte Weise.

Des Nachmittags begab ich mich mit meinem Wirthe in das Haus meines Nachbars, dessen Sohn am Morgen gestorben war und nun beerdigt werden sollte.

Der Todte lag auf seinem Kefen in einer sargartigen Bahre, neben der auf jeder Seite aus einem kupfernen Gefäße Weihrauch= dämpfe aufstiegen. Zu seinen Füßen saßen zwei Priester und lasen die Stellen aus dem Dorân, welche den Umständen angepaßt werden sollten. Die Hände des Todten waren über dem Leib zusammen= gelegt und die großen Zehen zusammengebunden. In den Ohren, den Nasenlöchern, zwischen den Daumen und Zeigefingern der Hände und zwischen der großen und zweiten Zehe eines jeden Fußes stak ein Stück Baumwolle, und ebenso auf den Augen und dem Munde. Bald nach unserer Ankunft wurde der Kefen über den Todten zu= sammengelegt und oberhalb des Kopfes, unter den Füßen und um die Mitte des Körpers zusammengebunden. Hierauf betete die Ver= sammlung ein Fâtiha und der Zug setzte sich nach der Moschee in Bewegung. Bis dahin hatten die Frauen nur ein leises Wimmern vernehmen lassen, jetzt aber brachen nicht allein die des Hauses, son= dern auch die der Nachbarschaft in ein so durchbringendes Klagegeschrei aus, daß man sein eigenes Wort nicht hörte. Am Eingange der Moschee setzte man die Bahre auf eine eigens dazu bestimmte Er= höhung, und der Imâm der Moschee betete dann über derselben mehrere Kapitel des Dorân.

Nach dieser Art von Einsegnung wurde der Todte seiner Ruhe= stätte zugetragen, neben welcher dann vor der Einsenkung noch ein Fâtiha gebetet wurde.

Neben und zur Seite des ungefähr 8 Fuß tiefen Grabes hatte man in der ganzen Länge eine nischenartige Vertiefung ausgegraben, welche so hoch war, daß ein erwachsener Mann bequem darin sitzen konnte. In diese Nische wurde der Todte durch zwei untenstehende Priester gelegt, welche dann die Bänder des Kefen über dem Kopfe

und unter den Füßen löſten, Aeſte ſchräg vor dieſe Niſche ſtellten
und eine Strohmatte darüber deckten, damit keine Erde hineinfallen
konnte. Ein Jeder der Anweſenden warf dann dreimal eine Hand
voll Erde in das Grab, betete eine Fâtiha und überließ es dann
den dazu beſtellten Leuten, es vollends zu füllen. Mit der Niſche
hat es folgende Bewandtniß: „Kaum hat ſich das Grab über einem
Menſchen geſchloſſen, ſo kommen die beiden Grabesengel Monqir
und Neqr [165]) zu ihm, um ihn über ſeinen Glauben u. ſ. w. zu befragen."

Dieſen Engeln muß nun der Verſtorbene in ſitzender Stellung
Rede und Antwort ſtehen, und damit er nicht gehindert wird, ſich in
dieſe Stellung zu bringen, wird ihm eine hinlänglich geräumige
Niſche erbaut.

Kaum waren wir nach Hauſe zurück, ſo brach ein heftiges Gewitter los, welches ⁵/₄ Stunde anhielt und einen wahren Wolken-
bruch herniederſandte. Da es hier ſeit 20 Tagen nicht geregnet hatte,
ſo war in der ganzen Stadt ein unendlicher Jubel und die ganze
Dorfjugend eilte zur Stadt hinaus, um in den ſich füllenden Pfützen
ihr Weſen zu treiben.

Die Stadt Haura liegt am Abhange des Vorgebirges, welches
hier das Plateau zwiſchen den beiden Wâdih El Hadſchariyn und
'Amd bildet, und zählt ungefähr 8000 Einwohner, welche den Stämmen
'Amudy und Dorahſch angehören. Die Straßen gleichen vollkommen
denen, welche ich bereits bei Chorahbe beſchrieben habe. — Der
Sultan heißt 'Abd el 'Aſys ibn Ahmed ibn ben 'Amudy und wohnt
mit ſeiner Familie in einigen Thürmen, welche am obern Ende
der Stadt ſtehen und ſie beherrſchen. Der ihn beſchützende Stamm
El 'Arâba hat, wie in den übrigen Städten, einige 20 Mann in
den Thürmen des Sultans liegen und bedrückt die Stadt mit bei-
ſpielloſer Willkür. Außerhalb der Stadt am Fuße des Abhanges
liegen einige Gärten und mit Dattelpalmen beſetzte Felder, auf
welchen meiſt Getreide, Tabak und Indigo gebaut wird. Am untern
Ende der Stadt befindet ſich auf einem kleinen Platze ein dürftig

ausgestatteter Bazar und die größere der beiden Moscheen, welche die Stadt besitzt.

Der Thermometer stand am Morgen bei heiterm Himmel und Windstille 15°, um Mittag 26°, am Abend bei Nordwest= wind 20°.

Achtes Capitel.

Ausflug nach der Wüste El Ahqâf.

·········

Abreise von Haura. — Vatermord eines Beduinenknaben. — Ankunft in Cahwa. — Excursion nach dem Bahr eff Ssafy. — Die Wüste El Ahqâf. — Ein altes Grabmal. — Der Wâdiy Er Rächiye. — Rückreise über 'Amd nach Choraybe. — Der neue Sultan.

11. August. Am 11. August des Morgens um 5 Uhr verließ ich Haura mit einer 'Dâfila, bestehend aus 15 Kameelen und 9 Beduinen des Stammes Beny Tâhir ben Nadschym, einer Abtheilung des Stammes El Dscha'da, unter denen sich zwei Knaben von 10 bis 12 Jahren befanden. Der Weg führte quer über den Wâdiy bis zu einem Gehöfte, welches inmitten einer Gruppe von Dattelpalmen stand und von wo aus er sich zum Plateau in die Höhe zieht, welches wir bald erreichten. Nach einem dreistündigen Marsch kamen wir an eine Cisterne, und nach ¾ Stunde ebenfalls an einer solchen vorbei, von der aus wir noch 2 Stunden Wegs zurücklegten und uns dann zwischen niedrigem Gebüsch lagerten. Der Grünsandstein, welcher südlich vom Wâdiy 'Amd gelblich ist, zeigt hier eine braune, ins Violette spielende Farbe und enthält handgroße Krystalle des Eisenoxydhydrats, welche dem Gestein ein eigenthümlich geflecktes Aussehen geben.

Gleich nach Mittag war ich Zeuge eines Auftritts, welcher meinen Lesern einen Begriff von dem gesetzlosen Zustande dieser Länder und

von dem Charakter ihrer Bewohner geben wird. Wir wollten nämlich
aufbrechen, und da die Kameele sich zwischen den spärlich umherwach=
senden Mimosenbüschen zerstreut hatten, so befahl ein alter Beduine
seinem Sohne, dem jüngsten der beiden Knaben, seine Kameele zu
holen. Dieser aber blieb ruhig beim Feuer sitzen, stöberte mit einem
Stocke in den Kohlen und antwortete, als der Befehl wiederholt
wurde, daß er sie selber holen könne. Dem Alten verging nun die
Geduld und er gab seinem ungehorsamen Sohne eine gebührliche Ohr=
feige. Aber in demselben Augenblicke hatte der Bube seinen Dschem=
bihe gezogen und ihn seinem Vater in die rechte Seite gestoßen,
worauf er dann 100 Schritt fortlief und dann stehen blieb. Der
Vater ergriff trotz der erhaltenen gefährlichen Wunde sein Gewehr,
zündete die Lunte an und zielte nach seinem Sohne, der auch mit der
größten Kaltblütigkeit die Kugel seines Vaters erwartete. Jedoch
übermannte den Vater die Liebe zu seinem Sohne, denn nachdem er
einige Secunden im Anschlag gelegen, senkte er sein Gewehr mit den
Worten: „Nein! Es ist ein Mann!" und bat seine Gefährten, seinem
Sohne zu sagen, daß er nichts zu fürchten habe und zurückkommen
könne. Der Bube kam auch ohne Scheu zurück, jedoch ohne ein
Wort des Bedauerns oder der Reue an seinen Vater zu richten, holte
die Kameele, belud sie mit Hülfe der Andern und setzte seinen Vater,
der mittlerweile verbunden war, auf eins derselben, Alles dieses aber
mit einer Gleichgültigkeit, als wäre Besonderes gar nicht vorgefallen.
Keiner der Beduinen dachte nur im Entferntesten daran, dem Sohne
Vorwürfe zu machen, im Gegentheil schienen sie die That des Knaben
ganz natürlich zu finden. Einer, den ich frug, was den nun für
eine Strafe erwarte, gab mir zur Antwort: „Gar keine; wenn ihn
nicht sein Onkel umbringt. Es ist ja sein Vater, und Brüder hat
er keine."

Einige Minuten nach 1 Uhr setzten wir unsere Reise fort und
lagerten uns nach einem Marsche von 4 Stunden neben einer Cisterne,
welche am Entstehungspunkte des Wâdîh eingehauen ist, der bei dem
Dorfe Chamsa in den Wâdîh 'Amd mündet. Schon während des

Marsches war es mit dem Verwundeten schlimmer geworden, mehreremale wurde er ohnmächtig und man hatte ihn deshalb auf dem Kameele festbinden müssen. Bei unserer Ankunft setzten ihn unsere Gefährten unweit des Feuers an die Waarenballen und ersuchten mich,
ihm die Hand auf den Kopf zu legen und Gebete herzusagen, damit
die bösen Geister keine Gewalt über ihn hätten. Da es den armen
Mann beruhigte, so that ich, was sie verlangten, war jedoch nicht
vermögend, den Todesengel zu verscheuchen, dessen Wirken bereits in
den entstellten Zügen und den halbgebrochenen Augen erkennbar war.
Sein Puls gerieth bald darauf von Zeit zu Zeit ins Stocken, die
Hände fingen an zu erkalten, und als die Sonne am Horizonte unter-
tauchte, beleuchteten ihre letzten Strahlen die letzten Zuckungen eines
von seinem Sohne ermordeten Vaters. Die Beduinen hatten sich um
den Sterbenden gruppirt und starrten ihn schweigend und sichtbar
ergriffen an, und nur sein Sohn saß am Feuer und bedeckte sein
Gesicht mit den über das Knie gelegten Armen. Ich betete dann laut
ein Fâtiha und überließ die Leiche den Beduinen, welche auch sogleich
zu seiner Bestattung Anstalt machten. Nachdem sie außer dem Schurze
Alles von dem Todten genommen und neben den noch immer in seiner
gebückten Stellung sitzenden Sohn gelegt hatten, trugen sie ihn etwa
100 Schritt von der Cisterne an den Rand des Wâdiy und banden
ihm dann die Knie dergestalt an den Hals, daß sie das Kinn berührten. So gekrümmt legten sie die Leiche in der Art auf die rechte
Seite, daß ihr Gesicht nach Osten gewandt war, beteten ein Fâtiha
und bedeckten ihn dann mit einem Haufen Steine.

Hier finden sich die Spuren eines sehr alten heidnischen Cultus,
welche darauf hindeuten, daß die Bewohner des südlichen Arabien
schon in der frühesten Zeit in enger Verbindung mit den Völkerschaften
der gegenüberliegenden ostafrikanischen Küste gestanden haben müssen,
und daß damals sogar eine Vermischung beider Völker stattgefunden
hat; denn Erathostenes erzählt (beim Strabo), daß die Troglo-
dyten der Ostküste Afrikas ihre Todten auf eine ähnliche Art bestatten.
Ich werde jedoch später auf diesen Gegenstand zurückkommen.

War es Reue über den begangenen Vatermord oder war es nur die Beobachtung des Gebrauchs, ich weiß es nicht, kurz der Sohn blieb den ganzen Abend in der von Anfang an angenommenen Stellung, ohne auch nur das Geringste zu sich zu nehmen, und sang dann und wann in gedämpftem Tone einige Strophen, welche wie ein Klagelied lauteten.

Der Thermometer stand am Morgen bei heiterm Himmel und Windstille 15°, um Mittag 25° und am Abend bei Nordwestwind 22°. Die Hauptrichtung dieser Tagereise war West, 40° Nord.

12. August. Am 12. früh Morgens 5 Uhr verließen wir unser Nachtlager und zogen über die nackte steinige Ebene, ohne irgend ein lebendes Wesen anzutreffen, als vielleicht dann und wann eine Eidechse, welche bei unserer Annäherung in den Spalten des Gesteins verschwand. Nach einem Marsche von 6½ Stunde machten wir bis 1 Uhr Halt und setzten dann die Reise fort. Nach 1 Uhr passirten wir eine Cisterne, aus der wir unsere Wasserschläuche füllten, kamen dann nach einem Marsche von 4 Stunden abermals an einer Cisterne vorüber und lagerten ½ Stunde weiter neben einigen verkrüppelten Mimosen. Unterwegs frug ich meinen Führer, warum sie ihre Todten nicht nach der Art der Städter begrüben und weshalb sie ihnen die Kniee an den Hals bänden? Auf beide Fragen bekam ich zur Antwort, daß es so Sitte sei und daß sie auf dem Plateau keine Gräber machen könnten. Die Frage, ob sie in den Wâdis, wo doch Erde genug sei, ihre Todten ebenfalls mit Steinen bedeckten, beantwortete er mir mit „Ja".

Während der heutigen Tagereise hielten wir die Richtung von West, 10° Nord ein.

Der Thermometer stand am Morgen bei Windstille und heiterm Wetter 15°, um Mittag 25° und am Abend bei schwachem Nordwestwinde 20.

13. August. Am 13. brachen wir des Morgens ½5 Uhr auf und kamen nach einem Marsche von 3¼ Stunde an einem Wâdi vorüber, welcher sich links vom Wege hinzieht und in welchem wir

nach 1½ Stunde neben einem dichten Mimosengebüsch lagerten. Gegen 2 Uhr machten wir uns auf den Weg und gelangten in drei Stunden nach Çahwa, wo ich in dem Hause des Schaych 'Abd-er Raßul ibn 'Omâr ibn ben 'Amudy, zu welchem mein Dachayl beauf= tragt war, mich zu bringen, eine freundliche Aufnahme fand.

Am Abend hatte ich wieder ein bedeutendes Auditorium, welches mich weidlich mit Fragen plagte. Jedoch erfuhr ich auch manches Interessante, unter Anderm, daß die große arabische Wüste El Ahqâf [166] ganz nahe sei, und daß sich am Fuße des Plateau, welches wie eine steile Wand abfiele, auf eine Strecke von acht Tage= reisen eine Menge Stellen befänden, in denen Alles verschwindet, was das Unglück hätte, darauf zu treten. Diese Strecke (sagte man mir) würde Bahr eß Ssafy [167] genannt, weil ein König Namens Ssafy, welcher von Beled eß Ssaba' Wadiân aus mit einer Armee durch diese Wüste marschirt sei, um in den Hadhramaut einzufallen, den größten Theil seiner Truppen in diesen Stellen verloren habe. Diese Mittheilung reizte meine Neugierde im höchsten Grade, und ich bat daher meinen Schaych, mir Führer dahin zu verschaffen, welche er mir auch für den folgenden Tag versprach.

Der Thermometer stand am Morgen bei Windstille und heiterm Wetter 15°, um Mittag 25° und am Abend bei Nordwestwind 21°. Die Hauptrichtung dieser Tagereise war West, 20° Nord.

14. August. Am folgenden Tage hatte sich mein Wirth schon früh nach einem Dachayl umgesehen. Keiner der anwesenden Be= dninen aber hatte allein gehen wollen, weshalb er mir zwei brachte, mit denen ich den Handel dahin abschloß, daß sie mich bis zu den Stellen bringen und wieder nach Çahwa zurückführen müßten. Nach= dem mein Wirth mich ihnen in aller Form übergeben hatte, versorgte er mich zugleich mit dem nöthigen Proviant, und schon um 9 Uhr trat ich die Wanderung nach der Wüste Ahqâf an. Der Weg führte, nachdem wir in ¾ Stunde den Wâdin überschritten hatten, längs der steilen Wand des Plateaus auf einem gefährlichen Wege bis auf die Ebene, die sich mit ihrer einförmigen Nacktheit vor uns ausdehnte.

Im Wâdiy erblickte ich, von Dattelpalmen umgeben, das kleine Städtchen Wa'la von 4000 Einwohnern von den Stämmen der 'Amudy und Donaychy bewohnt, dem Sultan von Çahwa zugehörig.

Der größte Theil des Wâdiy, welchen ich übersehen konnte, war mit weißem Flugsand bedeckt, der hier und da bis zu einer Höhe von 100 Fuß anstieg.

Nach einem dreistündigen Marsche ruhten wir zwei Stunden aus und erreichten dann in drei Stunden den Rand der Hochebene, welche etwa 1000 Fuß jäh zur Ahqâf abfällt. Links zur Seite zog sich eine tiefe, theilweise mit Flugsand gefüllte Schlucht zur Wüste nieder. Und vor mir weit unten die Ahqâf, die unabsehbare Sandfläche, die mit ihrer unendlichen Menge wellenförmiger Hügel einem bewegten Meere gleicht. Keine Spur von Vegetation, sei es auch die kümmer= lichste, belebt die weite Oede, und kein Vogel unterbricht mit seinem Gesange die Todtenstille, welche auf dem Grabe des sabäischen Heeres ruht.

„Das ist Bahr eff Ssafy", sagten meine Beduinen, indem sie auf die drei blendendweißen Stellen deuteten, um die sich hier und da dunkle Felszacken über die Sandfläche erheben. „Geister bewohnen ihn und haben mit trügerischem Sand die Schätze bedeckt, welche ihrer Wachsamkeit anvertraut sind. Ein Jeder, der sich ihnen nähert, wird hinabgezogen; darum gehe nicht hin." — Natürlich achtete ich ihrer Warnungen nicht, die im Grunde nur darauf berechnet waren, der Mühe überhoben zu sein, vom Plateau hinab und wieder hinauf zu steigen, und verlangte, der Uebereinkunft gemäß, zu den Stellen geführt zu werden. Da wir wieder eine tüchtige Strecke zurückgehen mußten, um in die Schlucht zu kommen, durch welche man allein zur Wüste gelangen konnte, so brauchten wir noch über 2 Stunden bis zum Fuße der Gebirgswand, wo wir mit Sonnen= untergang neben zwei enormen, aus dem Sande hervorragenden Felsen Halt machten und lagerten. Auf dem Wege durch die Schlucht bemerkte ich an dem untern Theil derselben eine Menge Stellen, an welchen zwischen den Straten Petrol hervordringt.

Der Thermometer stand am Morgen bei heiterm Himmel und Windstille 15°, um Mittag 25° und am Abend bei schwachem Nordwestwinde 22°. Die Hauptrichtung von Çahwa bis hierher ist Nord, 15° West.

15. August. Es war bereits 8 Uhr, als ich am andern Morgen erwachte, denn trotz der Ermüdung des vorigen Tages hatte die Erwartung den Schlaf von meinen Augenlidern gescheucht, und erst lange nach Mitternacht behauptete die Natur ihre Rechte. Nachdem ich gefrühstückt hatte, forderte ich die Beduinen auf, mich nach den Stellen zu führen, wozu sie aber nicht zu bewegen waren; denn die Furcht vor den Geistern hatte sich ihrer schon bei unserer Ankunft dergestalt bemächtigt, daß sie kaum zu sprechen wagten. Ich entschloß mich also, allein zu gehen, und trat, mit einem Kilogewicht und 60 Faden Schnur versehen, die gefährliche Wanderung an.

In 36 Minuten erreichte ich die zunächstgelegene Stelle, welche auf ½ Stunde Länge 25 Minuten Breite hält und sich nach der Mitte hin allmählich abdacht; wahrscheinlich die Wirkung des Windes. Mit aller nur möglichen Vorsicht näherte ich mich dem Rande, den ich mit einem Stocke sondirte. Aus dieser Untersuchung ergab sich, daß der Boden des Randes steinig ist und dann plötzlich abfällt. Beim Hineinstoßen des Stabes in den den Abgrund bedeckenden Staub fühlt man fast gar keinen Widerstand, sodaß es mir vorkam, als stieße ich ins Wasser. Ich legte mich dann der Länge nach hin, um den Sand oder vielmehr Staub zu untersuchen, welchen ich beinahe unfühlbar fand. Hierauf warf ich das Gewicht, an welchem ich die Schnur befestigt hatte, so weit als möglich hinein; es sank auf der Stelle und mit abnehmender Schnelligkeit, und nach Verlauf von 5 Minuten verschwand das Ende der Schnur, welches mir beim Wurfe entschlüpft war, in dem Alles verschlingenden Grabe.

Mich jedes Urtheils enthaltend, überlasse ich es den Gelehrten, dieses Phänomen zu erklären, und beschränke mich darauf, die Thatsache zu beschreiben, so wie sie mir erschien.

Nur muß ich bemerken, daß der Staub eine weiße, etwas ins

Graue spielende Farbe hatte und von dem gelblichen Sande der
Wüste vollkommen abstach. Gern hätte ich von demselben etwas mit=
genommen, ich fürchtete jedoch den Verdacht der Beduinen zu erregen,
welche etwas näher gekommen waren und alle meine Bewegungen
aufmerksam beobachteten. Die Felsen, welche hier und da an der
Oberfläche des Sandes erscheinen, bestehen aus einem schwärzlich=
braungefärbten Sandsteine, welcher an seiner Oberfläche stark ver=
wittert ist.

Um ½ 11 Uhr traten wir den Rückweg nach Çaḥwa an, in der
Hoffnung, dasselbe noch zu erreichen; jedoch war der Weg in dem
Sande der ziemlich steil ansteigenden Schlucht so beschwerlich, daß
wir erst nach einem dreistündigen Steigen die Hochebene ganz erschöpft
erreichten und daher eine Stunde ruhten. Es war bereits dunkel,
als wir an dem Rande des Wâdiy Er Râchiye anlangten, und da
es nicht zu wagen war, in der Dunkelheit den gefährlichen Pfad hinab=
zusteigen, so lagerten wir uns daselbst.

Der Thermometer stand um Mittag in der Schlucht bei Wind=
stille und heiterm Himmel 30°, und am Abend bei Nordwestwind 20°.

16. August. Am 16. stiegen wir um 6 Uhr zum Wâdiy nieder
und erreichten um ½ 8 Uhr Çaḥwa, wo fast die ganze Stadt zu=
sammenlief, um den Wundermenschen zu sehen, der mit den Dschinn
des Baḥr eṣ Ṣâfy gesprochen hatte, wie es meine Beduinen Jedem
erzählten, der es hören wollte.

Mein Wirth lachte herzlich über meine Narrheit, Alles sehen zu
wollen, wie er sich ausdrückte, und sagte mir, daß eine Viertelstunde
von der Stadt ein Grabmal aus den Zeiten der Kâfir (Ungläubigen)
existire, und er wette darauf, daß ich das auch wohl sehen möchte.
Als ich seine Meinung bestätigte, lachte er noch lauter und versprach
mir, mich am Nachmittage selbst dahin zu führen. Da ich den
Wunsch äußerte, den folgenden Tag nach 'Amd zu reisen, so ging er
sogleich, um einen Führer zu suchen, kam aber nach ein Paar Stunden
unverrichteter Sache zurück, da keiner der Beduinen es wagen wollte,
mit einem Menschen zu reisen, der mit Geistern verkehre. Zum Glück

kam kurz nach Mittag eine Cáfila von 32 Kameelen und 20 Bednuen von Wa'la an, welche nach 'Amd bestimmt war und von denen sich Einer herbeiließ, den fremden, unheimlichen Menschen mitzunehmen.

Am Nachmittage führte mich mein Wirth zu dem Grabmale, vermied auch auf dem Hinwege die betretensten Straßen der Stadt, um nicht die ganze Jugend auf den Fersen zu haben. Dieses Grab= mal steht am Fuße der Gebirgswand unter einigen Dattelpalmen und ist aus gehauenen, ziemlich großen Quadern aufgeführt. Es nimmt ungefähr einen Raum von 25 Fuß im Quadrat ein und hat auch ungefähr dieselbe Höhe. Die Mauern haben 2 Fuß Dicke und das ganze Gebäude ist oben schmäler als unten, ungefähr in der Form der ägyptischen Tempel. Innerhalb ist es in zwei Kammern getheilt, deren Scheidewand der Mitte des Eingangs gegenüber und 6 Fuß von ihr entfernt steht. Das Dach besteht aus 2 Fuß breiten, stei= nernen Balken. Außer dem Eingange, welcher oben enger als unten ist, sind noch in jeder Seitenwand ein und in der Hinterwand zwei dreieckige Luftlöcher angebracht, deren eine Seite nach unten gekehrt ist. Auf dem Dache sind an jeder Seite am Rande drei kleine stufen= förmige Pyramiden als Zierrath angebracht, in der Art, wie man sie oft auf den maurischen Moscheen sieht.

Ueber dem Eingange existirte früher eine himyarische Inschrift, von der nur noch zwei Buchstaben erkennbar waren und die der Fa= natismus irgend eines Schaychs vernichtet hat. Im Uebrigen war keine Spur eines eigentlichen Grabes oder Sarkophags zu sehen. Ein Gewitter, welches schon seit einer Stunde drohend am Himmel stand, brach bei unserm Heimwege über uns los, und bis auf die Haut durchnäßt langten wir zu Hause an. Das Gewitter währte zwei Stunden und es regnete so heftig, daß der größte Theil des Wâdiy in einen Strom verwandelt ward.

Die Stadt Çahwa liegt an der südlichen Seite des Thals und zählt ungefähr 6000 Einwohner, welche den Stämmen der 'Anudy und Dorayschy angehören.

Der Sultan Namens Țâleb ibn El Modâd ibn ben 'Yssâ el

'Annud gehört zum Stamme der 'Annudħ. Der schloßähnliche Bau, in dem er residirt, steht auf einem niedern Vorsprung der Gebirgs= wand und beherrscht die Stadt vollkommen. Abtheilungen von Beduinen des Stammes Benħ Tâhir ben Radschħm liegen als Gar= nison in der Burg, von wo aus sie von Zeit zu Zeit die Einwohner ranzioniren.

Die Stadt ist von einigen Gärten und angebautem Feld umgeben, auf dem ein Wald von Dattelpalmen steht.

Der Wâdiħ Er Râchiħe ist größtentheils mit Flugsand bedeckt und daher nicht sonderlich fruchtbar und bevölkert. Nur vier Städte nannte man mir in ihm liegend: Çaħwa, Wa'la, Bâ Dschenân an der nördlichen Seite und am Vereinigungspunkte des Wâdiħ gleichen Namens mit dem Wâdiħ Er Râchiħe gelegen, von einem Sultan regiert, mit 4000 Einwohnern, und Er Râchiħe, eine Stadt von 5000 Einwohnern, an der südlichen Seite des Wâdiħ und der Mün= dung eines Wâdiħ gelegen, gleichfalls von ihrem eigenen Sultan be= herrscht. Der Wâdiħ Er Râchiħe mündet acht Tagereisen östlich von Çaħwa, oberhalb Terħm bei Borr und Thârħ in den Wâdiħ Daçr. Das Hauptproduct des Wâdiħ ist Gummi, Aloë.

Der Thermometer stand am Morgen bei Windstille und heiterm Himmel 20°, um Mittag 27°, am Abend bei einem Gewitter bei Nordwestwind 18°.

17. August. Kaum graute der Morgen des 17. August, als auch schon mein Führer an die Hausthür klopfte, um mich zur Dâfila abzuholen, welche außerhalb der Stadt lagerte. Ich nahm Abschied von meinem Wirthe und folgte dem Beduinen ins Lager, welches auch sogleich aufbrach und den steilen Abhang des Plateaus hinaufzog. Mein Dachaħl und seine Gefährten gehörten zu dem Stamme Benħ Tâhir ben Radschħm und sahen wo möglich noch wilder aus, wie die Beduinen, welche ich bisher gesehen hatte. Sie waren der festen Meinung, daß ich in Bahr eff Ssafħ Schätze gehoben hätte, und fragten mich: „mit wie viel Geistern ich gesprochen, wie sie ausge= sehen und wie groß der Schatz sei, den sie mir nach meinem Vater=

lande bringen müßten?" und andern Unsinn mehr. Ob ich gleich von ihnen Nichts zu fürchten hatte, da ich unter ihrem Schutze stand, so war es mir doch nicht gleichgültig, daß solche Gerüchte in Umlauf kamen. Aber was war zu thun? Ausreden konnte ich ihnen solche Ideen nicht, ich hielt es also fürs Beste, sie ins Lächerliche zu spielen, welches mir auch insoweit gelang, daß Mehrere anfingen, die starken Geister zu spielen und den Geisterspuk ebenfalls belachten. Unterweges wurde fast von nichts als von mir gesprochen und Einer behauptete, ich müsse gegen Hieb und Stich fest sein. Diese Idee fand allge= meinen Anklang und wäre mir fast theuer zu stehen gekommen; denn als wir nach einem Marsche von 6 Stunden lagerten, schlich sich Einer hinter mich, um zu probiren, ob ich kugelfest sei. Zum Glück bemerkte ich, daß Aller Augen auf ihn geheftet waren und daß ein vor mir sitzender Beduine auf die Seite rückte, um von der vielleicht durchschlagenden Kugel nicht getroffen zu werden. Dies veranlaßte mich, hinter mich zu sehen, wo ich denn die Ursache ihrer Aufmerk= samkeit entdeckte und aufsprang. Ich erklärte ihnen, daß ich keines= wegs kugelfest sei und machte meinem Beschützer Vorwürfe, daß er nichts gethan habe, um seinen Gefährten an seinem Vorhaben zu ver= hindern. Sie lachten dann Alle laut auf und riefen: „Er hat Furcht! Er ist nicht kugelfest!" — Gegen 1 Uhr reisten wir weiter und legten noch 5 Stunden bis zu einer Cisterne zurück, neben der wir uns für die Nacht lagerten.

Am Morgen stand der Thermometer bei Windstille und heiterm Himmel 18°, um Mittag 26°, am Abend bei Nordwestwind 20°.

18. August. Am Morgen des 18. August brachen wir gegen 6 Uhr auf und lagerten uns nach einem Marsche von 2¾ Stunden neben einer Cisterne, welche am Rande des Wâdiḥ eingehauen ist, der bei Ḥallet bâ Ṣaljb in den Wâdiḥ 'Amd mündet. Gegen 2 Uhr zogen wir weiter und kamen in 3¾ Stunden in 'Amd an, wo ich vom Schaych 'Abd er Raḥman aufs Herzlichste empfangen wurde.

Nachdem ich ihm meine Erlebnisse mitgetheilt hatte, sagte er mir, daß bei den Beduinen Vater= und Brudermord keine Seltenheiten wären, und in solchen Fällen dem Mörder nur dann Vergeltung drohe, wenn Brüder oder Vater des Ermordeten vorhanden wären. — Als ich des Alchymisten erwähnte, versprach er mir, mich am folgenden Tage zu einem Collegen desselben zu führen, der jedoch in allem Ernste sich bestrebe, „Gold zu machen" und bereits den größten Theil seines Vermögens dabei zugesetzt habe.

Uebrigens bestätigte er mir Alles, was man mir bezüglich der Wâdiŋ Daçr und El Hadscharŋu gesagt hatte, und fügte dann hinzu, daß es mir leicht würde, von Qabr Hud aus nach dem Lande Mahra zu gelangen, indem ich unter der Menge von Scherŋfen, welche dort zur Siŋâra kämen, wohl Einen finden würde, der mich nach seiner Heimath brächte.

Der Thermometer stand am Morgen bei Windstille und heiterm Himmel 20°, um Mittag bei Nordwestwind 25°, am Abend 21°. Die Richtung des Weges von Çaŋwa nach 'Amd ist Süd, 15° West.

19. August. Im Verlauf des folgenden Tages besuchte ich mit meinem Wirthe den Alchymisten, der mir sein Laboratorium zeigte, in welchem Retorten, Tiegel und allerlei Geräthe bunt durcheinander standen. Jedoch war er so ehrlich zu gestehen, daß er es noch nicht dahin habe bringen können, Gold zu erzeugen; glaubte aber an das Gelingen, wenn er nur erst ein Kraut gefunden habe, welches er mit dem Namen Haschŋsch edſ Dſahab [168]) nannte. Die Mitwirkung der Geister läugnete er gänzlich.

Des Nachmittags verschaffte mir der Schaŋch 'Abd er Rahmân einen Führen nach Choraŋbe, und war dann so gütig, mir die Namen der Hauptstämme der Beduinen, ihrer Unterabthei= lungen und deren Wohnsitze, sowie auch ihre ungefähre Seelen= zahl zu dictiren. Außerdem verdankte ich ihm noch viele interessante Mittheilungen.

Der Thermometer stand am Morgen bei Windstille und heiterm Himmel 20°, um Mittag bei schwachem Nordwestwinde 20° und am Abend 22°.

20. August. Auf demselben Wege, den ich von Choraybe nach 'Amd eingeschlagen hatte, kehrte ich am 20. dahin zurück und langte daselbst am 21. nach Mittag glücklich an. Sowohl der alte Schaych 'Abd Allah, als auch seine Söhne nahmen mich mit der mir früher bewiesenen Herzlichkeit auf und konnten sich nicht genug nach meinen Reiseabenteuern erkundigen. Einen sehr einflußreichen Mann aus Meschhed 'Alyy lernte ich hier kennen, welcher mit mir das Gast= zimmer bewohnte. Er bekleidete die Würde eines Qâdhyy (Richter) in seiner Stadt und interessirte sich besonders für die Arzneikunde. Besonders begierig war er zu wissen, wie man am Arme zur Ader lasse, und da Niemand sich zu der Probe hergeben wollte, so mußte ich ihm selbst zur Ader lassen, obgleich die Uebrigen ihr Möglichstes thaten, ihn von seinem Vorhaben abzubringen. Die Operation gelang vollkommen, und da er ein sehr fetter und vollblütiger Mann war, so bekam sie ihm auch sehr gut.

Nächstdem erzählte man mir, daß ein Scheryf aus Mârib vor= beigekommen sei, welcher gesagt habe, daß ein ganz weißer Mann angekommen wäre, der nicht bete und alle alten Inschriften, die sich in Mârib befänden, copire. Später traf ich diesen Mann in 'Aden. Es war kein Anderer, als der durch seine Reise nach Mârib bekannte Th. Arnaud. Man hatte ihm in Mârib dieselbe Schilderung von mir gemacht.

Am 20. stand der Thermometer des Morgens bei Windstille und heiterm Himmel 20°, um Mittag bei Nordwestwind 27°, am Abend 22°. Derselbe Thermometerstand fand auch am 21. statt.

21. August. Während meiner Abwesenheit war in der Regie= rung der Stadt eine bedeutende Veränderung eingetreten und drohte den Einwohnern mit den traurigsten Folgen. Der alte Sultan Me= nâçih war nämlich durch seinen Neffen Mohammed ibn 'Alyy ent= thront worden, wozu ihm der Schaych des Stammes El Châmiye, Hossayn Bâ Çaura, behülflich gewesen war. Dahingegen hatte der Morâschide, 'Abd er Rahmân Bâ Çorra, den alten Sultan in Schutz genommen und ließ ihn in einem der Thürme der Residenz durch

seine Beduinen bewachen. Die Einwohner hatten sich gleichfalls in zwei Parteien getheilt und es war vorauszusehen, daß es wegen der keineswegs beneidenswerthen Herrschaft zu ernstlichem Kampfe kommen werde.

22. August. Wahrscheinlich um diesem Uebel vorzubeugen und der Sache auf echt orientalische Manier ein Ende zu machen, kamen am 22. Nachmittags der neue Sultan in Begleitung des Schaychs der Châmine zu meinem Wirthe, welcher mit seiner Familie zu seinem Anhange gehörte. Hierauf wurde ich gerufen, und hier verlangte man von mir, — daß ich dem Sultan eine Dosis schnell tödtenden Giftes geben möchte, mit welchem er den Schaych Bâ Dorra aus dem Wege räumen wollte. Um mein Gewissen zu beruhigen, sagte mir der alte Schaych, daß Bâ Dorra Witwen und Waisen beraube und die Musel=männer bedrücke, außerdem auch schon mehrere Morde begangen habe; einen so schlechten Menschen zu vergiften, sei keine Schande, sondern vielmehr ein verdienstliches Werk vor Gott. Auf diese Zumuthung aber antwortete ich ihnen: „daß ich wohl Arzneien besäße, durch welche kranke Menschen gesund würden, jedoch keine, um sie zu tödten, und daß, wenn Bâ Dorra ein so ruchloser Mensch sei, wie sie ihn mir geschildert hätten, ihn Gott dafür ganz gewiß strafen würde, übrigens verstünde ich auch kein Gift zu bereiten." Dieses schienen sie mir aber nicht zu glauben, denn sie versuchten es, mich durch Geld=anerbietungen ihrem Wunsche geneigt zu machen, und boten mir nach und nach bis 100 Thaler, eine dort sehr bedeutende Summe. Wie sie sahen, daß ich bei dem früher Gesagten blieb, verlangten sie, daß ich auf den Dorân schwören solle, von der hier stattgehabten Unter=redung gegen Niemand etwas zu erwähnen.

Natürlich willfahrte ich ihrem Begehren, da sie es im Ver=weigerungsfalle nicht unterlassen haben würden, mir auf der Stelle den Mund auf ewig zu schließen. — Später erfuhr ich in Kairo durch die sich dort aufhaltenden Kaufleute aus dem Hadhramaut, daß sowohl Bâ Dorra als auch Sultan Menâçih kurze Zeit nach meiner Abreise aus dem Wege geräumt worden seien.

Gegen Abend händigte mir Schaych Ahmed Bâ Sjudân die
versprochene „Liste der himyarischen Könige" ein, welcher er
noch „eine kurze Reihe der Könige aus dem Geschlechte
Hodun's (Peleg's)" beifügte und mir noch andere Mittheilungen
machte, welchen ich weiter unten einen Platz anweisen werde. Die
Zeit zur Sjâra von Dahdun, der die Sjâra von Dabr Hud
8 Tage später folgt, war herangekommen, und ich bat daher meinen
Wirth, mir einen Beduinen zu verschaffen. Jedoch versicherte mir
Schaych Habyb 'Abd Allah ibn ben Hodun, der Dâdhy von Meschhed
'Alyy: „daß ich während dieser Reise unter seinem und
Schaych 'Abd el Dâdir's Schutz stehen würde, und es daher
keines Beduinen bedürfe". — Auch wolle er mich alle bei Meschhed
'Alyy befindlichen Inschriften copiren lassen, jedoch müsse ich ihm ver=
sprechen, nach meiner Rückreise von Dabr Hud wenigstens einen
Monat bei ihm zu bleiben, damit er die Arzneikunst von mir erlerne,
welches ich gern versprach, da es nicht einmal soviel Zeit brauchte,
um ihm meine Kenntnisse in der Medicin beizubringen. Nur um
diese Zeit ist es möglich, unangefochten nach Dabr Hud zu gelangen,
da dem Gebrauche gemäß die Beduinen innerhalb der 14 Tage vor
und ebenso viel Tage nach der Sjâra alle Räubereien einstellen und
einen Jeden ruhig seines Weges ziehen lassen.

Der Thermometer stand am Morgen bei Windstille und heiterm
Himmel 20°, um Mittag bei schwachem Nordwestwind 27° und am
Abend 22°.

Neuntes Capitel.

Letzte Katastrophe und Rückkehr nach Makalla.

―――――

Abreise. — Darrahn. — Ankunft vor Sfahf. — Meine kritische Lage daselbst. — Entscheidung der 'Olamâ. — Betragen des Sultans 'Alyy Mohammed ibn 'Abd Allah ibn No'mân ben Sfa'yid ibn 'Yssâ el 'Amud. — Abreise. — Der Wâdiy El Ayssâr. — Gastfreundschaftliche Aufnahme in einem Gehöfte unweit Chorayf. — Doqum el Ayssâr. — Wohnungen der Beduinen im Wâdiy Kotayf. — Eine Beduinenhochzeit. — Umzug der Beduinen. — Neue Wohnungen im Wâdiy Howayre. — 'Ayn er Râss eb Dyn. — Ankunft in Makalla. — Freundliche Aufnahme von Seiten des Sultans.

23. August. Am 23. August Nachmittags verließen wir Cho= raybe, nachdem ich meinem ehrwürdigen greisen Wirthe, dem Schaych 'Abd Allah Bâ Sfudân, meinen herzlichsten Dank für seine mir be= wiesene Güte abgestattet hatte, und gingen bis zur Stadt Darrahn, wo wir bei einem Verwandten des Schaych Habyb über Nacht blieben.

Darrahn ist eine Stadt von 5000 Einwohnern, von einem Sultan regiert, der wie alle Sultane des Wâdiy Do'ân unter dem Schutze der Stämme Morâschide und Châmiye steht. Es liegt nur 1½ Stunde von Choraybe entfernt, an der südöstlichen Seite des Wâdiy und an der Mündung des Wâdiy Eff Sfabal. Auf diesem Wege kam ich an die Stadt Raschyd, am Dorfe Bâ Dschiçaç und an der Stadt El Wa'ra [169]) vorüber.

Raschyd hat ungefähr 5000 Einwohner, einen eigenen Sultan und liegt an der nordwestlichen Seite des Wâdiy.

Wa'ra liegt an der südöstlichen Seite des Thales, zählt ungefähr 4000 Einwohner und wird von einem eigenen Sultan regiert.

Darrayn gegenüber liegt die Stadt Cho'ayre mit 4000 Einwohnern mit einem eigenen Sultan.

Bâ Dschiçâç ist ein Dorf an der südöstlichen Seite des Wâdiy, welches dem Stamme Morâschide gehört.

Der Thermometer stand am Morgen bei Windstille und heiterm Himmel 20°, um Mittag 27° und am Abend bei Nordwestwind 22°. Die Richtung des Thales von Choraybe bis Darrayn ist Nord, 35° Ost.

24. August. Am folgenden Tage, den 24. August, legte ich mit einem Kameele, welches ein Bedienter des Schaychs Habyb unter seiner Obhut hatte — denn der Schaych und die beiden Söhne des Schaych 'Abd Allah Bâ Sjudân, nämlich 'Abd el Qâdir und Abu Bekr, waren auf Eseln vorausgeritten —, bis zur Stadt Sjayf 6 Stunden Weges zurück, auf welchen ich folgende Ortschaften passirte.

Auf der nördlichen Seite:

Ghalbun, Stadt von 4000 Einwohnern, von Darrayn ½ Stunde entfernt; Hodun, eine Stadt mit 3000 Einwohnern, von Ghalbun ½ Stunde entfernt.

Hier befindet sich das Grabmal Hodun's (Peleg's), des Sohnes Hud's (Eber's), zu dem nach der Sjâra von Qabr Hud eine Wallfahrt stattfindet. Fünfzig Minuten weiter befindet sich die Stadt Tsâhir mit 5000 Seelen und ¼ Stunde von ihr entfernt Matruch, Stadt mit 4000 Seelen.

Bis hierher führt der Weg fortwährend durch einen dichten Dattelpalmenwald, in welchem das Terrain vortrefflich angebaut ist, und führt dann weiter über Felder fort. Ferner Sjabal, Stadt mit 4000 Einwohnern, welche den Dattelpalmenwald ¼ Stunde hinter sich zurückläßt. Nach 20 Minuten folgt ihr die Stadt 'Abd eç Çamut mit 6000 Einwohnern. Acht Minuten davon liegt Bedâ mit 10,000 Einwohnern, die größte Stadt des Wâdiy. Das Dorf El Mâ, an welchem man 50 Minuten von Bedâ vorüberkommt, wird von ungefähr 300 Seelen des Stammes Châmiye bewohnt. Chodahych, Stadt mit 6000 Seelen, folgt dem Dorfe El Mâ nach ½ Stunde Weges. Sjahf, Stadt, ist 2 Stunden von Chodahych entfernt.

An der südöstlichen Seite des Wâdiy Do'ân liegen die Orte:

Er Rihâb, Stadt mit 6000 Seelen und 40 Minuten von Darrahn. El Koſſuſe, Dorf von 200 Köpfen der Châmiye bewohnt, ½ Stunde weiter. Von diesem Dorfe 1 Stunde 40 Minuten mündet der Wâdiy Hebut, wo ein Wachtthurm steht, von einigen Häuschen umgeben, in welchen Beduinen des Stammes Châmiye wohnen.

Eine Stunde weiter führt der Weg bei Darr el Medjchyd, einem großen Dorfe, vorüber; dieses Dorf zählt ungefähr 600 Einwohner, die dem Stamme Châmiye angehören. Neben diesem Dorfe befinden sich bedeutende Substructionen, welche auf die frühere Existenz einer bedeutenden Stadt schließen lassen. Ein ganzer Theil der frühern Stadtmauer steht noch aufrecht und schließt das Dorf auf der einen Seite ein. El Arſſam, Stadt mit 5000 Einwohnern ungefähr, liegt an der Mündung des Wâdiy El Ayſſâr, der sich 1 Stunde 50 Minuten von Darr el Medjchyd öffnet.

Alle diese Städte haben eine jede ihren Sultan. Von der Stadt Matruch an erweitert sich das Thal zusehends, sodaß es schon an der Mündung des Wâdiy El Ayſſâr eine Breite von 1 Stunde hält. Ebenso zeigen sich die Thalwände nicht mehr als jähe Mauer, sondern unter einem Winkel von 45° abfallend. Das Bewässerungssystem ist durch die ganze Länge des Thales dasselbe, wie ich es bei Chorahbe beschrieben habe, und überall sah ich gut unterhaltene Bewässerungskanäle durch alle Theile des Wâdiy gezogen. Auf diesem Wege traf ich einige 20 der schon früher beschriebenen Sjahyl und etwa 10 Brunnen, welche bis zu einer Tiefe von 40 Fuß eingesenkt und mit einer Mauerbekleidung versehen sind.

Vor der Stadt Sjahf fand ich mehrere Tausende von Beduinen versammelt, die am folgenden Tage der Sjâra des Schaych Sja'yid ibn 'Yſſâ el 'Amud in dem ½ Stunde entfernten Dahbun beiwohnen wollten.

Kaum im Gewühl angelangt, rief man von allen Seiten: „Das ist der Spion der Ferenghy!" Und der ganze Haufe stürzte auf mich los, riß mich vom Kameele, entwaffnete mich, band mir unter Mißhandlungen die Hände auf den Rücken, und führte mich mit blu= tendem Gesicht und staubbedeckt vor den daselbst herrschenden Sultan 'Alyy Mohammed ibn 'Abd Allah ibn Ro'mân ben Ssa'yid ibn 'Yssâ el 'Amud. — Alles drängte sich mir nach bis in die Stube, wo der Sultan sich befand, und die bald bis zum Ersticken mit Beduinen erfüllt war. Wie rasend schrien diese durcheinander, daß ich von den Ferenghy in 'Aden ins Land geschickt sei, um es zu erforschen, und daß er mich solle hinrichten lassen.

Der Sultan fing nun an mich auszufragen, und ich beantwortete seine Fragen so ausführlich wie möglich. Jedoch ließ man mich nicht lange reden und der ganze Schwarm übertobte mit seinem Ge= schrei meine Worte. Meine Lage war im höchsten Grade kritisch; denn ob ich gleich bemerkte, daß der Sultan unentschlossen umhersah, wußte ich doch zu gut, daß er am Ende seinen Beschützern nachgeben mußte, und ich erwartete deshalb jeden Augenblick, daß er den Be= fehl zu meiner Hinrichtung geben würde. In diesem Augenblick voll unbeschreiblich bitterer Gefühle, den ich für alle Schätze der Welt nicht noch einmal durchleben möchte, — in welchem die Ereignisse meines Lebens und die Gestalten meiner fernen Lieben gleich den immer wechselnden Bildern eines Kaleidoskops an meiner Seele vorüber= zogen, — in diesem entscheidenden Augenblicke drängten sich die Schaychs Habyb und Abd el Câdir durch die tobenden Beduinen und erklärten laut, daß, da ich unter ihrem Schutze stände, der Weg zu mir nur über Leichen gehen könne, und zu gleicher Zeit löste Habyb die Stricke, mit welchen ich gebunden war.

Gleich darauf kam auch der Schaych des Stammes El Mahfus und erklärte sich, als Beschützer der Stadt Meschhed 'Alyy, auch zum Dachayl des Schützlings Schaych Habyb's. Andere Schaychs kamen nun auch herzu und verlangten, daß die 'Olamâ und der Câdhy über mein Schicksal entscheiden und ich bis dahin Gefangener sein sollte. Man brachte nun eine kurze eiserne Stange, an deren Enden Fußschellen angebracht waren, schloß meine Füße hinein und brachte mich eine Treppe höher in ein kleines Gemach, wohin mir durch die Fürsorge meiner Beschützer meine Sachen gebracht wurden.

Gegen Abend kamen meine beiden Freunde mit dem Schaych der Mahfus, und sagten mir, daß die Entscheidung der 'Olamâ erst nach der Syâra stattfinden würde; ich solle daher nur unbesorgt sein, denn sie würden nicht zugeben, daß mir ein Leides geschehe. Uebrigens wurde ich mit Allem versehen, was ich brauchte.

Die Stadt Syaÿf zählt ungefähr 3000 Einwohner und ist mit Feldern umgeben, welche durch zwei Kanäle bewässert werden, deren Lauf ich von meinem Gemach aus deutlich sehen konnte; einer der- selben kommt aus dem Wâdiÿ Do'ân, der andere aus dem Wâdiÿ El Aÿssâr. So weit mein Blick reichte, sah ich weder Dattelpalmen noch andere Bäume, und der ganze Wâdiÿ hatte ein ödes und trau- riges Ansehen. Syaÿf gehört schon zum Wâdiÿ Hadscharÿn.

Der Thermometer stand am Morgen bei Windstille und heiterm Himmel 20°, um Mittag 27° und am Abend bei Nordwestwind 22°. — Die Richtung des Thales von Choraybe bis Syaÿf ist Nord, 30° Ost.

26. August. Am 26. Abends kam Schaych Habyb zu mir und benachrichtigte mich, daß die 'Olamâ und die Schaych den Aus- spruch gethan hätten, daß ich unter der Bedingung freigelassen werden solle, alles das herauszugeben, was ich während der Reise geschrieben, und direct nach Makalla zurückzukehren. — Dieser Nachricht zufolge sammelte ich alle die kleinen Heftchen, in welchen ich während der Reise meine Notizen mit Bleifeder verzeichnet hatte und die mir nichts mehr nützten, da sie immer mit Tinte von mir ins Reine geschrieben waren. Zu diesen fügte ich noch zwei Ansichten und einen Bogen, auf welchem Instructionen zur Anwendung der Medicamente geschrieben standen; von der himyarischen Inschrift machte ich eine Abschrift und fügte sie zu den andern; alles Andere versteckte ich in den Körben unter den Arzneien.

27. August. Am 27. früh kamen der Sultan, der Câdhy von
Sfaff, drei 'Olamâ, meine Beschützer und die Schaych von Mahfus
und El Affwad zu mir ins Zimmer und verlangten, nachdem sie sich
niedergelassen hatten, die Auslieferung der Papiere. Nachdem ich
ihnen die für sie bereiteten Schriften übergeben hatte, frug mich der
Câdhy, „was das für für eine Schrift sei?" worauf ich ihm zur
Antwort gab, „es sei türkisch". Zum Glück war Keiner zugegen,
der die türkischen Charaktere kannte oder wußte, daß sie mit den
arabischen ein und dieselben sind. Der Câdhy verlangte hierauf einen
Napf mit Wasser, in welchen er die Papiere, nachdem er sie in kleine
Stückchen zerrissen hatte, warf, einige Gebete über sie sprach, sie
hierauf zu einem Brei verarbeitete und mit einem „Bismillah" („im
Namen Gottes!") zum Fenster hinauswarf. Nun setzte sich der
Sultan neben mich und machte sich über meinen Querfack, aus dem
er Alles hervorzog und betrachtete. Alle Gegenstände, welche ihm
gefielen, legte er auf die Seite und sagte, daß ich sie ihm zum Au=
denken schenken möchte; so beschenkte er sich denn mit einer Scheere,
Rasirmesser, Spiegel und andern Kleinigkeiten. Endlich fand er auf
dem Boden des Querfacks den Beutel, in welchem ich mein Geld
verwahrte, und erklärte mir ohne Weiteres, daß er mir das nicht
zurückgeben könne, indem ich sonst meine Reise wieder fortsetzen würde.
Hierin hatte er auch vollkommen Recht, denn im Fall er es mir ge=
lassen hätte, würde ich, einmal aus seiner Gewalt, unter Beduinen=
schutz meine Reise nach Meschhed 'Alhy und Cabr Hud fortgesetzt
haben. Aus diesem Grunde protestirte ich gegen die Fortnahme meines
Geldes und frug ihn, wie ich es denn ohne Geld anfangen sollte,
seinem Willen gemäß nach Makalla zu reisen? Worauf er mir er=
wiederte, daß das seine Sache sei, er würde mir Proviant genug
und einen Dachahl bis ans Meer geben. Hiermit stellte ich mich
aber nicht zufrieden und bemerkte, daß ich von Makalla bis Aegypten
noch einen weiten Weg habe und ohne Geld nicht dahin gelangen
könne. Auf diesen Einwand nahm er aber keine Rücksicht und steckte

den Beutel mit den Worten in seinen Gürtel: „Gott ist groß! Er wird Dir schon weiter helfen!"

Den Korb mit den Medicamenten ließ er unbeachtet, als ich ihm sagte, was er enthielt.

Man nahm mir nun die Fesseln ab und übergab mich einem Beduinen des Stammes El Hammâm eb Dyn, einer Abtheilung des Stammes Beny Sçaybân, mit dem Auftrage, mich geraden Weges nach Makalla zu bringen, und darauf zu achten, daß ich während der Reise das Land nicht „aufschriebe".

Schon glaubte ich Alles berichtigt, als der Sultan mich fragte: „Wo ich die Dose hätte, in der sich Etwas bewege?" Ich that, als wenn ich ihn nicht verstände, und erklärte, keine solche Dose zu besitzen. Damit ließ er sich aber nicht abspeisen, sondern öffnete mein Oberhemde und zog mir den Chronometer aus der Tasche, welchen ich sogleich öffnen mußte. Der Chronometer ging nun von Hand zu Hand, und ein Jeder stöberte mit dem Finger darin herum. Endlich erklärte der Sultan ihn als sein Eigenthum, da er mir dazu diene, „das Land aufzuschreiben".

Ungefähr eine Stunde später trat ich, ohne einen Pfennig Geldes zu besitzen, meine Rückreise nach Makalla an.

Man kann sich denken, mit welchen Gefühlen ich den Wâdiy Hadscharyn hinabsah, in welchem die merkwürdigen Gräber von Ghaybun lagen.

Bei einem Sçabyl ungefähr ½ Stunde von Sçayf, bis wohin mich die Schaych Habyb, 'Abd el Qâdir und Abu Bekr begleitet hatten, machten wir Halt, und hier versuchte ich noch einmal, den Beduinen zu bewegen, mich zuerst nach Meschhed 'Alyy und dann nach Makalla zu bringen. Allein er blieb unbeweglich, obgleich die Schaychs mich unterstützten und ihm sogar einen Thaler boten. Er sagte: „daß er sein Wort gegeben habe und es halten müsse". — Da Alles vergeblich war, meinen Beduinen anders zu stimmen, so nahm ich Abschied von meinen Freunden und wahrlich mit schwerem

Herzen, denn ohne ihren Beistand wäre ich den wilden Beduinen-
horden Preis gegeben und von ihnen gesteinigt worden.

Nachdem sie mich noch einmal dem Beduinen empfohlen hatten,
gingen sie zurück und wir verfolgten unsern Weg, welcher auf den
Wâdiy El Ayssâr zuführte.

Ich muß hier bemerken, daß ich höchst wahrscheinlich unangefochten bis Dabr Hud hätte reisen können, wenn ich es vermieden
hätte, bei der Syâra von Dahdun zu erscheinen. In einem Lande,
wo man den Fremden von Haus aus mit Mißtrauen betrachtet, ist
es nie rathsam, einen Ort in der Zeit zu besuchen, wo daselbst große
Feste begangen werden; denn wenn auch die Anwesenheit eines Fremden
Verdacht erregt, so bleibt er doch bei den verschiedenen Individuen
vereinzelt und das Ansehen seines Wirths ist gewöhnlich hinreichend,
den übeln Folgen zu begegnen. Ganz anders gestaltet sich die Sache
bei großen Festen, wo Tausende versammelt sind. Hier braucht nur
Einer seinen Verdacht laut werden zu lassen, und sogleich hat er sich
auch der ganzen Versammlung mitgetheilt. Was bei dem Einzelnen
nur Vermuthung war, das wird bei der Menge zur Gewißheit, und
der Fremde wird als ein der ganzen Gesellschaft gefährlicher Ver-
brecher angesehen. Die Stimme der Vernunft verhallt spurlos in
dem Geschrei des wilden Haufens.

Der Einfluß der Einzelnen, welche sich des Fremden annehmen
wollen, wird in diesem Momente der Aufregung nicht beachtet, und
er fällt, ein Opfer der Volkswuth.

Wie man aus der Beschreibung meiner Reise nach dem Wâdiy
El Hadschar ersehen haben wird, war ich bei einer ähnlichen Veranlassung nahe daran, „ermordet zu werden", und ich rathe daher denjenigen, welche in diesen Ländern zu reisen beabsichtigen, alle Volks-
versammlungen so viel als möglich zu vermeiden; denn nicht Jeder
würde vom Glücke so begünstigt werden, als ich es wurde.

Wir erreichten bald darauf die Mündung des etwa 1 Stunde
breiten Wâdiy El Ayssâr, den wir aufwärts bis an ein zur linken
Seite des Weges liegendes Gehöfte verfolgten, wo wir einkehrten

und freundlich aufgenommen wurden. Nachdem wir ungefähr eine Stunde geruht hatten, setzten wir die Reise fort und gelangten nach ungefähr zwei Stunden bei Doqum el Ayffâr an, wo wir abermals ungefähr eine Stunde unter Mimosen ruhten.

Die Entfernung von der Mündung des Wâdiy El Ayffâr bis hierher mag ungefähr 4 bis 4½ Stunde betragen, und die Richtung, in der sich das Thal hinaufzieht, ist Süd, 30° Ost.

Auf dieser Strecke kam ich an folgenden Städten vorüber: Çobayḩ zur Rechten des Weges mit ungefähr 4000 Einwohnern; diesem gegenüber El 'Drayffime, ebenfalls mit 4000 Einwohnern. Zur Rechten des Weges El Offaḩf mit 4000 Seelen ungefähr; 'Dorayf, ebenfalls zur Rechten, ist etwas kleiner als die vorigen. Kâfira, rechts am Wege, hat etwa 4000 Einwohner. Die drei letzt-genannten Städte liegen ganz nahe beieinander. Etwas oberhalb von Kâfira liegen links vom Wege nahe beieinander die Städte Tâlibe und Ḥaufa, von denen die erste 4000, die andere ungefähr 6000 Einwohner zählt.

Das Dorf Doqum el Ayffâr liegt auf einem 200 Fuß hohen Inselberge an dem Vereinigungspunkte der Wâdiy Chârit und El Ayffâr. Die Form des Wâdiy El Ayffâr ist ganz dieselbe, wie die oberhalb des Wâdiy Do'ân. — Von El 'Drayffime bis oberhalb Ḥaufa führt der Weg fortwährend durch dichten Dattelpalmenwald, unter welchem der sehr fruchtbare Boden vortrefflich angebaut ist. Wie im Wâdiy Do'ân war auch hier das Flußbett eingedämmt und mit Wehren versehen, und eine Menge Nebenkanäle gingen von ihm aus. Eine jede der Städte dieses Wâdiy hat ihren Sultan, welche zur großen Familie der 'Amudy gehören. Doqum el Ayffâr gehört dem Stamme Ḥammâm ed Dyn und zählt ungefähr 200 Ein-wohner.

Wir verließen den Wâdiy El Ayffâr und betraten den hier mündenden Wâdiy Kotayfa, welcher sich eine ziemliche Strecke in der Richtung Ost, 30° Süd heranzieht und dann das Plateau mit sehr geringem Gefälle etwa 60 Fuß tief durchschneidet. Nach einem Marsche

von 2 guten Stunden langten wir bei dem Wohnsitze meines Führers
an einer Höhle an, wo ihn seine Frauen und Kinder begrüßten.
Etwa 200 Schritt weiter, thalaufwärts mündet ein anderes schlucht-
ähnliches Thal, in welchem 13 Familien, die meines Führers nicht
mitgerechnet, Höhlen bewohnen. Diese Höhlen waren ungefähr 10 Fuß
über den Thalboden erhaben und sind durch die Auswaschungen der
weichern Straten des Jura = Dolomitkalks entstanden. Ihre Tiefe
betrug hier ungefähr 15 Fuß und ihre Höhe 8 Fuß. Um sich und
ihre Heerden, welche auch darin untergebracht sind, vor wilden Thieren
zu schützen, ziehen sie ein Gehege dorniger Sträucher davor. Eine
solche Scheidewand sondert auch die Wohnungen der einzelnen Familien
voneinander ab. Eine Anzahl sehr bösartiger Hunde bewachte dieses
Troglodytendorf, welches im Ganzen, wie ich später sah, 93 Köpfe
zählte. Die Kameele, deren sie etwa 50 Stück besitzen, liegen während der Nacht mit krummgebundenen Vorderbeinen im Wâdin. An
Pflöcken, welche in den Ritzen des Gesteins eingeschlagen waren, hingen
die Proviantschläuche umher.

Wie man sich denken kann, war bald die ganze Colonie um mich
versammelt, und mein alter Führer erzählte ihnen, was mir widerfahren war, verschwieg aber die wahre Ursache, nämlich, daß man
mich für einen königlichen Kundschafter gehalten hätte, und setzte die
Habsucht des Sultans von Ssahs an ihre Stelle. — Alle bedauerten
mich und waren im höchsten Grade zuvorkommend, welches wahrscheinlich nicht der Fall gewesen wäre, wenn er auch hier das Gerücht
verbreitet hätte. Der alte Beduine ließ durch eine seiner Frauen,
deren er vier hatte, sogleich Brod backen, dann wurden hölzerne
Näpfe hereingebracht, mit Milch gefüllt und Brod hineingebrockt,
welches dann eine Frau mit ihren Händen zu einem Brei zerquetschte
und mit Butter begoß. Obgleich dieses Gericht nicht auf die rein-
lichste Art zubereitet war, so mundete es mir doch, denn der heutige
Marsch hatte meinen Appetit geschärft.

Am Abend sagte mir mein Dachahl, daß wir den folgenden Tag
hier bleiben würden, weil einer ihrer jungen Männer heirathe, und

daß sie alle am nächstfolgenden Tage in eine andere Gegend zögen, welche auf dem Wege nach Makalla läge.

Der Thermometer stand am Morgen bei Windstille und heiterm Wetter 20°, am Mittag bei Nordwestwind 27°, am Abend 22°. — Die beiden folgenden Tage (der 26. und 27. August) blieb der Thermometerstand derselbe.

28. August. Am folgenden Tage (den 28. August) war bis Mittag lange keine Anstalt zur Hochzeit zu sehen. Im Gegentheil waren die Beduinen alle ihren Geschäften nachgegangen, d. h. nämlich „die Frauen“; die Männer überließen sich dem dolce far niente. Ich meinerseits sah erst zweien dieser geplagten Geschöpfe zu, wie sie Butter bereiteten, und trieb mich die übrige Zeit auf dem Plateau oder im Wâdih umher. Zur Butterbereitung bedienten sie sich eines Ziegenschlauchs, dessen härene Seite nach innen gekehrt ist und an dessen Hinter = und Vorderbeinen Stöcke befestigt sind. Nachdem sie die mit Milch vermischte Sahne hineingegossen und den Schlauch zugebunden hatten, zogen sie ihn so lange hin und her, bis sich die Butter abgesondert hatte. Die Butter wurde dann sogleich über dem Feuer zerlassen und in die dazu bestimmten Schläuche gegossen. Ungefähr gegen 4 Uhr Nachmittags kehrten die Frauen mit den Heerden zurück, sie selbst mit großen Bündeln Holz beladen, und nun wurde es im ganzen Thal lebendig. Die Frauen trillerten den Sughavith und die Männer schossen ihre Gewehre ab. Kurz, die Hochzeit nahm ihren Anfang. Alle Männer begaben sich vor die Höhle des Bräutigams und die Frauen vor die der Braut, die Väter des Brautpaares schlachteten Jeder mehrere Schaafe, große Feuer loderten auf, und nun wurde geschmaust und gesungen bis etwa zwei Stunden nach Sonnenuntergang. Die jungen, unverheiratheten Männer nahmen hierauf den Bräutigam in die Mitte und zogen hierauf nach der Höhle der Braut, um sie abzuholen. Hier aber wurde ihnen der Bescheid, daß sich die Braut geflüchtet habe und man nicht wisse, wohin. Nachdem der Bräutigam und seine Gefährten die ganze Höhle durchstöbert und nichts gefunden hatten, eilten sie mit einem gräßlichen

Geschrei zu ihren Waffen, zündeten die Lunten an und machten sich auf, die Flüchtige zu suchen. Ich schloß mich dem Schwarme an und zog mit ihnen wenigstens zwei gute Stunden umher. Endlich ersahen wir einen Trupp junger Mädchen, welche eine Höhle bewachten, in die sich die Braut versteckt hatte. Der Bräutigam forderte sie auf, die Flüchtige auszuliefern, allein anstatt der Antwort warfen sie mit Steinen und zwar dergestalt, daß man es wohl für Ernst nehmen konnte. Nun liefen die jungen Männer mit vor das Gesicht gehaltenen Armen Sturm, welcher mit einem Hagel von Steinen empfangen wurde. Dieses war aber auch die letzte Vertheidigung, denn als die jungen Leute auf sie eindrangen, flüchteten sich die Mädchen mit Wehklagen nach allen Seiten und ließen die Braut als gute Beute zurück. — Der Bräutigam setzte sich nun ungehindert in deren Besitz, und die Uebrigen zogen sich dann etwa 100 Schritt zurück, wo sich dann auch die Mädchen einfanden. Es währte nicht lange, so kam das Paar, welches als Braut und Bräutigam die Höhle betreten hatte, als Mann und Frau wieder daraus hervor, Letztere mit einem großen Tuche verhüllt. Sie wurden jetzt in die Mitte genommen und unter Gewehrschüssen und Sugarithtrillern nach der Höhle des Mannes gebracht. Bevor sie jedoch eintraten, schlachtete der junge Ehemann zwei Schaafe zum Opfer, welche auch sogleich auf glühenden Steinen gebraten und verzehrt wurden. Hiermit war die Festlichkeit beendet und Jeder legte sich zur Ruhe.

Die Anzahl der Frauen, welche ein Beduine heirathet, richtet sich nach der Zahl seiner Ziegen und Schaafe, denn sowie eine Heerde, die sie beaufsichtigt, für sie zu groß wird, heirathet er noch eine Frau und theilt die Heerde in zwei Theile.

29. August. Die Sonne stand schon hoch, als die sämmtlichen Familien am 29. August ihre Kameele zu laden begannen und die Heerden unter der Aufsicht der Frauen, einiger Männer und der Hunde auf das Plateau getrieben wurden. Der Zug über die Hochebene gewährte einen eigenthümlichen Anblick. Auf den Kameelen waren die Hausgeräthschaften, einige Frauen, deren Zustand das

Gehen nicht erlaubte, und die Kinder geladen. Rechts und links vom
Wege wanderte die in verschiedene Haufen vertheilte Heerde, welche
ungefähr aus 1500—2000 Schaafen und Ziegen bestehen mochte,
und die rechts und links von einigen bewaffneten Männern flankirt
wurde. Ein Vortrapp von sechs Männern ging ungefähr ¼ Stunde
voraus. Da diese Ordnung immer beibehalten wird, und die Schaafe
und Ziegen weidend vorwärtsgehen, so bewegt sich der Zug nur sehr
langsam seinem Ziele zu.

Wir kamen bei einem kleinen Dörfchen Kotayfa und an einer
Cisterne vorüber und lagerten ungefähr gegen 4 Uhr neben einer Cisterne, welche am Entstehungspunkte, einem kleinen Wâdiy, eingehauen
ist, der in den Wâdiy El Ayſſâr mündet.

In zwei Tagereisen erreichten wir den Dſchebel Mathârun, eine
mit Gebüsch bewachsene Erhöhung der Hochebene. Bei einem Grabmale, in welchem die Gebeine eines Heiligen, Namens 'Omâr ruhen,
wandte sich der ganze Zug nach Osten und stieg in den Wâdiy
Mathârun, seinem Bestimmungsorte, hinab, wo gleich eine Reihe
von Höhlen bezogen wurden. In 10 Minuten waren alle Familien
häuslich eingerichtet, denn die Gehege von dornigen Sträuchern und
die Pflöcke in den Felsspalten existirten hier noch von früher her, und
als alle Schläuche aufgegangen und die Feuer angezündet waren,
schien es, als hätten sie von jeher hier gewohnt. Auf unserm Wege
von unserm letzten Nachtlager bis hierher kamen wir an fünf Cisternen und den Entstehungspunkten von acht Wâdiy vorüber, von
denen sechs westlich in den Wâdiy El Ayſſâr und zwei östlich in den
Wâdiy 'Odyne münden. Die Entfernung von den verlassenen Wohnsitzen im Wâdiy Kotayfa bis hierher beträgt ungefähr 10—11 Stunden,
die Richtung des Weges war Süd, 30° Ost.

Am Abend wurde ich mit einem mir ganz neuen, eigenthümlichen
Aberglauben bekannt; mehrere Beduinen nämlich lagen ausgestreckt
um das Feuer meines Dachayl, während ich mein Lager einige Schritte
von ihnen aufgeschlagen hatte. Um meine Pfeife anzuzünden, wollte
ich zum Feuer gehen, und da ich keinen Raum zum Durchgehen fand,

schritt ich über die Beine eines Beduinen. Ich erstaunte nicht wenig, als derselbe aufsprang und mir im heftigsten Zorne die bittersten Vor= würfe machte, daß ich ihn mit Krankheiten überschüttet hätte. Mein Führer trat dazwischen, machte mir auch, jedoch in sanfterm Tone, Vorwürfe und erklärte mir, als ich ihn frug, was ich denn eigent= lich verschuldet habe, daß ich durch mein Ueberschreiten des Körpers seines Freundes, nicht allein die Krankheiten, an denen ich jetzt viel= leicht litte, sondern auch alle die, welche ich noch bekommen würde, auf ihn übertragen hätte. — Um den guten Mann zu beruhigen, antwortete ich ihm: „daß, da dem so wäre, ich erbötig sei, ihn wieder über mich wegschreiten zu lassen''. — Dieses Anerbieten wurde auch sogleich angenommen. Ich legte mich dann der Länge nach hin und der Beduine schritt über mich weg. Ich sah an seiner zufriedenen Miene, daß er sich im Innern Glück wünschte, mir nicht allein meine, sondern auch seine jetzigen und zukünftigen Krankheiten übertragen zu haben.

30. August. Während der letzten drei Tage, nämlich am 28. Morgens bis zum 30. Abends, stand der Thermometer am Morgen bei Windstille und heiterm Wetter 20°, um Mittag bei Nordwest= wind 27° und am Abend 22°.

31. August. Am 31. August reiste ich mit meinem Führer früh Morgens weiter und traf am Entstehungspunkte des Wâdih, wo wir die Hochebene betraten, eine Qâfila von 50 Kameelen und einigen 30 Beduinen des Stammes meines Führers, welche Tabak und Gummi=Aloë nach Makalla brachten. Wir schlossen uns ihr an und kamen nach ungefähr 1 Stunde an eine Cisterne, wo gelagert wurde. Ungefähr um 2 Uhr Nachmittags brachen wir wieder auf und kamen nach ungefähr 1½ Stunde an den Rand eines kessel= förmigen Thales, welches sich gegen Südosten zu einer engen Schlucht gestaltet. Wir stiegen in ihr herab und lagerten unter einer Gruppe von einigen 20 Platanen, neben welchen sich ein Bassin mit Wasser befand. Mit diesem Kesselthale beginnt einer der Hauptwâdih der untern Bergregion, nämlich der Wâdih Howahre. Viel erzählten die

Beduinen von Räubereien und Mordthaten, welche in dem vor uns liegenden Engpasse von den aus ihren Stämmen gestoßenen Beduinen (Barwâq) verübt worden. Diese Banden sind so gefürchtet, daß die Kaufleute von Makalla, Schihr und den Städten des Innern ihnen förmlich Tribut zahlen, um die Wege offen zu erhalten. Jedoch schienen die Beduinen nicht sehr darauf zu bauen, denn die ganze Nacht hielten fortwährend 10 bis 12 Mann Wache. Am Abend wimmelte es auf allen Büschen von leuchtenden Insecten, welche meinem Beduinen Veranlassung gaben, mir eine ihrer Volkssagen mitzutheilen. Nach ihr giebt es im Gebirge eine Schlange, welche einen großen Diamant auf dem Kopfe trägt. Wenn nun die Schlange an ein Wasser schleicht, um zu trinken, legt sie den Edelstein ab, damit er ihr nicht entfällt, und nimmt ihn wieder auf, wenn sie ihren Durst gelöscht hat.

Kann nun Jemand ihr den Stein entwenden, wenn sie ihn abgelegt hat, denn zu einer andern Zeit ist es nicht möglich, so stehen ihm alle Dschinny der Welt zu Gebote, und er ist folglich der Glücklichste unter allen Menschen. Die Beduinen glauben, daß der König Salomo ein so Glücklicher gewesen sei, weshalb er auch die Sprache der Thiere verstanden habe, in welcher ihn die Dschinny unterrichtet hätten.

Der Thermometer stand am Morgen des 31. bei Windstille und heiterm Himmel 28°, um Mittag bei Nordwestwind 24°, und am Abend 20°.

1. September. Am 1. September theilte sich ein Trupp von 20 Beduinen in zwei Parteien, von denen die eine rechts, die andere links von der Schlucht auf den sie begrenzenden Höhen blieb und die Câfila begleitete. Diese Vorsicht war auch nicht überflüssig, denn längs dem ganzen Hohlwege, welcher auf eine Länge von 2 Stunden ungefähr nur eine Breite von 25 Schritten mißt, befinden sich oben an den ziemlich steilen Thalwänden aus übereinander gelegten Steinen Brustwehren, von denen aus die Wegelagerer die Reisenden erschießen und dann berauben. Ich zählte 17 Steinhaufen, unter denen Er-

mordete begraben lagen, und wenigstens 40 Stellen, an welchen die
Spuren sichtbar waren, welche die Kugeln auf dem Gestein zurück-
gelassen hatten. Der untere Theil dieses Engpasses ist mit großen
Felsblöcken bedeckt, welche einen Hohlweg bilden und zwischen denen
Gesträuppe emporwächst. Längs dieses Abhanges führt der Weg auf
den Vorsprung eines tertiären Kalkgebirgs bis zu einem von wenigen
kleinen Häusern und angebauten Feldern umgebenen Thurm, in
welchem Beduinen des Stammes Aqaybere wohnen und der den Namen
Hicu Howayre führt.

Hier lagerten wir bei einem natürlichen, sehr tiefen Bassin,
welches am Fuße obenerwähnten Abhanges liegt und dicht mit Lotus-
blättern bedeckt ist. Im Südwesten von diesem Thurme erheben sich
die riesigen Koppen des Kaur Tsaybân und Mâyile Matar, und
weiter nach Süden die Gipfel des Dschebel Lehde. Ganz in der Nähe
des Bassins stehen mehrere Bäume, von denen ich auf meiner Reise
bis hierher noch keine gesehen hatte. Nämlich der Hibiscus muta-
bilis, ein Baum, der zu gleicher Zeit weiße und rothe Blüthen trägt,
welche die Form und Größe einer Rose haben. — Der Baum
ist von der Größe eines großen Apfelbaums, dem er auch in der
Form gleichkommt. Es standen eine Menge dieser Bäume umher,
und da sie in voller Blüthe waren, gaben sie dem Thale das Ansehen eines Rosenhains. — Nächst diesem der Arakbaum
(Er Rak), welchen Forskâl (Flor. pag. XXXII) Salvadora per-
sica nennt; Andere geben ihm den Namen Cissus arborea.

Wir lagerten hier den ganzen Tag, um noch 10 Kameele zu
erwarten, welche zur Dâfila gehörten und einen andern Weg genommen hatten. Des Nachmittags donnerte es oben auf dem Plateau heftig, und da wir zwischen zwei sehr steilen Felswänden gelagert
waren, so hielten es die Beduinen für rathsam, die Schlucht zu verlassen und sich auf einen etwas weiter unten liegenden Hügel zurück-
zuziehen. — Kaum 1/4 Stunde nach unserm Umzuge hörten wir ein
heftiges Rauschen und ein Beduine rief: „Eç Çâl! Eç Çâl!" („Die
Fluth! Die Fluth!") Der Anblick, der sich mir jetzt darbot, war

erhaben und prachtvoll. Der ganze mit Felsblöcken bedeckte Abhang
war in einen schäumenden Wasserfall verwandelt und es dauerte nicht
lange, so tobte in dem früher trockenen, hier etwa 200 Fuß breiten
Flußbette ein wenigstens 6 Fuß tiefer, reißender Strom. Jedoch
genoß ich dieses Anblicks nicht lange; denn schon in ½ Stunde
konnte man trockenen Fußes durch den Wâdiy gehen. — Auf der
höchsten Koppe des Kaur Sjaybân befindet sich ein Kuppelgebäude,
das Grabmal Sjaybâns ibn Redsch, das ich von meinem Lagerplatze
sehen konnte.

Des Morgens stand der Thermometer bei Windstille und heiterm
Wetter 20°, um Mittag bei Nordwestwind 30°, und am Abend bei
Südostwind 24°.

2. September. Die erwarteten Kameele kamen erst am Mittag
des 2. September, und da sie ausruhen mußten, brachen wir erst
gegen 2 Uhr auf, machten aber nur ungefähr 2 Stunden, bis wir
bei einem gemauerten Bassin anlangten, zu welchem das Wasser vom
Gebirge in gemauerten Rinnen geleitet wird und das eine ungeheure
Menge von Blutigeln enthält, weshalb die Beduinen ein Tuch über
das Wasser ausbreiteten und einige Steine darauf warfen, wodurch
eine von Blutigeln freie Stelle gebildet wurde, aus der sie ihre
Schläuche füllten und die Kameele tränkten. Diesem Bassin gegenüber
an der rechten Seite des Wâdiy steht ein sehr schönes Diorittrümmer-
Gestein, welches sich auf eine Strecke von 5 Stunden bis zur Mündung des Wâdiy Mâhile Matar ausdehnt.

Am Morgen des 2. stand der Thermometer bei Südostwind
22°, um Mittag bei Windstille 33°, und am Abend bei Nordwestwind 26°.

3. September. Nur eine sehr kleine Tagereise von 3½ Stunde
machten wir am 3. September bis zu einem Gehöfte, welches, von
Dattelpalmen und Saatfeldern umgeben, an der Mündung des Wâdiy
Kamisch liegt. Die zehn zuletzt gekommenen Kameele sollten hier mit
Tabak und Indigo beladen werden; da jedoch die Waaren noch nicht
verpackt waren, so bequemten sich die Beduinen, darauf zu warten.

Dieser Wâdiy ist ungefähr 200 Schritt breit und etwa 1 Stunde thalaufwärts mit Dattelpalmen besetzt, unter denen das Land bebaut ist. Das Gebirge besteht aus tertiärem Kalk. Jedoch fand ich im Flußbette Rollstücke von Granit, Gneis, Chlorit und Quarz, welches auf die Formation der weiter oben liegenden Gebirge schließen läßt. Die Gegend ist von Beduinen des Stammes El Hamum bewohnt, zu welchem auch die Bewohner des Gehöftes gehören.

Der Thermometer stand am Morgen bei Südostwind und heiterm Himmel 22°, um Mittag bei Windstille 36°, und am Abend bei Nordwestwind 28°.

4. September. Da die Ballen erst am Abend des 4. bereit waren, so setzten wir die Reise erst am Morgen des 5. fort, legten aber nur eine Strecke von ungefähr 6 Stunden bis 'Ayn er Râff ed Dyn zurück. Von der Mündung des Mâyile Matar an wird der Wâdiy immer breiter und hat bei 'Ayn er Râff ed Dyn eine Breite von 2 Stunden. Der Weg führt längs dem Fuße des Dschebel Lehde hin, dem auf dieser ganzen Strecke Höhen eines tertiären Kalksand= steins vorliegen. Der Wâdiy ist mit Flugsand bedeckt und reich an Mimosen=, Tamarisken= und Rebekbäumen, zwischen denen die Gift= pflanzen El Dschr und El Marh (Asclepias procera und Asclepias ignivoma) zu einer außerordentlichen Stärke gedeihen. 'Ayn er Râff ed Dyn ist ein niederer, flacher und mit einem üppigen Graswuchs bedeckter Vorsprung des Gebirges, auf welchem sich zwei kleine, sumpfige, mit Rohr umwachsene Teiche befinden, in denen sich eine Unzahl von Blutigeln aufhalten. Hier und da sieht man Gruppen von Dattel- und Dompalmen. Da wir an diesem Tage nicht weiter reisten, kauften die Beduinen von einer mit ihrer Heerde vorüberziehenden Beduinenfrau 5 Schaafe, wofür sie einen öster= reichischen Thaler bezahlten. Obgleich ich zum Ankaufe derselben nichts beigetragen hatte, so verlangten sie doch, daß ich meinen An= theil nehmen sollte; das Fleisch wurde auf die schon früher beschrie= bene Art zubereitet. — Auf der entgegengesetzten Seite zieht sich der Dschebel El Hamum bis an das Meer und erhebt seine schroffen

Gipfel bis zu einer Höhe von beiläufig 4000 Fuß über dem Meeresspiegel; ja die höchste Koppe desselben, welche den Namen Entaf el
Hamum führt, schien mir noch höher zu sein. Am Fuße dieses Gebirges liegt die Stadt Schiḥr [170]), eine der Haupthafenstädte des Littorals,
welche von Sultanen beherrscht wird, die zu der aus der Provinz
Yâfi'a stammenden Familie Bâ Raḥfe gehören; der jetzt (1843)
lebende Sultan heißt 'Alyy Raḥ bâ Raḥfe.

Der Thermometer stand an den Tagen des 4. und 5. am Morgen
bei Südostwind und heiterm Himmel 22°, um Mittag bei Windstille
36°, und am Abend bei Nordwestwind 28°.

6. September. Am 6. September brachen wir ungefähr gegen
10 Uhr auf und zogen durch eine öde traurige Gegend, in welcher
blendendweiße Hügel eines tertiären Kalks mit dürren, sandigen
Schluchten abwechselten. Nach einem Marsche von etwa 5 Stunden
lagerten wir in einem gebüschreichen Wâdiy, Namens Moçaḥre.

Der Thermometerstand blieb derselbe, wie der des vorigen Tages;
während der Nacht war ein starker Thau gefallen. Die Richtung des
Weges von Kotaḥfa ist Süd, 30° Ost.

7. September. Am 7. September durchzogen wir wieder öde,
dürre Schluchten, welche die Kalkhügel durchbrechen, und betraten nach
ungefähr 3 Stunden den Wâdiy Ḥaṭaby, in welchem wir bis etwa
2 Uhr Nachmittags ausruhten. Links vom Wege in einer Entfernung
von 1 Stunde sah ich die blaue Fläche des Meeres und das an ihm
liegende Dorf Roḥsch, welches von Fischern bewohnt wird. Von diesem
Ruheplatze an legten wir noch 1½ Stunde zurück und lagerten dann
einer Quelle im Wâdiy Dhyq edh Dhyâq, 1½ Stunde vom Meere;
rechts ragten die Dattelpalmen des Dorfes gleichen Namens herüber.
Die Richtung des Weges ist Süd, 30° West.

8. September. Am 8. September setzte sich die Qâfila mit
Tagesanbruch in Bewegung und gelangte nach etwa 2 Stunden nach
dem Dorfe Ḥarr Schiwâts und von da in 4 Stunden nach — Makalla, wo sie außerhalb des Thores ihr Lager aufschlug. Mein Beduine
nahm meine Sachen auf den Rücken und führte mich ins Haus meines

frühern Wirthe, den ich aber nicht fand, da er nach Schihr verreist war. Da ich Niemand anders kannte und ohne Geld war, so blieb mir nichts Anderes übrig, als in der großen Moschee ein Unterkommen zu suchen; ich sagte daher meinem Dachayl, mich dahin zu bringen.

Als wir über den freien Platz schritten, welcher die neue Stadt von der alten trennt, trat ein Schwarzer zu mir heran und kündigte mir an, daß mich der Sultan sprechen wolle. Der Titel „Sultan" machte mich stutzen, denn die arabischen Sultane waren mir von Szauf aus bedeutend zuwider geworden. Jedoch die Nothwendigkeit gebot zu gehorchen, und in Erwartung der Dinge, die da kommen sollten, stieg ich mit schwerem Herzen hinter dem Schwarzen her eine Treppe hinauf und trat in das Gemach des Herrschers von Makalla.

Ich wurde freundlich von ihm empfangen und gebeten, mich neben ihm niederzulassen.

Er sagte mir dann, daß er bereits von dem Vorfalle in Szauf gehört habe und ersuchte mich, ihm Alles ausführlich zu erzählen. Als ich mit meiner Erzählung fertig war, befahl er einem Sclaven, meine Sachen in eine Stube zu bringen, und sagte mir, daß unge= fähr in sechs Tagen eines seiner Schiffe nach 'Aden abginge und daß er mich mit demselben dahin befördern wollte; bis dahin sollte ich ruhig bei ihm bleiben.

Der Thermometerstand der beiden letzten Tage war am 7. Mor= gens bei Nordostwind 20°, um Mittag 30°, am Abend 22°; des Morgens am 8. bei Nordostwind 20°, um Mittag 28°, und am Abend 22°. So lange ich in Makalla blieb, blieb auch dieser Stand des Thermometers constant. — In den Nächten fiel sehr starker Thau.

Bemerkungen und Ausführungen

zu

A. v. Wrede's Reise in Hadhramaut

von

Heinrich Freiherrn von Maltzan.

———————

1) Nâchodâ, ناخدا, ein ursprünglich persisches Wort, bedeutet „Schiffs-herr" und ist in ganz Arabien an Stelle des arabischen Ausdrucks für Schiffs-capitain, welcher „Raÿÿß" lautet, getreten.

2) Edrus, fehlerhafte dialektische Aussprüche für Idryß, Name des Hei-ligen, unter dessen besonderm Schutze der Süden von Yemen und namentlich das Land um 'Aden steht.

3) Râfidhÿ (eigentlich Râfidhyy), d. h. strenggenommen nur wer zur Secte Râfidha, welche Sayd, ben 'Alÿÿ, ben Hoffaÿn, ben 'Alÿÿ als Imâm anerkannte, gehört, wird aber auch auf alle Ketzer und Ungläubige im Allgemeinen abusive ausgedehnt.

4) Tarâd ist eine Art von Dâuw, d. h. ein Segelschiff von 50—100 Tonnen Tragkraft, mit 2 Masten, einem großen und einem ganz kleinen, der mehr wie ein Flaggenstock aussieht, beide mit lateinischen Segeln. Die Tarâd unterscheidet sich vom Dâuw nur dadurch, daß ihre Planken nicht angenagelt, sondern durch Stricke miteinander verbunden sind.

5) Abu Sfarÿr, d. h. der „Besitzer des Ruhebettes" war ein heiliger Derwisch aus Indien, der aus Armuth nicht zu Schiff nach Dschidde fahren konnte, um die Pilgerschaft zu machen. Da er aber Wunder wirken konnte, so benutzte er seinen Sfarÿr, d. h. ein Ruhebett von geflochtenen Binsen, um auf diesem die Ueberfahrt zu machen, und langte glücklich in Dschidde an, wo er nun als Heiliger in hohem Andenken steht.

6) Borum findet sich bei keinem arabischen Geographen. Nach Wellsted (Reise in Arabien, übersetzt von Rödiger) liegt Borum am Eingange eines engen Gebirgspasses, hat viel Wasser, leidet in Folge der eingeengten Lage sehr von Hitze. Das Râff Borum besteht nach Haynes (Survey etc.) aus dunklem Kalk-steinfels von schroffen abschüssigen Formen.

7) Dschebel Refch, d. h. der „Berg des geringen Regens", رَش, heißt „pauca pluvia".

8) Wâdiÿ Dahff. Das Wort Dahff, دَفْس, bedeutet einen weichen und ebenen Boden, der weder sandig noch lehmig ist (Freytag, Lexikon).

9) Bagla oder Bagala ist kein arabisches Wort, sondern indischen Ur-sprungs. Im Sanskrit heißt es Bahala oder Bahana. Jetzt versteht man

18*

darunter ein größeres Schiff von 100—150 Tonnen Tragkraft, das sich nur durch die Größe von dem Dauw (f. Note 4) unterscheidet, sonst aber diesem und der Tarâd ähnlich ist.

10) Neby Allah Hud heißt der Prophet Allah's Hud. Hud war ein echt arabischer Prophet, den Allah zu den gottlosen 'Adyten sandte, um ihnen Buße zu predigen, der aber von diesen getödtet wurde (Qorân, Cap. 26, 124). Er ist der in Habhramaut vorzugsweise verehrte Prophet. Nach Einigen war er der Eber der Bibel. Ueber seine Nachkommenschaft sehe man unten im Anhang I, B. Ueber das Grab des Propheten Hud vergleiche man Ibn Batuta ed. Defrémery et Sanguinetti, Paris 1854, Tome II, p. 403. Ebenso Idryssy in Jaubert's Uebersetzung, Paris 1836, Tome I, p. 54. Man sehe auch unten Note 166 über die Wüste el Ahqâf, wo nach Yâqut das Grab des Propheten Hud sein soll.

11) Fâtiha, vulgo Fat-ha ausgesprochen, ist das erste Capitel des Qorâns, das sehr kurz ist und das beliebteste Gebet des Moslims bildet.

12) Eschhed Allah, d. h. „Ich bezeuge, daß Gott ist" oder „Ich rufe Gott zum Zeugen an", die Anfangsworte des Glaubensbekenntnisses der Mohammedaner.

13) Zur Zeit von Wellsted's Reise (1833) regierte in Bornu Mohammed ibn 'Abd el Abyb, der seine Nebenbuhler im Sultanat verdrängt und mit Hülfe der Beduinen den Thron behauptet hatte. Also konnte der von Wrede beschriebene Sultan, obgleich ein Greis, 1843 noch nicht lange geherrscht haben.

14) Qahtân wird allgemein als der Stammvater aller Südaraber angesehen. Wenn er, wie die Habhramauter annehmen, ein Sohn Hud's war, so müssen wir in ihm wohl den Joktan und in Hud den Eber der Bibel erblicken. Himyar, der Stammvater der Himyariten, war ein Abkömmling Qahtân's, sein Vater war 'Abd Schamsf oder Sâba, sein Großvater Yaschdschob, sein Urgroßvater Ya'rob, Sohn Qahtân's. Himyar gilt für den vierten König von Yemen. Nach Caussin de Perceval (Tab. I) hätte er um 695 vor Christus gelebt. (Man sehe unten im Anhang I Wrede's Königsliste.)

15) Ssaybân. Nach Ssam'âdy wären die Ssaybân vom himyarischen Stamme der Schaybân und stammten von Ssaybân, Sohn des Ghauth, des anderu, Sohn des Schaybân (El Ossyuty, Lobb el Lobâb, ed. Wejers, S. 145). Damit steht in Widerspruch die Tradition dieses Stammes, welche Wrede vernahm, wonach Ssaybân kein Himyarite und nicht einmal ein Qahtânite, sondern von Hodun, einem Bruder von Qahtân, abstammen soll, in welchem wir dann den Peleg der Bibel erblicken müßten.

16) Dschembiye gesprochen, aber Dscheubiye geschrieben. N lautet bekanntlich vor B in M über.

17) Wâçy, وَاصِى, Participium von وَصَى, verbinden, heißt also eigentlich der „Verbinder", d. h. der „Vermittler" zwischen dem Fremden und dem Stamme, der ihn beschützt.

18) Tihâma, تِهَامَة, bedeutet weiter Nichts als „Tiefland", und es ist gänzlich unrichtig, das Wort für einen bestimmten Provinzialnamen zu halten. Dieser Fehler ist jedoch so sehr verbreitet und schon so alt, daß es schwer sein dürfte, ein Aufgeben desselben von Seiten der Geographen zu hoffen, um so mehr als sie eine so gewichtige Quelle, wie Abu el Fidâ, für ihre Ansicht aufführen können. Dieser Geograph theilt Arabien, das er übrigens sehr schlecht kannte, in fünf Districte ein. Diese nennt er 1) Tihâma, 2) Nedschd, 3) Hidschâs, 4) 'Orudh, 5) Jemen. Nun soll Tihâma eine im Süden von Hidschâs, im Norden von Jemen, gelegene Provinz sein. Aber in Wirklichkeit heißt der ganze Küstenstrich von Arabien, von Hidschâs, Jemen, 'Aden, Jâfi'a, Ḥaḍhramaut bis nach 'Omân „Tihâma". Will man ein „Tihâma" vom andern unterscheiden, so setzt man hinzu das „Tihâma von Hidschâs", von „Jemen" u. s. w. Abu el Fidâ's Irrthum ist jedoch erklärlich aus dem Grunde, daß sowohl er wie seine Landsleute, die Syrier, von Arabien nur vorzugsweise Hidschâs kannten und daß sie deshalb das „Tihâma von Hidschâs" für das „Tihâma kat' Exochen", ja für das einzige „Tihâma" hielten, während es doch nur einen Theil einer sich um ganz Arabien ziehenden Küstenlandschaft bildet.

19) Wâdiu Halle heißt „Thal des Fleckens". Halle, حَلَّة, bedeutet einen Flecken oder einen bewohnten Ort.

20) Fuwa (kann auch Fowwa geschrieben werden) bedeutet „Färberröthe" (rubia tinctorum) und führt seinen Namen gewiß von dieser hier nach Wrede vielfach wachsenden Nützlichkeitspflanze (فُوَّة).

21) Wâdiu Ṣaḥâḥ, d. h. das gesunde Thal. صَحَاح bedeutet sanûs, gesund.

22) Wâdiu Chomhr. Die Etymologie ist weniger deutlich. Es könnte von خِمَار, Plural خُمْر, kommen. Dies heißt „Alles was bedachet ist", könnte also im Sinne von „die Hütten" stehen.

23) Wâdiu Dscharre. Thal der irdenen Geschirre. Es darf uns um so weniger wundern, hier ein Thal nach einem Wassergeschirre, der Dscharre (جَرَّة) benannt zu finden, da auch der große Hauptwâdiu dieser Gegend „Wâdiu Oirbe" nach einem andern Wasserbehälter, der Oirbe (vulgo Girbe), قِرْبَة, benannt ist.

24) Aqaybere. Dieser Stammesname findet sich weder bei Wüstenfeld, Caussin de Perceval, noch einer andern mir bekannten Stammestafel. Nach Wrede soll er einer der 15 Unterstämme der Ssaybân sein.

25) Oabyla (Plural Oabâyl) heißt eine größere Stammesgruppe im Gegensatz zu Baṭn und 'Arsch, Bezeichnungen für einzelne Stämme. Es giebt übrigens im Arabischen zehn verschiedene Bezeichnungen für größere oder kleinere

Stammesgruppen und Familienvereinigungen, von denen obige drei die ge=
läufigsten sind, und zwar bezeichnet jede eine andere Ausdehnung des Stammes=
begriffes. Das Wort „Arsch" ist in Nordafrika für „arabische", das Wort „Da=
byla" daselbst für einheimische (kabylische) Stämme gebräuchlich.

26) Bauwáq, kann auch Bawwáq geschrieben werden, doch ziehen wir
vor, das erste W vocalisch als U zu fassen, da es sich in der Aussprache so ge=
staltet. Bulgo wird das Wort fast wie Bo'âq ausgesprochen. Seine Ableitung
dürfte die eines Adjectiv der Form فَعَّال von بَاتَ, „boshaft, treulos handeln"
sein. Seine arabische Schreibart ist بَوَّاق.

27) Dirbe, قِرْبَة, ist der bekannte, arabische Wasserschlauch, den alle Rei=
senden mit sich führen.

28) Dobbe, قُبَّة, heißt „Kuppel, Kapelle". El Irme, الْأِرْمَة, ist ein
zum Wegweiser in der Wüste errichteter Denkstein. Baydhâ, بَيْضَآء, d. h. die
Weiße. Dirbet Dahwe, قِرْبَة قَهْوَة, d. h. das Kaffeehaus von Dirbe.
Modayne, مُكَيِّنَة, d. h. die kleine Stadt, Diminutiv von Medyna. Dâra,
قَارَة, d. h. der Hügel.

29) 'Ayn el Ghassány, عَيْنُ الْغَسَّانِي, d. h. die Quelle des Ghassâ=
niten. Die Ghassâniten haben ihren Namen vom Wasser Ghassân in Jemen,
etwa sechs Stunden nördlich von Sebyd. Wir können also das Vorkommen dieses
Namens hier nicht dadurch erklären, daß dies die Heimath der Ghassâniten war,
wie Wrede an einer andern Stelle annimmt. Ghassâniten wanderten jedoch,
wie alle Völker Jemens, vielfach aus und deshalb genügt uns die Annahme,
daß ein solches zerstreutes Stammesmitglied diesem Orte den Namen ge=
geben habe.

30) Omm Báyha, أُم بَايحَة, wörtlich „Mutter — d. h. Inhaberin —
der Schönheit", also der „schöne Ort".

31) Wo'ayla, وُعَيْكَة, „der heiße Ort", von وَعْك, „Hitze" in der
Diminutivform.

32) Dachayl von دَخَل, „hineingehen", im Causativ „hineinführen".
Also eigentlich der „Einführer".

33) Bei Caussin de Perceval, Histoire des Arabes, Bd. I, findet sich die
Geschichte dieses Weibes und ihres Schlachtenruhmes sehr abweichend von der
Tradition, nach welcher Wrede hier zu berichten scheint. Von ihr soll die Pro=
vinz Jamamâ ihren Namen erhalten haben.

34) **Bá Qarrayn.** Bá ist der in Südarabien übliche Verkürzungs=
ausdruck für Bann oder Beny. Qarrayn, قَرَّيْن, heißt die „zwei Wohnungen",
Dualform von قَرْ, mansio. Der Dual wird nämlich heut zu Tage niemals
im Casus rectus „áni", sondern stets im Casus obliquus (der für alle Fälle
stehen muß) „ayn" gebraucht.

35) **Omm Dschirdsche,** d. h. „die Mutter des Drehrades", was so viel
bedeutet, als ein an Drehrädern (zum Bewässern) reicher Ort. Dschirdsche kommt
von جرج, „in gyrum duxit".

36) **Fath edh Dhayq,** فَتْح ٱلضَّيْق, d. h. die „enge Oeffnung", Name
der Felsschlucht.

37) **Harr Schiwâts,** حَرّ شِوَاظ, d. h. „Hitze des rauchlosen Feuers".
حَرّ heißt Hitze. شِوَاظ heißt flamma fumi expers.

38) **Dschebel Lahab** (Feuer, لَهَب) heißt der „Feuerberg". Der Name
scheint also auf einen erloschenen Vulkan zu deuten.

39) **Dhyq edh Dhyâq,** صِيق ٱلضِّيَاق, d. h. „Enge der Engen".

40) **Hotfiye** gesprochen, ist wahrscheinlich Hotfayya, حَطْفِيَّة, das nach
dem Qâmûss „incessus lenis", „ein langsamer Gang der in Karawanen fort=
schreitenden Kameele" bedeutet und wohl auf Wegesschwierigkeiten in diesem
Wâdiy zu beziehen.

41) **Falh ess Ssifle,** فَلْح ٱلسِّفْلَة, d. h. „aratio imae terrae", also
etwa „niedrig gelegenes Ackerland".

42) **Wâdiy Mahniye,** مَحْنِيَة, „ein sich windendes, unebenes Thal".

43) **Fedsch,** فَج, „ein hochgelegener Pfad zwischen zwei Bergen".

44) **Harf el Haçs,** حَرْف ٱلْحَصِيص, heißt der „wenig belaubte"
oder der „kahle Bergesgipfel". Haçs bedeutet „kahl", sowie „mit wenig Haaren
versehen" und steht natürlich hier bildlich.

45) **Harmal,** هَرْمَل, dürfte eine ähnliche Bedeutung wie Haçs haben.
هَرْمَل heißt nämlich, depilavit „der Haare berauben".

46) **Rughyss,** رُوغَس, dürfte von رَغَس, „bereichern" abzuleiten sein,
würde also dem Berge den Beinamen „der Reiche", d. h. „der Fruchtbare",
geben. Von Reichthum durch Bergwerke kann hier nicht die Rede sein, da die
Araber solche nicht bearbeiten und nicht schätzen.

47) Dschebel Wâssib, جَبَل وَاسِب, d. h. „der grasreiche Berg".

Wâssib ist adj. verb. act. von وَسَبَ, „grasreich sein".

48) Dschebel Hanbare, حَنْبَرَة, d. h. der „kleine Berg".

49) Walyme, وَلِيمَة, heißt das „Hochzeitsmahl". Die Bedeutung scheint kaum hierher zu passen.

50) Dschebel el J'dme, „Berg der Armuth", von إِعْدَمَه, „Armuth".

Dschebel el Ahliya, „Berg der weißen Disteln", von أَحْلِيَة, eine weiße Distelart.

51) Wâdiy Lachme, وادى لخمه, „Thal der Zerklüftung".

52) Schura, شُورَة, heißt „Schönheit", also Wâdiy Schura, „das schöne Thal".

53) Dhayss, ضَبِيس, das „Abnehmen des Wachsthums der Pflanzen".

54) Mahassa von حَسَّ, „frigus herbas exurens".

55) Râyât, رَايَات, heißt „die Signale", also würde Dschebel er Râyât, der „Signalberg" heißen.

56) Nach dem Lobb el Lobâb gab es einen Stamm der Nedschd Himyar, der östlich von den Ssarw Himyar wohnte. Da Habhramaut auch von Himyariten bewohnt war, könnten wir den Hossayn ibn Nedschd als diesem Stamme entsprossen annehmen. Nach den von Wrede gesammelten Volkstraditionen gehören jedoch die 'Amudh einem andern Stamme an, sind nicht Dahtäniten, sondern Nachkommen von Hodun, der ein Bruder Dahtân's gewesen sein soll.

57) Hayt el Darr. Hayt, حَيْط, heißt „die Mauer" und Darr, قَرّ, „eine Burg, ein Schloß", bildlich auch wohl ein burgähnlicher Felsen, also Hayt el Darr, die „Schloßmauer" oder die „burgähnliche Felsmauer".

58) Mohqaq ist als part. pass. der IV. Conjug. von بَيَقَ, „albus fuit" aufzufassen, dürfte also „die Weiße" heißen.

59) Schowayhe, شُوَبَّة, adverbialisch „wenig", substantivisch „die kleine Sache", hier also „der kleine Ort".

60) Lohde, أُلَحْدَة, excavatio, eigentlich eine künstliche Aushöhlung, eine Cisterne im Felsen angelegt u. s. w.

61) Bâ Dschâh. Alle mit Bâ (statt Beny, Söhne, stehend) beginnenden Ortsnamen sind von Stämmen entlehnt. Dschâh scheint mir jedoch kein eigentliches nom. propr., sondern ein Appellativ in der Bedeutung die „Herrschaft",

die „Macht". Der Stamm Bâ Dschâh heißt also „Söhne der Herrschaft" oder „die Mächtigen".

62) Sily, صلّٰى, von صَلَا, sustinuit fervorem ignis, also „Hitze".

63) Sidâra, صِدَارَة, „der Brustpanzer". Dschebel Sidâra heißt also der „Panzerberg". Nach dem Berge ist der Wâdiy benannt.

64) Foghar, غَغَر, heißt „Flußmündung", also Dschebel Foghar, „Berg der Flußmündung", wobei man freilich hier nicht an einen wirklichen Fluß, sondern höchstens an einen Gebirgswâdiy denken kann, d. h. einen nur nach starkem Regen wasserführenden Gießbach.

65) Choraybe. Dieser häufig vorkommende Name könnte als Ver kleinerungswort von Charib, خَرِب, „die Wüste", angesehen werden. Wahr scheinlicher ist er jedoch Verkleinerungswort von Chorbe, خُرْبَة. Wir finden nämlich im Wâdiy Do'ân dicht nebeneinander zwei Städte, Chorbe und Choraybe, d. h. Chorbe und das „kleine Chorbe". Die Bedeutung von Chorbe, welches ein „Loch im Boden", d. h. ein „Kesselthal", heißt, entspricht auch ungleich besser der Localität, als die Bedeutung „Wüste".

66) Fardschalât von فَرْجَلَ, „mit weiten Schritten gehen". Der Berg heißt also der „Berg der weiten Schritte", d. h. der Berg, wo man schnell schreiten muß, wegen der Gefahren der Reise oder der Unwirthbarkeit der Gegend. Solche Benennungen sind ganz im Geiste der Beduinen.

67) Montisch, مُنْتِش, adj. verb. act. der IV. Conj. von نَتَشَ, „feucht sein". Wâdiy Montisch heißt also „das feuchte Thal".

68) Rochs, رُخْص, heißt „sanft, weich, milde", also wird man Dschebel Rochs etwa der „sanft abfallende Berg" bezeichnen müssen.

69) Mâyile Matar dürfte etwa der „Regenanzeiger" oder das „Regen wahrzeichen" bedeuten. Matar, مطر, heißt „Regen" und Myl, ميل, wovon مَائِلَة, Mâyile, „ein Wahrzeichen für Reisende errichtet". Es giebt in arabi schen Ländern ebenso gut wie in europäischen solche Berge, die man gleichsam als Wetterpropheten ansieht und aus deren Umhülltheit oder Unverhülltheit man auf gutes oder schlechtes Wetter schließt. Ich selbst habe mehrere solcher Berge in Arabien und andern Gegenden des Orients gefunden.

70) Mossaffaq, مُسَفَّق, Part. pass., IV. Conj. von سَفَق, „ab gewendet".

71) 'Ofwe, عُفْوَة, „Verwüstung".

72) El 'Âf, عَانِي, „ad aquam veniens", also Wâdih el 'Âf etwa „das zum Waſſer führende Thal".

73) El Bathâ, بَطْحَا, „ein niederer Thalkeſſel, in dem viel Kies iſt".

74) Kaur oder Kur, كُور, „der Kameelſattel". Eine Benennung für einen Berg, welche ſich dem Reiſenden in Arabien faſt von ſelbſt aufdrängt, ſo richtig iſt der Vergleich.

75) Haçarhayan, هَصَرْحَيَّا, der „Regenbrecher", von هَصَر, „brechen", und هَيَّا, Regen.

76) Doru, دُرُو, „terra quae vix peragrari potest" oder „unwirth= bares Land".

77) Lakal Lakal, ſo ſchreibt Wrede. Ein ſolcher Name hätte freilich gar keine Bedeutung. Wir glauben jedoch, daß wir hier el Dalqâl, الْقَلْقَال, nomen act. von قَلْقَل, „tönen", leſen können. Bei dem Tönen in Verbindung mit einem Bergdiſtrict könnten wir vielleicht an ein Echo denken.

78) Hiçn el Ghowayr, „Schloß der Höhle". Hiçn, حِصْن, „das Schloß". Ghowayr, غُوَيْر, iſt Diminutiv von Ghur, غُور, die Höhle, heißt alſo eigentlich „die kleine Höhle".

79) El 'Ayſſâr, الْعَيْسَار, „die Fülle, der Reichthum", also Wâdih el 'Ayſſâr, das Thal der Fülle", d. h. „der Fruchtbarkeit". Doqum, دُقُوم, in Pluralform, heißt die „Eingänge".

80) Tſâhir, ظَاهِر, „offenbar, anſehnlich". Dieſer Städtename iſt ſehr verbreitet. In Habhramaut giebt es zwei Städte Tſâhir, eine im Wâdih Do'ân, eine im Wâdih Daçr und in der daran grenzenden Provinz Yâſi'a ein anderes Tſâhir.

81) Dolayle, قُلَيْلَة, „der kleine Gipfel", Diminutiv von قُلَّة, „Gipfel".

82) Eſſ Sſabal, السَّبَل, „der Regen", also Wâdih eſſ Sſabal „Regen= thal".

83) Darrayn, دَرَّيْن, die „zwei Wohnungen oder Schlöſſer". Dual von Darr, دَرّ, mansio firma, sedes (ſ. oben Anmerkung 34).

84) Eſch Schaff, الشَّقّ, „tenuis", also Wâdih eſch Schaff „das ſchmale Thal".

85) Chobhâra, خَضَارَة, „olera in hortis nascentia".

86) Dolle, قُلَّة, „Gipfel".

87) 'Awra, عَوْرَة, fissura montium, also Wâdiy 'Awra „Thal des Bergspaltes".

88) Esch Scharq, الشَّرْق, „das östliche".

89) Qabr Bayt, قَبْر بَيْت, „Grabesstätte", wörtlich „Grabeshaus".

90) In Arabien macht man einen Unterschied zwischen den Nachkommen des Propheten, welche von Hassan ben 'Alyy, und denen, welche von Hossayn, dessen Bruder, abstammen und nennt letztere Sayyby, erstere Scheryf. In Nordafrika heißen beide „Scheryf", auch gebraucht man dort die Pluralform „Schorafâ" oder „Schorfâ", in Arabien dagegen „Scheraf". Die Ceremonie des Beriechens der Hände kommt von dem Wahnglauben, daß diese Nachkommen Mohammed's einen „Geruch der Heiligkeit" ausdufteten.

90ᵃ) Do'ân. Die ursprünglich und literarisch allein richtige Schreibart ist nach Yâqut (Jacut ed. Wüstenfeld, II, 621) دَوْعَن, was wir durch „Daw'an" oder „Dau'an" wiedergeben können. In der Aussprache verschmilzt sich aber der Diphtong „au" zu einem langen „o" und ein Alif prolungationis schiebt sich nach dem Fatḥa ein, woraus zuerst Do'an und dann Do'ân wird. Uebrigens begeht Yâqut den Irrthum „Dau'an" eine Stadt zu nennen, der in alle unsere Geographieen übergegangen ist und zuletzt noch von dem Pseudoreisenden du Couret in seinen „Mystères du désert" ausgebeutet wurde, in welchen er behauptet, Do'ân sei eine Stadt, welche zugleich den Namen „Raschyd" führe. Bekanntlich ist „Raschyd" eine Stadt des Wâdiy Do'ân, aber Niemand giebt ihr selbst den Namen des Thales.

91) Nach el Osyutyy's Lobb el Lobâb sind die Hawâlyy eine Abtheilung des Stammes Asd (Azd) von 'Abd Allah ben Haula oder Hawâla. Eine Abtheilung der Asditen wohnte schon zu Mohammed's Zeit im Süden zwischen den Himyariten und den Ghâfnibiten (Sprenger, Leben und Lehre des Mohammed, III, 323).

92) Qodâr, ben Salif, ben Dschidf', tödtete die heilige Kameelin, welche Gott auf den Ruf des Propheten Ṣâlih aus dem Fels hervorgehen ließ. Sie ernährte die 'Adyten mit ihrer Milch, aber sie trank jeden zweiten Tag ihren Brunnen leer. Man beschloß sie zu tödten, aber Niemand wagte sich daran, bis endlich Qodâr unter ausnahmsweisen Umständen geboren wurde, der das schreckliche Werk vollbringen sollte. Von seiner Rothhaarigkeit verlautet bei den mir bekannten Autoren Nichts.

93) Rhobâba, غُبَابَة, ist eine Art Altviole, die, zwischen den Beinen

gehalten, wie ein Violoncell gespielt wird. Ḳaçâba, قَصَابَة, ist eine einfache Flöte aus Binsenrohr.

94) Ḳabaḍh, قَبَض, heißt „Besitzthum" oder „Landgut", also Ḳabaḍh Schaych „Landgut des Stammeshäuptlings".

95) Ḥâṇif heißt „Abhang des Gebirges", ebenso der „Ungerechte", also würde Ḳabaḍh Ḥâṇif „das Landgut am Bergesabhang" oder „das Landgut des Ungerechten" bedeuten.

95ᵃ) Diese Ansicht Wrede's ist wohl schwerlich stichhaltig. Die persischen Ebnā wohnten in Yemen; daß sie je in Ḥaḍhramaut gewesen, davon verlautet nicht das Geringste. Die Ableitung des Wortes „Ebnā", ابنا, ist übrigens sehr einfach. Es bedeutet lediglich „die Söhne", worunter man wohl die „Söhne des Landes", d. h. die autochthone Bevölkerung verstehen kann.

96) Ma'ysche, معيشة, heißt „Lebensmittel".

97) Ḍhaḥâ von ضَحَ, „ausschwitzen", d. h. das vom Baume aus der Rinde „ausgeschwitzte" Harz.

98) Schedscherat eṭ Ṭâ'a, شَجَرَ الطَّاعَة, d. h. der „Baum des Gehorsams", weil er bei der Berührung die Blätter einzuziehen scheint, d. h. bildlich der berührenden Hand „gehorcht".

99) Ḳâret es Soḥâ, قَارَةُ الزُّحَا, d. h. „Hügel der Heerden".

100) Biḥr Schyḥ, بِيرِ شِيحِ, d. h. „Brunnen des Schyḥ", d. h. der Absinthpflanze.

101) Ghowaḥte, غُوَيْطِ, terra ampla et plana in Diminutiv.

102) Ḳâḥime, قَائَمَة, d. h. das „aufrechte, feste, erhabene" (Schloß).

103) Ḳinnyne, قِنِّينَة. Die Bedeutung dieses Wortes ist „ein Gefäß von Glas" oder „ein Glasfläschchen". Wir haben oben schon Ḳirbe (Schlauch) und Ḳolle (Krug) als Ortsnamen gehabt, aber diese sind dadurch leicht in solcher Anwendung zu erklären, daß beide Utensilien von den Arabern vielfach gebraucht und verfertigt werden. Die Ḳinnyne dagegen wird jetzt nirgends in Arabien fabricirt und Glas überhaupt nicht gemacht. Der Name ist deshalb ein auffallender und vielleicht auch von Wrede nicht richtig wiedergegeben.

104) 'Abd el Manâh, d. h. „Diener des Manâh", ist ein höchst auffallender Name für einen Moslim, denn Manâh war eine Gottheit der heidnischen Araber vor Mohammed, und zu dieser Zeit war der Eigenname 'Abd el Manâh ein sehr gebräuchlicher, wurde jedoch, wie alle heidnischen Namen, durch den Propheten verboten. In Ḥaḍhramaut allein scheint er sich, ähnlich wie der andere

heidnische Name „'Abd el Yaghuth" (Num. 105) erhalten zu haben. Die Leute sind zu unwissend, um damit irgend eine Bedeutung zu verbinden, sondern glauben wahrscheinlich es seien höchst orthodoxe Benennungen.

105) Dschul bâ Yaghuth. Dschul oder Dschaul (جول) heißt „der Brunnen". Bâ Yaghuth ist ein Stammesname, die „Söhne des Yaghuth". Yaghuth aber ist wieder ein heidnischer Völkername, über dessen Verehrung s. Krehl, Religion der vorislamitischen Araber, Leipzig, Serig 1863, S. 73.

106) Matny, Relativum von Matn, متن, pars dura terrae et elata.

107) Dschosaye, Relativum von Dschosâ, جَفَأ, quod propellit secumque fert aquae fluxus.

108) Iram dsât el issnâd, d. h. „die Veste mit den Säulen. Es wäre Unsinn eine Stadt dieses Namens oder unter der Benennung „Dsât el 'Amud" (Maqryzy) zu suchen, obgleich der Corân sie als Hauptstadt der 'Aditen bezeichnet. Aber es ist bekannt, daß die Araber unter „Aditische Werke" das bezeichnen, was wir etwa unter „Cyklopenbauten" verstehen, d. h. Gebäude aus einer unbekannten räthselhaften Vorzeit. Auch brauchen wir kaum zu bemerken, daß Wrede hier nur eine Volkstradition citirt, die auf den wahren Ursprung der Ruinen von 'Obne nicht das geringste Licht wirft. Die himyarische Inschrift, welche Wrede hier copirte, giebt uns auch nicht erhebliche Aufschlüsse. Nur lehrt uns ihr Vorhandensein, daß Hadhramaut zur Zeit der Erbauung der Mauern von 'Obne unter himyarischen Fürsten, entweder als mittelbar oder unmittelbar (durch einen Bayyin, Dayl oder 'Watr, wie die himyarischen Satrapen hießen) verwaltete Provinz des Königreiches Yemen stand. Hadhramaut war nicht der eigentliche Sitz der Himyariten, sondern Yemen, und nur zur Glanzzeit des himyarischen Reiches in Yemen wurde diese Provinz tributpflichtig. Dieser Umstand erklärt auch die geringe Anzahl himyarischer Schriftdenkmäler im oceanischen Arabien, denn außer den Inschriften von 'Obne, Naqb el Hadschar, Tsafâr und Hiçn el Ghorab sind bis jetzt keine Denkmäler dieser Sprache östlich von Yemen entdeckt worden, während in Yemen selbst die Ausbeute eine reiche war. Interessant ist die Inschrift von 'Obne hauptsächlich dadurch, weil wir auf ihr deutlich den Namen Hadhramaut lesen, jedoch etwas anders geschrieben als der heutige arabische, nämlich Hadhramut, ohne Diphtong in der letzten Sylbe. Dieser Umstand straft die arabische Etymologie Lügen, welche aus Hadhramaut gern (der heutigen Orthographie gemäß) „die Bereitheit des Todes" oder „die Wohnung des Todes" machen möchte. (S. Wrede's Inschrift am Schluß des Werkes und über den Namen Hadhramaut die Wrede'sche Königsliste, Anhang I.)

109) Oçahde, Diminutiv von Açâd, أَصَاد, ein „kahler Ort im Gebirge".

110) Dsihayby kommt von Dsiyb, ذِيب, Wolf oder Schakal. Es war bei den ältesten Bewohnern Arabiens und zum Theil noch bei den spätern eine Ehrensache für einzelne Menschen, wie ganze Stämme, sich nach Thieren zu benennen, denen sie kriegerische Eigenschaften zuschrieben. Dsihayby hieß also das

„Wolfsgeschlecht" und sollte soviel bedeuten, als „die muthigen Räuber", denn die offene Raubfehde galt von jeher bei den Arabern für ehrenvoll.

111) Die von Wellsted copirte Inschrift von Naqb el Hadschar findet sich in Rödiger's Ausgabe von Wellsted's Reisen in Arabien (Halle 1842) erklärt. Sie ist insofern interessant, als sie zweimal den Namen Mahfa'a in der him=yarischen Form „Mahfat" enthält, also ein Beweis, daß der „Wâdih Mahfa'a" schon in ältester Zeit· diesen Namen führte. (S. auch Wrede's Inschrift am Schluß dieses Werkes, die gleichfalls den Namen Mahfat zeigt.)

112) Ghowayte, Diminutiv von Ghauta, غَوطَة, heißt „weiche Erde" (s. oben Anm. 101).

113) Tarr, eine Art Trommel, aus einem ausgehöhlten Kürbis gemacht.

114) Rhahde, nach Wrede's Schreibart sollte man hier غَيْدَة (arbore-tum, palus) vermuthen, also würde Rhahde ess Sfowahde (Dim. von أَسْوَد, schwarz) der „schwärzliche Schilfsumpf" bedeuten. Wahrscheinlich ist jedoch die richtige Schreibart Rahde, رَيْدَة, ein sehr häufig in Arabien vorkommender Ortsname. Auch Jâqut (Jacut ed. Wüstenfeld, II, 776) erwähnt ausdrücklich zwei Ortschaften dieses Namens in Hadhramaut, wofür El Hamdâny sein Ge=währsmann ist. Die eine heißt „Rahde el 'Ibâd" oder vielleicht „Rahde el 'Abbâd, ريد العباد (ohne Vocalisation). Rahde heißt eine „Felsenspitze",

'Ibâd „die Sclaven" und 'Abbâd (عَبَّان, dasselbe wie عَابِد) der „Anbeter". Also dürfte vielleicht das „Rahde el 'Abbâd", d. h. die „Felsenspitze des Ver=ehrers", welche Jâqut anführt, mit dem vielgenannten „Rahde ed Dyn" Wrede's, d. h. der „Felsenspitze des Glaubens", identisch sein. Halten wir aber die Aus=sprache ,,'Ibâd" (Sclaven) fest, so führt uns der Sinn derselben auf „Rahde ess Sfowahde"; denn die 'Ibâd (die Sclaven) sind fast immer „Schwarze", und von ihnen konnte wohl der Ort die Bezeichnung „schwarz" bekommen. (Ein Schwarzer und ein Sclave ist im Bulgârarabisch einerlei Sinnes.) Das andere Rahde nennt Jâqut „Rahde el Haramihe", d. h. das „verbotene oder geheiligte Rahde", und dieses könnte gleichfalls für „Rahde ed Dyn" stehen. Solcher An=gaben von Orten in Hadhramaut (bei Jâqut stets im weitern Sinne als großer Ländercomplex gebraucht) sind bei Jâqut so außerordentlich wenige, daß wir diese kostbaren Fingerzeige unendlich hoch schätzen müssen.

115) Schi'be, شَعَبَة, ein „Gebirgsweg".

116) Chalyf, خَلِيف, ein „Weg zwischen zwei Bergen".

117) Baydra, بَيْدَرَة, „Tenne, in der Getreide gedroschen wird".

118) Scherhu, شرين, die „Käufer" oder „Kaufleute".

119) **Schirka**, شِرْكَة, die „Gemeinde" oder „Association".

120) **Horraya**, هُرَيَّة, horreum frumentarium, „Getreidespeicher".

121) **Ghaura**, غَوْرَة, „abschüssiges Land", auch „Ebene".

122) **Minter**, مِنْطَر, „Wachthaus".

123) **Ghebess**, غَبَس, „Dunkelheit".

124) **Nyr**, نير, „jugum aratorium".

125) **'Amd**, عَمَد, wahrscheinlich nom. act. von عَمَل, columna, palo fulsit, also „das Stützen durch Säulen oder Pfeiler"; ohne Zweifel eine An-spielung auf antike Ruinen.

126) Ein **Dorra ben Mo'awiya** kommt in Wüstenfeld's genealogischen Tabellen vor, 4, 16.

127) **Hobul**, حُبُول, Plural von حَبْل, eine „weit ausgebreitete Sand-fläche".

128) **Neshun**, derivatum von نَفَح, „wohlriechen", also „Ort des Wohl-geruches".

129) **Lohun** von لها, delectatus fuit, also „Lust, Freude, Glückseligkeit".

130) **Mâ Radhy**, مَآء رَضِى, das „liebliche Wasser".

131) Die Beduinen glauben, daß das Blut eines Ermordeten so lange die Erde röthet, bis es durch den Tod des Mörders oder eines seiner Verwandten gerächt ist und daß bis dahin Nichts im Stande ist, seine Spur zu vertilgen.

132) **Bihr Borhut**, بِيْر بَرَهُوت، بِيْر بَرْهُوت, und **Bihr Barahut**, und beide Lesarten finden sich bei Yâqut (Jacut ed. Wüstenfeld, I, 598); ja dieser Geograph führt sogar noch eine dritte Lesart, „Balhut", بَلْهُوت, an (die sich übrigens auch bei Ibn Haukal findet), wonach der Ort, in welchem der Brunnen liegt, zwar „Borhut", der Brunnen selbst aber „Balhut" heißen soll. Da dieser Brunnen auch unserm Autor Anlaß zur Anführung arabischer Fabeln über den Styx gegeben hat, so dürfte es wohl passend sein, hier die ältern dieser Fabeln, wie sie Yâqut gesammelt hat, anzuführen. Yâqut sagt: Es heißt „Barahut" sei ein Brunnen in Habhramant, Andere aber sagen, so heiße die Ortschaft, in welcher besagter Brunnen liegt. Ibn Dorayd aber schreibt „Borhut" und sagt, es sei dies ein bekannter Wâdiy. Mohammed ben Ahmed sagt: Nahe bei Habhramant ist ein Brunnen „Borhut" und das ist der, von welchem der Prophet gesagt hat, daß in ihm die Seelen der Ungläubigen und der „Henchler" (die Monâfiqyn von Medyna, die nur lau im Glauben waren)

weilen. Es wird behauptet, daß 'Alyy (der Schwiegersohn des Propheten) ge=
sagt habe: Verhaßt ist bei Gott ein Ort auf Erden, nämlich der „Wâdiy
Borhut" in Hadhramaut; in ihm wohnen die Seelen der Ungläubigen, und
hier ist ein Brunnen, dessen Wasser ist schwarz und stinkend. Nach einer andern
Version sagte er ('Alyy): Verflucht ist ein Brunnen auf der Erde, nämlich der
„Bihr Balhut" in „Borhut"; es sammeln sich in ihm die Seelen der
Ungläubigen. Açma'y aber erzählt, daß ein Mann aus Hadhramaut ihm Fol=
gendes berichtet habe: Einst stieg auf aus dem Grunde des Borhut ein über die
Maßen abscheulicher Geruch, von ganz ausnahmsweisem Gestank, und siehe da! wir
erfuhren nachher, daß gerade zu jener Zeit eine ungeheure Menge von Un=
gläubigen gestorben war, und wir erkannten, daß dieser Geruch von ihnen her=
stammen müsse (d. h. von ihren Seelen, die in den Brunnen geschleudert wurden).
Nach 'Abbas (dem dritten Chalyfen) sind die Seelen der Gläubigen in einer
reinen Wasserburg (wörtlich) Aquarium) im Lande Syrien, die der Ungläubigen
dagegen in Borhut in Hadhramaut. Ibn 'Oyayna sagt: Ein Mann erzählte mir,
daß er einst in Borhut übernachtet habe, und da „hörte ich, so sprach er, die
ganze Nacht ein Chaos wild durcheinander streitender Stimmen und ein unsäg=
liches Geschrei". Abân ben Taghlib erwähnt, daß ein Mann, welcher einst im
Wâdiy Borhut zur Nachtruhe eingekehrt war, ihm Folgendes gesagt habe: Ich
hörte die ganze Nacht hindurch fortwährend den Ruf: „O Duma! O Duma!"
und da dachte ich an jenen Mann vom Volke der Bücher (Christen oder Juden),
welcher aussagt, daß der König der verdammten Seelen „Duma" heiße.

133) Haura, هَوْرَة, die „Zerstörung", von der zerstörenden Kraft der
winterlichen Gießbäche so genannt.

134) Hadscharyn, حَجَرِين, „die Steine", also Wâdiy Hadscharyn
das „steinige Thal".

135) Moçyle, مُصيلَة von صَال, „überschwemmen"; der Wâdiy Moçyle
führt zur Regenzeit außerordentliche Wassermassen dem Meere zu.

136) Sâh, سَاح, die „Niederung am Meere". Der „sandige Strand",
was die Franzosen „la plage" nennen.

137) Qaçr, قَصْر, „Festung". Der Wâdiy Qaçr ist wahrscheinlich so be=
nannt von den zwei mittelalterlichen Festungen Schibâm und Teryim, welche
bereits Idryssy erwähnt.

138) Ghofar, von غَفَر, „bedachen", also „Stadt der Dächer".

139) Ghitamm, غِطَمّ, „mare magnum", hier natürlich im bildlichen
Sinn für „große Ebene" oder „Wüste".

140) Ghoraf, غُرَف, Plural von غُرْفَة, coenaculum.

141) Schibâm, شِبَام. Nach Jâqut (Jacut ed. Wüstenfeld, III, 247)
gab es vier Orte, welche diesen Namen führten: 1) Schibâm Kaukebân eine
Tagereise westlich von Çan'â, auf einem hohen Berge gelegen, zu dem nur ein
einziger Weg führt. 2) Schibâm Sfochaym, سُكَيْم, dreizehn Parasangen süd-
östlich von Çan'â. 3) Schibâm Harâs, حَرَاز, zwei Tagereisen westlich von
Çan'â. Endlich 4) Schibâm in Hadhramaut, eine der zwei Hauptstädte Hadhramauts, deren andere „Terym" ist. Dieses Schibâm, mit dem wir es allein
hier zu thun haben, ist oft mit dem ersten der vier Schibâm, mit dem Schibâm
Kaukebân, كَوْكِبَان, verwechselt und die unzugängliche Lage des letztern auf
das erstere bezogen worden, so von Maqryzy (M. de valle Hadhramaut, ed.
Dr. P. Berlin, Bonn 1866, p. 7 et 18) und von Idryssy (ed. Jaubert, I,
p. 149—152), welcher zwar sein Schibâm ausdrücklich Schibâm „in Hadhramaut" nennt, aber dessen Lage doch so schildert, daß wir bei seiner Beschreibung
nur an das Schibâm Kaukebân des Jâqut denken können. Auch der Umstand,
daß Idryssy die Entfernung Schibâms von Mârib als nur vier Tagereisen be-
tragend angiebt, während die Stadt in Hadhramaut wenigstens zehn bis zwölf
Tagereisen davon entfernt ist, dürfte auf derselben Verwechselung beruhen, denn
die angegebene Entfernung paßt recht gut auf Schibâm Kaukebân, wenn wir
berechnen, daß in Gebirgsgegenden die Tagereisen (nach dem Maßstab der Entfernung in geographischen Graden) sehr klein ausfallen. Daß das Schibâm in
Hadhramaut ohne Zweifel mit dem Sabota oder Saubatha der Alten identisch,
wurde schon in der Einleitung erwähnt. Im Mittelalter hieß die Stadt Schabwa,
شَبْوَة, oder Schabut, شَبُوت, und unter diesem Namen führt sie Jâqut an
einer andern Stelle an (Jacut ed. Wüstenfeld, III, 257). Die Stelle lautet:
Ibn Hâyik sagt: Schabwa war eine Stadt der Himyariten, und als diese mit
den Madshidsch kriegten, wanderten die Leute aus, und nach ihnen wohnten daselbst Hadhramauter und von diesen wurde erst die Stadt „Schibâm" benannt.

Der Ursprung dieses Namens war, daß die Stadt vorher „Schibâh", شِبَاه
(das ه ist hier nicht Finale), hieß und daß das „h" für das „m" als Schluß-
buchstabe ausgetauscht wurde (d. h. aus Schabwa wurde erst Schibâh und daraus
später Schibâm). Eine andere Uebergangsepoche in der Aussprache dieses Namens
bezeichnet die Lesart des Maqryzy (M., a. a. O., S. 32), welcher „Schibwa",
شِبْوَة, vocalisirt, eine Variante, die in der Mitte zwischen Schabwa und
Schibâh steht. Bei fast allen arabischen Geographen heißt es, daß bei Schibâm
und Terym zwei Flüsse sich vereinigen, aber keiner sagt, wohin sie ihren weitern
Lauf wenden (Maqryzy, a. a. O., S. 4). Diese Flüsse sind ohne Zweifel der
Wadiy Daçr und der Wadiy Râchiye (s. Karte).

142) Tarîſe, طَرِيزَه, die „Schöne".

143) 'Aridha, عَارِضَة, die „Weite".

144) Borr, بَرّ, „Weizen".

145) Thârby, Relativ. von تُرْب, „Staub", also die „Staubige".

146) Râchiye, رَاخِيَّة, „weich, ſanft", alſo Wâdiŋ Râchiŋe, der „ſanft-
fließende Fluß".

147) Terym, تَرِيم, dieſes und Schibâm ſind die einzigen Städte des
eigentlichen Habhramaut, welche die arabiſchen Geographen kennen. Jâqut
(I, 746) ſagt, Schibâm und Terym waren die Namen zweier Stämme und von
dieſen wurden die beiden Städte benannt.

148) Scha'be, شَعْبَة, „Menge" oder ein „großer Stamm".

149) Tſohur, ظهور, „Weg in der Wüſte".

150) Hanân, حَنَان, „Ueberfluß".

151) 'Arâba iſt ein öfters vorkommender Eigenname. 'Arâba ben Aus
ben Dayдhy, der zu Mohammed's Zeit lebte, war vom Stamme Aſd ben
Kahlân ben Dahtân.

152) Ma'dudy, Relativ. von مَعْدُود, das „Gezählte", vielleicht das
„Heer".

153) Aqnâb, أَقْنَاب, Plural von Qannba, der „Hanf", alſo etwa die
„Hanfpflanzung". Dieſer Name wurde auf den alten Karten ſtets Aŋnab oder
Ainab geſchrieben, bei Wrede findet ſich aber nur ganz deutlich g und nie ŋ
in der Bulgärform des Namens, da Aqnab wie Agnab geſprochen wird.

154) Thowahry, Relativ. von ثور, „Stier", im Diminutiv. Etwa der
„ſtierreiche Ort".

155) Hiçn Baydra. Baydra, بَيْدَرَ, die „Tenne"; alſo „Schloß
der Tenne".

156) Torbet el Moluf, Torbet, تُرْبَة, „Grabſtätte"; alſo Torbet el
Moluf, „Grabſtätte der Könige".

157) Ma'yq, مَعِيق, „tiefgelegen" oder auch „tief" von einem Flußbett.

158) Choraychyr, خُرَيْخَير, Diminutiv von خَرْخَار, aqua fluens co-
piosa; also iſt das Dorf nach einem „kleinen, aber nicht verſiegenden Ge-
wäſſer" benannt.

159) Sjowayq, Dim. von سُوق, „Marlt".

160) Marāwā, مراوى, nomen loci von رَوَى, „Wasser schöpfen"; also etwa „der brunnenreiche Ort".

161) Homayscha, Dim. von هَمِيشَة, „die Versammlung"; also etwa „die kleine Gemeinde".

162) Monayqyra, Dim. von مَنْقُورَة, „ausgegraben", „ausgemeißelt", im Fem.

163) Bender oder Bander ist kein arabisches, sondern ein persisches Wort und wird oft für „urbs, portus, locus" gebraucht.

164) Çahwa, صَهْوَة, „in terra aequali scrobs, in quo aqua est". Die Bedeutung bezieht sich jedenfalls auf eine sumpfartige Lage, in der das Wasser keinen Ausfluß hat, und trifft nach Wrede's Beschreibung hier ein. Çahwa ist nach Yâqut (III, 235) ein erhöhter Ort oder hohes Gebäude in oder bei einer Stadt.

165) Monqir und Neqr, beide vom Verbum نَقَر, „erforschen", das erste des adj. verb. activum IV, مُنْقِر, „der Erforscher", das andere das nom. actionis I, نَقْر, „die Erforschung", doch bildlich hier auch für „Erforscher" stehend.

166) Ahqâf, أَحْقَاف, Plural von حقف, „arena obliqua". Nach Yâqut (Jacut ed. Wüstenfeld, I, 154) giebt es bei den Arabern darüber, welche Oertlichkeit eigentlich unter „el Ahqâf" zu verstehen sei, drei verschiedene Versionen. Nach der einen wäre el Ahqâf ein Wâdiy zwischen 'Omân und Mahra, nach der andern eine Wüste zwischen 'Omân und Hadhramaut, nach der dritten eine hochgelegene Sandstrecke über dem Meerbusen von Schihr gegen Yemen zu liegend. Yâqut bemerkt, daß alle diese drei Ansichten sich sehr gut vereinigen lassen, denn in der That ist el Ahqâf eine große „schiefe Sandebene", die sich im Norden von Hadhramaut und Mahra zwischen Yemen und 'Omân hinzieht. Ihre genauen Grenzen sind uns aber noch ein Räthsel. Nach einer Tradition, welche Yâqut erwähnt, ist in der Wüste el Ahqâf eine Höhle, in welcher der Prophet Hud begraben liegt. (Auch das von Wrede genannte Qabr Hud liegt ganz im Norden von Hadhramaut, nach Einigen schon in der Wüste el Ahqâf.) Das Grab des Hud in der Wüste el Ahqâf wird von Yâqut auf folgende fabelhafte Weise beschrieben: Einst kam ein Mann von Hadhramaut zu 'Alyy (dem Schwiegersohn des Propheten) und dieser fragte ihn nach dem Grabe des Propheten Hud, worauf denn der Mann erzählte: In meiner Jugend zog ich einst mit mehrern Gefährten aus in die Wüste, um sein (des Propheten Hud) Grab zu suchen, und wir kamen in das Land el Ahqâf und bei uns war ein Mann, der die Gegend kannte; da gelangten wir an einen rothen Sandhügel, in welchem viele Höhlen waren, und wir drangen in eine derselben ein, welche

19*

wir sehr groß fanden; hier kamen wir an zwei Felsen, deren einer den andern bedeckte, und zwischen beiden fanden wir eine weite Spalte; in diese trat ich ein und da sah ich einen Mann auf einem Throne sitzen, von dunkler Farbe und kraftvoll, mit großem Kopf und dichtem Bart, aber sein Leib war ganz ausgetrocknet und wie ich eine Stelle seines Körpers berührte, fand ich sie hart, sodaß sie nicht nachgab, und bei seinem Haupte sah ich eine Aufschrift in arabischer Sprache, die aussagte: „Ich bin der Prophet Hud, der gegen die 'Abiten eiferte wegen ihres Unglaubens und weil sie dem Befehle Gottes widerstrebten." Als 'Alyy dies hörte, sagte er: „Ganz dasselbe habe ich von dem Propheten Gottes (Mohammed) vernommen."

167) Ssafy, سَفَى, Relativ. von سَفَى, „sandig"; also „Bahr eß Ssafy",

بَحْرُ ٱلسَّفَى, das „sandige Meer" oder „Sandmeer".

168) Haschysch edß Dfahab, حَشِيشٌ ٱلذَّهَبِ, das „Goldkraut", ein wunderwirkendes Pflänzchen, das freilich nur die Phantasie der Araber geschaffen, aber noch nie einer auch nur gesehen zu haben behauptet hat.

169) Wa'ra, وَعْرَى, die „Sandige".

170) Schihr, شِحْر; nach Yâqut (Jacut ed. Wüstenfeld, III, 263) heißt die ganze schmale Küstenlandschaft zwischen Yemen und 'Omân „Schihra",

شِحْرَة, Schihr aber nur ein Theil dieser Küstenlandschaft; außerdem ist es der Name einer Stadt. Açma'y sagt, daß der Amber, genannt Schihry, an diesem Strande gefunden werde. Wie wenig bekannt diese ganze südliche Landschaft unter den Arabern von jeher war, beweist der Umstand, daß gerade sie vorzugsweise zu einem Schauplatz von Fabeln und Monstruositäten gemacht wird. Wir haben schon oben die Fabeln über Cabr Hud, el Ahqâf und den Brunnen Vorhut angeführt. Ebenso ist das Werk des Maqryzy über Habhramaut fast Nichts als ein Gewebe von Fabeln, in denen Menschen fliegen, sich in Thiere verwandeln, Zaubereien aller Art verüben u. s. w. Von Schihr im Besondern berichtet Yâqut die Fabel vom Naßnâß, نَسْنَاس, eine Art von Halbmenschen, die hier ihrer Originalität wegen eine Stelle finden möge. Ein Araber erzählte: Ich reiste durch Schihr und kehrte daselbst bei einem Manne aus Mahra ein, einem vornehmen Häuptling. Nachdem ich bei ihm einige Tage gewohnt hatte, brachte ich das Gespräch auf den Naßnâß und er sagte: „Wir jagen ihn und essen ihn. Es ist das ein Thier, welches nur einen Arm und ein Bein hat und ähnlich ist's mit allen seinen Gliedern." Da rief ich: „Bei Gott, ich möchte das wohl sehen!" Darauf sprach er zu seinen Dienern: „Jaget eins von diesen Thieren und bringt es uns!" Am folgenden Tage, siehe da! da kamen die Jünglinge an mit einem Wesen, das hatte das Gesicht eines Menschen, jedoch so, daß es nur die eine Hälfte eines Gesichts war, und einen einzigen Arm, mitten von der Brust ausgehend, und ein einziges Bein. Als mich nun dieser Halbmensch erblickte, da rief er: „Ich rufe Gott und Dich um Hilfe an!" Da sagte ich den Jünglingen: „Lasset ihn frei!" Aber sie antworteten: „O, lasse Dich nicht durch seine Worte bewegen, denn er ist uns zur Speise bestimmt." Jedoch ließ ich ihnen keine Ruhe, bis sie ihn freigelassen hatten. Da lief er davon, eilig wie der Wind. Als nun am folgenden Tage der Mann, bei dem ich wohnte, seine Diener fragte, ob sie auf der Jagd gewesen seien und den Rassnäss gebracht hätten, antworteten sie: „Wohl hatten wir es gethan, aber Dein Gastfreund hat ihn wieder freigelassen." Da lachte mein Wirth und sagte: „O, er hat Dich angeführt!" Darauf befahl er ihnen Morgen wieder auf die Jagd zu gehen, und ich sprach: „Ich gehe mit ihnen", und er erwiederte: „Thue es!" So brachen wir dann am folgenden Tage mit den Jagdhunden auf und kamen an einen großen Sumpf, wo wir bis in die tiefe Nacht hinein blieben. Plötzlich hörten wir eine Stimme sagen: „O Abá Midschmar (Name des einen Rassnäss)! Der Morgen röthet sich schon und die Nacht ist vorbei, der Jäger aber nahe, und Du trägst Schuld daran!" Er antwortete: „Sei ruhig und verursache keinen Schrecken!" Da sandten die Jünglinge die Hunde auf sie (die Rassnäss) und ich sah Abá Midschmar, wie die Hunde ihn faßten, da sprach er:

> „Wehe mir in meinem Unglück!
> Mein Loos ist Trauer und Weinen;
> Verfolgt mich nicht, o ihr Hunde!
> Und hört meine Stimme und habet Mitleid.
> Zu jetziger Zeit ergreift ihr mich,
> Denn ihr findet mich hinfällig und schwach.
> Wär' ich noch jung, ihr besiegtet mich nicht,
> Ihr kämet dann selbst um oder ließet mich frei."

So klang seine Klage. Da erreichten sie ihn und packten ihn. Als der Morgen kam, bereiteten die Leute den Abá Midschmar als einen schmackhaften Braten.

Erster Anhang

zu

A. v. Wrede's Reise in Hadhramaut.

––––––

Ueber die Könige und Völker Südarabiens

bearbeitet

von

Heinrich Freiherrn von Maltzan.

––––––

Außer der obigen Beschreibung seiner Reise hat Wrede noch interessante Mittheilungen über die Stämme der von ihm durchreisten Länder hinterlassen, die wir hier übersichtlich geben. Auch die Königs=liste von Yemen, welche Wrede dem Manuscript von Choraybe ver=dankt, verdient wohl hier mitgetheilt zu werden. Um ihr relatives Verdienst näher zu beleuchten, habe ich ihr die bekannte Königsliste von Caussin de Perceval an die Seite gesetzt. Die Königsliste von Hadhramaut ist jedoch etwas ganz Neues, und nichts bisher Veröffent=liches kann dabei zu Rathe gezogen werden. Dieser erste Anhang zur Wrede'schen Reise enthält also folgende Haupttheile.

A. Liste der Könige von Yemen nach Wrede mit vergleichendem Hinblick auf die Liste von Caussin de Perceval.

B. Liste der Könige von Hadhramaut:

C. Liste der Beduinenstämme in Hadhramaut, Beny 'Ysä, Ha=dschar und Hamum. *)

---

*) Aus Nützlichkeitsgründen ist in diesen Anhängen zu Wrede's Werk die Schreibweise der Namen so modificirt, daß س durch s, ز dagegen durch z wiedergegeben wird, da es sich in diesem wissenschaftlichen Theile nicht um populäre Schreibart handelt und die Deutlichkeit dadurch gewinnt.

A. Königsliste von Jemen nach Wrede und Caussin de Perceval.

Königsname nach Wrede.	Zahl in d. Königsreihe nach Wrede.	Königsname nach Caussin de Perceval.	Zahl in d. Königsreihe.	Jahreszahl nach Caussin de Perceval.	Bemerkungen.
Ja'rob ben Oahtân ben Hud.	1	Ja'rob ben Oahtân.	1	Jahre v. Chr. 794	Ja'rob hatte nach Wrede 15 Brüder, von denen die meisten südarabischen Stämme abstammen.
Jaschdschob ben Ja'rob.	2	Jaschdschob	2	761	
Sabâ ben Jaschdschob, genannt 'Amir.	3	'Abd Schams, genannt Sabâ el Akbar.	3	728	Bei Jâqut (II, 275) kommt ein 'Amir als „Sohn" des Oahtân vor, der den Beinamen „Hadhramaut" geführt hätte.
Himyar ben Sabâ.	4	Himyar ben Sabâ	4	695	Nach dem arabischen Manuscript von Chorahbe stammten 1000 Könige von Himyar und regierten 3300 Jahre.
		Kahlân ben Sabâ	5	nach 695	Dieser Bruder Himyar's figurirt nicht in der Wrede'schen Königsliste.
El Hamaysa' ben Himyar.	5	Wâthila oder Wâyla ben Himyar.	6	662	Beide waren Brüder. Jede der Königslisten läßt einen andern Bruder regieren.
Ayman ben el Hamaysa'	6	Schamyr ibn Mâlik ben Himyar.	7	vor 629	Mâlik, Vater des Schamyr, war nach Caussin de Perceval Bruder des Hamaysa' und des Wâthila.
		Salsal ben Zayd ben Wâthila.	8	nach 629	Sohn des Zayd, des Sohnes des 6. Königs nach Caussin de Perceval.

Königsname nach Wrede.	Zahl in d. Königs- reihe nach Wrede.	Königsname nach Caussin de Perceval.	Zahl in d. Königs- reihe.	Jahreszahl nach Caussin de Per- ceval.	Bemerkungen.
[El Ghauth, den Wrede übergeht, soll nach Maqryzy einen Bruder Na- mens „Habhra- maut" gehabt haben (Maqr. Bonn 1866, S. 18).]		Ya'for ben Mâlik.	9	Jahre v. Chr. 600	Ya'for war nach Wüsten- feld ein Sohn des Mâlik b. Hârith b. Morra b. Odad b. Zayd b. Yasch- dschob b. 'Aryb b. Zayd b. Kahlan stammt also vom 5. Könige ab.
		'Amir ibn Rhâsch.	10	596	Wahrscheinlich Bruder des Ya'for. Bei Wüstenfeld kommt ein 'Amr als Bru- der Ya'for's vor.
Zohayr (b. Ghauth) ben Ayman (hatte nach Maqryzy unter Andern auch zwei Söhne, davon einer Hadhramaut, der andere Habhramy hieß).	7	No'mân el Mo'âfir.	11	563	Bei Wüstenfeld steht blos el Mo'âfir (ohne No'mân). Bei Wrede ist Zohayr der Sohn, nicht der Enkel Ayman's.
'Orayb oder 'Aryb ben Zohayr.	8	Asmâ.	12	540	Bei Wrede steht 'Orayb, bei Wüstenfeld 'Aryb, offenbar derselbe König.
		Abyan.	13	530	Abyan soll ein Bruder 'Orayb's gewesen sein (nach Cauf. de Perc.).
Oatan ben 'Orayb.	9	Dschabbâr.	14	497	Bei Wüstenfeld ist Oatan ein Sohn des 'Auf ben 'Orayb, also ein Enkel, nicht ein Sohn des 8. Kö- nigs nach Wrede.

Königsname nach Wrede.	Zahl in d. Königsreihe nach Wrede.	Königsname nach Canssin de Perceval.	Zahl in d. Königsreihe.	Jahreszahl nach Canssin de Perceval.	Bemerkungen.
Dschaydän ben Datan (fehlt bei Yâqut, II, 275).	10	Ein Usurpator aus Nedschrân.	15	Jahre v. Chr. 464	Wrede's Liste führt im Folgenden noch die Nachkommen Hamaysa's als Könige an, während nach Cans. de Perc. eine Reihe von Usurpatoren im Lande herrschte.
El Ghauth ben Dschaydän (bei Yâqut El Ghauth ben Datan).	11	Der 2. König von den Usurpatoren aus Nedschrân.	16	431	El Ghauth heirathete nach Wrede eine Tochter Dsu 'l Darnayn's, die erst nach el Ghauth's Tod dessen Nachfolger gebiert.
Wâyil b. el Ghauth.	12	Der 3. Usurpator.	17	398	Wrede schreibt zwar Wâhil, aber offenbar muß hier nach Yâqut, II, 275 Wâyla berichtigt werden.
'Abd Schams ben Wâyla.	13	'Abd Schams.	18	365	Plötzlich stimmen wieder beide Listen zusammen. 'Abd Schams unterbricht die Reihe der Usurpatoren bei Cans. de Perceval.
Assuâr (eç Çawar) ben 'Abd Schams (der Dschoscham des Yâqut?).	14	Der 4. Usurpator.	19	332	Eç Çawar, bei Wrede Assuâr geschrieben, findet sich in Wüstenfeld's Register S. 160.
Dsu Yaqdom ben eç Çawar (der Mo'âwiya des Yâqut?).	15	Der 5. Usurpator.	20	299	Im Manuscript von Chorаybe heißt es, daß zu Yaqdom's Zeit der Prophet Joseph, Sohn Jakob's, gelebt habe.

Königsname nach Wrede.	Zahl in d. Königsreihe nach Wrede.	Königsname nach Canssin de Perceval.	Zahl und Königsreihe.	Jahreszahl nach Canssin de Perceval.	Bemerkungen.
				Jahre v. Chr.	
Dsu 'Aus ben dsu Yaqdom (der Days des Yàqut?).	16	Der G. Usurpator.	21	266	Wahrscheinlich derselbe, der bei Wüstenfeld dsu Abyan ibn dsu Yaqdom heißt. Dsu paßt nicht gut vor 'Aus, das ein selbstständiger Name ist; er hieß wahrscheinlich 'Aus dsu Abyan.
'Amru ben dsu 'Aus (nach Yàqut 'Amru b. Days, b. Mo'âwiya, ben Dschoscham, ben 'Abd Schams, b. Wâyla u. s. w. zubenannt Hadhramaut).	17	Hasan el Dayl.	22	233	Hasan war nach Cans. de Perc. Sohn des 'Amr, b. Days, b. Mo'âwiya, b. Dschoscham, b. Wâyl. Dschoscham wäre demnach ein Bruder des 'Abd Schams des 18. Königs der 2. Liste. Nach Wüstenfeld war er dessen Sohn.
El Moltät ben 'Amru.	18				
Amr ben el Moltät.	19				Canssin führt el Moltät an, nicht aber als König. Sein Sohn 'Amr dagegen findet sich nicht bei ihm.
Scheddàd ben el Moltät.	20	Scheddàd ben el Moltät.	23	200	Beide Listen stimmen wieder überein.
		Loqmàn ben el Moltät.	24		Nach Wrede regierten die Brüder Scheddàd's nicht, sondern ihm folgte sein Sohn Wàbiça.

Königsname nach Wrede.	Zahl in d. Königsreihe nach Wrede.	Königsname nach Caussin de Perceval.	Zahl in d. Königsreihe.	Jahreszahl nach Caussin de Perceval.	Bemerkungen.
		Dſu Schebbâd ben el Moltât. (Ḥârith er Râ̈hiſch.)	25 (26)	Jahre v. Chr.	Auf dieſen König läßt Cauſ. de Perc. Ḥârith er Râ̈hiſch folgen, den 26. in ſeiner Liſte. Da ihn Wrede aber erſt nach der Zwiſchendynaſtie der Tobba' anführt, ſo findet er bei uns ſeine Stelle ſpäter.
Wâbiça ben Schebbâd.	21	Achâb dſu el Qarnahn ben Schebbâd.	27	167	Vielleicht waren Wâbiça und Achâb eine und dieſelbe Perſon, deren Namen durch verſchiedene Copiſten entſtellt wurden.
Tobba' ben Zahd.	22				Hier beginnt die Zwiſchendynaſtie der Tobba', welche Wrede allein anführt.
El Hann ben Tobba'.	23				Der Name iſt nach dem Wrede'ſchen Manuſcript nicht el Hann, wie Oſiander las, ſondern der bekannte arabiſche Eigenname Hann, el Hann (الْهَوّن).
Bâ Hann ben Tobba'.	24				Bâ, der ſüdarabiſche, namentlich ḥabhramautiſche Ausdruck für Ibn (Sohn), ſowohl im Singular wie im Plural ganz gleich gebraucht. Bâ ſteht alſo hier für Ibn.

Königsname nach Wrede.	Zahl in d. Königsreihe nach Wrede.	Königsname nach Caussin de Perceval.	Zahl in d. Königsreihe.	Jahreszahl nach Caussin de Perceval.	Bemerkungen.
				Jahre v. Chr.	
Zahrân ben bá Hann.	25				Es erhellt nicht, ob der folgende König ein Sohn des Zahrân war oder überhaupt zu seiner Dynastie gehörte.
Tálib Rim (Riám?)	26				Bei Wrede steht nach Rim ein Fragezeichen.
Háschid dsu Mahra.	27				Mit diesem Könige endet die Zwischendynastie der Tobba', denn dem nächsten ist sein Geschlechtsregister beigefügt, welches ihn in die alte Dynastie einreiht.
Hárith, ben Scheddâd, ben Days, ben Sánay (?), ben Himyar er Çoghayr, genannt er Râyisch.	28	Hárith er Râyisch ben Scheddâd, ben el Moltât, ben 'Amr, ben dsu Yaqdom, ben 'Abd Schams.	26		Trotz der Verschiedenheit einiger Glieder der Genealogie erhellt doch, daß hier in beiden Listen eine und dieselbe Person, welche beide Hárith er Râyisch, ibn Scheddâd nennen, gemeint sei. Da Hárith der Sohn des 23. Königs der II. Liste ist, so können die 6 Tobba', welche zwischen ihm und seinen Vorfahren regierten, nicht lange geherrscht haben.
Abraha ben el Hárith.	29	Abraha ben el Hárith, genannt dsu el Minâr.	28	134	Als 27. König figurirt auf der II. Liste der oben genannte Achâb ibn Scheddâd. Vielleicht regierte Hárith zweimal, einmal vor Achâb und den Tobba' und einmal nach diesen.

Königsname nach Wrede.	Zahl in d. Königsreihe nach Wrede.	Königsname nach Caussin de Perceval.	Zahl in d. königsreihe.	Jahreszahl nach Caussin de Perceval.	Bemerkungen.
Afryqys ben Abraha.	30	Afrygus ben Abraha.	29	Jahre v. Chr. 101	Der fabelhafte Eroberer von Afrika.
		Dsu el Adhâr ben Abraha.	30		Wrede's Liste kennt diesen und den folgenden König nicht.
		Schorhabyl ben dsu el Adhâr.	31	68	Wrede nennt den Schorhabyl zwar als Vater des 31. Königs (der II. Liste), aber nicht selbst als König.
Hodâd ben Sârah, ibu Schorhabyl.	31	Hodâd dsu Aschrah (Sarh oder Scharh) ben Schorhabyl.	32	35	Wahrscheinlich ist das ben Sârah bei Wr. ein Fehler und muß dsu Aschrah heißen, da sonst die beiden Namen vollkommen identisch sind. Bei Wüstenfeld (Tab. 9, 18) finden wir einen Dsu Hodbân, ben Scharâhyl, der höchst wahrscheinlich derselbe sein dürfte, wie Hodâd ben Schorhabyl.
Bilqys bint el Hodâd, Königin von Sabá und Erbauerin von Mârib.	32	Bilqys. Caussin de Perceval giebt ihr zwei Ahnherren, nämlich Hodâd und 'Alyschrah, ben dsu Dschadân, ben 'Alyschrah, ben Hârith und scheint dadurch zu Fresnel's Ansicht zu neigen, wonach 'Alyschrah, der	33	2	Fresnel im Journal Asiatique, Serie IV, Bd. IV, S. 203, behauptet nach Nowayry, daß der Vater der Bilqys nicht König gewesen. Aber Nowayry selbst nennt den Vater der Bilqys „dsu Aschrah", welches ein Beiname Hodâd's war, und Mas'udy und Ibn Hamdun nennen ihren Vater ausdrücklich Hobhâd (Hodâd). Bilqys war die berühmte

Königsname nach Wrede.	Zahl in d. Königsreihe nach Wrede.	Königsname nach Cauffin de Perceval.	Zahl in d. Königsreihe.	Jahreszahl nach Cauffin de Perceval.	Bemerkungen.
		Befier des Königs von Yemen, Vater der Bilqins und Hobâd ihr mütterlicher Oheim war.		Jahre n. Chr.	Königin von Sabâ, von der der Corân spricht, die zu Salomon gekommen sein soll.
Yâfir Tanâ'am ben Amru, ben el 'Abd ben Abraha.	33	Yâfir Yon'im.	34		Yon'im und Tanâ'am bedeuten beide dasselbe, nämlich „er lebte in Wohlbehagen". Nach Fresnel wäre Yâfir der mütterliche Oheim der Bilqins. Nach Wrede war er gar nicht nahe mit ihr verwandt.
Schamrir, ben Afryqys, ben Abraha dsu el Minâr, ben el Hârith, ben Schebbâd.	43	Schammir Ya'rosch.	35		Hier findet sich eine Lücke von 9 Namen vom 33. —43. König bei Wrede, doch wahrscheinlich sollte die Lücke erst nach diesem König gerechnet werden.
		Abu Mâlik.	36	31	
		Zayd el Aqra'.	37	64	
		Dsu Hâbischân ben Zayd el Aqra'.	38	64—90	
		N. N.	39	97—140	
		Tobba'.	40	105—150	
		Dala'h Dârib.	41	130—180	

Königsname nach Wrede.	Zahl in d. Königsreihe nach Wrede.	Königsname nach Cauſſin de Perceval.	Zahl in d. Königsreihe.	Jahreszahl nach Cauſſin de Perceval.	Bemerkungen.
Tobba', genannt Dſu el Qarnayu ben Schamrir.	44	Tobba' Tibba'ân Aſad ben Dârib.	42	Jahre v. Chr. 163—200	Das „Ibn Schamrir" bei Wrede deutet gewiß nicht auf eine directe Vaterſchaft, ſondern auf eine Abſtammung in 4. oder 5. Generation.
		Haſan Tobba'.	43	196—236	Hier beginnen zahlreiche Lücken bei Wrede.
'Amr ben Tobba'.	45	'Amr dſu el 'Arwwâd.	44	200—250	Nach Cauſſin de Perceval waren beide 'Amr verſchieden, der eine der 44. König, der andere ein Königsſohn, der nicht regierte.
		Die vier Brüder, Söhne 'Amr dſu el 'Arwwâd.	45	229—270	Lücke von 70 Jahren bei Wrede.
		Ihre Schweſter Abdha'a.	46		
'Abd Kolâl ben Mathub.	46	'Abd Kolâl.	47	233—273	Abſtammung unbekannt.
		Tobba' ben Haſan.	48	245—297	Wahrſcheinlich ein Verwandter des obigen.
		Hârith.	49	262—320	Lücken von einem Jahrhundert bei Wrede.
		Marthad.	50	295	
		Wâliya.	51	299—350	
		Abraha ben Çabâh.	52	328—370	

Königsname nach Wrede.	Zahl in d. Königsreihe nach Wrede.	Königsname nach Caussin de Perceval.	Zahl in d. Königsreihe.	Jahreszahl nach Caussin de Perceval.	Bemerkungen.
		Çabahân.	53	Jahre v. Chr. 361— 400	Ursprung unbekannt.
		Çabâh.	54	440	Sohn oder Enkel des 52. Königs der II. Liste.
		'Amr dju Kisân ben Tobba', ben Hasan.	55	394	
Dju Mo'âhir ben Hasan.	47	Hasan dju Mo'âhir.	56	427— 460	Wieder die alte Dynastie vom Tobba' ibn Hasan stammend.
		Dju Schanâtyr.	57	478	
Dju Nowâs eç Çoghayr.	48	Zor'a dju No-wâs.	58	460— 490	Der bekannte Christenverfolger und Judenfreund. Der letzte eigentliche König von Jemen.
		Dju Yazan.	59	525	Kämpft eine Zeitlang gegen die Abyssinier, muß aber unterliegen.
Sayf ben Dju Yazan ben Anaman (?)	49			stirbt vor 580	Seltsamerweise führt die Wrede'sche Liste diesen Prinzen als König an, obgleich er 70 Jahre nach dem Untergange des Reiches von Jemen lebte und selbst sein Vater kaum regierte.
		Ma'diykarib ben Sayf ben Dju Yazan.		590	Dieser Sohn des 49. Königs der I. und Enkel des 59. Königs der II. Liste kommt mit den Persern ins Land, hilft die Abyssinier vertreiben und wird persischer Statthalter.

20*

Bemerkungen zur Wrede'schen Königsliste.

Diese Liste bietet nur in ihrem ersten Theile (bis zu Bilqihs) Interesse. Der zweite, d. h. die ganze Königsgeschichte nach Christi Geburt (die nach Caussin de Perceval in Bilqihs' Regierungszeit fällt) ist so außerordentlich nachlässig und lückenhaft behandelt, daß ihr jeder Werth abgeht. Zuerst ein Sprung von dem 33. auf den 43. König und zwar zu einer Zeit, wo nach Caussin de Perceval noch gar keine Lücke vorhanden ist, denn Schammir Ya'rosch (bei Wrede Schamrir) ist der directe Nachfolger von Yâsir Yo'nim oder Ta- nâ'am. Dann, trotz aller Lücken, ein ununterbrochenes Weiterzählen der Könige, so daß Tobba' unmittelbar auf Schammir folgt, obgleich sechs Könige zwischen Beiden waren. Noch auffallender ist, daß Dsu Mo'âhir direct nach 'Abd Kolâl aufgeführt wird, obgleich acht Könige zwischen Beiden kamen. Dieser zweite Theil der Wrede'schen Liste ist also durchaus werthlos.

Nicht so jedoch der erste Theil. Derselbe ist insofern höchst interessant, als uns Wrede's Liste in ununterbrochener Reihenfolge die Genealogie der Hamahsiten, Nachkommen von Hamahsa', ibn Himhar giebt. Auch Caussin de Perceval führt die Hamahsiten an, jedoch nicht alle als Könige. Nach ihm regierten von dieser directen Linie nur 'Abd Schams (der 13. nach Wrede), Scheddâd (der 20.), Wâ- biça (der 21.), Hârith (der 28.), Abraha (der 29.), Afrhqhs (der 30.), Hodâd (der 31.) und Bilqihs, mit welcher die eigentliche Dy- nastie der Hamahsiten erloschen scheint. Nur zwei Hamahsiten, welche Wrede's Liste als Könige aufführt, nämlich Dsu 'Ans, ibn dsu Yaqdom (der 16.) und 'Amr ben el Moltât (der 19.) fehlen gänzlich in der Genealogie Caussin de Perceval's. Letztere führt als Könige nur diejenigen Hamahsiten an, von deren Herrschaft sich Spuren in der Geschichte finden. Dagegen scheint die Wrede'sche Liste mehr die Reihe derjenigen Hamahsiten darzustellen, welche nach der patriarcha- lischen Erbfolge die legitimen Herrscher hätten sein sollen. Es sieht

ganz aus, als ob die Wrede'sche Liste zur Verherrlichung eines der
spätern Herrscher, etwa des Hârith oder des Hobâd, die von Ha
mahfaʾ abzustammen behaupteten, verfaßt sei und den Zweck gehabt
habe, alle dessen Vorfahren als Könige erscheinen zu lassen, während
sie in Wirklichkeit wahrscheinlich nur Prinzen, mächtige Stammes=
häuptlinge und Qahls eines Theils von Jemen waren; dagegen aber
alle Fürsten aus der himjarischen Nebenlinie, wie den 6., 7., 8., 9.,
10., 11., 12., 13. und 14. König der II. Liste zu ignoriren, ebenso
wie die sechs Usurpatoren aus Nedschrân, deren drei nach Caussin de
Perceval vor, drei nach ʾAbd Schams regierten. Was diese sechs
Usurpatoren betrifft, deren Namen Caussin de Perceval nicht angiebt,
so ist es übrigens auffallend, daß auch die Wrede'sche Liste ein In=
terregnum von sechs Fürsten kennt, die sie zwar an einer andern
Stelle anführt, die aber allem Anschein nach dieselben sein dürften,
wie die sechs fremden Fürsten bei Caussin de Perceval. Denn es
erhellt auf den ersten Blick, daß die sechs Fürsten der Zwischen=
dynastie, welche die Wrede'sche Liste giebt, nicht an die Stelle ge=
hören, welche sie auf dieser Liste einnehmen. An dieser Stelle ist
gar keine Lücke vorhanden (da Hârith der 28. König, der Sohn
Scheddâd's des 20. und der Bruder Wâbiça's, des 21. Königs ist),
also die Ausfüllung einer solchen (und nun gar durch sechs Regierungs=
folgen) eher ein Hinderniß, das uns nur verwirren kann, wenn wir
nicht zu dem Ausweg greifen, die sämmtliche Zwischendynastie an eine
andere Stelle zu versetzen. Eine hier zu berücksichtigende Lücke findet
sich aber nur an einer einzigen Stelle, nämlich in der Liste Caussin
de Perceval's bei den sechs ungenannten Usurpatoren, deren Zahl genau
mit der der Könige aus der Zwischendynastie bei Wrede zusammen=
stimmt. Der Umstand, daß die Wrede'sche Liste an dieser Stelle
keine Lücke kennt (wie sie denn überhaupt in ihrem ersten Theile, bis
zu Bilqîs, keine einzige hat), kann uns nicht stören, da ja diese Liste
mehr ein Geschlechtsregister der zur Erbfolge berufenen legitimen Ab=
kömmlinge des Herrschergeschlechts, als eine Aufzählung der wirklich
zur Herrschaft gelangten Könige zu sein scheint.

Nach dem Dâmus führten zwar nur die Könige von Himyar und Hadhramaut den Titel Tobba'. Da nun der erste der sechs Zwischenkönige nach der Wrede'schen Liste Tobba' ibn Zayd hieß und der erste der sechs Usurpatoren der Liste Caussin de Perceval's aus Nedschrân kam, so müssen wir voraussetzen, daß der Nedschrâner Eroberer sich der Landessitte bequemt und den Titel Tobba' angenommen habe. Oder war vielleicht dieses Wort „Tobba'" bei ihm nicht Titel, sondern Eigenname, wie bei Tobba' ibn Solahmân, von dem der Dâmus spricht? Unter den übrigen Eigennamen dieser sechs Zwischenkönige ist übrigens kein ausschließlich oder nur vorzugsweise himharischer, der uns zwingen würde, die Wiege dieses Geschlechts im tiefen Süden Arabiens, in Himhar, zu suchen. Zayd, Haun, Zahrân, Hâschid sind allgemein bekannte, sowohl central-, als südarabische Namen. Tâlib kommt sogar bei den Centralarabern noch häufiger vor, als bei den Yemeniten.

Der Beiname dieses Königs Tâlib, welchen die Wrede'sche Liste „Rim" nennt, könnte uns vielleicht einigen Aufschluß über dessen Herkunft geben. Einer der ältesten Könige des von Kahlân stammenden Geschlechts der Banu Hamdân hieß Riâm, und nach ihm wurde der Tempel auf dem Berge Atwa benannt, den später Dsu Nowas zerstörte (Blau Z. D. M. G., Bd. 23, S. 563). Nun giebt uns die Genealogie des genannten Riâm noch einige Anhaltspunkte mit den Wrede'schen Zwischenkönigen. Der Urgroßvater der Riâm hieß Zayd, wie der Vater des ersten Zwischenkönigs unserer Liste. Der Eigenname dieses Zwischenkönigs ist uns nicht genannt, sondern er heißt nur Tobba', Sohn des Zayd. Nichts hindert uns also anzunehmen, daß er jener Bat', König der Hamdân, war, welcher uns als Großvater Riâm's genannt ist (Wüstenfeld, Register S. 109). Zwischen diesem Tobba' und Rim oder Riâm giebt uns die Wrede'sche Liste drei Namen, Haun ben Tobba', Bâ Haun ben Tobba' und Zahrân ben bâ Haun. Erstere Beide könnten wir für Brüder halten, da Beide den Namen ben Tobba' führen, denn das Bâ vor dem einen Namen deutet nicht nothwendig ein Sohnesverhältniß an. Somit blieben uns zwei Generationen zwischen Tobba' ben Zayd und Tâlib Rim oder Riâm, allerdings eine mehr, als in Wüstenfeld's Tabellen zwischen Bat' ben Zayd und Riâm. Auffallend ist ferner eine gewisse Aehnlichkeit zwischen dem Namen des Nachfolgers des Tâlib Rim und dem Sohne des Riâm der Wüstenfeld'schen Tabellen. Ersterer hieß Hâschid, letzterer Yaschb', wenigstens lautlich nahestehende Benennungen, die im Munde späterer Erzähler zu Verwechselungen führen konnten.

Da wir jedoch bei Wrede nur Rim und nicht Riâm finden, so können wir auch annehmen, daß jener Tâlib Rim seinen Namen von Rahm (vulgo Rim ausgesprochen) führte, welches nach dem Qâmus ein Michlaf von Yemen war.

Die Namen dieser sechs Yemenischen Zwischenkönige sind übrigens beinahe die einzige Errungenschaft, welche wir der Wrede'schen Liste verdanken. Alle andern Namen dieser Liste finden sich auch in den schon bekannten Quellen, deren Angaben Caussin de Perceval gesammelt hat, mit nur zwei Ausnahmen, nämlich Dsu 'Ans, ibn Dsu Jaqdom und 'Amr, ibn el Moltât, der 16. und der 19. König der Wrede'sche Liste. Endlich findet sich an Stelle des Açhâb ibn Scheddâd bei Caussin de Perceval, ein Wâbiç oder Wâbiça, ibn Scheddâd bei Wrede genannt. Doch sind beide Namen wahrscheinlich nur aus entstellten fehlerhaften Aussprachen eines einzigen entstanden; Aussprachen, die im Munde verschiedener Erzähler mit der Zeit so sehr sich vom ursprünglichen Klang und voneinander entfernt hatten, daß, als man sie aufschrieb, jeder Chronist nach demjenigen arabischen Namen griff, welcher der von ihm vernommenen Aussprache des Namens am nächsten lag, der eine nahm Wâbiça, der andere el Açhâb, welches beides bekannte arabische Namen sind und so ging die Verschiedenheit, die seither nur im Klang bestand, auch in die Schrift über.

B. Genealogie der Könige von Hadhramaut nach Wrede.

1) Hud *) (Eber), der Prophet (Mit ihm sei Friede!).

2) Hodun ben Hud (Peleg) erbaute die Stadt Hodun, wo sein Grab.

3) 'Jsà **) el 'Amud (die Säule) ben Hodun. Erbauer der Stadt Oahdun. Von ihm stammen sämmtliche Städtebewohner des Hadhramaut, sowie ihre Sultane, welche sich alle 'Amudy nennen.

4) Sa'yd ben 'Jsà el 'Amud. Liegt in Oahdun begraben.

5) Nedschd ben Sa'yd. Gründer der Stadt Misne, wo sein Grab.

6) Sahbân ben Nedsch, Stammvater der Beduinen Sahbân. Sein Grab auf dem Gipfel des Dschebel Sahbân.

7) Hasan ben Sahbân.

8) Sadus ben Hasan.

9) Ja'rom el Molk ben Sadus.

10) Rabh'a ben Ja'rom.

11) 'Amr el Ahnab ben Rabh'a.

---

*) Die Araber nehmen an, daß ihr Prophet Hud der Eber der Bibel sei, den sie 'Abir nennen. Der Eber der Bibel hatte außer Joktan (dem Oahtân der Araber) noch einen Sohn Namens Peleg, den die Araber gewöhnlich Fàlegh nennen. Wrede ist nun, glaube ich, der Erste, welcher diesen Peleg auch Hodun nennt. Peleg's Nachkommen, die uns hier Wrede anführt, kommen weder in der Bibel, noch in den mir bekannten arabischen Genealogieen vor. Letztere begehen sogar meistens den mit der Bibel im Widerspruch stehenden Irrthum, daß sie Oahtân zum Sohne Peleg's machen, was wohl darin seinen Ursprung hat, daß nach den gewöhnlichen arabischen Genealogieen alle Südaraber Joktaniten, d. h. Nachkommen Oahtân's sind. Hiervon weichen, wie man sieht, Wrede's Berichte ab. (Vergl. Sprenger, Leben des Mohammed, III, cxxx.)

**) Der einzige Autor, bei dem ich eine Erwähnung des Stammes 'Js', der in Hadhramaut herrscht, finde, ist Maqryzy. Dieser sagt: Es ist in Hadhramaut ein Geschlecht, dessen Familienname ist 'Omar ben 'Jsà et Tanbât. Dieser Familie ward wunderwirkende Kraft, namentlich die Heilung des Schlangenbisses zugeschrieben. Wer erkennt nicht hier die abergläubische Ehrfurcht wieder, in welcher die Städter Hadhramauts, die fast alle von 'Jsà abstammen, bei den Beduinen nach Wrede's Erzählung stehen? (Vgl. Maqryzy, Bonn 1866, S. 25.)

C. Stammeslisten *) der Völker Hadhramauts nach Wrede.

I. Qahtäniten.

Qahtân ben Hud hatte nach Wrede 16 Söhne.

1) Ja'rob **) (eigentlich Jemen).

2) Hannan (Wrede), wahrscheinlich Hanân.

3) Ayman (wahrscheinlich der 'Omân des Caussin de Perceval, dem Ja'rob die Provinz 'Omân gab).

4) El Mâs (Wrede), vielleicht Hamaysa', den Maqryzy als Sohn Qahtân's nennt.

5) El Mota'ammid (d. h. der seinem Vorsatz Getreue).

6) Lawi (Wrede), vielleicht Loway'.

7) Maer (Wrede), vielleicht Mahr, Stammvater der Mahriten.

8) El Azeb (d. h. der Unvermählte).

9) Manâh (der Götze Manâh als Heros, der später vergöttert wurde).

10) Dschochom, dem Ja'rob die Provinz Hidschâs mit der Hauptstadt Mekka gab (Maqryzy, S. 19).

11) El Moltamis (d. h. der Bittende).

12) El 'Allâmy (d. h. der Gelehrte).

13) El Moghtafir (d. h. der Vergebende).

14) Sâlim.

15) El Oçamen (d. h. der Taube).

16) Nahur.

----

*) Diese Stammeslisten stehen mit allen bisher bekannten Genealogieen im Widerspruch. Mitunter ist sogar die Orthographie der Namen zweifelhaft, da ähnliche bis jetzt noch nicht vorkamen. In diesem Falle gebe ich sie nach Wrede's Schreibart mit Hinzufügung von „Wrede" in Klammern.

**) Die Bibel nennt 13 Söhne Joktan's, nämlich Almodad, Saleph, Hazarmaweth, Jarah, Hadoram, Usal, Dikela, Obal, Obal, Abimael, Saba, Ophir, Havila und Jobab. Von diesen hat nur Jarah einige Aehnlichkeit mit einem der obigen, nämlich mit Ja'rob. Maqryzy dagegen nennt 10 Söhne Qahtân's: 1) Ja'rob, 2) 'Ad, 3) Ayman, 4) Hamaysa', 5) Hadhramaut, 6) Râ'im, 7) Ghâschim, 8) Solaf, 9) Qatâmy, 10) Dschorhom. Von diesen stimmen nur der 1., 3., 4. und 10. mit den Namen der Wred'schen Liste überein.

Von diesen 16 Söhnen des Qahtân haben nur 8 ihre Nachkommenschaft in Hadhramaut und angrenzenden Ländern, und bilden
die Stammväter der 8 Qahtânitischen Hauptstämme, die zusammen
in 36 Nebenstämme zerfallen. Aber in den Benennungen dieser Hauptstämme sind die Namen ihrer in der vorigen Liste angeführten Stammväter (mit einer einzigen Ausnahme, Nahur) gänzlich verloren gegangen. Sie nennen sich jetzt ganz anders, als ihre obengenannten
Stammväter, und es ist nicht einmal zu erkennen, von welchem der
16 Söhne Qahtân's die einzelnen abstammen. Nur die Tradition,
daß sie Qahtâniten sind, ist lebhaft unter ihnen erhalten, und die
Kenntniß vom Unterschied zwischen ihnen und den von Peleg oder
Hodun stammenden Völkern wird noch immer im Volksmund fortgepflanzt. Ihre Namen dagegen sind (mit einziger Ausnahme der
Beny Nuh) eigentlich jetzt gar keine Abstammungsbezeichnungen mehr,
sondern Beinamen, von Eigenschaften abgeleitet, meist in bildlicher
Redeform.

Nach Yâqut (II, 275) soll zwar einer der Söhne Qahtân's,
welchen er 'Amir nennt, den Beinamen Hadhramaut geführt und diesen
dem Lande beigelegt haben; aber einestheils erhellt nicht, welcher von
den obengenannten 16 Söhnen Qahtân's (von denen wir mehrere,
wie El Mota'ammid, El Moltamis, El Moghtafir nur mit ihren
Beinamen kennen) mit seinem Hauptnamen „'Amir" hieß, und dann,
selbst angenommen, daß er den Laqab „Hadhramaut" führte und ihn
nach Jbn 'Obayda dem Lande gab, so ist doch damit nicht gesagt,
daß er der Stammvater aller Hadhramauter war. Jbn Kelby (bei
Yâqut a. a. O.) nennt sogar den Hauptnamen dieses Sohnes Qahtân's
„Hadhramaut" oder vielmehr „Hâdhramht", wie er behauptet, daß
dies die Schreibart der Bibel sei (sie ist bekanntlich Hâzarmâwet).
Dieser heißt bei ihm ben Yoqtân, ben 'Abir, ben Schâlich. Eine
andere Ansicht ist die, daß Hadhramaut ein Beiname des 'Amru ben
Qahs, des obengenannten 17. Königs der Wrede'schen Liste sei. Nach
Wüstenfeld's Tabellen wäre jedoch „Hadhramaut" der Name eines
Sohnes dieses 'Amru ben Qahs. Vielleicht führten Mehrere diesen

Laqab. Jedenfalls weiß die heutige Tradition der hadhramauter Beduinen Nichts mehr von einem Stammvater „Hadhramaut".

Zwei weitere Versionen führt Maqryzy (Bonn 1866, S. 18) an. Nach der einen wäre Hadhramaut der Name eines Sohnes des Ayman, ben Hamaysa', ben Himhar, des 6. Königs der Wrede'schen Liste. Dieser Hadhramaut wäre also ein Bruder von El Ghauth. Nach der andern Version ist Hadhramaut ein Sohn des Zohayr, ben Ghauth, ben Ayman, also ein Urenkel, nicht ein Sohn Ayman's. Dieser Hadhramaut soll einen Bruder Namens Hadhramy gehabt haben. Hier finden wir also, daß auch die Lesart Ibn Kelby's „Hadhramyt" zur Fiction eines Personennamens Anlaß gab, wie denn überhaupt „Hadhramaut" als Personenname durchaus unwahrscheinlich ist.

Folgende sind nun die acht Stammesgruppen der in Hadhramaut und angrenzenden Ländern wohnenden Qahtâniten.

1) Benu Ruh, bewohnen größtentheils die Landschaft el Hadschar und einen kleinen Theil der Landschaft Benu 'Ysâ. Diese Stammesgruppe hat folgende Unterabtheilungen.

a) Bâ Kaschwyn. Zählen etwa 3000 Seelen, bewohnen den obern Theil des Wâdiy Ma'ysche, die Wâdiy el Ma'din, Ferte, Ghowahte, den obern Theil des Wâdiy Bohut und den nördlichen Abhang des Dschebel Bihr Schyh.

b) Bâ Sa'd. Zählen etwa 4000 Seelen, bewohnen den obern Theil des Wâdiy No'mân, das westliche Gehänge des Dschebel Bihr Schyh, den mittlern Theil des Wâdiy el Bohut bis zum südlichen Abhang des Dschebel Ghowahte.

c) Bâ Schaybe. Ein Stamm von etwa 4000 Seelen, wohnt am nordwestlichen Abhang des Dschebel Ghowahte bis zum Entstehungspunkt des Wâdiy Hafar und in den Thälern, welche in den obern Theil dieses Wâdiy münden.

d) Bâ Dschahym. Etwa 4000 Seelen stark, wohnen im untern Theil des Wâdiy Hafar und im Wâdiy Hassy, Çaghyr, Çafrâ und Qinnyna.

e) Bâ Schoqaṛr. Etwa 3000 Seelen stark, wohnen im Wâdiṛ el Hadschar, von der Mündung des Wâdiṛ No'mân an bis zum Wâdiṛ Schoruṭ oder Scharât.

f) Bâ Dschohaṛm und

g) Bâ Dorus (Wrede), vielleicht Odruss, die gewöhnliche Art, wie der Name Idryss in Hadhramaut lautet. Diese beiden Stämme mögen zusammen etwa 5000 Seelen stark sein und haben ihre Sitze im Wâdiṛ Dschizwâl bis zum Wâdiṛ No'âb.

h) Bâ Hâfir und

i) Bâ Zor'a. Beide zählen zusammen nur 4000 Seelen und wohnen im Wâdiṛ el Hadschar, am Dschebel Bâ Dschanaf bis zur Mündung des Wâdiṛ Scharât und allen auf dieser Strecke mündenden Wâdiṛ.

k) Bâ Maur. Etwa 2000 Seelen stark, wohnen zwischen dem Dschebel Bâ Dschanaf und dem Dschebel 'Alqa.

l) Bâ Faq'as. Etwa 4000 Seelen stark, bewohnen den Wâdiṛ 'Obne bis zum nordöstlichen Abhang der Dschebel Arzime, Assur und Maṭnṛ.

m) Bâ Dhobaṛz *) und

n) Bâ Dsibhân. Beide zählen etwa 4000 Seelen und bewohnen die Meeresküste von Râss Borum bis Medâha, den östlichen Wâdiṛ Maṛfa'a bis zum Wâdiṛ No'âb, das Gebirge bis zum südlichen Abhang des Dschebel No'âb und den obern Theil des Wâdiṛ 'Arâr.

2) Dsiṛaṛbṛ. **) Dieser Stamm bewohnt die Landschaft el

---

*) Dhobaṛz, Verkleinerungswort von Dhabz oder Dhabz, welches nach dem Qâmus (S. 714) soviel bedeutet wie Dsṛb (Wolf), also „Wölflein". Solche Thiernamen als Stammesbezeichnungen waren bei den Arabern ehrenvoll und kommen unten noch öfter vor. Selten geht ihnen jedoch, wie in obigem Falle, das „Bâ" (für Bann, vulgo Beny) vorher.

**) Streng genommen sollte das Wort Dsowaybṛ (wölfleinartig) geschrieben werden, aber die Aussprache in Hadhramaut weist die Eigenthümlichkeit auf, daß im Relativum, wenn der Mittelradical Hamza ist, der O-Laut des Diminutiv in den der Endung verwandten I-Laut übergeht. Dadurch wird auch der das Hamza vertretende Halbvocal aus einem Waw zu einem Ja und aus Dso-

Hadschar von Medâha bis zum Râss Hardscha, den ganzen westlichen Wâdiy Maŷfa'a und die in denselben mündenden Thäler. Er zerfällt in folgende fünf Unterstämme.

a) Bâ Wabbâ bewohnen mit etwa 3000 Seelen die Küste von Medâha und Bâ el Hassf.

b) Solaŷmâny. Dieser Stamm hat eine Stärke von etwa 6000 Seelen und bewohnt den Wâdiy 'Arâr und die Tihâma von Bâ el Hassf bis zum Râss Hardscha, inclusive Sâhun.

c) El Aḥmady. Zählen etwa 5000 Seelen und bewohnen den westlichen Wâdiy Maŷfa'a von Sâhun bis Soqqoma und die Wâdiy Hamrâ und Hâdhena.

d) Es Sâlemy. Ein starker Stamm von 9000 Seelen, bewohnt den Wâdiy Maŷfa'a von Soqqoma bis Naqb el Hadschar und die Seitenthäler.

e) El 'Adsemy.*) Zählen etwa 4000 Seelen, bewohnen die Wâdiy Maŷfa'a und 'Ŷâu oberhalb Naqb el Hadschar.

3) Bâ No'mân. Diese Stammesgruppe bewohnt den nordöstlichen Theil der Landschaft el Hadschar und einen kleinen Theil der angrenzenden Landschaft el Dschauf und zwar die Gegend von Habbân, Jodschŷ 'Alyŷ und Bâ el Horr. Ihre Seelenzahl mag etwa 20,000 betragen. Da Wrede ihr Stammesgebiet nicht bereist hat, so kannte er nur die Namen, nicht aber die Wohnorte der verschiedenen Unterabtheilungen der Bâ No'mân. Diese Namen sind:

a) Benŷ Labahit (Wrede), wahrscheinlich Benŷ el Bâhith.**)

b) Bâ Dschanaf.

---

waŷby entsteht Dsiŷaŷby. Der Wolfsname war immer ehrenvoll bei den Arabern. Er gab wohl zu der Sage Anlaß, die Maqryzy anführt, wonach ein Volk dieser Gegend, die Saŷ'âr, die Fähigkeit, sich nach Belieben in Wölfe zu verwandeln, besaß (Maqryzy, Bonn 1866, S. 19).

*) Ein Personenname 'Adsem ist nicht bekannt, wohl aber nennen der Qâmus (S. 1661) und Ŷâqut (III, 626) einen Wâdiy in Yemen, Namens 'Adsem, über dessen genauere Lage sie aber nicht das Geringste sagen.

**) Baḥḥâth ist als Eigenname bekannt. Bâḥith dürfte ähnliche Bedeutung haben, d. h. der „Erforscher, Nachspürer".

c) Bâ Raſchyd.

d) Bâ Oodhâ'y. *)

4) El Dſcha'da. Dieſe Stammesgruppe bewohnt die Land=
ſchaft Hadhramaut und einen kleinen Theil der Landſchaft Beny 'Yſà
und zwar die Wâdiy 'Amd und Râchiye. Er zerfällt in neun Unter=
ſtämme.

a) Beny Tâhir ben Rabſchym. Bewohnen mit 6000 Seelen
die Umgegend von Çahwa und Wâdiy Râchiye.

b) Murâd Çobayh. **) Zählen etwa 8000 Seelen und bewohnen
den obern Theil des Wâdiy 'Amd bis Hallet bâ Sâlib.

c) Beny Schamlân. Zählen 6000 Seelen, bewohnen den
mittlern Theil des Wâdiy 'Amd.

d) Bâ Sâlib ***) mit 5000 Seelen.

e) Dſhaybene †) mit 6000 Seelen.

f) Bâ Dyâk ††) mit 4000 Seelen.

g) Beny Dſchadſyma mit 4000 Seelen.

h) El Ma'dy mit 8000 Seelen.

i) Bâ Hallâbyn mit 4000 Seelen.

Die Wohnorte der ſechs zuletztgenannten Unterſtämme konnte
Wrede nicht im Einzelnen ermitteln.

5) Rahur. Dieſe Stammesgruppe bewohnt den Wâdiy Daçr

---

*) Oodhâ'y heißt „luchsartig" und bildet ſomit ein neues Seitenſtück zu
den obigen Wolfsnamen Dſyayby und Dhobayz.

**) Murâditen wohnten zu Mohammed's Zeit in Dſchauf im Diſtrict Dſchazr.
Von einem Çobayh, Nachkommen des Murâd, iſt Nichts bekannt.

***) Wrede glaubt, der Name könne der „Gekreuzigte" (Çalyb) heißen und
auf einen chriſtlichen Urſprung des Stammes deuten. Da Wrede übrigens nicht
die letzte Sylbe lang ſchreibt (wie in Çalyb) und Çad und Syn bei ihm oft
ſchwer zu unterſcheiden ſind (er ſchreibt nämlich nie in arabiſchen Buchſtaben),
ſo glaube ich vielmehr Sâlib, d. h. der Räuber, Raubmörder, leſen zu dürfen.

†) Ein Wort ähnlichen Urſprungs wie das obige Dſyayby, alſo „wolf=
artig" bedeutend, wie es denn ſehr viele Stämme in Arabien giebt, die ihre
Namen von Dſiyb (Wolf) ableiten, ebenſo wie von Kelb (Hund, auch Wolf).

††) Dyk und Dyk el Dſchinn waren bekannte arabiſche Laqabs (Beinamen).
Dyâk iſt die Pluralform dieſes Namens, welcher „der Hahn" bedeutet.

von Dothâm bis Qabr Hud und soll von Nahur, dem 16. Sohne Qahtân's, abstammen. Ihre Gesammtzahl soll 30,000 Seelen betragen. Die Wohnorte der fünf Unterstämme konnte Wrede im Einzelnen nicht ermitteln. Ihre Namen sind:

a) Makârim (d. h. die Edlen).

b) Solaymân.

c) Hayuan.

d) Qohtân.

e) Bâ 'Amr.

Von den drei folgenden Gruppen konnte Wrede nur die Hauptnamen, nicht aber die Namen der Unterstämme erfahren.

6) El Aswad. Diese Stammesgruppe soll 12,000 Seelen zählen. Bewohnt den obern Theil des Wâdiy Hadscharyn und den untern des Wâdiy 'Odyne.

7) El Mahfuz. Diese Stammesgruppe hat eine Stärke von ungefähr 10,000 Seelen und ihre Wohnsitze im untern Theil des Wâdiy Hadscharyn, von Meschhed 'Alyy bis Hawra.

8) El 'Arâba. Wohnen mit 6000 Seelen im obern Theil des Wâdiy Qaçr, von Hawra bis Dothâm. *)

II. Hoduniten.

Von Hodun (Peleg, Fâlegh), dem zweiten Sohne des Propheten Hud (Eber), stammen drei Hauptgruppen und 36 Nebenstämme ab. Hier sind übrigens nur die Beduinen, welche Hoduniten sind, stammesweise verzeichnet. Außer ihnen wurden aber im Manuscript von

---

*) Die Namen dieser das eigentliche Hadhramaut bewohnenden Stämme haben gar keine Aehnlichkeit mit denen, die Maqryzy den Völkern Hadhramauts giebt. Er nennt folgende Stämme: El Barâwidsche, El Dschalâhime, Eth Thabâtine, Beny Aby Malik, Beny Mosallim, Beny Ibn er Raby'a und Beny Aby Haschrabsch (Maqryzy de valle Hadhramaut ed. Paul Berlin, Bonn 1866, p. 20). Nur die Beny Ibn er Raby'a lassen sich auf einen von Wrede angeführten Ahnen zurückführen, nämlich Raby'a ben Ya'rom, den 10. König von Hadhramaut (s. oben B, 1).

Choraybe noch alle Städter Hadhramauts und der angrenzenden Länder als Hoduniten bezeichnet.

1) Saybân. Diese große Hauptgruppe von Saybân, den Nedsch, den Sa'yd, ben 'Ysâ, ben Hodun, ben Hud abstammend, bewohnt die ganze Landschaft Beny 'Ysâ, die nach 'Ysâ el 'Amud, dem Urgroßvater des Saybân, benannt ist. Die Saybân zerfallen in 15 Unterstämme. *)

a) Aqaybere. Bewohnen, 12,000 Seelen stark, die Gebirge und Thäler vom Wâdiy Dirbe bis zum Wâdiy Howayre und zwar vom Meere an bis zur Wasserscheide auf der Hochebene der Dschebel Tsahura und Kaur Saybân.

b) Châmiye und

c) Morâschide. Zählen zusammen 16,000 Seelen und bewohnen den Wâdiy Do'ân und seine Nebenthäler.

d) Beny Hasan. Zählen 10,000 Seelen und bewohnen die Gegend um Borum, sowie die Wâdiys westlich vom Wâdiy Dirbe.

e) Hamâmedyn. Bewohnen mit 6000 Seelen die Wâdiy el Aysâr und Kotayfe, den untern Theil des Wâdiy Chârith, den obern des Wâdiy 'Odyne.

f) Bâ Mardagha und

g) Bâ Dschonboq **) (gesprochen Dschomboq). Zählen ein jeder etwa 4000 Seelen und wohnen gemeinschaftlich im Wâdiy Raube, Ebnâ, Ça'ar, Bâdsche, Çorâb und im Wâdiy Ma'ysche bis Dirbet Dahwe.

h) Çamahânyn ***) und

---

*) Die Namen dieser Unterstämme sind fast ausnahmslos ursprüngliche Laqabs (Beinamen), deren mitunter höchst charakteristische Bedeutung in den Noten der folgenden Seiten berührt werden soll.

**) Wieder ein Thiername als Laqab (Beiname) eines Stammes. Dschonboq oder Chonboq (beide Schreibarten sind autorisirt) heißt dasselbe wie Danfut, d. h. „der Igel", bildlich wohl auch „der Geizhals" (Qâmus von Calcutta, S. 1255 und 1269).

***) Dieselbe Bedeutung wie Çamahmahy, „ein starker Mann, von kräftigem Gliederbau" (Qâmus, S. 291).

i) Aſâwire. *) Ein jeder dieſer beiden Stämme zählt ungefähr 3000 Seelen. Sie bewohnen gemeinſchaftlich die Wâdiy Mâdſchid, Butrah, el Matâne, el 'Aſ, Dahme und den untern Theil des Wâdiy Chârith.

k) Dſchahâtſime. **)

l) Ootham und

m) Matâmile. ***) Dieſe drei Stämme, von denen jeder etwa 3000 Seelen zählen mag, bewohnen gemeinſchaftlich den obern Theil des Wâdiy Raybe ed Dyn und die auf dieſer Strecke in ihn mün= denden Nebenthäler.

n) Ahl el Hayik †),

o) Hâlike ††) und

p) El Bahâbihe. †††) Ein jeder dieſer drei letztern Stämme zählt kaum 2000 Seelen. Sie bewohnen gemeinſchaftlich die kleinen Seitenthäler zwiſchen dem Wâdiy Do'ân und dem Wâdiy 'Amd.

2) Ebſ Dſahiyn. ††††) Zweite Stammesgruppe der hobu=

---

*) Aſâwire, ein aus dem Perſiſchen ſtammendes Wort, welches „Reiter" und zwar vorzüglich eine perſiſche Reitergattung bedeutet. Vielleicht weiſt der Name auf eine Stammestradition aus der Zeit der Perſerherrſchaft in Yemen hin (ähnlich wie der Name Ebnâ), denn jetzt hätte er keinen Sinn mehr, da dieſe Stämme keine Pferde haben und die Araber Kameelreiter oder Eſelsreiter nicht „Aſâwire" nennen.

**) Das heißt „die Großäugigen" oder die „mit hervorragender Pupille Verſehenen".

***) Dieſer eigenſchaftliche Name ſcheint ein Plural von Moſtatmil oder Montamil, welches etwas Aehnliches bedeuten dürfte, wie Matmal oder Tamyl, d. h. der ſich die Haut mit Oel, Blut oder Harz einſchmiert, eine bei manchen Beduinenſtämmen herrſchende Sitte (Qâmus S. 1293).

†) Ahl (das Volk) el Hayik (der Weber), alſo das „Volk des Webers", wahrſcheinlich wegen der Fertigkeit der Beduinenfrauen dieſes Stammes im Weben der bekannten groben Wollendecken.

††) Der „ſchwarze" (Stamm). Hâlike iſt Femininum wegen Qabyle (Stamm), was in Gedanken ergänzt werden muß.

†††) Bahâbihe, Plural von Bahbahy, d. h. „ein Mann, deſſen Geldbeutel und Haus offen iſt", alſo ein gaſtfreier Mann (Qâmus S. 365).

††††) Ebſ Dſahiyn, d. h. „die Glänzenden".

nitischen Beduinen. Bewohnen den Wâdih Rahbe ed Dyn von seiner Vereinigung mit dem Wâdih Rahbe es Sowahde bis zum Wâdih 'Amd. Die Wohnorte der einzelnen Unterstämme, deren im Ganzen acht, konnte Wrede (mit Ausnahme der des Stammes Bâ Omm Sabns) nicht ermitteln. Die acht Unterstämme sind:

a) Bâ Omm' Sabns bewohnen, 9000 Seelen stark, den Wâdih Rahbe ed Dyn gerade unterhalb seiner Vereinigung mit dem Wâdih Rahbe es Sowahde.

b) Bâ Yomin *), 4000 Seelen,

c) Bâ Dschohahm **), 4000 Seelen,

d) Bâ Sowahdân, 3000 Seelen,

e) Bâ Karhb, 2000 Seelen,   ungefähre Schätzung.

f) Bâ Hanân, 3000 Seelen,

g) Bâ Elhâs, 2000 Seelen,

h) Abârife ***), 1500 Seelen,

2) El Hamum. Dritte Stammesgruppe der Hodaniten. Die Stärke dieser Stammesgruppe soll 48000 Seelen betragen. Sie bewohnt die gleichnamige Provinz von der Meeresküste bis an die Grenze von Hadhramaut. Sie zerfällt in 13 Unterstämme, deren Wohnsitze im Einzelnen Wrede nicht ermitteln konnte.

Diese Unterabtheilungen sind:

a) Baht †) 'Alhh.

b) Baht el Dschomahny.

c) Baht Aghrâf.

d) Baht Ghorâb.

---

*) Yomin, „der glücklich ist", ähnlich dem bekannten Eigennamen Mahmun (beglückt).

**) Dschohahm, Diminutiv des bekannten Eigennamen Dschahm.

***) Das heißt „die Gesegneten".

†) Bezeichnend ist hier das Wort Baht statt des üblichen Bann (Beny), Aulâd oder Bâ. Auch in Mahra und Dâra finden wir diese Bezeichnung, welche offenbar auf ein Volk deutet, das mehr dem Leben in festen Wohnsitzen, als dem beduinischen Nomadenleben ergeben ist.

e) Bayt bâ Çâlih.

f) Bayt Çobhy.

g) Bayt el Ahmediye.

h) Bayt Dârise.

i) Bayt Horr.

k) Bayt Hakam.

l) Bayt Bâ Wahʿ.

m) Esch Schaʿamlaʿ. *)

---

*) Schaʿanlaʿ geschrieben, aber Schaʿamlaʿ gesprochen. Das Wort bedeutet „longus, procerus".

Zweiter Anhang

zu

A. v. Wrede's Reise in Habhramaut.

Himyarische Inschrift von 'Obne

erklärt

von

Heinrich Freiherrn von Maltzan.

Die fünfzeilige himjarische Inschrift der Mauer von 'Obne, welche Wrede im Jahre 1843 entdeckte und copirte, erscheint hier meines Wissens zum erstenmale *) in getreuem Facsimile nach des Reisenden eigener Copie, welche seinem übrigen handschriftlichen Nachlaß bei=gelegt war. Unbekannt war sie freilich den Orientalisten bis jetzt keineswegs geblieben. Es müssen mehrere handschriftliche Copieen der=selben existirt haben und den Gelehrten zugänglich gewesen sein; we=nigstens finden wir einzelne Theile der Inschrift mehrmals citirt; z. B. von Professor von Ewald in Hoefer's Zeitschrift für die Wissen=schaft der Sprache (I, S. 306) und in sehr ausgedehnter Weise von dem ausgezeichneten Erforscher himjarischer Epigraphik, Ernst Osiander, welcher der Wissenschaft leider zu früh entrissen wurde. Letzterer spricht sich selbst (Z. D. M. G., Bd. X, S. 32, Note) über die Art und Weise aus, wie er zum Besitz einer solchen Copie gelangte.

Ebenso scheint auch bis jetzt noch nirgends eine vollständige Er=klärung erschienen zu sein. Daß der Entwurf einer solchen sich im handschriftlichen Nachlasse Osiander's befinde, wurde mir von Herrn Prof. Levy, der sich durch die Bearbeitung und Herausgabe eines

---

*) Die Inschrift wird zwar in einer französischen wissenschaftlichen Zeit=schrift (F. Lenormant, Comptes rendus des séances de l'Académie des In=scriptions, 1867, p. 124) als „veröffentlicht" bezeichnet, aber, wenn eine solche Publikation stattgefunden hat, so war sie jedenfalls auf sehr wenig Exemplare beschränkt, von denen nie eines nach Deutschland gekommen zu sein scheint. Selbst französische Gelehrte konnten mir darüber keinerlei Auskunft ertheilen. Eine Anfrage an Herrn Lenormant selbst blieb ohne Erwiederung.

großen Theiles jenes Nachlasses (Z. D. M. G., Bd. XIX und XX)
ein so ausgezeichnetes Verdienst erworben hat, mitgetheilt, und durch
die Güte der Deutschen Morgenländischen Gesellschaft gelangte auch
wirklich die Handschrift jenes Erklärungsversuchs in meine Hände.
Denn, wie ich die Nothwendigkeit einsah, daß dem Wrede'schen Reise-
werke das Facsimile der Inschrift als Anhang angefügt werden müße,
so fühlte ich natürlich auch das Bedürfniß, eine Erklärung diesem
Facsimile beizugeben. Leider stellte sich jedoch der Theil des Osiander'-
schen Nachlasses, welcher diese Inschrift behandelte, als ein bloßer
Versuch und zwar als ein sehr unvollkommener Versuch heraus. Er
stammt nämlich aus einer Zeit, in welcher Osiander noch nicht jene
zahlreichen (27) von Colonel Coghlan und die von Playfair (von dem
übrigens nur eine herstammt) in 'Aden erworbenen und dem britischen
Museum geschenkten Inschriftstafeln kannte, durch deren von ihm selbst
entworfene und von Prof. Levy herausgegebene Deutungen unsere
Kenntniß der himyarischen Epigraphik so bedeutende Fortschritte gemacht hat. Osiander scheint zwar die Absicht gehabt zu haben, seine
durch die besagten Schriftdenkmäler erweiterte Kenntniß des himyarischen Sprachgebiets auch zu einer neuen Deutung der Wrede'schen
Inschrift später zu benutzen. Aber der Tod des ausgezeichneten jungen
Gelehrten verhinderte den Angriff dieser Arbeit, wie die Vollendung
so vieler andern von ihm unternommenen.

So erwuchs mir also aus dem Osiander'schen Nachlaß nur eine
sehr schwache Beihülfe zu meinem eigenen Versuche, die Wrede'sche
Inschrift zu deuten; eine Beihülfe, die ich gleichwohl nicht zu gering
anschlagen will und auf die ich im Folgenden nicht ermangle, in allen
den Fällen hinzuweisen, in welchen sie mir zu statten kam.

Fundort der Inschrift.

Das Thal 'Obne, in der Landschaft el Hadschar, auf dem Wege
zwischen Hiçn ben Dighâl und der die oceanische Küste Arabiens be-
spülenden Bucht Dobbet el 'Ayn, etwa zwei Tagereisen vom Meere
gelegen, wurde von Wrede am 16. Juli 1843 besucht, wir können

sagen, entdeckt. Die Ruinen einer uralten Baute, welche sich in
jenem Thale befinden, führen im Volksmund den Namen Hiçn el
'Obne, obgleich sie, wie Wrede sich durch Augenschein überzeugte,
nicht die Reste eines Festungsschlosses, sondern die einer Mauer sind,
welche quer durch das Thal gezogen ist und im Westen über einen
nicht sehr steilen Berg geht (der den Wâdiŋ 'Obne auf dieser Seite
begrenzt), dagegen im Osten an einer tiefen, wie ein Graben gestalteten
Schlucht endigt, an deren entgegengesetzter Seite eine Anhöhe sehr
steil abfällt. Diesem östlichen Ende gegenüber zieht sich von der er=
wähnten Anhöhe eine schmale Schlucht nieder, welche auch durch eine
Mauer geschlossen ist, an der man am Boden ein viereckiges Loch
zum Abfluß des Regenwassers gelassen hat. *) Die Höhe der großen
Mauer ist 6,92, die Breite 6,8, die Länge 67 Meter. In der Mitte
des Thales ist ein Thorweg, der augenscheinlich nie bedeckt war, von
1,64 Meter Breite. Es sind jedoch Anzeichen vorhanden, daß die
gelegentliche Schließung dieses Thorweges durch eine Thüre beabsichtigt,
wenn auch vielleicht nie ausgeführt worden war. **) An dessen süd=
lichem Ausgang auf einem langen Quader in der östlichen Wand be=
findet sich die fünfzeilige Inschrift. Ueber die Größe der Schrift=
zeichen giebt uns Wrede keinen Aufschluß.

Wrede schreibt dieser Mauer einen festungsartigen Zweck zu.
Er sah sich aber umsonst nach den Resten eines Gebäudes um, in
welchem die Garnison dieser Festung gewohnt haben könne. Doch
vermuthet er eine solche Bestimmung bei einer andern Ruine, welche
er auf dem Wege nach 'Obne und ziemlich weit von letzterer Oert=
lichkeit entfernt gesehen hatte.

Wenn auch ein solcher Festungszweck wohl schwerlich in Abrede
gestellt werden kann, so dürfte doch die Vermuthung nahe liegen, die
Mauer könne zugleich eine ähnliche Bestimmung, wie der berühmte

---

*) Die vollständige Beschreibung der Mauer möge man oben (Cap. V,
S. 149) nachlesen.

**) Man sehe darüber Wrede's Beschreibung der am nördlichen Ausgang
des Thorweges nachweisbaren Steinmetzarbeit (Cap. V, S. 150).

Damm von Mârib, gehabt haben, d. h. die Aufstauung und das
gelegentliche Ausströmenlassen der Wasser, welche die Gießbäche der
Hochgebirge hier sammeln mußten. Dennoch fehlen nach Wrede's
Beschreibung der Mauer alle nähern Anzeichen einer solchen Bestimmung und auch in der Inschrift selbst wird ihrer nicht gedacht,
wohl aber und zu wiederholtenmalen des festungsartigen Zwecks
derselben, wie wir unten sehen werden.

Charakter der Schriftzeichen.

Wie fast alle uns bekannten himyarischen Schriftdenkmäler, so
zeichnet sich auch die Wrede'sche Inschrift durch Deutlichkeit und
Schönheit der Zeichen aus. Ja, sie gehört sogar, was ihre Aus-
führung betrifft, zu den vollendetesten dieser epigraphischen Denkmäler und darf in dieser Beziehung wohl den Bronzetafeln des Britischen Museums an die Seite gestellt werden.

Die Form der Zeichen ist in den Grundzügen dieselbe wie auf
den genannten Bronzetafeln. Das Resch hat jedoch weder die halb-
kreisförmige, noch die gewundene Form, sondern die eines nach links
offenen stumpfen Winkels, unter welcher es schon aus der XLIII. Inschrift bei Fresnel *) und der 13. (auf Tafel 12 in Z. D. M. G.,
XIX abgebildet) des Britischen Museums bekannt war. Das Bau
hat nicht die Form eines Doppelkreises, sondern die eines durch eine
senkrechte Linie getheilten Kreises, wie auf den Tafeln 27—32 des
Britischen Museums **) und auf vielen Inschriften bei Fresnel. Das
Schin unterscheidet sich auch von der gewöhnlichen gewundenen oder
der einem umgewandten Sigma ähnlichen Form und gleicht genau derjenigen, wie wir sie auf der Inschrift von Naqb el Hadschar ***)
und auf der 12. Tafel des Britischen Museums sehen. Ueberhaupt

---

*) Journal Asiatique, Quatrième Série, Tome VI, p. 178.
**) Z. D. M. G., Band XIX, Tafel 27—32.
***) Wellsted, Reisen in Arabien von Rödiger (Halle 1842), Band II,
Tafel 2.

nähert sich der Schrifttypus der Wrede'schen dem der genannten 13. Inschrift mehr als dem irgend einer andern uns bekannten und differirt merkwürdigerweise sehr auffallend von dem der Inschrift von Hiçn el Ghorâb und zum Theil auch von dem derjenigen von Naqb el Hadschar. Jede dieser drei in der Provinz el Hadschar gefundenen Inschriften zeigt ihre unterscheidenden Eigenthümlichkeiten, und nähert sich keiner der beiden andern, so daß wir den Gedanken an einen provinziellen Schrifttypus in Bezug auf sie aufgeben müssen. Auch die eine der in London befindlichen Inschriften, als deren Fundort man, wohl Hadhramaut annehmen kann, nämlich die 29. *) in Osiander's Abhandlung über die Inschriften des Britischen Museums weicht in den Formen des Schin, des Vav und des Thau von der Wrede'schen ab, nähert sich ihr jedoch in der Form des Resch.

Bei diesem Mangel eines provinziellen Schrifttypus und aus der geringen Zahl der in Hadhramant, Benu 'Içâ und el Hadschar gefundenen Schriftdenkmäler könnten wir uns versucht fühlen, zu folgern, daß die himjarische Sprache als Schriftsprache in diesen Provinzen nie recht heimisch geworden sei und daß die himjarischen Schriftdenk= mäler, welche wir daselbst beobachten, meist den Eroberern aus Yemen oder ihrer im Lande zur Herrschaft gelangten Nachkommenschaft zu= zuschreiben sein möchten. Was nun die Wrede'sche Inschrift im Be= sondern betrifft, so muß uns die auffallende Aehnlichkeit ihres Schrift= typus mit dem der 13. (Taf. 12) **) des Britischen Museums zu der Vermuthung leiten, daß beide einer und derselben Periode an= gehören. Eine nähere Verwandtschaft scheint jedoch zwischen ihnen nicht zu bestehen.

Deutung der Zeichen.

Mit einer einzigen Ausnahme ist die Deutung der Zeichen der Wrede'schen Inschrift ganz dieselbe, wie die der übrigen himjarischen

---

*) Z. D. M. G., Bd. XIX, S. 238 und Tafel 26.

**) Ich citire diese Inschriften in der Ordnung, wie sie in Osiander's Ab= handlung, Z. D. M. G., Bd. XIX, aufgeführt sind.

Denkmäler, d. h. wie ein Zeichen auf diesen gelesen wird, so muß es auch auf jener gelesen werden. Die Ausnahme wurde schon von Osiander *) constatirt und scheint keinem Zweifel zu unterliegen. Dieselbe betrifft das Zeichen 𐩻, welches auf allen andern Inschriften als ר (arabisch ز) gedeutet wird, hier aber an Stelle des auf dieser Inschrift ganz fehlenden 𐩠 (ה, ت) steht. Da diese Substitution für die Erklärung der Wrede'schen Inschrift sehr wichtig ist, so will ich hier Osiander's eigene Worte über dieselbe wiederholen:

„Anders verhält es sich (in Bezug auf den Buchstaben ה) mit der Inschrift von Wrede. In den fünf Zeilen dieser himjarischen Schriftprobe, die zudem noch manche Lücken hat, findet sich das Zeichen 𐩻 allein sechsmal; und zwar dreimal ganz entschieden in Eigennamen, z. B. Zeile 1, אבי𐩻ע, Zeile 2 und 3, היא𐩻אל. Erinnert uns nun schon die beiden Eigennamen gemeinschaftliche Silbe an den bei Fresnel öfters wiederkehrenden Eigennamen יתהיאמר (z. B. XII.—XIV. u. f. w.), so ist vollends merkwürdig die Form 𐩻לׁתׁ (in Zeile 5), die an einer Stelle, wo wir entschieden ein Zahlwort erwarten, wo es sich, wie das folgende אורחם zeigt, um die Angabe von Monaten handelt, nichts anders, als das Zahlwort „drei", bezeichnen kann und dem sonstigen 𐩻לׁתׁ = הלׁהׁ entsprechen muß; woraus sich dann mit ziemlicher Wahrscheinlichkeit ergeben würde, daß es sich bei dem unmittelbar vorausgehenden 𐩻יהיׁ um die Zahl „zwei" (ثنى) handelt. Um nun den Gebrauch des Zeichens 𐩻 in dieser Inschrift richtig zu beurtheilen, muß es vor allem beachtet werden, daß in derselben das gewöhnliche Zeichen für ت, 𐩠, nicht vorkommt. Es liegt deshalb die Annahme nahe, daß der Verfasser dieser Inschrift zur Bezeichnung des Lautes ت sich statt des gewöhnlichen Zeichens eines andern bediente und daß dies auf einer bloßen Incorrectheit beruht, wie sie z. B. auch auf den äthiopischen Inschriften vorkommt **), erklärbar theils daraus, daß ت und ز in der Aussprache; wenigstens im Munde

---

*) Z. D. M. G., Bd. X, S. 35.
**) Dillmann in Z. D. M. G., Bd. VII ff. in den Anmerkungen.

des Verfaſſers, nicht ſo ſehr voneinander abwichen, theils daraus, daß die Inſchrift nicht mehr dem Stammſitze des himyariſchen Volkes, ſondern bereits einem weitern Kreiſe angehört; wie denn auch die Sprache derſelben ihre ſpecifiſchen Eigenthümlichkeiten zu haben ſcheint."

Dadurch, daß in dieſer Inſchrift das gewöhnliche Zeichen für r (ز) eine andere Bedeutung hat, müßte, ſo ſollte man denken, vielleicht für dieſen Lautwerth ein neues, bisher unbekanntes Zeichen ſtehen. Nach einem ſolchen ſieht man ſich aber umſonſt um, wenn man nicht etwa die leichthin modificirte Form des ה (ج) in Zeile 1 als eine eigene ſelbſtſtändige Form anſehen will; vielmehr ſcheint auf der Wrede'ſchen Inſchrift für die beiden verwandten Lautwerthe ה (ج) und r (ز) nur ein einziges Zeichen zu ſtehen, dasjenige, welches auf den übrigen Inſchriften dem ה (ج) allein entſpricht. In den meiſten Fällen muß zwar dieſes Zeichen auch hier als ה (ج) gedeutet werden, aber die Beiſpiele fehlen doch nicht, wo wir ihm keinen andern Werth als den des r (ز) beilegen können (ſ. weiter unten Zeile 3 und 5).

Leſung der Inſchrift.

Wir laſſen nun zuerſt die Tranſcription der Inſchrift mit den einmal in ähnlichen Fällen hergebrachten hebräiſchen Zeichen folgen (obgleich die arabiſchen ſich hierzu vielleicht beſſer eignen würden) und verſchieben die Ueberſetzung bis nach dem Schluſſe unſerer Erklärungen, nach dem Vorgange Oſiander's, der auch zuerſt die Tranſcription, dann die Erklärung und zuletzt die Ueberſetzung der von ihm gedeuteten Inſchriften zu geben pflegte.

1.

| בן | ש̇ . . . | ... ש̇ . | . . רש̇ . קתדמ . . . | רזן | בן | חן | ש̇כמנרש̇ |

| נראש̇ו | אמרש̇ | מת | חצרנמת | מכרב | עביתّע |

2.

| (נש) . . רבה . . נק . . . . . . ש̇ . | ודרש̇ם | בנאל | בן | עלהן . . היה̇ |

| ר | עלהי | קדנמ | בחרדן | בן | התיהן . ע . | חגר | ועקב | קלח | יעקבתדן |

3.

בח | ונהנמה | וגשׁמהי | גנא | קלח | ועקבהן | מה | חדרו | בחמיד |
וחבצ | היהעאל | ורושם | רעגמשׁמן | בן | אבהתי | חצרנמה | ומחשׁך | ב

4.

מיפעח | ו . . . . הן | קרנהם | עבני | וירר | עקב | ציפההן | ובני |
גנאהן | ומחפדיהן | יזאן | ריזחאן | וחלפהן | יכן | במערב | וחדם | וצוים |

5.

. . . . . | ואברי | בנמו | רכבם | אד | שׁקרם | בנמו | לבן | שׁביט | דהי |
שׁרחאל | דעזזם | הניהן | שׁלהה | אורהם | בעשׁרי | ומאה | אשׁדבשׁמהם.

Erste Zeile.

Wie die bedeutungsvolle größere Form der Zeichen dieser Zeile
und der weitere Zwischenraum zwischen ihr und der folgenden zu ver=
rathen scheint, so bildete sie wahrscheinlich eine Aufschrift, welche in
kurzen Worten auf den Zweck des Denkmals hindeutete. In ihrem
heutigen Zustand zeigt sie (ungefähr in der Mitte) eine durch Ver=
setzung des Steines entstandene Lücke von etwa 14 Zeichen, in welcher
Lücke jedoch wieder vier vereinzelte Zeichen erkennbar sind, nämlich
רשׁ nach den ersten drei fehlenden Zeichen, dann einmal alleinstehend
ein ט und am Schluß wieder ein שׁ. Vor dieser Lücke sind 17 Zeichen
(die Trennungsstriche nicht gerechnet) deutlich und nur ein einziges
(das 5.) unkenntlich. Nach der Lücke folgt eine ununterbrochene Reihe
von 28 Buchstaben, von denen nur zwei etwas verstümmelt sind,
sich aber doch erkennen lassen. Die Inschrift beginnt mit dem Worte
oder den Wörtern:

שׁבממ . ט. Nach Osiander *) bilden die vier ersten Zeichen ein
(wie die heutigen Araber sagen würden) einsilbiges Wort, das ara=
bische شَكَمٌ (n. act. von شَكَمَ) oder شُكْمٌ (Subst.), beides "Ge=
schenk, Gabe" bedeutend. Das zweite מ würde dann der Mimation

---

*) Z. D. M. G., Bd. X, S. 53.

angehören, welche, wie Osiander anderwärts *) bewiesen hat, im Himjarischen die Stelle des arabischen Tanwyn vertritt. In einer Note zu der oben citirten Stelle (a. a. O., Bd. X, S. 53) bemerkt Osiander: „die Inschrift von Wrede beginnt mit ׀ ט . ׂשׁכׁמ (nach dem Folgenden wohl ׁשׁכׁמׁרׁיׁס zu lesen). Sollte diese Form nicht in dem arabischen شُكْمُ ٱللَّات Erklärung finden?"

Diese Bemerkung Osiander's steht mit dem von ihm selbst (freilich später) aufgestellten Grundsatze im Widerspruch, wonach die Mimation im Himjarischen nur beim status absolutus stehen kann, ganz wie im Arabischen das Tanwyn. **) Das folgende Wort kann also sich nicht im Genitivverhältniß unter شُكْم unterordnen, wie dies bei ٱللَّات der Fall sein würde. Ehe wir aber nach einem andern Verhältniß für die beiden Wörter zueinander forschen, untersuchen wir zuerst, was wir denn aus dem zweiten machen können, von dem wir nur einen einzigen Buchstaben, das ט am Schlusse, kennen. Halten wir die Ergänzung Osiander's zu רׁשׁ fest, so ergiebt sich uns in der Bedeutung dieses Wortes im Aethiopischen ein brauchbarer Anhaltspunkt. Von der Wurzel ረስየ፡ haben wir dort das Adjectiv ርሱይ፡ mit der Bedeutung „instructus, compositus, constitutus". Hier ergiebt sich freilich die Schwierigkeit, daß das ይ am Schlusse sich in unserm himjarischen Texte nicht findet. Diese Schwierigkeit ist im arabischen رأس (von رس), welches „firmus et immotus consistens" heißt, nicht vorhanden. Das Alif polungationis pflegt im Himjarischen nicht geschrieben zu werden, denn das himjarische א vertritt meist nur die Stelle des arabischen Hamza. Somit könnten wir das arabische رأس als Adjectiv hier gelten lassen, aber die Bedeutung dürfte sich doch dem obigen äthiopischen ርሱይ፡ nähern.

Die Bedeutung der beiden Worte wäre also شُكْم رأس, d. h.

---

donum constitutum. Das Verhältniß der beiden Wörter zueinander wäre das eines Substantivs zu dem auf dasselbe bezüglichen Adjectiv. Hier stört uns die Mimation des erstern Wortes gar nicht, da letzteres auch im Arabischen in gleichem Falle das Tanwyn haben müßte. Im Arabischen müßte freilich (wenn kein Genitiv nachfolgte) auch das zweite Wort entweder das Tanwyn oder den Artikel haben; da aber letzterer im Himyarischen überhaupt fehlt, so könnten wir auch ohne Tanwyn das Adjectiv als in gleichem Status wie das Substantiv stehend auffassen. Der Artikel könnte eben als im Adjectiv inbegriffen angesehen werden.

Wir können jedoch auch رَاس als im status constructus stehend auffassen und uns das folgende حِن davon im Genitivverhältniß abhängig denken, ohne gegen die arabische Syntax zu verstoßen, wie folgendes Beispiel beweist *):

$$\text{هَدْىٌ بَالِغُ ٱلْكَعْبَةِ}$$

„Ein Opfer kommend zur Ka'ba".

Hier steht genau wie in obigem Falle das erste Wort im status absolutus (mit Tanwyn, entsprechend der Mimation), das zweite im status constructus (ohne Tanwyn und ohne Artikel) und der folgende Genitiv bezieht sich auf das Beiwort, nicht auf das Hauptwort direct, ganz so wie wir das Verhältniß des dritten Wortes unserer Inschrift zu den zwei vorhergehenden auffassen möchten.

𐩠𐩬... In diesem Wörtchen vermuthet Osiander (in seinem Manuscript) einen Eigennamen und zwar den des von Wrede genannten Haun ben Tobba'. Ich habe mich jedoch nach genauer Besichtigung des Wrede'schen Manuscripts überzeugt, daß dieser Name gar nicht Haun heißt, sondern der gewöhnliche arabische Eigenname Haun **)

---

*) Silvestre de Sacy, Grammaire arabe, II, p. 111, §. 198.

**) Wrede hat sich in seinem Manuscript niemals arabischer Buchstaben bedient. Er unterscheidet zwar gewöhnlich ح von ه, indem er das erste H, das andere H schreibt; aber zuweilen vernachlässigt er dies. So schreibt er einmal Haun, ein andermal Haun.

ift. Letterer wird aber الهون gefchrieben, hat folglich mit הן nur
den letten Buchftaben gemein, und außerdem noch den Diphtong mehr,
als diefer. Diphtonge wurden aber im Himyarifchen ftets ausgedrückt.
Viel eher möchte ich הן für ein nom. act. von حَنَّ (barmherzig
fein) halten. Im Arabifchen lautet freilich diefes nom. act. حَنَان
(Barmherzigkeit), aber es find bis jett im Himyarifchen keine Beifpiele
von nom. act. der Form فَعَال vorhanden, vielmehr fcheinen die
meiften von der Form فَعْل zu fein. Diefe Form würde im Arabifchen
حَنّ lauten (das حِنّ des Câmus paßt gar nicht hierher) und daßelbe
bedeuten wie حَنَان, d. h. Barmherzigkeit, Mildthätigkeit, Wohl=
thätigkeit.

Ordnen wir nun diefes fo gewonnene nom. act. dem vorher=
gehenden adject. verbale unter, fo erhalten wir mit zugezogenem
Subject:

$$\text{شُكّمْ رَاسٍ حَنٍ}$$

welches wörtlich überfett lauten würde:

Donum constitutum misericordiae.

Wir dürfen jedoch nicht wörtlich „misericordiae" überfetzen.
Nur derjenige Genitiv, welchem die Araber die Kraft der Präpo=
fition مِن beilegen (den fie مَا يُقَدَّرُ بِمِنْ nennen), hat unfere ge=
wöhnliche Genitivbedeutung (und auch diefer nicht immer). Einen
folchen Genitiv würden wir hier vermuthen, wenn er von شكم ab=
hängig wäre, was aber nicht ift. Hier haben wir es dagegen offen=
bar mit einem Genitiv zu thun, welcher die Kraft der Präpofition
ل in fich fchließt (مَا يُقَدَّرُ بِاللّٰام). Dem arabifchen Sprachgeift
fchwebt hierbei die Bedeutung „zu" vor, alfo „zur Mildthätigkeit";
im Deutfchen müffen wir aber die Präpofition „aus" und im Latei=
nifchen „in" zu Hülfe nehmen. Alfo:

„Donum constitutum in pietate"

oder im Deutschen: „Ein Geschenk gestiftet aus Wohlthätigkeit", mit andern Worten: „Eine wohlthätige Stiftung".

| רדון | בן ... Das zweite Zeichen in רדון ist hier offenbar nicht das gewöhnliche ה, da es einen Mittelstrich mehr hat, als das ה in üblicher Form, und wir dürfen es wohl für das verwandte ז (ز) an= sehen, besonders da dieses auf unserer Inschrift nicht unter seiner üblichen Form ﻍ erscheint. رَزُّون wäre der Plural des arabischen رَزُن (locus elatior, ubi planities aut depressius solum est, ut reti= neatur aqua). بن رَزُّون würde also heißen „der Sohn der Hoch= thäler". Dieses بن رَزُّون ist wahrscheinlich von dem vorhergehenden شكم راس حنّ abhängig und zwar wieder als Genitiv von der Kraft der Präposition ل. Wir dürfen es also wohl in der Bedeutung „für den Sohn der Hochthäler", d. h. für die Bewohner der Hochthäler festhalten. Für sie war die Mauer von 'Obne wirklich eine wohl= thätige Stiftung, da sie ihnen Schutz gewährte.

קתדם ... | .. Offenbar haben wir es hier mit der VIII. arab. Conjugation zu thun, was schon Prof. v. Ewald, der diese Inschrift kannte *), bemerkt hat. Der Stamm ist קדם, arabisch قدم, von dem freilich in dem Arabischen Lexicon die VIII. Conj. nicht vorkommt, ebenso wenig im Aethiopischen die dieser Conjugation entsprechende Form ተቀድመ፡, sondern von den Reflexivpassiven nur die der V. und VI. arab. Conj. entsprechenden Form ተቀደመ፡ und ተቃደመ፡ Die VIII. Conj. hat bekanntlich entweder Passiv= oder Reflexiv= bedeutung, vorzugsweise die erstere. Die verschiedenen Bedeutungen von قدم sind jedoch alle solche, daß sich nicht leicht ein Passiv, das es nicht blos der Form, sondern auch dem Sinne nach ist, davon denken läßt. Selbst die V. Conj. تَقَدَّمَ hat in ihrer Bedeutung praefectus fuit, praecessit u. s. w. wieder einen activen Sinn er= langt. Es bleibt also Nichts übrig, als hier an eine Reflexivbedeutung

---

*) Hoefer's Zeitschrift für die Wissenschaft der Sprache, S. 300.

zu denken und zwar an das Reflexivum der II. Conj., welches allein einen brauchbaren Sinn abgeben würde. An Beispielen, daß die VIII. Conj. das Reflexiv der II. bildet, fehlt es nicht, z. B. فَرَّغَ, effudit (aquam) und إِفْتَرَغَ, effudit (aquam) sibi ipsi; دَعَّى, advocavit; إِدَّعَى, arrogavit sibi, appellavit se.

Da nun eine der Bedeutungen der II. Conj. von قَدَّمَ, „proposuit" ist, so würde das Reflexivum „proposuit sibi" für die VIII. einen passenden Sinn abgeben. Vielleicht dürfen wir hier jedoch ganz einfach die Bedeutung der äthiopischen Form ተቀደመ፡ (der Steigerungsstamm der III. Conj.) festhalten, um so mehr als Dillmann (Lexicon aeth., p. 461) diese Form auch im Sinne des einfachen Stammes der III. Conj., also für ተቀደመ፡, der VIII. arab. Conj. entsprechend, anführt. Diese Bedeutung wäre praevenire, praevertere, was wir in Verbindung mit der Gründung der Mauer etwa mit „den Grundstein legen" übersetzen dürften. Wahrscheinlich stand das Verbum hier im Plural, da die folgenden Eigennamen wohl das Subject dazu bildeten. Wir müßten also קתדמ zu קתדמו vervollständigen. An diese 3. Person Plural. Präter. müssen wir dann noch das Pronominalsuffix, entweder הו (Osiander, a. a. O., XX, 242) oder jene eigenthümliche dialectische Nebenform ו (a. a. O., XIX, 248), von der wir auch in unserer Inschrift Beispiele sehen werden, ergänzen, da dem arabischen Sprachgebrauche gemäß das Object (welches hier شكم رس حنّ ist), wenn es vor dem Verbum steht, nach demselben in Accusativform repetirt werden muß. Es ist kein Grund vorhanden, anzunehmen, daß die VIII. Conj. hier einen andern Casus als den Accusativ regieren müßte. Im Gegentheil macht es der Umstand, daß die uns bekannte V. Conj. desselben Verbums auch den Accusativ regiert, wahrscheinlich, daß dies auch bei der VIII. der Fall sein konnte.

Mit den oben gewonnenen Wörtern „eine Stiftung der Wohlthätigkeit" und „für den Sohn der Hochthäler" würde sich also das

Verbum „er nahm sich vor" im Plural zu einem logisch richtigen Satze zusammenstellen lassen, dessen Sinn wäre: „Eine Stiftung aus Wohlthätigkeit für die Bewohner der Hochthäler nahmen sich vor u. s. w."

Auf diesen Eingang folgt nun die Lücke von 13—14 Zeichen, die nur von wenigen, vereinzelten, lesbaren unterbrochen wird. Nach der Stelle, an welcher wir das Pronominalsuffix von קתדמו vermuthen, kommen entweder unmittelbar oder nur durch ein Zeichen getrennt, die Buchstaben רש, dann wieder eine Lücke von 1—2 Zeichen und dann ein Trennungsstrich.

Nach dem ersten Trennungsstriche, der in der Lücke deutlich zu unterscheiden ist, folgt eine weitere Lücke von etwa 4 Zeichen, dann, wie es scheint, ein ש und wieder eine Lücke von 1 Zeichen, darauf ein deutlicher Trennungsstrich. Vielleicht können wir im letzten Theile des Mangelhaften den Eigennamen דושם (طَوُس), der auf unserer In-schrift noch öfter vorkommt, ergänzen.

Daß das nächstfolgende Wort ein Eigenname und zwar ein auf ש endender ist, läßt sich mit Leichtigkeit ersehen. Da wir aber in dieser Inschrift keinen andern auf ש endenden Eigennamen haben, so wagen wir es nicht, ihn zu ergänzen.

Die Reihe der Eigennamen, welche das Subject zu dem obigen קתדמו bilden, wird nun fortgesetzt in dem vollkommenen Deutlichen:

חצרמת | מכרב | אביתע | בן . . .

Sohn des Abyathî', des Geehrten (d. h. des Fürsten) von Ha-dhramaut. Da die Uebersetzung von מכרב | חצרמת als „der Ge-ehrte von Hadhramaut" schon von Osiander festgestellt wurde, so kann ich mich hier wohl begnügen, auf ihn zu verweisen. *) Un-bekannt war bis jetzt der Eigenname אביתע, obgleich es nicht an andern himyarischen Eigennamen fehlte, in denen die Form יתע auftritt, z. B. יתע oder mit der Mimation יתעם (bei Osiander, a. a. O., Bd. XIX, S. 202) und יתעאמר in Fresnel's Inschriften, XII—XIV,

---

*) Osiander in Z. D. M. G., Bd. X, S. 57, und XIX, S. 240.

XXIX, XLVI und LVI. אב ist offenbar das arabische أَب
(Vater) und da יתע als himyarischer Name feststeht, so hatten wir
اب يثع (der Vater des Yathiʿ oder Ythiʿ). Im Arabischen kennen
wir als Eigennamen يَثِيع (Qâmus 1113), يَثِيع (Wüstenfeld, Register, S. 259) und أَثِّيع (Qâmus 1113). Die beiden erstern mit
dem Idhâfa an اب angehängt, würden اب يثيع ergeben. Nun ist
aber die Verbindung durch das Idhâfa im Himyarischen nicht die
Regel, sondern die Ausnahme. Gewöhnlich ist die Verbindung der
beiden Bestandtheile eines Eigennamens eine viel engere, als die durch
das Idhâfa bewirkte. Osiander sagt darüber (a. a. O., Bd. X,
S. 52): „Bei der großen Mehrzahl der Eigennamen scheint die
nordsemitische Weise der Zusammensetzung vorzuherrschen, wonach die
beiden Bestandtheile auch in der Bildung zusammenfließen, was sich
im Himyarischen schon auf den ersten Blick auch durch das Fehlen
des Trennungsstriches zu erkennen giebt." Deshalb braucht es uns
nicht zu stören, wenn bei der engern Zusammensetzung im Himyarischen ein Halbvocal verkürzt worden und aus اب يثيع das kürzere
ابيثع geworden ist. Letzteres wäre sogar ganz nach den Regeln,
wenn wir den obengenannten arabischen Namen يَثِيع, Yathyʿ (Qâmus 1113) hier annehmen, da in ihm kein Diphtong, sondern nur
ein langer Vocal ist und lange Vocale im Himyarischen in der Regel
nicht geschrieben wurden. Unser Name würde also wohl Abyathiʿ *)
zu vocalisiren sein.

מה | אמרט | מראשׁוו |

Solche Nebeneinanderstellungen von Wörtern einer und derselben
Wurzel in verschiedenen Formen, wie wir sie hier in אמרט | מראש |

---

*) Im Arabischen giebt es kein langes i ohne ya, deshalb kann das hier
befolgte orthographische System, welches im Arabischen ya durch ﻱ (wie durch i)
wiedergiebt, das i entbehren. Nicht so für das Himyarische, wo wir sowohl
kurzes i, als langes i ohne ya haben und das ya nur entweder consonantisch
oder als Theil eines Diphtongs auftritt.

haben, scheinen im Himyarischen besonders beliebt gewesen zu sein, so finden wir B. M. 8 (Taf. 7) z. B. קדם | בתקדם; 13, 8. יאחררתהמו | אחררהמו; 16, 7. שתמלאו | אמלא, und von letzterer Wurzel noch fünfmal *), 29, 6. ואלהתי | אלהי u. s. w.

Zuweilen finden wir auch genau dieselbe Form wiederholt, z. B. Br. M. 13, 4. חרתֿת | חרתֿת; 14, 9. דרם | דרם. Das gegenseitige Verhältniß der beiden ähnlich lautenden Wörter ist fast in jeder der obigen Nebeneinanderstellungen ein anderes.

Die Form מרא, mit dem gewöhnlichen Pronominalsuffix הו oder המו statt des hier deutlich lesbaren, seltenen ש, kommt auf den Inschriften des Britischen Museums mehrmals vor, z. B. 8, 7, מואהמו; 8, 11. 12, 10. מראהו; 35, 5. מראיהמו. Sie wird, ge= wiß mit Recht, von Osiander für den status constr. von مَرْوُن, äußerer Plural von اِمْرَؤٌ, gehalten. Dieser Plural im status constr. wäre مَرْاى, d. h. „die Männer", mit angehängtem Pluralsuffix, „ihre Männer", d. h. „ihre Stammesgenossen". Die Form אמר finden wir in denselben Inschriften 5, 3, אמרהמו; sie entspricht nach Osiander dem arabischen اَمِيرٌ, „Stammeshäuptling".

Das ש am Schluß beider Wörter ist ohne Zweifel das Pro= nominalsuffix der 3. Person Sing., שׁו, vielleicht der 3. Person Plur. und steht statt des gewöhnlichen הו und המו. Diese merkwürdige dialectische Nebenform, von Osiander Anfangs verkannt, wie er denn in unserer Stelle noch den Stamm מרש vermuthete, aber später von ihm deutlich ins Licht gestellt **), findet sich bezeichnenderweise außer in der Wrede'schen Inschrift am häufigsten in der 29. des Britischen Museums, derjenigen gerade, welche wir fast mit Bestimmtheit als aus Hadhramaut stammend ansehen können, so daß wir hier wohl an einen Provinzialismus jener Landschaft denken dürfen. In derselben Inschrift kommt auch das längere Suffix שׁוֹ einmal vor (Zeile 7).

---

*) Osiander stellt sie zusammen Z. D. M. G., XIX, 211.
**) Z. D. M. G., XIX, 248; XX, 243.

Die beiden ר am Schlusse hält freilich Osiander für Abbreviaturen
von solennen Formeln, welche so allgemein bekannt waren, daß sie
nicht ausgeschrieben zu werden brauchten. Aber da ש für הר steht,
so dürfte die Annahme, daß שר eine Nebenform von המר sei, nicht
unsinnig erscheinen. Abbreviaturen irgend wo zu vermuthen, wo kein
ganz bestimmtes Anzeichen vorliegt, muß immer vermieden werden.

Ich habe freilich noch eine andere Vermuthung über dieses רו,
nämlich die, daß es für das enklitische ʊ‏⁚ steht, welches sich im Aethiopischen in der Bedeutung des lateinischen „que" am Schlusse der Nomina
findet. Auffallend ist jedenfalls der Umstand, daß in beiden Fällen,
in denen dieses רו vorkommt, nämlich Vr. M., 29, 7 und hier, am
Anfange des Wortes dem Sinne gemäß eigentlich ein „und" stehen
müßte. Doch sind der Fälle noch zu wenige, um hierüber zu bestimmten Schlüssen zu berechtigen.

אמרש ‎| מראשׁׄור würde also nach dem Obengesagten heißen: „ihr
Häuptling, ihre Männer" oder „ihr Häuptling, ihre Stammesgenossen". Das erste Pronominalsuffix könnte auf das vorhergenannte
Land Hadhramaut, das zweite auf die Gesammtheit, Fürst, Land
und alle vorhergenannten Personen bezogen werden.

Nun bleibt noch das schwer erklärbare מה übrig. Ich muß gestehen, daß ich fast versucht gewesen wäre, es durch das hebräische
מתי (Männer) zu erklären, so gut paßte diese Bedeutung hierher,
wenn es mir nicht allzu gewagt erschienen wäre, das nordsemitische
Sprachgebiet hier zur Hülfe zu rufen.

Zweite Zeile.

וראשׁם ‎| בנאל ‎| בן ‎| עלהן ‎| . . . היה‎

Da nach היה wenigstens 3 Zeichen fehlen und hier offenbar ein
nom. propr. gesucht werden muß, so können wir wohl nach Analogie
des weiter unten (Zeile 3) vorkommenden Eigennamen היהבאל das
Fehlende durch באל ergänzen. Der so gewonnene Eigenname ist offenbar einer jener mit אל (Gott) zusammengesetzten, wie alle semitischen
Sprachen sie aufweisen. Aber die Form היהת ist jedenfalls dunkel.

Im Ḳâmus kommt kein هيثع vor. Möglicherweise haben wir es hier mit einer Hiphilform von ثاع zu thun, eine Wurzel, von der auch die arabischen Namen يَثْيَع und يَثِيع (vergl. oben אביתע) ab= geleitet sind. Das Fehlen des zweiten ha ließe sich in unserm Namen erklären, schwieriger das Vorkommen des ersten, da ein vom Hiphil von ثاع abgeleiteter Eigenname هثيع heißen müßte.

עלהן, arabisch عَلْهَان (famelicus oder der Strauß oder alacer) kommt auch in der 21. Inschrift des Britischen Museums als Eigen= name vor. Hier ist es لقب, wie auch bei Wüstenfeld (Register, S. 57).

בן | בןאל. „Sohn des Ben=êl", letzteres offenbar ähnlich gebildet, wie die andern mit אל zusammengesetzten Namen, also „Gottes= sohn" bedeutend.

דושם, arabisch دَوس, der vielbekannte Eigenname „Daus".

Auf diese deutliche Stelle folgt eine Lückenreihe, in der wir An= fangs nur ein undeutliches ה und ein deutliches שׂ unterscheiden. Dann fehlen 5—6 Zeichen und es folgt נק; hierauf eine Lücke von 1—2 Zeichen und dann 3 deutliche רבה, darauf 3 verstümmelte Buchstaben, die vielleicht בבשׁ darstellten. Ohne mich auf Ergänzungen hier ein= lassen zu wollen, halte ich es doch für gewiß, daß wir hier das Verbum zu dem folgenden suchen müssen, welches etwa in der Be= deutung „errichten" oder „erbauen" zu suchen wäre.

עקבההן | קלה... Ersteres wahrscheinlich vom äthiopischen ዐቀበ፡ custodivit abzuleiten und zwar analog ዐቀበት፡ „die Wache, die Schutzwehr" (custodia terrae, Dillmann, Lexicon aeth., S. 980); das folgende קלה ist gewiß der Plural des äthiopischen ቇላ፡ (Thal), subst. m. et f. plur. ቇላት፡ eine Pluralform, die im Aethiopischen als die gewöhnliche vorkommt. In dem Suffix הן müssen wir nach Osiander (a. a. O., XX, 238) ein enklitisches Pronom. demonstr. erblicken, welches in der Form dem hebräischen הן, הֵנָּה, in der Be= deutung dem äthiopischen enklitischen ዝ፡ entsprach. Wir würden es also ganz einfach durch „diese" zu überſetzen haben. Demnach „dieſe Schutzwehr der Thäler".

ריקב | חגר .... Das erſte Wort עקב hat wahrſcheinlich eine ähnliche Bedeutung wie das obige עקבה, was um ſo einladender, da ja auch im Aethiopiſchen die Form ዑቀብ፡ neben ዕቅብት፡ in ganz derſelben Bedeutung vorkommt, d. h. als custodia (Dillmann, a. a. O.). Im zweiten Worte חגר müſſen wir, wie ſchon Oſiander (in ſeinem Manuſcript) ſagt, ohne Zweifel den Namen حجر, Hadſchar, welchen dieſe Provinz, deren Feſtung ʿObne war, noch heut zu Tage führt, erkennen, nicht aber das äthiopiſche ሀገር፡, welches in himjariſchen Inſchriften zwar vorkommt (z. B. Br. M., 20, 1; 34, 3. 4 und Fresnel, LIV, 3), aber ſtets mit ה, niemals mit ח geſchrieben wird. Alſo würde ריקב | חגר „und den Schutz von Hadſchar" zu überſetzen ſein.

Bei dieſer doppelten Bezeichnung, „dieſe Schutzwehr der Thäler und den Schutz von Hadſchar", können wir natürlich an nichts Anderes denken, als an die rieſige Mauer, welche dem Thale von ʿObne und der ganzen Provinz el Hadſchar zum Schutz gegen vom Norden eindringende Feinde dienen mochte.

.... ע . התיהן | בן | בחרהן |

Oſiander hat in ſeinem handſchriftlichen Nachlaß das zweite Zeichen zu einem ל vervollſtändigt, ein Vorgehen, das gewiß gebilligt werden wird. Dadurch erhalten wir als das erſte Wort עלהתיהן. עלה iſt offenbar dieſelbe Wurzel, aus der das obige علهان und das weiter folgende علهى gebildet ſind. Im Qâmus (S. 1829) finde ich eine Notiz, daß على gleichbedeutend iſt mit ذَهَبَ فَزَعًا, d. h. „er zog ſich aus Furcht zurück". Ein von dieſem على nach Analogie des obigen عقبة gebildetes Nomen würde علهت und im st. constr. plur. علهتى lauten und etwa die Bedeutung „das Zurückziehen aus Furcht" oder bildlich etwa „Zufluchtsſtätte", „Sicherheitsſtätte" haben. Das הן am Schluſſe iſt wieder das obige enklitiſche Pronom. demonstr.; alſo „dieſe Zufluchtsſtätten".

בחר ift gewiß das äthiopifche ብሔር፡ (Land), alfo בן | בחרהן,
„der Sohn diefes Landes". Wahrfcheinlich im Genitivverhältniß und
zwar eines Genitivs, der die Kraft der Präpofition لِ hat, dem
Vorhergehenden unterzuordnen. Alfo „diefe Zufluchtsftätten für den
Sohn diefes Landes".

עלהי | קדמם .... Bei קדם (das zweite מ gehört der Mimation an)
ift entweder an das arabifche قَدَم (strenuus, audax) oder etwa
an das äthiopifche ቀዲም፡ *), substant. de loco, „das Vordere",
id quod ante est, pars antica (frons) zu denken. Die particula
de loco ቀዲም፡ würde zwar hier faft denfelben Sinn geben, aber
die Mimation könnte vielleicht Schwierigkeiten machen, wenn anders
wir nicht das Wort adverbialifch als قُدُمًا auffaffen dürfen. עלהי
wird ähnliche Bedeutung wie עלהתי haben und fich zu diefem ver-
halten, wie das obige עקב zu dem vorhergehenden עקבת. Halten wir
jedoch die erftere Bedeutung von קדם feft, fo ergiebt fich der Sinn,
„die kühne (mächtige, ftarke) Zufluchtsftätte".

Dritte Zeile.

Die 3. Zeile beginnt mit einer Lücke von 3—4 Zeichen, auf die
die Buchftaben בת und dann ein Trennungsftrich folgen. Der Reft
der Zeile ift intact. Er beginnt mit:

קלה | גבא | וגשׂמהי | ונהבמת | Was das erfte Wort betrifft, fo
ift von den verfchiedenen Notizen des Kâmus (S. 1713) diejenige
hier am brauchbarften, welche نَهَمَ als mit „vocem emisit" über-
fetzt. Ein hiervon gebildetes Nomen würde vielleicht die Bedeutung
„Ausrufsftätte" haben, wobei wir an die Warnung vor Gefahren
durch den Ruf der Feftungswächter denken könnten.

וגשׂמהי ... Die gewöhnliche Bedeutung von جسم, „ftark und
dick von Körper fein", findet hier keine Anwendung. Dagegen treffen
wir im Kâmus andere Notizen, von denen vielleicht eine brauchbar

---

*) Dillmann, Lexicon linguae Aethiop., p. 461.

sein dürfte. So heißt es: جسيم مَا إِرْتَفَع من الارض, „was von der Erde aufragt", also vielleicht „ein Hügel". Hier müssen wir wohl bildlich „eine hohe Warte", einen allwärts in der Umgegend sichtbaren Signalpunkt, annehmen. Das הי am Schlusse dürfte, wie Osiander bemerkt, für das Pronominalsuffix הו stehen, wie ja für הבו an mehrern Stellen (Br. M., 34, 6. u. s. w.) die der obigen verwandte Form הבו steht. Osiander ist der Ansicht, daß diese Form nur beim stat. constr. pluralis in Anwendung kommen könne. Doch brauchen wir deshalb nicht anzunehmen, daß, um das הי am Platze zu finden, an unserer Stelle statt גשימהי, גשימדהי stehen müßte, denn das י des stat. constr. plur. ist zwar die Regel, fehlt aber in sehr vielen Beispielen, an welche sich auch unser גשימהי reiht. Auf wen sich freilich dieses Suffix bezieht, ist nicht zu ersehen, da es im Sing. steht und das Subject (die vorher in der 2. Zeile genannten Eigennamen) eine Mehrheit bilden. Vielleicht auf חגר oder auf בחרהן.

גנא | קלה „die Gärten der Thäler". Wie wir oben gesehen haben, bildet sich der stat. constr. von مروون so, daß er das ن am Schlusse abstößt und و in ا verwandelt; eine Bildung, die ebenso wohl an den status constr. als an den status emphaticus des Plurals der Masculina im Syrischen erinnert, wo auch das n am Schlusse wegfällt und aus ـــ zuerst ـــ und dann ـــ wird. Das arabische جَنّة sowohl, wie das äthiopische ገነት: (beides „Garten" bedeutend) ist freilich feminin und wenn wir den innern arab. Plural جنان hier annehmen wollten, so dürfte das n am Schlusse im st. constr. nicht wegfallen, da es mater lectionis ist. Deshalb bleibt nur übrig, ein mascul. vorauszusetzen, ähnlich dem hebräischen גן, dessen st. absol. גן und st. constr. גנא wäre, das Nun wahrscheinlich mit Teschdyd. קלה als „Thäler" haben wir schon oben gehabt.

Fassen wir also den Sinn der genannten vier Wörter zusammen, so erhalten wir: „eine Ausrufsstätte und eine hohe Warte für die Gärten in den Thälern".

| קבההן | — „Diese Schutzwehr" bereits aus Zeile 2 bekannt.

... נת | חדרו | בחמיר |

Wieder das schwererklärbare נת. Da חדרו offenbar vom arabischen حذر (fürchten) abzuleiten, aber hier die I. Conj. keinen
rechten Sinn ergeben würde, indem ein Subject zu „fürchten" fehlt,
so ziehe ich vor die II. Conj., den Steigerungsstamm, der bei diesem
Verbum Causativbedeutung hat, hier anzunehmen und حَذَّروا zu lesen,
was „sie haben Furcht eingeflößt" oder „sie haben zu fürchten befohlen"
bedeuten würde. בחמיר ist offenbar die Präposition ב (in) und der
Stammes= oder Ländername حِمْيَر. Also „. . . Furcht haben sie
(d. h. die oben in der 2. Zeile Genannten) eingeflößt in Himjar".

Nun kommt wahrscheinlich ein ganz neuer Satz, der durch den
doppelten Trennungsstrich am Anfange angedeutet ist. Er beginnt
mit einer Wiederholung der obengenannten Eigennamen Hajthi'êl und
Daus, von denen ersterer hier Tobba' genannt wird, nämlich:

ודושם | היתיאל | ותבע | „Und der Tobba' Hajthi'êl und Daus".
תבע kommt schon auf andern himjarischen Inschriften (z. B. Fr. LVI)
vor. Es unterliegt keinem Zweifel, daß hier der bekannte südarabische
Fürstentitel „Tobba'" gemeint sei. Diesem bekannten Eigennamen ist
nun eine Reihe anderer angehängt, die bis jetzt noch nicht vorkamen,
wahrscheinlich von kleinen Stammeshäuptern, Untergebenen der
obengenannten Hajthi'êl und Daus, die bei dem Werke der Er=
richtung der Festungsmauer mit Rath oder That mitwirkten, wenn
sie auch unter den Stiftern selbst nicht namentlich angeführt sind.
Zuerst:

וענמשמן | בן | אבהתי | חצרמת
'Ammsamjn, Sohn des Obhatah Hadhramaut.

עמשמן besteht in seinem letztern Theile aus einem bereits be=
kannten arabischen Eigennamen, nämlich Samjn, سمين (Wüstenfeld,
Register, S. 412). Der erste Theil עם ist entweder عَم, „der
Oheim" oder verschrieben für أم, „Mutter", das bekanntlich auch bei

Männernamen als Zusammenjetzungswort vorkommt. Richtiger ist jedenfalls die Ableitung von عمّ. Der Name ابهتى ist nicht bekannt, dürfte wahrscheinlich von أبْهَت (splendor, magnificentia) abzuleiten sein, also „der Prächtige" bedeuten. חצרמת hier als لقب gebraucht, ist der schon oben vorgekommene bekannte Stammes- oder Landesname.

מהתסך, متّسك, der Verbündete (ähnlich dem äthiopischen ተዋሲኸ፡) ist VIII. Conj. von وسك, ein Verbum, das sich im Arabischen nicht, wohl aber im Aethiopischen als ወሰከ፡ erhalten hat. ወሰከ፡ bedeutet „hinzufügen". ተዋሰከ፡ (der VIII. arab. Conj. entsprechend) „verbinden, verbündet sein".

Vierte Zeile.

במיפעת .... Ohne Zweifel der Name „Mahfa'at" (nach heutiger Aussprache Mahfa'a), arabisch مَيْفَعَة, welchen das Thal von Naqb el Hadschar, unweit von 'Obne führt. Hierauf wäre das obige متّسك zu beziehen, also „und der Bundesgenosse in Mahfa'at", ein Prädicat, welches vielleicht dem obigen 'Ammsamhn beigelegt werden soll, dessen Vaterland durch den لقب als Hadhramaut bezeichnet wird.

Nun folgt ein Wort, von dem nur das ו am Anfange und das enklitische pron. demonstr., הן, am Ende sich erhalten haben und darauf deutlich

עבני קרנהם | | „Es hat sie (d. h. obige Männer) vereinigt oder verbunden 'Obne". قرن (junxit) mit dem Suffix der III. pers. pluralis und עבני nach Osiander der Name des Fundortes der Inschrift, nach Wrede 'Obne geschrieben, aber in ältester Zeit vielleicht 'Obnay.

.. | וייר | עקב | ציפתהן

וייר ist wahrscheinlich يَعِرْ zu vocalisiren und als dschezmirter Aorist (Erp. fut. apocopatum) mit Jussivbedeutung von وَعَرَ (aorist يَعِرْ) aufzufassen. Dieses heißt unter Anderm auch impedivit, inhibuit oder bildlich „schwer zugänglich machen". עקב ist das oben schon mehrmals vorgekommene Wort, welches wir als „Schutz", „Schutzwehr" oder „Schutzwacht" übersetzt haben.

ציספתהן ..... von ضاف, wahrscheinlich das arabische ضِيَافَة, welches im gewöhnlichen Sinne „Hospitalitas, convivium" heißt, aber auch bildlich für „Wohnort" stehen kann. הן ist das bekannte Pron. enc. Mit dem vorhergehenden ويعر عقب hätten wir also hier vielleicht so zu übersetzen: „und die Schutzwacht verhindere den Zugang dieses Wohnortes".

ורבני | גנאהן ... und die Söhne, d. h. „die Bewohner dieser Gärten". בני st. constr. von בנו plur. von בן, Sohn. גנא oben Zeile 2 schon als „Gärten" übersetzt.

ומחסדיהן .... Dieser Wortstamm ist schon in der Form eines nom. abstract. מחסדה (administratio) bei Fresnel (LV und LII) vorgekommen. Die Pluralendung י und der Mangel des die Abstracta meist kennzeichnenden ת am Schlusse lassen hier auf ein nom. appellativum schließen, dessen Form die eines adj. verb. der II. Conj. مُحَقَّد sein und dessen Bedeutung dem bekannten arabischen حَافِد (minister) entsprechen dürfte. Wir können also hier wohl „die Be= amten" oder vielmehr (wegen des enklitischen Pron. demonstr.) „und deise Beamten" übersetzen.

ילאן | וידהאן | offenbar zwei Aoristformen eines und desselben Stammes, die erste in der I., die andere in der VIII. Conj. Was aber dieser Stamm sei, ist sehr dunkel. Daß das ן am Schlusse nicht zum Stamm gehöre, ist höchst wahrscheinlich, da die himjarische Aorist= form mit schließendem Nun von Ewald und Osiander (Z. D. M. G., XX, S. 216) erkannt wurde. Als Radicalen würden uns also nur הא übrig bleiben. Aber die arabischen Wurzeln ذَأَى (propulit ca= melos), ذَأَى (ad summam mollitiem coxit) wollen ebenso wenig hierher passen, wie die mit ذَأَن (wovon ein Pflanzenname und ein das Sammeln dieser Pflanze bezeichnendes Verbum) gebildeten Wörter.

Es bleibt uns daher Nichts übrig, als hier den dem Dsal zunächst
verwandten Buchstaben, das Zahn anzunehmen; eine Annahme, zu der
uns die Eigenthümlichkeit der Wrede'schen Inschrift, welche kein eigenes
Zeichen für Zahn besitzt, indem das gewöhnliche Symbol desselben vom
Tha (ث) so zu sagen usurpirt wurde, gewiß berechtigen dürfte. Im
Arabischen haben wir nun eine Wurzel زأ, von der sich freilich in der
ausgebildeten Sprache nur ein vierbuchstabiges, die Wurzel ver=
doppelndes Verbum زأزأ erhalten hat. Aber da alle diese verdoppelten
Verba (deren Form dem hebräischen Pilpel und aramäischen Palpel
entspricht) gewiß im ältesten Arabisch einfach waren, so hindert uns
Nichts, bei einer so alten Sprache, wie dem Himyarischen, ein ein=
faches Verbum mit den starken Radicalen ز und ع anzunehmen, dessen
vollständige triliterale Form entweder زأع (ein concaves, am Schlusse
hamzirtes Verbum oder زعع (ein doppelt hamzirtes Verbum) war,
dem für die Pilpelformen gültigen Grundsatz zu Folge, daß der erste
und letzte Radical verdoppelt, der mittlere, schwache ausgestoßen wird.
Die Bedeutung von زأزأ, „Schrecken oder Furcht einflößen", paßt
ebenso gut hier für die I. Conj., wie der Sinn der VIII. (als Re=
flexiv oder, was hier fast denselben Sinn ergiebt, als Passiv), „sich
fürchten" oder „von Furcht ergriffen werden", ganz dem Zwecke unserer
Erklärung entspricht. Freilich müßten die beiden Verbalformen يزأن
und يزتأن, wenn sie sich auf das vorhergehende محفدى beziehen
sollen, im Plural stehen, also ein و oder zwei ن am Schlusse haben
(s. Z. D. M. G., XX, 217); aber die Fälle kommen doch auch
vor, wo letztere zwei ن in ein einziges (verstärktes) zusammengezogen
erscheinen, ja selbst solche, wo sie alle beide wegfallen, wie Osiander
deren mehrere angiebt (a. a. O., XX, 216). Der Modus dieser
Verbalformen يزأن und يزتأن ist gewiß der dschezmirte Aorist mit
Jussivbedeutung, ähnlich wie beim vorhergehenden يعر und die diesem
Modus im Arabischen eigenthümliche Verkürzung der Endungsform
könnte auch als Erklärung dienen, warum hier die zwei ن, welche
im Himyarischen als Endung der III. Person Plur. im Aorist stehen

müssen, zu einem einzigen verkürzt erscheinen, ähnlich wie beim obigen يعر, das im Singular steht, also ein ن haben sollte, dies eine ن fehlt. Das ن wäre also in unsern beiden Verbalformen nur das Zeichen des Plurals, und wir könnten vielleicht den Satz aufstellen, daß der dschezmirte Aorist im Himyarischen das Nun des gewöhnlichen Aorist abwarf. Die Uebersetzung von يزأن ويزتأن wäre also „sie sollen Furcht einflößen und sich fürchten", d. h. die Beamten, محكفلك, was wohl so viel sagen will, als „sie sollen durch heilsame Furcht alle Eindringlinge und Beschädiger von der Festung abhalten, und sich selbst vor den Oberhäuptern fürchten, damit diese nicht Grund haben, sie der Nachlässigkeit im Dienste zu zeihen".

| ברהלפהן | יכן | במערב | Ersteres Wort, arabisch خلف (successor fuit alicujus), äthiopisch ኀለፈ፡ (transiit de loco in locum), wird hier vielleicht im Sinne von „abwechseln, ablösen" gebraucht und zwar als nom. act. der Form فعل. In יכן haben wir das arabische يكن (dschezmirter Aorist), das äthiopische ይኩን፡, d. h. „es sei, es finde Statt" und מערב ist ganz deutlich das arabische مغرب (Abend, Sonnenuntergang), wobei uns der Umstand, daß ע hier durch غ wiedergegeben wird, nicht stören dürfte, denn bekanntlich sind die wenigen Fälle, in denen man bis jetzt im Himyarischen ein eigenes Zeichen für غ vermuthete, noch sehr problematisch. Möglich ist es, daß das Himyarische, wie das Aethiopische, kein eigenes Zeichen für غ besaß, ebenso wenig wie bis jetzt ein eigenes Zeichen für ظ mit einiger Bestimmtheit constatirt ist. Obiges würde also so zu übersetzen sein, „und diese (d. h. der Beamten) Ablösung finde Statt um Sonnenuntergang".

| והדם | רצוים | ... In הדם haben wir, da das ם der Mimation angehört, als Radicalen nur הד. Im Arabischen findet sich eine Wurzel ثكى, deren nom. act. ثكّى (bewässern) heißt (Dâmus, S. 1752) und ganz unserm ثلم entspricht, nur daß bei letztern der schwache Wurzellaut vor der Mimation verloren ging. Letztere

Bedeutung dürfte wohl hierher passen, also „die Bewässerung",
da vielleicht bei Errichtung der Mauer von 'Obne außer dem
Festungszweck noch ein anderer, auf Irrigation der Felder abzielender
beabsichtigt war. In צרים haben wir dieselbe Form des nom.
act., jedoch ohne daß der schwache Schlußradical verkürzt wurde.
Der Stamm ist ضَوَى, nom. act. ضُوِّى und der Umstand, daß in
diesem nom. act. der Schlußradical das Tanwyn hat, während im
vorhergehenden ذَكَى das Tanwyn schon auf dem Mittelradical ruht
und der letzte Radical stumm ist, dürfte erklären, warum ضُوِّى im
Himyarischen vor der Mimation das ya beibehält, während ذَكَى
es verliert. ضُوِّى heißt die „Zuflucht" und die „nächtliche Einkehr".
Wahrscheinlich enthielt das folgende Wort (am Anfange der 5. Zeile),
welches auf der Inschrift durch Verletzung unleserlich geworden
ist, eine nähere Bezeichnung über das „Wie" oder „Wann" der
„Bewässerung" und der „nächtlichen Einkehr" in Bezug auf die
Festungsmauer von 'Obne, etwa folgenden Sinnes: „die Bewässerung
und die nächtliche Einkehr gehe ordnungsmäßig vor sich".

Fünfte Zeile.

| בנ:מו | ואברי | Zwei sehr dunkle Wörter. Das erste erinnert
an اَبِرّ, ein unregelmäßiger Plural von بِرّ (fromme Handlung). Das
ר am Schlusse wäre in diesem Falle die Endung des st. constr.; doch
möchte ich eher hier dem äthiopischen በረየ፡ (alternatio, alterna vices)
den Vorzug geben und etwa eine Elativform oder einen unregelmäßigen
Plural desselben አብረየ፡ annehmen, um so mehr als die Bedeutung
des von derselben Wurzel gebildeten አብሬት፡ (tempus functionis
seu administrationis cujusvis officii) trefflich auf die kurz vorher
genannten محفظى paßt. Ja, da die IV. äthiop. Conj. desselben
Verbums አስተበረየ፡ die Bedeutung „ablösen" hat, so dürften wir
wohl auch hier an einen ähnlichen Sinn, wie beim obigen خلف,

denken. Nur fragt es sich, ob wir ein Intensivadjectiv in der Elativ=
form („der Ablösende") oder einen Plural der einfachsten Form des
Nomens בדר annehmen sollen? Lieber möchte ich jedoch hier an eine
Abstractbedeutung, etwa im Sinne von „die Ablösung" denken und
zwar an einen jener durch äußern Vorsatz gebildeten Namensstämme,
wie sie im Arabischen zwar ursprünglich von Elativadjectiven gebildet
wurden, im Laufe der Zeiten aber die adjectivische Bedeutung ver=
loren und sich der von Abstracten genähert haben, z. B. أُسْلُوب
(ratio, modus) *), أُضْلُولَة (error), أُمْنِيَة (res optata) u. s. w.

Man vergleiche hiermit das äthiopische እንብዕ፡ (Thräne),
አስፈር፡ **) (Leberkrankheit) und andere. Das ן am Schlusse des
Wortes wäre also hier Radical.

Was sollen wir aber aus בנבמר machen? Ein Stamm بنم
existirt weder im Arabischen, noch im Aethiopischen. ***) Osiander
glaubt, das Wort könne für בנהמר (filius eorum) oder vielleicht gar
für בניהמר (filii eorum) stehen. Da jedoch zu einer solchen Voraus=
setzung bis jetzt (meines Wissens) nur ein einziges Beispiel berechtigt †),
in welchem noch dazu der Fall nicht ganz derselbe ist, indem dort
zwei ה nebeneinander zu stehen kamen und in ein einziges zusammen=
geschrieben wurden, so scheint es mir gerechtfertigt, für das מר keine
pronominale Bedeutung anzunehmen. ן allein ist aber auch kein
himjarisches Pronominalsuffix. Es ist als angehängte Schlußsilbe
überhaupt nur · im Plural des Perfectum und im Nominativ einiger
Nomina mit äußerm Plural, wie בנ, im Gebrauche. Dies würde
aber eine Wurzel בבמ voraussetzen. Da nun eine solche nicht existirt,
müssen wir das ן am Schlusse als zur Wurzel selbst gehörig und viel=
leicht ב als Präposition ansehen. Der Stamm במר mit dem nom. act.

---

*) Silvestre de Sacy, Grammaire arabe, I, §. 519, S. 193.

**) Dillmann, Aethiopische Grammatik, §. 113, S. 191.

***) Das بنام im Kamus wird nur als ein Sprachfehler angeführt und
deutlich gesagt, daß das Mim zu viel sei.

†) Osiander in Z. D. M. G., Bd. XIX, S. 240.

نَمَرَ findet sich im Kâmus. *) Von den verschiedenen Bedeutungen desselben, welche der Kâmus unter der Rubrik نمر bringt, 1) crevit, 2) saturata fuit rubore etc., 3) retulit dictum ad aliquem, will keine einzige recht hierher passen. Da jedoch der Gedanke nahe liegt, daß نمر mit نمى verwechselt werden konnte, so können wir vielleicht auch die Bedeutungen, welche der Kâmus uns unter letzterer Rubrik giebt, zu Hülfe nehmen. Gleich die erste derselben ist: ignem elevavit et saturavit ardorem ejus. Hierin haben wir wohl die Bezeichnung von „Feuersignalen", welche sich auf die Ablösung der Festungswächter beziehen lassen dürften. Halten wir diese Bedeutung fest und nehmen wir als Verbum das obige יכרן hinzu, das keineswegs wiederholt zu werden brauchte, so würde sich der freilich keineswegs mit Gewißheit festzustellende Sinn: „und die Ablösung geschehe durch Feuersignale", ergeben.

... | בנמו | שׁקרם | אד | רבבם |

In רבבם ein nom. propr. anzunehmen, wie Osiander will, würde hier durchaus dem Sinne widersprechen. Das Einfachste scheint mir, es als den Plural (رَبُّوب) vor رَبّ (der Herr) anzusehen, denn das و ist hier lediglich Prolungationsbuchstabe und wurde im Himjarischen in solchen Fällen ebenso wenig geschrieben, wie das Alif prolungationis. Da das Tanwyn der Mimation entspricht, so ist das arabische رَبُّوب buchstäblich identisch mit רבבם.

| עדי | שׁקרם findet sich bei Fresnel, LV, 2. und | עד | שׁקרם |

Fresnel, LVI, 4. So gewagt es nun auch scheinen mag, bei einer so alten Sprache, wie dem Himjarischen, bereits die Verwechselung von 'Ayn und Hamza anzunehmen, so ist doch hier die Aehnlichkeit zu groß und wir müssen wohl Osiander's Bemerkung, daß unser אד | שׁקרם | ganz dasselbe sei, wie das obige Fresnel'sche .. | עד | שׁקרם | und daß das ע sich zu dem nächstverwandten schwächern Kehllaut, Hamza, in dialectischer Verderbtheit abgeschwächt habe, als vollkommen

---

begründet anerkennen. *) Die Bedeutung dieses עד hat Ofiander im Sinne einer Präposition „bis zu" (sowohl in örtlicher als zeitlicher Richtung gebraucht) festgestellt.

Das nun folgende שׁקרם ist jedenfalls dunkel. Keine der gewöhnlichen Bedeutungen von شَقَر (colorem rubrum habuit, mentitus fuit etc.) will passen. Vielleicht, daß hier die Bedeutung des abstracten Substantivs شَقَر (res factu necessaria) einiges Licht geben könnte. Von diesem ließe sich ein Adjectiv شُقْرَان denken, das etwa die Bedeutung „nothwendig" oder auf Personen angewendet, „gezwungen" haben würde. Dieses „gezwungen" ließe sich bildlich als „gehorchend" auffassen und könnte etwa im Sinne von „der Untergebene" stehen. شُقْرَان bildet seinen Plural شُقُور, welches, da das lange U im Himjarischen nicht geschrieben wird, und das Tanwyn der Mimation gleichkommt, der Form nach genau unserm שׁקרם entspricht. Wenn wir bedenken, daß wir aber in רבם wahrscheinlich einen Plural von رَب (der Herr), im Pulral رُبُوب, haben und zwischen beiden eine Präposition, welche „bis zu" bedeutet, so drängt sich uns von selbst der Sinn: „von den Herrn bis zu den Untergebenen" auf. Wörtlich müßten wir freilich „die Herren bis zu den Untergebenen" übersetzen. Aber daß die Bedeutung die obige ist, dürfte sehr wahrscheinlich sein. Auch erlaubt die arabische Sprache solche Licenzen.

Nun wird noch einmal das mysteriöse בנמר wiederholt, welches wir „durch Feuersignale" zu übersetzen versucht haben. Seine Wiederholung muß natürlich auf das Vorhergehende Bezug haben und mag hervorheben, daß die Signale der Ablösung (in der Festungswacht) sowohl für die Herren als die Untergebenen galten.

לבן | שׁמשׁ | דהי | תרחאל | דעלדם |

לבן, „dem Sohne". שׁמשׁ, „die Sonne", wahrscheinlich im Sinne von Sonnengott, in welchem es oft auf den Inschriften des

---

*) Ofiander in Z. D. M. G., XX, 244, Note.

Britischen Museums vorkommt. *) דהר von رَهَا, welches gleich زَهَا,
„glänzen", „herrlich sein", „prunken", „stolz sein", wahrscheinlich ein
Adjectiv von der Form فَعِيل, weshalb das י beibehalten ist, ausnahms-
weise jedenfalls, da sonst das lange J (i) nicht geschrieben wurde. Das
Wort erinnert sehr an das äthiopische ፀሐይ፡, „Sonne, Sonnen-
glanz", das zwar zunächst sich an das arabische ضَحا anlehnt, aber
doch verwandten Klanges und verwandter Bedeutung ist.

שׁרהאל | kann ich nur für einen Eigennamen halten und zwar
desselben Ursprung wie das אלשׁרח, womit die LV. Inschrift von
Fresnel beginnt. In beiden Fällen würde der Name „Deus amplia-
vit" bedeuten.

בעזרם | „der Herr der Mächtigen oder der Kraft", ב das be-
kannte arabische بِ. עזרם entweder für عِزّ (Kraft) oder was wahr-
scheinlicher ist, statt أَعْزَاز Plural von عَزِيز, der Mächtige.

Also „dem Sohne der Sonne, der Glänzenden, Scharahêl, der
Herr der Mächtigen". Da dieser Scharahêl früher nie genannt wurde,
also nicht unter den directen Gründern der Mauer von 'Obne erscheint,
und da er es doch ist, der die Schlußwidmung der Inschrift ausspricht, so liegt es wohl am nächsten, anzunehmen, daß er der Ober-
herr jener unmittelbaren Gründer war, dem die Ehre zukam, am
Schlusse als Widmer des Werkes an die Gottheit genannt zu werden,
eine Vermuthung, die durch das Prädicat „der Herr der Mächtigen"
an Wahrscheinlichkeit gewinnt. Vielleicht war jener Scharahêl identisch
mit dem Elscharach der LV. Inschrift von Fresnel und beide möglicherweise mit einem der drei Alischrah, welche in Caussin de Perceval's Genealogie der Könige von Yemen vorkommen. Einer der
drei Alischrah bei Caussin de Perceval hieß mit dem Hauptnamen
Schorahbhl. Nun wurde aber letzterer nach dem Qâmus (S. 1475)

---

auch mit Scharâhyl, شَرَاحِيل, verwechselt, was offenbar derselbe Name ist, wie unser شرحأل, denn der Gottname אל wurde von den Arabern ايل geschrieben und in Zusammensetzungen fiel das Alif weg. Wenn Scharahêl ein König von Jemen war, so erklärt sich zugleich der Titel „Herr der Mächtigen", indem er als Oberlehnsherr über die Fürsten von Hadhramaut (die obengenannten Haythi'êl, Daus u. s. w.) gebieten mochte und andererseits auch, warum ihm die besondere Ehre zu Theil wird, als Widmer am Schluße der Inschrift genannt zu werden. Wer aber ist der „Sohn der glänzenden Sonne"? Gewiß kein Mensch, da eine solche Anschauung dem arabischen Götterdienste fern lag. Wahrscheinlich nichts Anderes, als der vergötterte Typus einer besondern Phase des Sonnenlaufes, etwa die Sonne beim Sonnenaufgang, gleichsam die junge, neugeborene Sonne, ähnlich wie bei den Aegyptern Horus und Harpokrates Götter der aufgehenden Sonne, jugendliche Sonnengötter und zugleich Söhne des Sonnengottes Osiris waren. Im Volkscultus mochte dieser „Sonnensohn" von dem „Sonnengott" selbst kaum unterschieden werden.

הֵיתֵּן | שֹׁלֹתֵת | אורחֹם | בעשׂר | ומֵאת |

Dieser allerdeutlichste Theil der Inschrift, der das Datum enthält, wurde zum größten Theil schon von Osiander erklärt. הֵי ist gewiß Ordinalzahl, das arabische ثانٍ oder ثانية. Mit dem enklitischen Demonstrativpronomen הן verbunden, ergiebt sich der Sinn „diesen zweiten" (wohl den zweiten Tag). שֹׁלֹתֵת, neben הלֹת und תלֹת, auf andern Inschriften (namentlich den Fresnel'schen) vorkommend, ist hier vielleicht auch Ordinalzahl in der Femininform ثالثة, „der dritte", oder das ת am Schluße ist Zeichen des st. constr., indem das folgende אורחֹם sich dem Zahlworte im Genitiv unterordnet. אורחֹם ist genau das äthiopische አውራኅ፥, Plural von ወርኅ፥, Mond, Monat. בעשׂר wahrscheinlich das arabische عشرون, „der zwanzigste", welches im st. constr. im Himyarischen عشرى lauten mußte. מֵאת die ursprünglich arabische Form für „hundert", ماٮت, aus der das spätere مَائِيت entstand. Also „den zweiten des dritten Monats im hundertundzwanzigsten (Jahre)".

אשדם בשׁהם | Hier, wo wir ein Wort für „Jahre" erwarten, finden wir diesen auffallenden Ausdruck. Er besteht offenbar aus zwei Hauptwörtern, jedes durch die Mimation abgeschlossen, und das zweite von der Präposition ב regiert.

Das erste ist אשׁד. Nehmen wir es in seiner einfachsten, verbreitetsten Bedeutung als أَسَد, der Löwe, so scheint zwar auf den ersten Blick diese Uebersetzung nicht zu passen, dürfte aber doch aus dem Folgenden sich als weniger paradox herausstellen. שׁהם halte ich für dasselbe, wie das arabische سمي und das äthiopische ሰማይ: Die ursprüngliche semitische Wurzel dieses Wortes hatte möglicherweise ein ה am Schlusse, wie das hebräische שׁמה (altus fuit), von dem שׁמים abgeleitet ist, anzudeuten scheint. Der Umstand, daß es in den andern semitischen Sprachen jetzt durch י ersetzt ist, braucht uns nicht abzuhalten, es einer so alten Sprache, wie dem Himjarischen, zu vindiciren. Außerdem sagt der Qâmus (S. 1825) ausdrücklich كمنع سُمُّوا und سمو ist das nom. act. von سما, welches ganz dieselbe Bedeutung hat, wie das hebräische שׁמה. Beide Wörter אשדם und שׁהם stehen hier wahrscheinlich im Genitiv mit der dem Tanwyn entsprechenden Mimation und würden im Arabischen أَسَد und سَمَا geschrieben worden sein. Da die Mimation genau dem Tanwyn entspricht, so kommt sie, wie Osiander bewiesen hat, ebenso gut im casus obliquus, wie im casus rectus vor. Der erste Genitiv würde von מאת oder vielmehr von der ganzen vorhergehenden Datumsbezeichnung, der zweite von der Präposition ב regiert. Daraus erhalten wir die Uebersetzung „des Löwen im Himmel".

Der „Löwe im Himmel" war ohne Zweifel das Sternbild des Löwen und eines der zwölf Himmelszeichen, schon den ältesten Völkern bekannt. Vielleicht geben uns diese Worte den Schlüssel zu einer Aera des himjarischen Volkes. Wenn eine solche Aera in Ver-

bindung mit der Stellung der Himmelszeichen gedacht werden soll,
so erscheint es am Natürlichsten, den Stand der Sonne zu demjenigen Himmelszeichen, welches die Inschrift nennt, und zwar zu
einer der vier Anfangsepochen der Jahreszeiten als Ausgangspunkt
anzunehmen. Als eine solche Epoche bietet in unserm Falle das
Sommersolstitium am meisten Wahrscheinlichkeit dar. Schon die
Aegypter begannen ihr Jahr mit einer Epoche, welche in nächster Verbindung mit dem Sommersolstitium stand, nämlich mit dem Früh-
aufgange des Sirius (ägypt. Sothis) nach der Zeit der Sommer-
sonnenwende. *) Auch dürfte hier der Umstand vergleichsweise berücksichtigt werden, daß schon bei den Aegyptern das Sternbild des Löwen
als der Sonne geweiht angesehen wurde, so daß man dieses Sternbild das „Haus der Sonne" nannte. Deshalb ist es wohl denkbar,
daß auch die den Aegyptern geographisch so nahen Himjariter ähnliche Beziehungen der Sonne zum Löwen voraussetzen und ihre Aera
auf die Stellung jener zu diesem basirten. Da nun die Sonne alle
3000 Jahre einen Monat später in ein Himmelszeichen und jetzt am
23. Juli in dasjenige des Löwen tritt, so würde ihr Eintritt in
letzteres Himmelszeichen zur Zeit des Sommersolstitiums etwa im
Jahre 1340 vor Chr. Geburt stattgefunden haben. Nun würde uns
aber die Annahme einer auf diese Jahreszahl basirten Aera viel zu
weit zurückführen, denn nach aller Wahrscheinlichkeit ist die Entstehung
unserer Inschriften gar nicht in ein so hohes Alterthum zu versetzen.
Die Inschriften geben freilich in Bezug auf Chronologie noch wenig
Anhaltspunkte. Aber aus der Aehnlichkeit vieler Eigennamen mit
denen der Königslisten von Yemen, wie 'Abd Kolal **), Alyschrah,
'Abd Schams, Hârith, Marthad und anderer, dürfen wir vielleicht
schließen, daß die Inschriften der Periode des Yemenischen König-
reichs angehören, und diese Periode begann nach Caussin de Perceval's
sehr einladender Berechnung erst im Jahre 794 vor Chr. und endete

---

*) Uhlemann, Handbuch der ägyptischen Alterthumskunde, III, S. 38.
**) Wellsted, Reise in Arabien von Rödiger Excurs, Bd. II.

im Jahre 490 nach Chr. Deshalb bleibt Nichts übrig, als den
Anfang der Aera kurz vor oder binnen dieser Periode zu suchen, und
hier möchte ich ein Auskunftsmittel vorschlagen, welches allein die
Schwierigkeit lösen kann. Wie wenn wir als den Anfang der Aera
nicht den Eintritt der Sonne in den Löwen, sondern den Stand in
der Mitte dieses Himmelszeichens zur Zeit des Sommersolstitiums
voraussetzten? Dies würde uns auf das Jahr 160 nach Chr. führen.
Das 120. Jahr einer solchen Aera wäre also ungefähr das Jahr 280
nach Chr., d. h. bald nach der Zeit des 'Abd Kolâl, des 44. Königs
von Yemen nach Caussin de Perceval und des 46. nach der Wrede'-
schen Liste, etwa die Zeit des Tobba' ben Hasan und des Hârith und
Marthad. Freilich muß Alles dies nur eine sehr gewagte Hypothese
bleiben, bis einmal untrüglichere Wahrzeichen uns die Chronologie
der Himjaren enthüllen sollten.

Uebersetzung.

Aufschrift.

Eine wohlthätige Stiftung zu Gunsten der Bewohner der Hochthäler haben sich vorgenommen . . . . Sohn des
Abyathi', des Fürsten von Hadhramaut, ... ihr Häuptling und
ihre Stammesgenossen.

Zweite Zeile.

Haythi'êl, Alhân, Sohn des Benêl und Daus . . . .
(haben errichtet?) diese Schutzwacht der Thäler und diesen Schutz von
Hadschar, diese Zufluchtsstätte für den Bewohner dieses Landes,
eine mächtige Zufluchtsstätte . . .

Dritte Zeile.

. . . und eine Ausrufsstätte und eine hohe Warte für die Gärten der
Thäler und mit dieser Schutzwacht . . . . haben sie Furcht eingeflößt
in Himjar. Und der Tobba' Haythi'êl und Daus und 'Amm Samîn,
der Sohn des Abhatay von Hadhramaut und der Bundesgenosse in

Vierte Zeile.

Mahfa'at . . . . . es hat sie vereinigt 'Obne und es verhindere den Zugang dieser Wohnstätten die Schutzwacht und die Bewohner dieser Gärten und diese Beamten (d. h. die Wächter der Mauer) sollen Furcht einflößen und auf ihrer Hut sein und diese (ihre) Ablösung finde statt am Sonnenuntergang, auch die Bewässerung und die Einkehr für die Nacht,

Fünfte Zeile.

. . . . und die Ablösung (geschehe?) durch Feuersignale (für alle?), von den Herren bis zu den Untergebenen durch Feuersignale. Dem Sohn der glänzenden Sonne, Scharahēl, der Herr der Mächtigen, am 2. (Tage) des 3. Mondes im 120. (Jahre) des himmlischen Löwen.

Register.

E.